获中国大学版协中南地区优秀教材一等奖

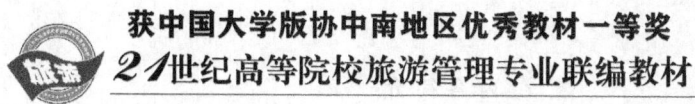

21世纪高等院校旅游管理专业联编教材

旅游文化概论
Lüyou Wenhua Gailun

（第二版）

主　编　李琼英　方志远
副主编　朱湘辉　梁民愫

华南理工大学出版社

·广州·

内 容 简 介

本书系统论述了旅游文化的基本理论与体系建构,旅游文化的研究对象、内容和特点,旅游文化产生和演变的历程,旅游与文化在结构、本质上的内在联系,旅游文化传统的类型、变迁与当代发展,旅游主体文化,旅游景观文化,旅游目的地文化,旅游消费文化,旅游企业文化和文化旅游等。

本书既可作为旅游管理专业本科层次的教材,又可作为高职、高专等层次的教材,也可作为相关专业学生和研究人员的参考用书。

图书在版编目(CIP)数据

旅游文化概论/李琼英,方志远主编.—2版.—广州:华南理工大学出版社,2008.9
(2020.1重印)
(21世纪高等院校旅游管理专业联编教材)
ISBN 978-7-5623-2954-1

Ⅰ.旅… Ⅱ.①李…②方… Ⅲ.旅游-文化-高等学校-教材 Ⅳ.F590

中国版本图书馆 CIP 数据核字(2008)第 123990 号

总 发 行:华南理工大学出版社(广州五山华南理工大学17号楼,邮编510640)
营销部电话:020-87113487　87111048(传真)
E-mail:z2cb@scut.edu.cn　http://www.scutpress.com.cn
责任编辑:罗月花　王　磊
印 刷 者:虎彩印艺股份有限公司
开　　本:787mm×960mm　1/16　印张:16　字数:360千
版　　次:2008年9月第2版　2020年1月第7次印刷
印　　数:14 001～14 500册
定　　价:27.00元

版权所有　盗版必究

"21世纪高等院校旅游管理专业联编教材"编委会

顾　问　魏小安（研究员，原国家旅游局规划发展与财务司司长）

主　任　徐印州（教授，中国商业经济学会副会长，广东商业经济学会会
　　　　　　　长，教育部工商管理学科专业教学指导委员会委员）

副主任　张永安（教授，博士生导师，广东商业经济学会副会长）

　　　　康耀红（博士，教授）

　　　　余国扬（教授）

主　编　张伟强

副主编　肖　星　田　勇

编　委　（按姓氏笔画排序）

马　莹（海南大学）	甘巧林（华南师范大学）
田　勇（江西师范大学）	冯淑华（江西师范大学）
庄伟光（广东省社会科学院）	许秋红（广东技术师范学院）
纪俊超（海南大学）	李琼英（华南师范大学）
肖　星（广州大学）	陈　鸣（广东技术师范学院）
陈文君（广州大学）	张玉明（广东商学院）
张伟强（广东商学院）	胡　林（广东商学院）
黄培伦（华南理工大学）	董林峰（海南大学）
傅云新（暨南大学）	蔡茂生（广东技术师范学院）

总 序

20世纪70年代以来，随着全球经济社会以及高新技术的发展，旅游业迅速成长为一个充满活力和生机的新兴产业，为当今世界最大的朝阳产业之一。中国旅游业经历了一个从无到有、从小到大的历史发展过程。从严格意义上来说，中国旅游业的蓬勃发展并形成产业是近20年的事情。改革开放以来，中国旅游业的发展取得了举世瞩目的成就，中国已成为一个旅游大国，中国旅游业已名列世界前茅。根据世界旅游组织的预测，21世纪中国将成为世界重要的旅游目的地。中国已经形成了一个结构比较完善、品质比较高端并积累了一定经验的旅游产业基础，与此同时，中国的旅游教育事业得到了空前发展，据不完全统计，到目前为止已经有近200所院校设有旅游管理或相关专业。

然而，我国旅游业与发达国家和地区的旅游业相比还存在着较大差距。第一，我国住宿业、旅行社业、景区景点的发育程度都不是很成熟，而目前国外的饭店业、旅行社业、景区景点已经走上由单体向部门的融合又从部门融合发展到跨行业、跨地区的融合，形成了集团化、网络化、国际化、品牌化的跨国集团。第二，我国旅游业对当代科技手段的运用还远远落后于发达国家。目前发达国家旅游者三分之二的人已经实现了网上旅游，而我国还没有非常完备的网上旅游全程服务的企业，即使有些企业有，规模也很有限。第三，我国旅游业的发展环境，如景区景点的道路、标识，旅游咨询服务的网络建设等，还有很多不足之处。第四，我国在旅游管理专业人才的培养上也有待加强。长期以来我国旅游理论研究滞后于旅游实践，在高校旅游管理专业的教材建设上，表现出"引多创少"、"北强南弱"的现象。为适应21世纪旅游教育事业实践的需要和发展，丰富和加强旅游学科的建设，华南理工大学出版社组织了全国近20所高等院校的一批年富力强、富有创造力和实践经验的旅游管理专业中青年骨干教师、专家、教授编写了这套"21世纪高等院校旅游管理专业联编教材"。

本套教材立足于博采众长、兼收并蓄、综合提高的总体原则，体现传统与现代、理论与实践的结合，注重实用，突出实操与案例，并重视与国际接轨，形成了明显特色：(1) 系统性强，本系列教材涵盖旅游管理专业的所有基础学科及新兴相关学科，每种教材自成体系的同时也兼顾到教材之间的横向联系；(2) 严格根据教学计划、教学大纲的要求，编创结合，既保留经典的内容，更把原创的研究成果、新观点融入其中；(3) 注重教材内容的区域特色与国际研究前沿的结合、中外案例的结合、成功与失败案例的结合，拓宽视野；(4) 适应信息化教学的需求。根据教材的内容及该课程的教学特点有选择地配有专门开发的多媒体课件（软件），包括教学计划、教学大纲、教学内容、图表图片、电子地图等模块。课件界面友好，具有较强的二次开发功能，与常用的 Powerpoint 软件使用方法相同，教师可以根据具体教学情况适当增加、删减有关内容，使得教学实践活动更加生动与丰富多彩。

本套教材适合于各类高等院校的旅游管理专业本科生、专科生及相关专业学生作为教材，也可以作为从事旅游研究、旅游管理等有关人员提高研究和管理水平的参考书。

张伟强

2004 年 12 月

第二版前言

本教材自2005年第一版问世至今已经3年。随着国内外旅游业的日益发展，旅游文化领域的学术研究在越来越深入进行，相关研究成果不断出现。为了能够及时反映和吸收最新学术研究成果，进一步完善和提高教材质量，在华南理工大学出版社的支持下，我们对本教材进行了修订。

本次教材修订，在保证教材科学性、系统性的基础上，结合旅游业的最新发展方向和动态变化，充分吸收了旅游文化学术研究的最新成果，坚持理论与实践相结合，体现素质教育的思想，注意改进全书展开的理论性、结构性、逻辑性和连贯性，在第一版各章主题不变的前提下，每章节内容都有更新、调整和充实。细心的读者还可以发现，与当代旅游发展结合非常紧密的第五章"旅游消费文化"、第六章"旅游企业文化"、第七章"文化旅游"，我们在修订时注意充分吸收已有研究成果，在理论基础、逻辑结构、知识内容等方面都有较大程度的更新和充实。

全书修订工作由李琼英完成。第二版由李琼英、方志远担任主编，朱湘辉、梁民愫担任副主编。

由于水平和能力有限，修订版中仍有可能存在不足之处，我们诚恳地欢迎广大读者提出批评和建议。

编　者
2008年6月

第一版前言

"今天的文化是明天的经济",这句话从本质上道出了旅游的真谛。

随着人类社会的发展,旅游活动方式和内涵正在由过去单纯游山玩水度假型逐渐向求知型转变,文化旅游日益成为时尚。对于全球旅游业而言,文化旅游是个性化、知识化时代背景下最具有持续发展前景和卖点的旅游产品,是以某种个性化、主题化的深层次文化体验为主线进行相关旅游项目组合的旅游产品。对于旅游文化的重要性,国际社会已达成了共识。"文化是旅游者的出发点和归结点,是旅游景观吸引力的渊薮,是旅游业的灵魂。"[①] 当人们越来越注重挖掘旅游资源的文化内涵时,旅游业开始朝着成熟的方向迈进,而此时,尤为急需的是对旅游文化的理论建构。

《旅游文化概论》是"21世纪高等院校旅游管理专业联编教材"之一,它与该系列其他教材一样,为了适应我国旅游业快速发展的需要,立足于提高学生的整体素质,培养学生的社会适应能力,进行了内容和形式上的创新。

本书具有如下特点:吸收了旅游文化学研究的最新成果和资料,力图使本书具有先进性和科学性;从多学科的角度建构了旅游文化作为一门独立学科的理论体系;立足旅游业的实际,将旅游文化的理论与实践融为一体;突出应用型与实用性;专设学习要点、案例、本章小结、课堂讨论题、复习思考题等栏目,旨在帮助提高学生的学习效果和综合能力。

本书的编写是面向21世纪,实现高校旅游管理专业教材更新换代的初步探索。本书不仅可以作为高等院校旅游专业的教材,还可以作为成人高校旅游专业的培训教材,以及广大旅游从业人员和旅游爱好者的读物。

本书由方志远担任主编,朱湘辉、李琼英、梁民愫任副主编,华南理工大学出版社和编撰人员共同策划选题和设计大纲。全书各章节具体编写分工如下:第1章由方志远、朱湘辉(江西师范大学)编写,第2章、第4章由

---

① 马波. 现代旅游文化学 [M]. 青岛:青岛出版社,2001.

李琼英（华南师范大学）编写，第3章由朱湘辉（江西师范大学）编写，第5章由黄燕（江西师范大学）编写，第6章由曾群州、李甜（南昌大学）编写，第7章由李永利（韶关学院）编写。

本书在编写过程中，我们参考了大量的旅游教材、学术论著及文献资料，查阅了众多的报纸杂志，引用了有关学者的观点，得到了有关部门、专家学者和教师们的大力支持，在此一并致谢！

本书是集体努力的成果，在此谨向有关作者以及为本书的编写出版付出辛勤劳动的华南理工大学出版社编辑致以诚挚的谢意；南昌大学的欧阳卫、王蕾为本书第6章收集、整理了有关资料，在此深表感谢。

由于编者水平有限，书中难免存在一些缺点与错误，恳请广大专家、学界同仁和各位读者批评指正，以便修订完善。

编著者
2005年1月

目 录

1 旅游文化理论与体系建构 …………………………………………………… (1)
  1.1 文化 旅游 旅游文化 ………………………………………………… (1)
    1.1.1 文化的含义 ……………………………………………………… (1)
    1.1.2 文化对旅游的影响 ……………………………………………… (3)
    1.1.3 旅游的文化属性 ………………………………………………… (5)
    1.1.4 旅游文化的定义及其建构 ……………………………………… (11)
  1.2 旅游文化的研究对象与内容 ………………………………………… (15)
    1.2.1 旅游文化的研究对象 …………………………………………… (15)
    1.2.2 旅游文化的研究内容 …………………………………………… (15)
  1.3 旅游文化的研究方法和意义 ………………………………………… (18)
    1.3.1 旅游文化的研究方法 …………………………………………… (18)
    1.3.2 旅游文化的研究意义 …………………………………………… (20)

2 旅游文化的传统类型、变迁与当代发展 …………………………………… (23)
  2.1 农耕经济环境下的古村落旅游文化传统 …………………………… (23)
    2.1.1 古村落文化的起源 ……………………………………………… (23)
    2.1.2 文化圈与古村落文化区域分布 ………………………………… (26)
    2.1.3 古村落文化传统的现代价值与转换 …………………………… (28)
  2.2 游牧经济背景下的部族旅游文化传统 ……………………………… (31)
    2.2.1 部族文化的游牧起源 …………………………………………… (31)
    2.2.2 部族迁徙与部族文化区域分布 ………………………………… (33)
    2.2.3 部族文化的传统价值与现代转换 ……………………………… (35)
  2.3 海洋经济环境下的滨海旅游文化传统 ……………………………… (38)
    2.3.1 滨海旅游文化的起源 …………………………………………… (38)
    2.3.2 航海商贸与滨海旅游文化区域分布 …………………………… (39)
    2.3.3 滨海旅游文化传统的现代转换 ………………………………… (43)
  2.4 工商业经济基础上的城镇旅游文化变迁 …………………………… (44)
    2.4.1 城镇文化的工业背景 …………………………………………… (44)
    2.4.2 商贸网络与城镇文化区域布局 ………………………………… (47)
    2.4.3 城镇文化的历史内涵与现代取向 ……………………………… (50)
  2.5 当代文明视野下的城市旅游文化 …………………………………… (51)

    2.5.1 城市文化的历史考察 ……………………………………………… (51)
    2.5.2 跨文化交流与中西城市文化的典型特色 …………………………… (54)
    2.5.3 经济全球化时代的城市文化精神与文化生态系统取向 …………… (57)
3 旅游主体文化 ……………………………………………………………………… (60)
  3.1 旅游主体是旅游文化的载体 ……………………………………………… (60)
    3.1.1 旅游主体是旅游文化的承载者 ………………………………………… (60)
    3.1.2 旅游主体是旅游文化的需求者 ………………………………………… (62)
    3.1.3 旅游主体是旅游文化的传播者 ………………………………………… (66)
  3.2 旅游主体文化的特征 ……………………………………………………… (70)
    3.2.1 旅游主体文化的地域性 ………………………………………………… (70)
    3.2.2 旅游主体文化的民族性 ………………………………………………… (73)
    3.2.3 旅游主体文化的多样性 ………………………………………………… (78)
    3.2.4 旅游主体文化的审美性 ………………………………………………… (80)
  3.3 旅游主体的文化人格 ……………………………………………………… (88)
    3.3.1 旅游主体的文化人格概述 ……………………………………………… (88)
    3.3.2 旅游主体的文化身份 …………………………………………………… (89)
    3.3.3 民族旅游性格 …………………………………………………………… (91)
    3.3.4 旅游主体文化人格的塑造 ……………………………………………… (95)
4 旅游目的地文化 …………………………………………………………………… (98)
  4.1 旅游目的地社会文化影响 ………………………………………………… (98)
    4.1.1 旅游目的地类型 ………………………………………………………… (98)
    4.1.2 旅游目的地文化 ………………………………………………………… (102)
    4.1.3 旅游目的地文化的嬗变 ………………………………………………… (105)
  4.2 旅游目的地形象策划 ……………………………………………………… (112)
    4.2.1 旅游目的地形象 ………………………………………………………… (112)
    4.2.2 旅游目的地形象策划 …………………………………………………… (115)
  4.3 旅游地域文化的整合与转型 ……………………………………………… (120)
    4.3.1 旅游地域文化的形成及特征 …………………………………………… (120)
    4.3.2 旅游地域文化的整合 …………………………………………………… (124)
    4.3.3 旅游地域文化的转型 …………………………………………………… (127)
5 旅游消费文化 ……………………………………………………………………… (132)
  5.1 消费行为 …………………………………………………………………… (132)
    5.1.1 消费行为理论 …………………………………………………………… (132)
    5.1.2 消费行为模式 …………………………………………………………… (134)
    5.1.3 影响消费行为的因素 …………………………………………………… (136)

5.2 旅游消费行为的文化指向 …………………………………………………（139）
  5.2.1 文化对旅游消费行为的影响 …………………………………………（139）
  5.2.2 旅游消费行为与传统文化 ……………………………………………（141）
5.3 当代旅游消费文化的新取向 ……………………………………………（148）
  5.3.1 旅游消费文化的国际趋同化 …………………………………………（148）
  5.3.2 旅游消费的文化化 ……………………………………………………（154）
  5.3.3 后现代思潮的涌动与休闲主义的张扬 ………………………………（156）

6 旅游企业文化 ………………………………………………………………（165）
 6.1 企业文化 …………………………………………………………………（165）
  6.1.1 企业文化的兴起 ………………………………………………………（165）
  6.1.2 企业文化的界定 ………………………………………………………（171）
  6.1.3 企业文化的主要内容 …………………………………………………（174）
  6.1.4 企业文化的地位和作用 ………………………………………………（176）
 6.2 旅游企业文化 ……………………………………………………………（178）
  6.2.1 旅游企业文化的含义 …………………………………………………（178）
  6.2.2 旅游企业文化的功能 …………………………………………………（181）
  6.2.3 旅游企业文化的特征 …………………………………………………（184）
  6.2.4 旅游企业文化的地位 …………………………………………………（187）
 6.3 旅游企业文化的构建 ……………………………………………………（189）
  6.3.1 旅游服务者的文化人格的塑造 ………………………………………（189）
  6.3.2 现代旅游企业文化的培育 ……………………………………………（191）
  6.3.3 构建中国特色的旅游企业文化 ………………………………………（198）

7 文化旅游 ……………………………………………………………………（202）
 7.1 文化旅游的构成要素 ……………………………………………………（202）
  7.1.1 文化旅游资源 …………………………………………………………（202）
  7.1.2 文化旅游行为 …………………………………………………………（208）
  7.1.3 文化旅游产品 …………………………………………………………（213）
 7.2 中国文化旅游的现状与发展 ……………………………………………（217）
  7.2.1 发达国家文化旅游概况 ………………………………………………（217）
  7.2.2 中国文化旅游存在的问题 ……………………………………………（219）
  7.2.3 中国文化旅游的前景 …………………………………………………（223）
 7.3 世界遗产的地域分布与文化旅游价值 …………………………………（225）
  7.3.1 世界遗产的地域分布 …………………………………………………（225）
  7.3.2 跨文化交流与世界遗产的旅游文化价值 ……………………………（233）

参考文献 ………………………………………………………………………（238）

1 旅游文化理论与体系建构

□ 学习要点

- 理解文化、旅游与旅游文化之间的内在联系
- 掌握旅游文化的性质、定义、建构、研究内容等
- 分析旅游文化学与相关学科的关系
- 结合旅游专业实践活动,运用有关研究方法,展开对旅游文化的研究

1.1　文化　旅游　旅游文化

　　从现象上看,旅游最初最直接地表现为一种经济行为,旅游业在很大程度上可以用经济指标来量化。但这只是旅游的表层。旅游业要成为一个成熟的产业,必须对旅游资源从文化的层面上进行提炼,这样才能使这一产业焕发出持久的活力。旅游文化是文化的一个分支,或称为文化的一个侧面。旅游文化是旅游与文化的一种深层次的结合,是旅游的一个重要层面。旅游文化学研究必然要建立在普通文化学的基础之上。但是,作为旅游科学基础理论学科的旅游文化,至今仍是旅游学和文化学诸分支学科中最薄弱的门类之一。中国如此,外国也如此。有鉴于此,在具体探讨旅游文化的各个层面之前,有必要了解文化、旅游与旅游文化之间的内在联系,有必要从学科建设的角度对旅游文化的本质和基本概念进行阐释。

1.1.1　文化的含义

　　"文化"是各种经典文选中出现频率最大、歧义最多的概念之一。有人估计,各类不同的文化定义已有数百个之多。

　　"文化"一词,中国古来有之。在中国古代典籍中,"文化"是"文"与"化"的复合。古籍中的"文"既为文字、花纹,又通文章、文采、文德。比如,《周易·系辞》曰:"物相杂,故曰文。"此处之"文",意为彩色交错,引申为花纹。《尚书·虞书》曰:"文命敷于四海。"这里的"文",则指文德、教化。《国语·晋语八》曰:"夫文,虫皿为蛊。"此处之"文"指的是文字。《论语·雍也》曰:"质胜文则野,文胜质则史。文质彬彬,然后君子。"这是与"质"相对称的"文",有人为加工、修饰等意义。古籍中的"化"字则具有改变、化生、造化等含义,如《庄子·逍遥游》曰:"北冥有鱼,其名为鲲……化而为鸟,其名为鹏。""化"即变化、改造。《象传》曰:

"观乎天文，以察时变；观乎人文，以化成天下。"这里的"人文"借指社会生活中君臣、父子、夫妇、兄弟、朋友等交织构成的人伦序列，"化"则为教化、感化之义，而"人文以化成天下"，意指通过对人施以文治教化，把不明事理者培养成有教养的文明人的过程。两汉以后，文献中开始正式出现"文化"一词。如刘向《说苑·指武》说："凡武之兴，为不服也。文化不改，然后加诛。"又有"文武之道一张一弛"、"文治武功"之说。实际上是把文化与武功相对应，视为统治国家的两种手段。总的来说，中国古代的"文化"一词，主要强调人的内在教养、德性，以及与之相关的一些东西。它与现代所说的"文化"一词，意义大不相同。

从西文的语源来看，"文化"一词，无论是德文的"kultur"，还是英文的"culture"，都源于拉丁文的"culture"，其原意为土地耕耘和作物培育。英文中的农业"agriculture"、园艺"horticulture"显然都源于"culture"。"culture"首先被用来指经过人们耕作后的田园。人类的开垦种植，是人类对外部自然世界有目的的改造活动，象征着人类文明生活的开始与演变。尔后，与古代西方人从认识自然转向认识自身的逻辑转折相适应，"culture"一词也产生转义，在原意的基础上融进了"培养、教育、发展、尊重"等内容，最终主要用来指称人类的精神领域。古代中国人所谓"文化"的词源意义仅限于社会人伦方面，而西方人使"文化"具备了双重意义：一是人对土地的耕作，使外在自然人化；二是通过教育和培养的过程使人具有理想公民的素质，使内在自然人化。这种双重意义的文化含义正是现代意义上的文化含义的最初胚胎。

可见中西文化的含义自古以来就有差异，这表现在分类不同和内涵不同，西方文化的含义比中国文化的含义更广。

自近代以来有关文化的定义更多，争议也更多。文化学奠基者、英国人类学之父泰勒在1871年出版的《原始文化》一书中给"文化"下的定义是：文化"是由知识、信念、艺术、伦理、法律、习俗以及作为社会成员的人所需要的其他能力和习惯所构成的综合体"。

美国著名人类学家克鲁克洪教授认为，文化指的是"某个人类群体独居的生活方式"，"既包含显性式样又包含隐性式样，它具有为整个群体共享的倾向"。

《苏联大百科全书》（1973年版）把文化概念区分为广义和狭义。广义的文化"是社会和人在历史上一定的发展水平，它表现为人们进行生活和活动的一种类型和形式，以及人们所创造的物质和精神财富"。狭义的文化"仅指人们的精神生活领域"。

《大英百科全书》（1973—1974年版）赞同将文化概念分为两类。第一类是一般性的定义，即文化等同于"总体的人类社会遗产"。第二类是多元的、相对的文化概念，即"文化是一种渊源于历史的生活结构的体系"，"包括语言、传统、习惯和制度，包括有激励作用的思想、信仰和价值，以及它们在物质工具和制造场中的体现"。《中国大百科全书》社会学卷和哲学卷都对"文化"下了定义。

社会学卷的定义："广义的文化是指人类创造的一切物质产品和精神产品的总和。

狭义的文化专指语言、文学、艺术及一切意识形态在内的精神产品。"

哲学卷的定义:"广义的文化总括人类的物质生产和精神生产的能力、物质的和精神的全部产品。狭义的文化指精神生产能力和精神产品,包括一切社会意识形态,有时又专指教育、科学、文学、艺术、卫生、体育等方面的知识和设施,以与世界观、政治思想、道德等意识形态相区别。"

尽管现代意义上的"文化"内涵与"文化"的初始用法相去甚远,不同民族、不同学科对"文化"的理解和界定也有明显的差异,但却有着共同性,即文化是由人创造的,是人特有的东西,一切文化都是人的文化,"自然"的东西不属于"文化"概念。文化是人类区别于动物的本质特征,也是人工产品同自然物品相区别的根本标志。虽然对于任何时代和任何民族来说,并不存在同样的"一般文化""一般文化过程",因为文化总是通过历史的具体形式表现出来。但"文化"作为一个社会历史范畴,它却必须概括人类社会一切时代的文化现象。换句话说,它概括的是不以地域、民族、时代为转移的一般性东西,是任何一种历史的具体的文化形态都不可或缺的那样一些因素。

应该说,《中国大百科全书·社会学卷》对文化所下的定义是平实的,既符合一般的"文化"意义,又符合中国人对文化的理解。因此,本书采用此说。

1.1.2 文化对旅游的影响

旅游是社会进步的产物,是人类社会特有的文化活动,它产生于人类进入文明社会之初,它随着人类社会的进步,随着有余暇、有余钱、有文化享受需求的人数的扩大而日趋普及。文化对现代旅游活动的影响,是十分深刻而深远的。

1.1.2.1 文化是旅游的本质特征

"现代旅游现象,实际上是一项以精神、文化需求和享受为基础的,涉及经济、政治、社会、国际交流等内容的综合性大众活动。"① 文化渗透在现代旅游活动的各个方面,"文化是旅游者的出发点和归结点,是旅游景观吸引力的渊薮,是旅游业的灵魂"。旅游者的旅游行为是一种文化消费行为,其外出旅游的动机和目的在于获得精神上的享受和心理上的满足;而旅游经营者要达到盈利的目的就必须提供一种能满足旅游者文化享受的旅游产品。无论是自然旅游资源还是人文旅游资源,都以其独具特色的民族、地方文化内涵吸引和激发起旅游者的旅游动机,满足人们对科学、史学、文学、艺术和社会学诸方面的广泛需求。

1.1.2.2 文化是一个国家旅游业保持自身特色的决定因素

人们常说:"民族的东西是独特的,文化的流传是久远的。"② 一个国家的旅游业若

---

① 喻学才. 近七年旅游文化研究综述(上)[J]. 社会科学动态, 1996(8): 4-7.
② 孙玉波. 展示深厚的文化底蕴——北京胡同旅游带来的启示[N]. 经济参考报, 1995-06-17.

缺少自己本民族传统文化的底蕴,便会失去特色,不能反映出本民族独有的精神内涵,也便会失去旅游的吸引力。实践表明,"举凡旅游业昌盛之国,莫不以旅游文化取胜。奥地利的旅游,几乎都与施特劳斯等奥地利音乐大师紧密关联;巴黎街道的命名,每每蕴含法兰西民族的历史掌故"①。因此,文化是一个国家在发展旅游业的过程中保持自己民族特色的决定因素。

1.1.2.3 文化蕴藏着巨大的经济潜能

旅游是以一国一民族独特的文化招徕旅客赚取外汇的文化经济。为此,世界上许多旅游业发达的国家先后实行了"文化经济"新战略。美国洛杉矶文化旅游负责人罗伯特·巴雷说:"文化旅游大概是美国增长速度最快的旅游项目。因为各个城市发展文化旅游可以获得相当可观的收入。"②

据专家调查,英、美、日、德、法、澳等国的旅游者无一例外地把"与当地人交往,了解当地文化和生活方式"当作出境旅游的三大动机之一。各国去欧洲的旅游者中,65%的人进行的是文化旅游,在20世纪70年代,美国、西欧国家的文化旅游创汇的比重达10%左右。"意大利对文化遗产投入和产出经过全面系统计算,得出的结论是,国家每年对文化性参观旅游业征收的增值税收入是保护费用的27.5倍,并能提供就业岗位,带动建筑业、商业和交通运输业,促进科学文化的发展。他们由此认为文化遗产是该国最丰富的宝藏,内中蕴藏着巨大的经济潜能,是政府永不枯竭的财政来源,应视为战略资源和国家基本生产结构的重要组成部分,决定自1985年开始实行全国'文化经济'新战略"③,以达到保护文化、宣传自己、经济受益一箭三雕的目的。韩国也积极采取多种措施大力发展文化旅游业,"意欲将文化、旅游培育成21世纪的国家战略产业"。④

从我国旅游业发展的实践来看,"文化搭台、经济唱戏"已成为发展旅游业的一大特色和主要经验之一。领略华夏文化的神奇魅力是外国人到中国旅游的主要动机。2000年,我国接待入境旅游者共8 348.09万人次,比上年增长14.68%;其中过夜旅游者3 123.56万人次,比上年增长15.49%;外国旅游者首次突破1 000万人次大关,达到1 019.69万人次,比上年增长20%;旅游外汇收入162.31亿美元,比上年增长15%;国内旅游收入3 175.54亿元人民币,比上年增长12.13%;旅游业总收入4 518.95亿元人民币,比上年增长12.91%⑤。2006年,我国旅游业在总体上保持了全面的增长,其

---

① 喻学才. 近七年旅游文化研究综述(上)[J]. 社会科学动态,1996(8):4-7.
② 王东. 美国旅游业中"增长最快的项目"——文化旅游[N]. 北京日报,1997-06-26.
③ 游天. 新兴产业秦鸣曲. 转引自:喻学才. 近七年旅游文化研究综述(上)[J]. 社会科学动态,1996(8):4-7.
④ 秦玲. 文化旅游:下个世纪的国家战略产业——韩国大力发展文化旅游业[N]. 科学时报,1999-11-05.
⑤ http://news.sohu.com/20050414/n225190581.shtml. 搜狐网,2004年我国入境旅游接待人数首次突破1亿人次。

中，入境旅游人数12 494万人次，比上年增长3.87%；全国旅游外汇收入339.49亿美元，比上年增长15.88%。①

1.1.2.4　文化是提高旅游竞争力的法宝

旅游管理者及其从业人员的文化素质的优劣和经营管理水平的高低，直接影响到能否满足旅游者的需求，直接关系到能否合理开发和利用旅游资源，进而影响到旅游业的发展。未来的旅游业的竞争主要是旅游文化的竞争，文化是提高旅游服务质量的保证，是提高旅游管理水平的关键，是提高旅游竞争力的法宝。由于文化具有地域性、民族性、传承性等特点，往往为一个国家和地区所独有，很难模仿和复制。因此，在竞争中就减少了可比性，具有垄断地位，易形成强大的竞争力，也易于创出特色和品牌。品牌是旅游业竞争的无形力量，是促使旅游业走上可持续发展道路的宝贵文化资源。

1.1.3　旅游的文化属性

长期以来，人们偏重旅游的经济性研究，甚至把旅游简单地视为纯经济现象。事实上，旅游首先是一种文化现象。旅游作为一种文化现象所产生的影响，或许比其单纯的经济影响更为深远。现代旅游现象，实际上是一项以精神、文化需求和享受为基础的，涉及经济、政治、社会、国际交流等内容的综合性大众活动。

1.1.3.1　旅游活动的文化属性

人类的旅行活动可以追溯到原始社会时期。旅行产生之初，主要出于商品交换的目的。随后出现的真正意义上的旅游活动，特别是近现代的旅游活动，虽然也部分含有商业贸易的动机，但显然摆脱了经济的旨趣。旅游动机是推动一个人从事旅游活动的内在动力，是旅游消费行为的决定因素，而动机产生于需求。人的需求可分为三个层次，即生存需要、享受需要和发展需要。生存需要是人类最基本的需要，中国先秦思想家墨子所谓的"食必常饱，然后求美；衣必常暖，然后求丽；居必常安，然后求乐"，就说明了人类在满足生存需要基础上产生享受需要的必然。享受不仅是物质的，而且还包括精神的。精神的享受总的来说是比物质享受更高一级的享受；而精神享受也还有高低之分，高级的享受同样具有满足自然欲望的一面，但更多地表现出人的社会性的一面，往往成为衡量人类社会文明程度的标尺。人类的发展需要，即表现自己生命力的需要，发展自己、实现自我的需要，在一定程度上也可以说是最高级的享受需要。对于一个完整的人来说，发展需要是一种内在必然性需要，是人的一种永恒的追求，这种追求超越了生理的或本能的欲望，上升到了社会文化层次，具有社会文化意义。

人类的旅游活动显然不是为了满足生理需要的手段。旅游者不吝金钱、不辞辛苦的空间位移活动，不具有"谋生"的性质，而是出于"乐生"的需要，是一种有意识的、

---

① http://ar.cei.gov.cn/web/Column.asp?ColumnId=45. 中国经济信息网，2007年中国旅游行业年度报告。

对象性的乐生活动。旅游的人,"实即艺术精神呈现了出来的人,亦即艺术化了的人"①。旅游活动,作为自由的生命表现的一种形式,摆脱了异化劳动的束缚。旅游主要属于精神性的享受和发展需要,是一定文化背景下的产物,是文化驱使的结果。没有文化的发展,就无法激发人们的旅游动机,也就不可能产生旅游。从历史发展的观点看,旅游与其说是经济发展的产物,不如说是人类文化进步的结果。经济发展为社会进步提供了物质基础,但是从宏观上说,经济发展只是整个社会发展的一个组成部分,是新的物质生产运动改变旧的社会图景的过程,是最深刻也是最根本的社会文化革命与观念革命,而且往往是新的文化观念的运动早于新的物质生产运动。"二战"以后,世界范围内旅游活动的兴盛,从表面看是全球经济恢复、繁荣的结果,从深层看则是文化观念转变的结果。正如日本前首相大平正芳所指出:20世纪中后期是从以经济为重心转向以文化为重心的时代,国民关注的目标由物质转向精神,转向生活品质的全面提高。正是这种转变与经济的增长表里协同、交互作用,才使旅游活动在近半个世纪内逐渐大众化、生活化、社会化。近年来,旅游和旅游业的发展出现了新的趋势。在现代技术和现代社会生活的影响下,人们的旅游需求日益复杂,选择也日益多样。旅游业的运作方式也在发生变化,逐渐超越传统的大众旅游运行模式,向更广阔的文化方向发展。总之,从旅游者的角度而言,旅游活动尽管带有经济色彩,但在本质上是一种文化活动。

随着旅游学术研究的深入以及学术队伍构成的多元化,一些人越来越注意到旅游的文化内核,甚至力主旅游是一种社会文化行为,是众多休闲行为中的一种。这些学者的研究在一定程度上揭开了罩在旅游之上的经济外套,深入到了旅游的本质,为旅游的研究提供了一个更有说服力的切入点。

法国学者让·梅特森认为,"旅游是一种休闲的活动,它包括旅行或在离开定居地点较远的地方逗留。其目的在于消遣、休息或为了丰富他的经历和文化教育"。这个定义虽然偏重于描述,但还是触及了旅游的实质,注意到了旅游的文化内涵及其休闲特征。在英语国家中,也有越来越多的学者在其著作中阐释了类似的观点。N·雷坡尔指出,"所有的休闲都带有某种逃逸的意思"。但"旅游却因其包含有空间的逃逸而不同于一般的休闲行为。旅游者向一个或几个休闲目的地的旅行过程就是这种逃逸的表现"。这里所指的逃逸(escape),是指对日常工作及生活环境的躲避。道格拉斯·皮尔斯也认为,"从一个更为技术性的意义上来说,可以把旅游看做是人们出自休闲和娱乐的目的而旅行以及暂时居留而引起的关系与现象"。

目前,世界公认的旅游定义是瑞士学者汉泽克尔和克拉普夫提出的,由旅游科学专家国际联合会(International Association of Scientific Experts in Tourism)通过的所谓"艾斯特"(IASET)定义:"旅游是非定居者的旅行和暂时居留而引起的现象和关系的总和。这些人不会导致永久定居,并且不从事任何赚钱的活动。"显然,这一定义引入了

---

① 徐复观. 中国艺术精神[M]. 沈阳:春风文艺出版社,1987.

旅游的社会属性,特别强调了旅游者在出行目的上的非经济性,但它同时"也把旅游看做是一种由旅游者的活动以及旅游者与目的地居民的关系所构成的综合现象"。

1.1.3.2 旅游资源的文化属性

旅游活动的产生和普及,一方面是由于人类无限的"理性冲动",即追求自由生命表现的内力的驱使;另一方面也受到旅游资源的吸引和激发,旅游目的地所具有的魅力调动和激发了人们旅游的欲望和动机,并最终转化为实际的行动。

那么,旅游资源的魅力又从何而来、由何而生呢?旅游资源按基本成因和属性,将旅游资源分为自然旅游资源、人文旅游资源和社会旅游资源。人文旅游资源泛指古今人类创造和积累起来的文明成果,是物质财富和精神财富的总和,在一定条件下可以用来转化为旅游产品;社会旅游资源主要是指民情风俗、人际关系、传统节庆、民间生活方式、特有的民族服饰与文化艺术形式等,还可以包括现代建设成就、新生事物等。"自然旅游资源和人文旅游资源都具有长效性和永续性,是静态的,具有供人们反复、轮番使用的价值;而社会旅游资源与上述两者的主要区别在于:社会旅游资源与人类社会生活密不可分或融为一体,它不具有长效性和永续性的价值,但可以由人们创造、制作而再生、再现、瞬息变化,是动态的。"①也有学者认为,人文旅游资源则是以形写神,表现出历史文化的内涵和神韵,突出的是一种历史特性,强调的是一种凝动的感性形象,是将动态的历史静态地显示出来;而社会旅游资源是以人为载体的一种社会现实,突出的是心理特性,注重的是现实的人的一种心理触动。尽管由于着眼的角度不同,导致了认识上的差异性,但有一点却是通用不变的,即人文旅游资源与社会旅游资源都是人类生产、生活活动的产物,属于文化的范畴,具有文化的属性。自然旅游资源是指能够使人们产生美感并能够成景成观的自然环境或物象的地域组合,其所涵盖的是可见可闻的客观存在,突出的是其物质的物理特性,特别强调人的官能感受(感觉、知觉)。大自然从一般的精神客体转变为审美客体,即由自然资源转变为旅游资源的时候,就意味着自然界已成为"人化的自然界"或"人类学的自然界",是表现和证明人的本质力量的对象。自然美是客观的,但自然美无疑是通过文化来鉴赏、反映和传播的,只有当自然界的形式韵律与主体人的生命韵律形成某种"同构"关系时,自然界才获得审美价值。可以说,自然旅游资源同样具有文化属性。因此旅游资源的魅力从文化而来,由文化而生。

旅游目的地形成吸引力的关键就是形成特色、突出文化,特色在实践的过程中更多地体现在文化上,在很大程度上取决于人文旅游资源的独特性。工业化促进了世界一体化,而世界一体化反倒使文化个性受到越来越多的青睐。特色鲜明的人文旅游资源与社会旅游资源在旅游市场竞争中可起到垄断或近似垄断的作用,能不断刺激旅游业的发展。法国旅游学家弗朗索瓦·韦拉曾把亚洲的主要旅游国分为三类:一类是具有航空与

---

① 魏向东. 旅游概论[M]. 北京:中国林业出版社,2000.

港口交通枢纽以及进入东南亚和中国的得天独厚的通道的国家与地区，如新加坡；另一类是工业国家，如日本；第三类是拥有特殊旅游资源的国家，如泰国。① 这个分类应该说是比较合理的。韦拉虽然没有提及中国，但很显然，中国属于其中的第三类。中国旅游资源的特殊性固然也体现在自然景观的丰富多彩，但更主要地表现在人文与社会旅游资源的绚烂奇丽。中国是世界四大文明古国之一，中华文化源远流长、博大精深，"在近现代以前的所有文明中，没有一个国家的文明比中国文明更发达、更先进"。在长期的发展积淀过程中，中国文化在各个领域都孕育出极其独特丰硕的成果，为全世界人民所瞩目。众多的文物古迹，灿烂的文学艺术，多姿多彩的民族风情，宏伟精深的思想宝库，构成了中国以古老东方文化为特色的国度形象，这一特点决定了中国的旅游发展必然带有浓厚的文化色彩。在中国，文化旅游也因其独具的文化底蕴和特有的文化氛围而备受广大游客的青睐，并将成为21世纪增长最快的旅游项目。

1.1.3.3 旅游目的地的文化属性

旅游目的地文化可以概括为：以突出的特色为文化形式，以丰厚的品位为文化内涵，以人本主义为文化本质。

旅游经济是特色经济，特色是旅游的灵魂，文化是特色的基础。一个旅游目的地的发展，必须不断追求文化创新，并以此作为发展方向。无论是以自然为主体的旅游目的地还是以人文为主体的旅游目的地，其本质都是生产文化、经营文化、销售文化；旅游者千里迢迢而来，本质上也是购买文化、消费文化、享受文化。在现代社会，信息技术高度发达，虚拟技术也已产生，人们完全可以通过现代技术"卧游"、"神游"，可为什么还要追求"身游"呢？就是为了追求眼、耳、鼻、舌、身的全面感受，为了追求综合性的文化体验。这种根本性的追求，就是旅游目的地发展的质的规定性，它要求我们在综合素质上全面提高，在文化品位上不断提升，在各个方面不断创新。旅游发达国家的很多旅游点令人赏心悦目，但仔细品味，却觉得只是舒适但无可观；我们的很多旅游区风景奇特但却令人不舒适，只是可观但不可身处。旅游目的地粗放的经营方式和粗野的服务方式贬低了文化、淹没了文化，甚至糟蹋了文化，这直接影响到经营效益的提高以及市场形象的改善，更影响到各个旅游目的地的长远发展。

旅游实践需要对旅游目的地形成一套定性的总体要求，这些要求，体现了高度的文化综合性，既是旅游者对一个完善的旅游目的地的要求，也是旅游目的地自身谋求长远发展的内在要求。概括起来，是两个方面十个"可"。

1. 从旅游者的角度来看

可进入——这是对旅游交通基础设施的要求，区外大交通便捷，区内小交通舒适有趣，总体确保安全。

可停留——这是对旅游服务设施的基本要求，散得开，容得下。

---

① [法] 弗朗索瓦·韦拉. 国际旅游经济与政策 [M]. 北京：旅游教育出版社，1989.

可欣赏——这是对自然景观和人文景观的要求，不仅要可观赏，而且要赏心悦目，具有丰富而深厚的文化内涵。

可享受——过去是"穷旅游"，只要能看到、能多看就满足了；现在是享受旅游，不仅要满足，而且要满意，不仅要吃饱，而且要吃好。旅游者提出了越来越高的文化要求和人本主义的精神要求。

可回味——离开目的地，回到常住地，要向亲朋好友炫耀，要拿出照片回想，要把购买的纪念品摆出来。达到这一步，就升华到一种文化境界。据国外旅游市场研究机构的调查，决定去一个旅游目的地的诸种因素中，口口相传的作用占45%，这是决定性的一个因素，也是对一个目的地的最高评价。

2. 从长远发展的内在要求来看

可联动——孤立的产品难以形成规模效益，要努力形成联动性产品，以至形成环形线路。

可拉动——在联动的基础上，形成足够的市场影响力，可以持续拉动市场。

可推动——通过一个旅游目的地的发展，推动当地社会经济文化的进步。回馈社会是一个有长远意识的、负责任的企业的必然行为，其中不仅体现企业理念，也洋溢着一种文化精神。

可发扬——持续发扬旅游目的地的特色，尤其是对一些文化旅游景观。

可持续——加强保护文化旅游所依托的自然生态环境和社会人文环境，达到全面的可持续发展。

1.1.3.4 旅游业的文化属性

旅游资源对旅游者产生了深远持久的吸引力，但要将这个吸引力转化成实际性的旅游产品，产生经济与文化效益，却有赖于旅游业的市场开发，而旅游活动与旅游资源的文化属性决定了旅游产业的文化属性。

旅游业即旅游介体是国民经济产业部门之一，以实现经济效益为目的，经济性是旅游业的本质属性。它的主要服务对象是旅游者，旅游者以追求精神享受为旨趣，可以说是文化消费者或审美消费者。因此，旅游业的核心产品只能是文化产品，旅游经营者必须为消费者提供文化享受，方能实现盈利目的。正是因为旅游供求具有这样的特殊性，才决定了旅游业在具有经济性的同时还具有文化特性，在遵循经济规律的同时还必须遵循文化规律。

旅游资源开发是旅游业发展的基础。在大多数情况下，旅游资源，特别是人文旅游资源只是制造旅游产品的原材料。在这里不宜过分强调资源，资源的关键在于如何利用。潜在的旅游资源优势能否很好地转化为实在的旅游经济优势，取决于人们对旅游资源的开发和利用，取决于进入市场的旅游产品是否适销对路。人文旅游资源是相对复杂的资源，既具有客观的物质属性，又具有超乎物质之外的精神属性。比如说，北京的四合院，旅游发展伊始，很多专家就指出四合院是北京旅游开发的一个重要资源，但搞了

20年，也没利用起来，只是建了些四合院的餐馆，除此之外，大家不知道四合院该怎么利用。摄影家徐勇，出版了几本以北京胡同为题材的影集，在社会上产生了一定的影响，由此引发了一个想法，组织了一个北京胡同游文化旅游公司，买了100辆三轮车，请了200个外地民工，搞起"胡同游"。现在"胡同游"这个产品已经做成了北京的名牌旅游产品，2001年仅外国旅游者就接待了10万人左右，很多外国人到了北京之后点名要参加这个活动。著名作家张贤亮在宁夏做了一个旅游项目，叫镇北堡西部影视城，其创意就是"出卖荒凉"，荒凉也成了一种旅游资源。但是，荒凉要出卖就必须要转化成产品，本质上，"出卖荒凉"是出卖西部文化，虽然严格地说现在还称不上是旅游精品，但是它的文化底蕴比较深，已经做得颇有些味道了。总之，人文旅游资源的开发和利用常常与历史文化的整理、选择、强化、辐射密不可分。在市场经济体制下，旅游资源的开发者还必须了解旅游客源地区的文化特征，寻求本地旅游资源文化内涵与旅游者背景文化之间的沟通桥梁，据此提炼、加工、组合、促销旅游产品。唯其如此，才能保证旅游经济效益的获得和提高。旅游资源的开发和利用反映着一个国家和地区人民的智慧和创造力，既是一种经济活动，又是一种文化活动。

　　由于旅游消费本质上是文化消费，旅游业的文化特性就不仅仅体现在旅游资源开发、旅游产品（主要是指景点景区）设计一隅，也渗透在旅游业多种部门的运行之中。例如，旅游饭店业的经营管理就带有明显的文化色彩。现代旅游饭店不是简单地提供膳宿的场所，而是集膳宿、社交、娱乐、审美种种功能于一体的综合性场所。它不仅要能满足旅游者生理的、物质的需求，更要能够满足旅游者精神享受的需要。饭店的建筑、设备设施、餐饮产品乃至服务人员的行为形象，无一不是客人的审美对象。因此，一个优秀的饭店，有必要在饭店建筑造型、内部装饰等方面注重文化个性的塑造与表现，有必要不断提高餐饮、客房、娱乐等环节的文化品位，有必要培养和提高服务人员的文化素质，提供有情调的个性化服务。实践已从正反两个方面证明：只有提高饭店产品的文化含量，才能提高饭店的档次，增强吸引力和竞争力，在市场经济中立于不败之地。任何一家饭店的管理体系和制度都建立在特定的文化环境之中。越来越多的饭店管理人员通过亲身的实践意识到：不顾本国或本地区的文化传统，死搬硬套别人的管理模式，是行不通的或低效的。只有一方面吸收国外或外地先进的饭店管理理论与思想，另一方面根据本国或本地的文化传统对其加以取舍、消化、完善，才能真正管理好饭店，才能推动中国饭店业的健康发展。

　　旅游业事实上是一个由若干性质截然不同的行业松散地组合起来的集合体。对旅游接待地整体而言，旅游业的产品是众多部门协同作用的结果。这些部门既包括建筑、轻工业等一系列物质资料生产部门，也包括文化、教育、宗教、科技等非物质资料生产部门。随着社会的进步，非物质资料生产部门的"产品"在旅游产品综合体系中的地位不断提高。美国夏威夷大学旅游学院院长朱卓任教授在论及上海市的旅游业发展问题时指出："上海只有成为文化中心，才能成为国际旅游中心。"其言外之意是相当清楚的。

同时,旅游对接待地的影响不仅表现在经济方面,还表现在社会文化、生态环境方面,既有积极的意义,也可能产生消极的作用。大量游客涌入接待地,势必带来各种各样的文化形态,导致对接待地文化产生潜移默化的影响。如果这种文化变迁得不到有效的控制,接待地的固有特色和旅游发展潜力就会受到损害,进而使其由盛至衰的生命周期缩短。这样的情况在许多国家和地区都不同程度地出现过。它提醒人们:旅游业的可持续发展并不是一个简单的经济问题,把旅游业视为经济-文化产业更符合旅游业的本质。由于旅游有可能给接待地社会文化和生活环境带来负面影响,因此政府对旅游业发展加以文化上的控制就显得十分重要,也十分必要。

总之,文化是旅游者的出发点和归结点,是旅游目的地吸引力的渊薮,是旅游业的灵魂。

1.1.4 旅游文化的定义及其建构

1.1.4.1 旅游文化的定义

正确而深刻地理解旅游文化的内涵,并对其进行科学的分类,是加强旅游文化建设的前提条件,它将使旅游文化的建设更具有针对性、目的性和实际操作性。

旅游文化学是一门新的学问,也是一门正在探索和成长、成熟着的新学科。几乎所有以旅游文化命名的教材,都给出了关于旅游文化概念的定义或界定,而且思路也比较一致,即从文化概念入手,通过参考已有的对旅游文化概念的界定,从旅游过程中主客体遭遇、消费和产生的文化这样的思路框架,给出了自己的定义。我国旅游学界关于旅游文化概念界定的代表性意见大致如下:

(1) "旅游文化是与旅游有关的物质财富与精神财富的总和。它包括旅游意识、旅游活动及其精神产品。"①

(2) "旅游文化是人类创造的有关旅游不同形态特质所构成的复合体。具体说来,旅游文化是古今中外不同文化环境下的旅游主体或旅游服务者,在旅游观赏或旅游服务中体现的观念形态及外在行为表现以及旅游景观、旅游文献等凝结的特定的文化价值观。"②

(3) "旅游文化是旅游者和旅游经营者在旅游消费或旅游经营服务过程中所反映、创造出来的观念形态及其外在表现的总和,是旅游客源地社会文化和旅游接待地社会文化通过旅游者这个特殊媒介相互碰撞作用的过程和结果。"③

(4) "旅游文化是人类过去和现在所创造的与旅游关系密切的物质财富与精神财富的总和,凡在旅游活动过程中能使旅游者舒适、愉悦、受到教育,能使旅游服务者提高

---

① 张复. 旅游文化 [M]. 北京: 北方文艺出版社, 1991.
② 郝长海. 旅游文化学概论 [M]. 长春: 吉林大学出版社, 1996.
③ 马波. 现代旅游文化学 [M]. 青岛: 青岛出版社, 2001.

文化素质和技能的物质财富和精神财富，都属于旅游文化的范畴。"①

（5）"旅游文化是人类在特定的社会条件下，在社会文化环境的影响、制约下，经过旅游活动的具体实践的体验和积淀，形成的各种关于旅游的思想、意识和观念以及由各种意识形态凝聚成的有关旅游的各类物质的总和。"②

（6）"旅游文化是人类通过旅游活动改造自然和化育自身的过程中所形成的价值观念、行为模式、物质成果和社会关系的总和。"③

（7）"旅游文化是一种文明所形成的生活方式系统，是旅游者这一旅游主体借助旅游媒介等外部条件，通过对旅游客体的能动作用，碰撞产生的各种旅游文化现象的总和。"④

（8）"旅游文化是奠基于人类追求自由、完善人格而要求拓展和转换生活空间的内在冲动，其实质是文化交流与对话的一种方式。它是世界各区域民族文化创造基础上的后现代全球化趋势中大众的、民间的休闲消费文化。"⑤

笔者认为，大多数学者对旅游文化的界定或囿于某种角度，如"民族文化说""主体说与客体说""旅游者主体说"，或稍显宽泛，令人难以把握，诸如旅游主体文化、旅游企业文化、旅游产业文化、旅游消费文化等重要文化概念缺乏能将之统一整合的文化范畴。所以，在研究旅游产业发展的文化建构问题时，往往缺乏一个明确的逻辑起点，围绕旅游文化概念，存在着许多歧见和争议。

章海荣在《旅游文化学》一书中阐述，旅游的外出生活涉及久居地文化、目的地文化、旅游主体文化身份以及因主体的活动和生活导致这三者相互作用的文化创造，这一文化创造形成了跨文化流动和交往的现实。一种文化的诞生首先有赖于产生这一文化的自然环境的物质基础和条件。外出旅游脱离了久居地，也就必然会创造出另外一种非久居地的文化，这种文化由承载着一定文化身份的主体进入另一文化区域——暂时居住地的跨文化的、间文化的、流动的非定居地文化。不同空间的人们由于所处自然环境和社会环境不同，其创造的文化就具有不同类型和特点，形成了不同的文化传统。相异的文化会通过各种途径进行交流，这种交流正是促进文化发展的一种重要机制。而交流的具体形式之一就是人类对原有文化环境的走出与对不同文化环境的进入。旅行和旅游就是人类社会最普遍和民间最自由的对异质文化的体验、比较和影响，是文化交流与对话的一种形式。

旅游文化学鲜明的个性和特征就是以文化交流和对话为核心事件而展开的，这种个性和特征影响着人类生活和存在方式的社会趋势。跨文化交流的旅游文化，涉及客源地

---

① 王明煊. 中国旅游文化［M］. 杭州：浙江大学出版社，1998.
② 夏太生. 中国旅游文学暨文化概论［M］. 哈尔滨：黑龙江人民出版社，1990.
③ 谢贵安，华国梁. 旅游文化学［M］. 北京：高等教育出版社，1999.
④ 沈祖祥. 旅游文化概论［M］. 福州：福建人民出版社，2004.
⑤ 章海荣. 旅游文化学［M］. 上海：复旦大学出版社，2004.

的旅游主体与目的地东道主两者的文化存在，以及两者通过旅游这种方式进行的交流，而这种交流又必须借助于一定的媒介才能完成。因此，旅游文化学理论系统是以跨文化交流的现实为基础，由交流的主体、交流的客体、交流的介体和交流的实施（旅游消费）这样的大结构规定而成。旅游文化学的理论体系便是以下各个环节所构成的连续的旅游过程及完整的社会文化整合：旅游者久居地即客源地的社会文化环境—旅游主体的文化身份—旅游中介体—旅游目的地的社会文化环境—旅游主体结束旅游后回归久居地等。在旅游主体发生旅游之前，各种文化现象虽然早已存在，但无旅游则无关联，通过旅游主体的位移即生活空间的转换，所涉及的各种文化现象便迭相发生，不同的文化现象构成一种内在的有机联系，形成一种文化系统——旅游跨文化交流系统。在这个系统中，旅游主体居于重要的地位。旅游主体在跨越文化空间位移过程中，使分散的社会区域得到互动性的联结，形成了旅游关联系统。旅游者的跨文化流动使原本分散的客源地和目的地联结成为超越单一定居地文化的社会交流与对话网，使旅游出发地与目的地、客源国与东道国在经济与文化上联为一体。旅游者既是文化交流的主体，又是一定文化的载体。他们在旅游中主要是去感知、学习异国他乡的文化，同时也把自身的文化和他所感受到的文化，有意无意地传播给了异国他乡的人们，影响了旅游目的地的社会和文化构成。作为旅游目的地和东道国旅游服务提供者和世居人民，则将自己看做是主人，将旅游者看做是客人。在与客人的交往与直接的交流中获得了异质文化的信息和熏陶。一个区域的开放与旅游者的涌入、旅游经营者的涌入，其本身就是文化的传播，同时也带来了文化交流、融合或冲突等一系列文化事件。

由于旅游者对文化空间的跨越，亦使旅游文化成为一种移动的文化。旅游团体则形成一种移动的社会。这种移动性是导致文化交流和对话的基础，也是旅游不同于定居的最根本的特征。这种移动的社会和文化对旅游者个人是暂时性的、短暂的，但在后现代全球一体化大背景下，旅途中的世界公民的队伍正日益庞大，以各种方式卷入和参与旅游的人们、家庭、组织和区域社会越来越多，这种移动性的旅游文化正形成与定居文化相互补充的客观存在。

综上所述，旅游文化学理论的逻辑系统，是一个最粗线条的框架，是旅游文化学最基本的或核心理论的构成。具体包括：

旅游主体的文化身份（旅游者）；

区域文化生态系统（旅游目的地）；

旅游的跨文化交流（旅游媒介、旅游消费事象）。

所以，笔者认为，旅游文化是文化交流与对话的一种形式，是以旅游主体为中心，以区域文化生态为对象，以跨文化交流为媒介，在丰富多样的旅游活动中迸发出来的、形式复杂多样的各种文化行为表征的总和。它是一种有时间和空间上的延续性，而没有国界性或地域性的、动态的路上文化。由于旅游作为一种社会文化现象有着极其悠久的历史，因而旅游文化是人类创造的、与旅游活动相关的物质和精神财富的总和。

1.1.4.2 旅游文化的建构

地理环境和人文环境构成了人类活动的背景和基础。自然环境因素不仅作用于人的生存和生长，还作用于人类社会组织，且对人的心理产生强烈影响。人在文化创造活动中，一方面由于生存的需要带有一种亲自然的倾向；另一方面，文化创造又为人带来了新的环境，使人具有一种文化的适应性，同时也形成了各具特色的世界多民族的文化特色和文化传统。作为人类文化背景和基础的地理环境、人文环境与文化传统，不仅赋予了旅游主体特定的文化身份，影响着人们旅游方式和旅游目的地的选择，还构成了旅游目的地的文化生态系统。世界上的每一种文化都不可能在一个封闭的系统中与外界发生作用。历史上的商旅、游学等旅游（行）活动促进了不同民族间的文化交流与文化影响，旅游成为连接各民族文化的重要纽带。旅游是大规模的跨文化交流，而作为文化交流最重要的表现，就是近现代兴起的大规模休闲度假游。现代旅游兴起后，旅游者就必须通过购买和利用各类旅游企业的有形产品和无形服务来实现自己的旅游计划。人们在购买了旅游产品之后就成为旅游消费者，其消费行为也就成为一种文化，这种文化包含两层含义：既指文化对旅游者消费行为的影响，也指旅游者在消费过程中的各种文化表现。旅游企业文化与旅游消费文化都是跨文化交流中碰撞产生的文化现象。

基于上述考虑，依据笔者所给出的旅游文化概念，确立旅游文化学最基本的核心理论具有不可或缺的三个环节：旅游主体的文化身份；旅游目的地的文化生态系统；跨文化交流中的文化现象及影响。本书是从这三个方面来构建旅游文化概论的主体内容，即：

旅游文化的定义与研究对象；

旅游文化传统的类型及变迁与当代发展；

旅游主体文化；

旅游目的地文化；

旅游消费文化；

旅游企业文化。

循着上述给出的旅游文化学基本理论的构成，旅游文化学的学理特点也自然地显示出来。简单地说，在对旅游文化的定义与研究对象的论述中涉及的是旅游学与文化学；在对主体文化身份的阐述中涉及的是文化人类学，还有生态人类学和社会心理学等学科内容；在对区域性文化生态系统阐发中涉及人文地理学、文化社会学（文化人类学）的学科内容；对旅游消费与跨文化交流的阐发中则涉及休闲学理论、跨文化交流学、比较文化学（比较文学的延伸和扩展）等学科内容。旅游文化学的学理特点就体现在支撑这门新学科的最贴近的相对成熟的各学科的相关理论中，由它们整合，成就这门新学科的学理源流和理论特色。

1.2 旅游文化的研究对象与内容

1.2.1 旅游文化的研究对象

旅游文化是一种客观存在的社会现象，它不是一般文化向旅游领域的简单移入，而是人们在旅游活动中的文化创造，具有与一般文化所不同的特质。

旅游文化以旅游文化现象、旅游文化本质以及旅游文化产生和发展的规律作为研究对象，以考察各种旅游文化现象作为入门的向导，以探究旅游文化的本质及其产生和发展的规律为主要任务。

1.2.2 旅游文化的研究内容

1.2.2.1 旅游文化传统的变迁与发展研究

自人类诞生，动物性的本能觅食转变为人类有劳动意识和行为的经济活动。任何经济活动都离不开特定的地理环境，地理环境是人类经济活动的背景和基础。除了自然环境、经济活动自身所要求的经济技术合理性等以外，人文环境也是影响经济活动分布的重要因素。人又是文化的产物，人在经济活动的同时创造了文化。人在文化创造活动中，一方面由于生存的需要带有一种亲自然的倾向；另一方面，文化创造又为人类带来了新的环境，使人具有一种文化的适应性。在物质文明与精神文明的共同进步、交相推行的历程中，不同的民族、不同的地域形成和发展了各自的文化传统。旅游文化传统是旅游客源地与旅游目的地的文化环境与文化背景，由于旅游者的位移和传播，原本互不相干的两个或多个相对离散或完全隔离的文化产生了碰撞，在碰撞中或产生成功的文化涵化与交融，或产生失败的文化冲突和对抗，既对旅游目的地产生重大影响，也对旅游者尤其是对旅游主体文化人格的塑造起到重要的作用。

在人类发展的历史长河中，以聚居地形式和层次分类，可明显地区分出村落、部族、滨海、市镇和城市。这五种聚居地以各自鲜明的文化特色并存于世。从旅游文化的角度分析这五种不同经济环境下的旅游文化传统的变迁与发展，了解生态环境纯客观的渐变过程与旅游文化系统之间的相互影响，是十分必要的。

1.2.2.2 旅游文化事象研究

人们对旅游现象的实质的认识，更倾向于认为旅游是经济、社会、文化等多种社会现象相互作用的综合性产物，而不是单一的实体。旅游文化事实上概括了旅游的各个方面，旅游文化学是对旅游活动中文化现象综合性的、总体性的考察。所谓综合性，这里不仅指多种关系和现象形式上的并存，更是指它们之间存在的内在的有机联系。由于这种内在联系，使多种现象综合作用所形成的旅游现象具有其自身的有别于其他现象的潜在的多元化结构形态。旅游文化学着重考察体现在旅游活动中各个方面、各个领域的文化现象之间、旅游文化与旅游经济之间的相互联系，从而揭示这些文化现象背后包含的共同的普遍的本质，揭示旅游发展的一般规律和特殊规律。

1. 旅游文化的综合性研究

传统旅游文化事象类型包括：旅游的起源和发展历程、旅游的传统观念、古代旅游者、传统的旅游文学作品、古代旅游习俗等。现代旅游者的很多行为，都深受传统旅游观念和行为模式的影响。

现代旅游文化事象类型包括：现代旅游主体及其旅游观念、当代旅游风俗及消费的新动向、旅游交际关系、旅游经营观念、旅游企业文化、旅游行业管理、旅游法规、旅游行政管理机构、旅游交通和食宿设施、旅游纪念品及其设计思想、旅游社会环境文化、旅游资源的保护与开发等。现代旅游文化仅仅是历史长河的一瞬，但却占有相当大的分量。比较旅游文化事象类型，包括中外旅游观念、中外旅游历史、中外旅游习俗、中外民族旅游性格等各个方面的比较及其结论。旅游是一种跨越文化空间并联结异质文化圈的活动，因此旅游文化常常伴随着接触、冲突、互渗和交融的发生，将不同的文化进行比较和分析，从比较的角度发掘出比较旅游文化的种种事象及其特征，将是十分有益的。

2. 旅游主体文化

旅游主体是旅游文化的核心，是旅游本质的集中表现。旅游主体文化主要研究旅游主体的文化身份、文化特征、文化人格等。

3. 旅游目的地文化

旅游文化研究的另一个重要内容是旅游目的地文化的影响。20世纪70年代以来，国外就旅游发展对旅游目的地文化影响的研究相当活跃，并提出了不同的观点。对目的地文化影响的理解是见仁见智。本书主要对旅游目的地文化的定义与特点、旅游目的地文化的类型、旅游地域文化的整合与转型等进行阐述。

1.2.2.3 旅游企业与旅游消费文化研究

旅游的跨文化交流是旅游文化研究的核心内容之一。科技的进步压缩了时空，缩小了世界，旅游行业与企业等介体提供了舒适便捷的旅游消费环境，生活在不同文化地区的人们之间的交流就变得空前地容易起来。旅游交通、旅游宾馆、旅游服务等，在整个旅游文化系统中居有重要的地位。因此将旅游企业文化、旅游消费文化纳入了旅游文化的具体研究内容。

1.2.2.4 文化旅游研究

文化旅游的内涵，显然超越了旅游资源分类的传统模式，也超越了旅游产品本身，它以某些自然和人为景观为基础，以相当丰富和深沉的人文内容为构成要素，能使旅游者获得综合性的多重满足。文化旅游实际上就是对异地文化或异质文化的憧憬、遐想等的文化介入所导致的文化需求的满足过程。文化旅游是现代社会跨文化间的一种交流和互补，是旅游文化的市场化。文化旅游的涉及面很广，它具有文化调试功能与文化传统价值，是21世纪增长最快的旅游项目。

[案例1-1]
美国旅游业中增长最快的旅游项目——文化旅游①

纽约是美国第一大都会，众多的景点吸引了大量的外国游客；纽约的文化活动产生近100亿美元的经济效益，其中四分之一来自游客。费城美术馆1999年举行了19世纪法国画家塞尚的画展，大约55万人参观，打破了这家美术馆120年以来单项画展观众人数的最高记录；同时给这座城市带来了8 700万美元的收益。

文化旅游的发展带动了美国30多个州竞相开拓文化旅游项目。加利福尼亚州洛杉矶文化旅游负责人罗伯特·巴雷说："文化旅游大概是美国增长速度最快的旅游项目。因为各个城市发现，文化旅游可以获得相当可观的收入。"据统计，1996年有5 400万美国人进行了至少一次161千米的旅游活动，参观博物馆和历史景点。有3 300万人专门为参加文化活动或艺术节而旅游。

为了增加文化旅游的项目，美国的许多城市大力兴办文化旅游点。在佛罗里达州的奥兰多，每年有大约3 700万人参观这里的迪斯尼乐园、制片厂和海洋世界。由于担心景点多年不变会使游客乏味，奥兰多市还请来世界著名男高音歌唱家帕瓦罗蒂和多明戈等人开演唱会，举办毕加索画展，邀请伦敦交响乐团来演出，当地的乐团还举办了以《海边贝多芬》为主题的两周古典音乐节和有关贝多芬及古典音乐知识讲座并放映有关影片。当地的美术馆、科学中心、影剧院、乐团、芭蕾舞团都成为奥兰多吸引游客的文化项目。精明的奥兰多人甚至还想出了借助外国文化传统扩大旅游收入的点子，于2000年5月举办为期4个半月的中国帝王陵墓出土文物展览。

美国的其他城市都在想方设法增加"文化味"。亚利桑那州的比斯比原来是一座采矿业城市，现在这座城市有27座画廊、3座博物馆，2000年5月还举行了首次艺术节。弗吉尼亚州的滨海城市诺福克开支190万美元，举办了为期18天的国际艺术节。在新墨西哥州的罗斯韦尔，传说50年前曾有一架飞碟在这个地方坠毁。罗斯韦尔市的旅游部门借助飞碟坠毁周年纪念开展文化旅游活动，有10多万游客参观了罗斯韦尔的博物馆、美术中心、天文馆和其他文化设施。

美国的旅馆业也积极参与文化旅游事业。波士顿的十几家旅馆与波士顿科学博物馆联手组织游客参观波士顿科学博物馆的达·芬奇画展。费城的四季饭店安排游客欣赏费城交响乐团的演出，参观费城白兰地酒厂和美术馆、大森林花园。在休斯敦，饭店也和

---

① 王东. 美国旅游业中"增长最快的项目"——文化旅游 [M] // 张国洪. 中国文化旅游 [M]. 天津：南开大学出版社，2001.

旅游公司挂钩免费参观剧院和其他文化景点。加利福尼亚州的圣何塞是美国高科技城市硅谷的所在地，这座城市的旅游业和旧金山共同开展文化旅游活动，联手组织音乐会、芭蕾舞演出，以增加客源。

有些大城市还利用重大事件开展文化旅游。举办过奥运会的亚特兰大，组织了100多个艺术和文化组织举行为期3年的文化旅游活动。

美国的"母亲河"——密西西比河沿岸的几座城市建起了文化旅游长廊。圣路易、孟菲斯和新奥尔良3座沿河城市是美国音乐传统最丰富的地区，这3座城市组成了长达1126千米的音乐长廊，营造文化旅游氛围，吸引了美国各地及远在日本的音乐爱好者来到这座音乐长廊漫游。

1.3 旅游文化的研究方法和意义

1.3.1 旅游文化的研究方法

作为一门新兴的跨领域学科，旅游文化的理论（方法）主要是通过"解决问题"式的途径逐步从其他相关学科移植、渗透和融合而来，具有鲜明的学科交叉性与包容性，这决定了旅游文化的研究方法具有多样性和综合性的特点。这里主要对整体论研究方法、多学科和跨学科研究方法、田野工作与社区研究方法稍作阐述。

1.3.1.1 整体论研究方法

整体论是人类学的重要研究方法，是从社会文化和人类行为的各个方面和层次研究社会的文化元素和行为，把社会或文化当作一个整体来研究。它同样适用于旅游文化的研究。

旅游文化的研究内容非常广泛，它不但要研究旅游文化的特点及其发展规律，而且还要研究历史上那些制约旅游文化的外部因素及其相互关系。从纵向来说，需要对各个不同历史发展阶段上的旅游文化进行综合研究，揭示各个历史阶段旅游文化的具体发生发展过程，比较清楚地描绘出旅游文化发生发展的历史过程，力图发现和再现历史的本来面目；从横向来说，需要对旅游文化的各组成部分及其相互关系进行系统的跨文化比较研究，将不同历史、不同区域、不同民族的异质文化进行广泛的比较研究，从而发现彼此的联系，认识和总结旅游文化产生、演变、发展的规律。整体论的研究方法，融合了历史研究和比较研究等方法，有助于人们克服旅游文化研究过程中只重部分、忽略整体考察的倾向，使人们更清楚地认识到旅游文化系统内部诸要素及其环境之间的相互联系，从整体上把握旅游文化的性质、特征、内容、形式、结构、功能、类型和变迁，从而更准确地掌握旅游文化发展的演变规律。

1.3.1.2 多学科和跨学科研究方法

旅游文化是在与多学科的结合、碰撞、融会过程中形成的学科和专业。旅游文化伴随着旅游活动而产生,但它形成之后,就相对独立于社会文化的各个领域,显露出自己的个性。作为一种独立的文化形态,旅游文化有自己特定的内容,它覆盖了与旅游业相关的一切文化事业、文化研究和文化环境,包罗了人们对旅游的理论研究成果,如旅游学、旅游经济学、旅游管理学、旅游心理学、旅游美学、旅游文学、旅游地理学、旅游教育学、旅游影视艺术等,具有为旅游业奠基和定向的作用。旅游文化的内涵十分丰富,外延也相当宽泛。旅游文化"既涉及历史、地理、民族宗教、饮食服务、园林建筑、民俗娱乐与自然景观等旅游客体文化领域,又涉及旅游者自身文化素质、兴趣爱好、行为方式、思想信仰等文化主体领域,更涉及旅游业的服务文化、商品文化、管理文化、导游文化、政策法规等旅游介体文化"①。

旅游文化的跨学科性质,不仅仅表现在旅游文化研究的历史进程当中,实际上植根于旅游文化研究对象的复杂性和综合性这个根本点上。由于旅游文化的本质规定性及其各个层次表现出来的特征,注定了旅游文化包容的内容之广泛,牵涉的关系之复杂,涉及问题性质之特殊,是绝非一般性的和单一的学科可以研究和给出答案的。在现代科学综合化和整体化趋势下,多学科、跨学科的研究方式将处于特殊重要的地位。因此,旅游文化的研究方法需借助旅游学、文化社会学(文化人类学)、经济学、美学、历史学、民俗学、心理学、地理学、统计学、跨文化交流学等其他学科的研究方法,进行多学科、跨学科的研究。它不仅要利用多门学科进行相对独立的研究,还要进行多学科间相互作用、相互补充的合作研究,强调在解决问题时各学科的互补作用。

1.3.1.3 田野工作与社区研究方法

田野工作和社区研究,都强调直接的观察、访问、记录和测量的方法和手段。这是在文化人类学、社会学、民族学、民俗学和环境科学中广为使用的研究方法,也是一种实证性的研究方法。对于文化人类学来说,田野工作这种特殊的研究方法在号称美国人类学之父的鲍亚斯那时就已经开始。他和他的弟子们用记音法详细记录歌谣和神话传说,用代写自传的方法记录下重要人物的事迹等,为科学的田野工作奠定了基础。而在20世纪初产生于英国的以马林诺夫斯基为代表的功能学派人类学,虽然理论取向与鲍亚斯全然不同,但他们同样强调田野工作的重要性,并把田野工作提高到新的水平。马林诺夫斯基以其令人钦佩的学术成果和他在特洛布里安德岛的长期生活的经历证明了田野调查在文化人类学研究中的意义。

旅游文化学研究对象与性质决定了其实践性,决定其同样注重实地考察,强调通过研究者亲自活动去积累资料,而且资料越真实、越具体、越丰富越好,因为客观、具体、运动是旅游文化存在形态的主要特征。只有通过深入和成功的调查研究,才可能使研究者获得宝贵的第一手资料,才可能获得必要的感性认识。从一定意义上说,旅游文化的认识与研究,就是在研究者的旅游活动中进行的,是研究者的旅游学术活动。实地

---

① 林永匡. 弘扬优秀文化,强化阵地意识 [N]. 中国旅游报,2001-01-17.

考察，实物认识，实在感觉，这一切是旅游文化学习与研究的不可替代的方法与过程。

马克思、恩格斯在《神圣家族》中说："科学是实验的科学，科学就在于用理性方法去整理感性资料。归纳、分析、比较、观察和实验是理性方法的主要条件。"应当说，马克思和恩格斯关于科学研究方法论这段话同样适用旅游文化领域。

1.3.2 旅游文化的研究意义

随着我国旅游业的兴起和迅猛发展，文化在旅游业中的地位和作用越来越重要，它正在成为整个旅游业的灵魂和支柱，决定着旅游业的发展方向和兴衰成败。与此相适应，旅游文化的研究也正在向纵深发展，作为一门新兴学科，其内容亟待建设和完善。因此，深入探讨旅游文化的特征及其在旅游业中的地位和作用，具有重要意义。

1.3.2.1 有助于解释人类的旅游行为，揭示旅游活动发展的机理

人类的旅游活动固然要受到经济因素的影响，但从根本上来说，是人的一种自觉的活动，是文化驱使的结果。旅游文化学从文化这个特殊的角度来审视旅游活动，研究旅游产生、发展乃至成为人类生活不可或缺的组成部分的内在原因，为人们认识旅游的本质提供了最有效的方法和途径。旅游文化学不仅注意对旅游现象的研究，而且通过对这些现象的纵横比较，探讨旅游行为运动变化的机理、发展趋势，按照一定的理论方法对未来的情况进行预测，有助于旅游活动的全面发展。

1.3.2.2 有助于提高旅游业的经营管理水平，促进旅游经济效益的提高

旅游业发展受到经济规律和文化规律的支配，只有遵循这些客观规律，旅游业才能得到有效的发展。人们在进行旅游产品开发和旅游企业经营管理时，一般对经济原理相当重视，但对文化规律的认识还很不够，使许多活动行为具有盲目性。旅游文化的研究，能促使旅游从业人员进一步认识旅游业发展的文化规律，从理论认识上提高自觉性，减少盲目性，更有效地按照文化发展的客观规律经营和管理旅游业。旅游文化学研究还能帮助人们正确认识和理解旅游活动的社会影响，处理好旅游业的经济作用和社会作用之间的关系，促进接待地整体的、全面的、持续的进步。旅游活动和旅游业发展不仅会给接待地带来经济效益，还会导致接待地社会文化的深刻变化，这种变化会带来正面和负面的影响。任何一个国家或地区发展旅游业，最终的目的还在于提高其人民的整体生活品质，因此必须重视旅游对社会文化的影响，并以此作为制定旅游发展政策和具体措施的依据之一，努力将旅游的负面作用降至最低。

1.3.2.3 有助于增强人们的旅游意识，提高整体的服务质量，改善旅游环境

旅游文化的研究对于提高旅游者和旅游从业人员的文化素质有着十分重要的意义。世界旅游组织最近的一份研究报告提到：经过 40 多年的快速发展，世界旅游业开始进入一个新的发展时期（New Age of Tourism，简称 NAT)，全面质量管理和人力资源开发

成为影响旅游业的两个最主要的因素。我国的旅游业人力资源状况距旅游业发展的客观要求和世界先进水平还相差甚远，这不仅表现在专业技能方面，也表现在整体文化素质方面。因此，提高旅游从业人员的文化素质就成了促进我国旅游经济增长的主要措施之一。旅游文化研究将帮助旅游从业人员认识人和文化的相互关系，自觉地去创造和发展进步的文化和良好的文化环境，还将极大地提高我国国民的文化素质与旅游意识，改善我国的旅游环境，增强我国旅游业的国际竞争力。

1.3.2.4 有助于建构旅游文化学科体系，丰富旅游学和文化学的研究内容，推动社会科学的发展

旅游文化学是旅游学和文化学的交叉学科。旅游文化学围绕着"旅游"这么一个基本概念展开，与旅游学有着一个共同的结构。旅游文化学是旅游学出现之后才诞生的，是旅游学的分支学科。旅游文化学又可以说是文化学研究中的一个特殊领域，它借用文化学的理论、概念和方法，对旅游活动中的文化现象和文化规律进行研究，是文化学的延伸和扩展，也是文化学的分支学科。所以说旅游文化学研究能同时丰富旅游学与文化学的内容，促进旅游学和文化学的发展。此外，现代旅游已经大众化，是人类理想的生活方式，旅游文化的历史与人类劳动的历史已成为平等的研究对象。旅游文化在今天具备了广泛的社会意义，已成为当今社会科学的研究对象。

□ 本章小结

1. "文化"是各种经典文选中出现频率最大、歧义最多的概念之一。我们认为《中国大百科全书·社会学卷》对文化所下的定义既符合一般的"文化"意义，又符合中国人对文化的理解。《中国大百科全书·社会学卷》定义："广义的文化是指人类创造的一切物质产品和精神产品的总和。狭义的文化专指语言、文学、艺术及一切意识形态在内的精神产品。"

2. 旅游是一种文化现象，旅游文化是旅游与文化的深层次的结合。旅行产生之初，主要出于商品交换的目的，但近现代的旅游活动，显然摆脱了经济的旨趣。在现代技术和现代社会生活的影响下，人们的旅游需求日益复杂，旅游动机也日益多样。现代旅游业逐渐超越传统的大众旅游运行模式，向着更广阔的文化方向发展。

3. 文化是旅游者的出发点和归结点，是旅游目的地吸引力的渊薮，是旅游业的灵魂。旅游文化是文化交流与对话的一种形式，是以旅游主体为中心，以区域文化生态为对象，以跨文化交流为媒介，在丰富多样的旅游活动中迸发出来的、形式复杂多样的各种文化行为表征的总和。它是一种有时间和空间上的延续性，而没有国界性或地域性的、动态的路上文化。旅游主体的文化身份、旅游目的地的文化生态系统、跨文化交流交往中的文化现象及影响，是旅游文化概论的主体内容。

4. 旅游文化以旅游文化现象、本质及其产生和发展的规律作为研究对象，以考察各种旅游文化现象作为入门的向导，以探究旅游文化的本质及其产生和发展的规律为主

要任务。旅游文化的研究方法具有多样性和综合性的特点，主要有整体论研究方法、多学科和跨学科研究方法、田野工作与社区研究方法等。深入探讨旅游文化的特征及其在旅游业中的地位和作用，具有重要意义。

□ **课堂讨论题**

辑录3～5条旅游文化定义，进行阅读、分析、理解，谈谈你对旅游文化的理解与定义。

□ **复习思考题**

1. 如何理解文化、旅游与旅游文化之间的内在联系？
2. 你认为旅游生活和自己久居地生活有哪些区别？旅游生活所营造的文化与久居地文化有何不同？
3. 谈谈你对文化旅游的理解。

2 旅游文化的传统类型、变迁与当代发展

□ 学习要点
- 掌握旅游文化的传统类型，了解它们产生的经济环境和历史背景
- 分析农耕经济环境对古村落文化的影响，游牧民族的活动与部族旅游文化区域分布的关系，人类海洋活动对滨海旅游文化的促进
- 了解城镇和城市文化的历史内涵，分析它们在当代所面临的问题以及发展取向

2.1 农耕经济环境下的古村落旅游文化传统

村落，指乡村聚落，是指以农业活动和农业人口为主、因聚集生活在一起而建筑的规模较小的永久性居住场所。

所谓古村落，特指古代社会遗留下来的村寨。从世界史的角度看，1640年英国工业革命，标志着古代社会的结束和近代社会的开始。从这个意义来说，古村落一般都具有三四百年的历史。在中国，始建于明清及其以前的村寨都可称为古村落。

2.1.1 古村落文化的起源

2.1.1.1 原始农业的产生与人类早期定居生活的出现

村落的产生与原始农业耕作的发展有直接关系。

原始农业发源于原始采集狩猎经济，是人类征服自然能力提高的产物。人类早期过着完全依附于自然的狩猎与采集的经济生活，有时穴居、巢居，没有固定的居住地。在与自然的长期斗争中，原始人学会了播种。远古传说为我们提供了生动的阐释。据中国古史传说，在神农之前，人们过着渔猎采集的生活，食爬虫走兽、螺蚌果菜。随着人口逐渐增加，食物不足，迫切需要开辟新的食物来源。神农氏遍尝百草，九死一生，历尽艰辛，终于选择出可供人们食用的谷物；通过观察天时地利，创制斧斤耒耜，教导人们种植谷物，于是农业出现了。而在世界范围内成千上万的新石器时代原始农业考古遗址的发现，又为我们了解农业起源和原始农业状况提供了丰富的资料。

从世界范围看，农业起源中心主要有3个：东亚、西亚、中南美洲。由于地理环境的影响，它们各具特点。以中国为代表的东亚，很早就形成北方以粟黍为主、南方以水稻为主的格局；西亚以种植小麦、大麦为主；中南美洲则以种植马铃薯、倭瓜和玉米为主。

原始农业的出现，人类逐渐转向饲养家畜、栽培作物，过着生活安定的定居生活。由于当时经济自给能力很弱，人们往往结合成一定的集团，为抵御风寒、防备野兽，以及其他集团的经常袭击，维护共同的利益，聚居的人们修建了墙垣，建立了永久性和半永久性的房屋，这就是最早的村落。它大约产生于公元前7000—公元前4000年。1974年在陕西西安东郊出土的半坡遗址，距今有6 000年历史，占地50 000平方米，分居住区（30 000平方米）、制陶工厂、公墓区。其中，居住区中间为60～150平方米的大房间，周围簇拥着小房间，外围有宽、深各6米的壕沟。在生产力水平仍然很低的早期社会，虽有固定的村落，但为了交换或者获得食品，人们常常季节性地移住他地，到一定时期再返回村落来。

　　与原始采集渔猎经济相比，农业生产可以为人们提供更为稳定和可靠的食物来源，随着人类社会组织结构的完善和抗御侵害能力的加强，这种依赖土地、守候土地的生产方式一经产生，就在人类生活中占据越来越重要的地位，甚至成为决定性的部门，形成独具特色的农耕经济模式。它具有稳定的地缘结构，以定居为基础，以农业作为支柱产业，并对政权组织形式、意识形态、社会生活产生最根本的影响。

　　在传统社会里，农耕经济方式是以经济单位和生活单位个体化作为基础。个体小生产有利于提高生产者的生产积极性，不断开垦新的荒地，也有利于精耕细作、提高农作物产量。在这种经济模式下，个体小农安土重迁，他们所希望的是固守在土地上，起居有定，耕作有时，男耕女织，维持生活，"三十亩地一头牛，老婆孩子热炕头"。追求安宁和稳定，要求自然界风调雨顺、社会安定、国泰民安。定居农业的优越性使生产者对于土地产生一种特别执著的感情，如果没有极端严重的灾荒和战乱，一般不愿离开故土。在他们之上的剥削者，一般所要求的则是稳定的剥削收入和优裕安全闲适的生活。在此基础之上的社会，具有稳定性的特征。古代中国即是如此。

2.1.1.2　古村落文化的形成

　　个体小生产农业的存在和发展，需要一些集体的集中活动，如抗旱，防洪，灌溉，灾荒的救助，生老病死的互助，乃至公共事务，抵御盗匪、外敌等，这些活动，显然是它们无法独自承担的，需要彼此联合。例如，欧洲中世纪的农业，每个农户虽然各自耕种自己的份地，但有些农活，像犁田，需多头牲畜、多人合作，则往往是合伙进行。农户可以把各自的牲畜放牧于公共牧场，在森林砍伐树木，在草甸中割草，在沼泽中取芦苇（盖房、垫圈用），还可以在林中放猪。农户的村落一般坐落在各耕作区的结合部，便于往来与耕作，各户住房比较集中，村中有教堂、磨坊。因此，个体小农往往按照血缘或地缘关系，或聚族，或聚群，选择河山等自然屏障，便于生存、发展、繁衍，从而形成一个个比较稳定的村落。

　　不同地区的村落往往具有不同的文化心理特征，并外化为不同的仪式与习俗。它们或延续原始的图腾如对牛羊的崇拜，或保持对祖先与鬼神的信仰，还有对人生美好的追求与向往。在以血缘关系为纽带的村落里，多由一个庞大的家族组成，往往数代共同生活在一个固定的范围之内，他们有共同的祖先，有共同祭祀的地方（称为宗庙或祠堂），并有共同的田产、共同的行为规范，村寨里有家族创业始祖的传说，有家族兴盛衰败的记载，有祖传的遗训族规。而在以地缘关系组成的村落中，既体现了土地与居民的结合，也承认家庭的独立，甚至强调家庭的独立，村落基本上不干涉家庭范围以内的事务，主要通过乡规民约、风俗习惯维持正常生活秩序。邻近的村落之间，彼此因为各种原因，也会有经常性的交往，保持着较为密切的联系。

总之，村落是在农耕经济环境下，以地缘或血缘关系结合起来的、特定人群长期聚居的场所，它既有民居建筑，也有如广场、宗祠等公共设施。村落拥有较为顽强的生命力，如果没有大的天灾人祸，都可以存在相当长的时间，有的甚至绵延数百上千年，从而形成独具特色的古村落文化。

[案例2-1]

皖南古村落——黟县西递和宏村①

堪称中国皖南古村落典型的西递、宏村，位于安徽黄山南麓的黟县。它是中国明清时期民居村落的代表，是中国传统文化中的一份丰富宝藏，具有极高的历史、艺术、科学价值。2000年联合国教科文组织将西递和宏村作为文化遗产，列入《世界遗产名录》。

西递位于安徽黟县东南部，全村面积13公顷，东西长700米，南北宽300米，是个典型的以宗族血缘关系为纽带、经几代繁衍而成的同族聚居村落。以胡氏宗族为主……如今，西递古村居民只有300余户，1 000多人口，大都以务农为生。保存完整的民居尚有120多幢，是中国现代保存较为完整的古民居建筑群之一。故被专家称为"东方古代建筑的艺术宝库"。

宏村位于黟县城东北部，距县城10千米。有着800年历史的宏村，形如牛状，是当今世界文化遗产的一大奇迹。这里山川秀美，气候宜人，湖光山色，独领风骚，融人文景观与自然景观于一体。故艺术家称之为"中国画里的乡村"。宏村始建于南宋，是汪姓聚族而居之地。村子四周古木参天，其中有两棵古树树龄已有400余年的历史……宏村从选址、规划到建筑的营建，都是人们从一定文化观念和宗教观念出发，有意识地强化自然界中"牛"的形态，体现了农耕民族对牛的崇拜与依赖。经过800年的规划发展，宏村已经成为一处中国古村落的经典之作。

宏村明清建筑群保留了历史原型，保存基本完好，有书院建筑、祠堂建筑和众多的住宅建筑及其私家园林，特别是以南湖书院为代表的书院建筑，以德义堂、碧园为代表的私家园林，集中反映了18世纪徽州儒家文化的昌盛与繁荣。

---

① 李军主编. 世界文化与自然遗产［M］. 长春：北方妇女儿童出版社，2003.

2.1.2 文化圈与古村落文化区域分布

2.1.2.1 四大文化圈的地理基础及其与农耕文化的关系

文化圈是地域文化中最大的类型。人类文化的起源具有多元性，在世界文化范围内，其源头既包括四大文明古国的西亚两河流域、北非尼罗河流域、南亚印度河与恒河流域、东亚黄河与长江流域、欧洲爱琴海地区，也包括美洲、撒哈拉沙漠以南的非洲。它们都有自己的文化发展源头；每一种文化内部，又具有多种源头。人们根据地缘、文化本源与共性，一般把世界划分为如下四大文化圈：

（1）东亚儒家文化圈。东亚的中国以及韩国、日本，彼此山水相连，隔海相望，都具有中国主流文化——儒家文化传统，其经济模式以农耕粟、黍、水稻为主，具有浓厚的东亚农耕文化特征。

（2）南亚印度文化圈。南亚次大陆先后产生过多种宗教信仰，如婆罗门教、耆那教、佛教，以及被称为新婆罗门教的印度教。在这里，人们注重宗教体验与研究，把人理解为宗教的动物，生活方式与风俗习惯都带有明显的宗教特征。

（3）西亚北非阿拉伯伊斯兰文化圈。生活在这里的阿拉伯人信仰伊斯兰教，有自己独特的生活方式，这种方式已与宗教信仰融为一体，故这些民族常常被称为"伊斯兰民族"，这种文化常常被称为伊斯兰文化。

（4）西方基督教文化圈。1世纪产生的基督教是欧洲人的精神支柱，对上帝的信仰和对原罪的强调，全面影响了欧洲的社会政治、经济、文化，并随地理大发现而远布美洲。

此外，在西方殖民者登陆美洲之前，当地居民创造了独具特色的土著文化，形成美洲印第安土著文化圈。他们大多过着定居的农耕生活，培育了对世界文明产生极大影响的粮食作物（如玉米、土豆、甘薯）、经济作物（如烟草、橡胶、棉花）、蔬菜作物（如番茄、辣椒、南瓜、西葫芦、菜豆）等。

四大文化圈基本上位于旧大陆中段的一条广阔地带上，西起地中海周边，延伸到中东，再到印度和东亚，长约1万千米。这条地带气候多属暖温带与亚热带，也有少部分地区属冷温带和热带。这一地带，根据自然地理条件可以分成相当多的地区，其中重要的是意大利半岛、埃及、巴尔干半岛、小亚细亚、两河流域、伊朗高原、印度河流域、中国的长江黄河流域等。这些地区都可以发展相应的农业生产类型，按投入劳动力的多少，或为粗放农业，或为密集农业；按生产类型，分别发展定居农业、种植园农业、水稻种植业、谷物家畜农业（种植旱作谷类与饲养家畜相结合的农业）、混合农业等，繁育较多的人口。

以中国为例，中国位于亚洲东部太平洋西岸，疆域辽阔，地理位置优越，气候温和，大河大陆型的自然地理生态环境产生了以农耕经济为主体的经济模式，发展出典型的大河大陆型密集农业。考古发现，距今8千年甚至1万年前，中国古人已经开始种植农作物，距今四五千年前黄河中下游流域已有相当发达的原始农业，并以此为核心，农耕范围不断扩展，春秋战国时期开始扩展到长江流域，经过汉晋时期的发展，至唐宋时期，又扩大到了东南沿海和珠江流域。由于中国地理环境的相对封闭，社会环境相对稳定，中国的农业经济几千年一直稳定发展，从未中断，并由此对中国传统社会的政治、经济、文化产生了深刻的影响。

2.1.2.2 古村落的建筑与形制

由于各文化圈自然条件、社会条件、文化传统以及农耕经济在社会生活中所处的地位不同，世界各地村落的建筑与形制差别很大。

传统中国社会是典型的农耕经济模式，由于地理和气候条件的差异，以及儒家文化实用性、伦理性、宗法性思想的影响，北方的村落表现为四合院式，严格遵循天理祖制，其建筑结构突出长幼有序、尊卑有别和大家庭聚居的特点；皖南四水归堂式建筑则与徽商忌讳财源外流、希望四方之财如天上之水源源不断地通过天井聚集到家中的愿望有很大关系，其建筑为多进院落式，层楼叠院，多为两层，进门前庭为天井，采光通风，两旁为厢房，多为对称结构，体现"男女有别，长幼有序"；而当年避乱南下的客家人所建的土楼，则更多地具有防御功能；许多少数民族的古村落，如贵州的千户苗寨、贵州布依族的石头寨、湖南侗族的黄土村、广西侗族的程阳八寨、云南纳西族的束河村等，其公共建筑和文化设施，诸如鼓楼、戏台、廊桥、庙宇、祭坛等，既有其本民族的鲜明特色，又糅合了汉文化的元素，各具特色。

在欧洲，一方面，由于其农牧复合型经济形式，村落大都在中心部分有耕地，周围则有栅栏围起来饲养牛、羊的牧草地，牧草地外有采取薪炭的森林地带；另一方面，由于基督教的巨大影响，相当多的村落是以教堂为中心，在其周围分布几十户人家，从而形成别具一格的村落形式。例如，英国、法国的一些古老村落，以一户为中心，建有围墙，开阔的中庭在中间，四周分布着住房、农具室、畜舍、收藏库等。围墙外侧则为牧场、果园和谷地等。西欧东南部的内陆地区，多为不设围墙、开放的耕地和集村。多数村落中心有集会的广场，形成块村、街村、环村和集村。

在干燥地区，村落大多集中于泉水和河流附近，从事灌溉农业。例如，阿拉伯的传统村落都以覆钵形高头塔的伊斯兰寺院为中心，形成广场，而广场往往又设在泉眼和水井附近。密集的住房多为石造和瓦造的无窗小屋。村落内按同族划分居住小区域，村外为菜园、果园、耕地和牧场。

拉丁美洲建设的许多大种植园，直到今天仍保留着原有的特殊村落形态。例如，巴西圣保罗州阿拉拉斯附近的一个种植农场，总面积达720公顷，在其一端以农场主住房为中心形成村落，管理人员、农场工人住宅在其附近，另外就是贮藏库、畜舍、晒农作物的场院等，其周围为各类农田。

2.1.2.3 现存古村落文化的区域分布

按照古村落遗存规律，古村落得以保存至今，主要取决于所处的环境。它们一般都分布在两类区域：

（1）古代乡村经济、文化和交通比较发达，而近现代交通重心发生偏移的区域。

（2）历来比较偏僻独立的区域。相对独立和偏处一隅，使村落将外来文明的侵蚀降到最低程度，保持着长时间的稳定和安宁。

古村落文化以农耕经济为基础。从世界范围来考察，各大文化圈都发展过农耕经济，相应的，古村落文化呈区域分布。例如，在南亚次大陆，不论过去或现在，在雅利安人和非雅利安人中，都程度不同地保留着村落的聚居共耕。在非洲埃塞俄比亚、苏丹和非洲腹地，在南、北美洲的土著居民和太平洋各群岛的大小部落中，在欧洲以及东亚的中国、朝鲜半岛、日本列岛，都可以找到古村落文化的遗迹或遗存，其中以中国最为突出。

中国由于绵延几千年的农业经济占主导地位，相对稳定的社会政治环境，受战争影响相对较少，遗存的古村落相当多，古村落文化资源十分突出。经中国古村落保护与发展委员会的初步调查，目前保存比较完好的古村落有上百个。这些古村落主要分布在江苏、浙江、安徽、江西、湖南、广西、贵州、云南、吉林、广东等地，尤以浙江、安徽、江西三省遗存最多，其数量之多、分布之广在世界上堪称首屈一指。

2.1.3 古村落文化传统的现代价值与转换

2.1.3.1 古村落的旅游文化价值

古村落作为历史时期建筑群，一开始只是百姓起居生活的场所，并不是一种旅游资源。由于其蕴含丰富的历史传统文化内涵，至今保存着许多年前的生活状态和建筑原貌，其中一些文化和习俗，更是现代生活所不能再现的。走进这些古村落，就好像走进这个民族的历史，走进先民的生活，可以看到这个民族发展和进步的脚印，领略到魅力无穷的民俗风情，从而了解其历史变迁和沿革。古村落越来越受到人们的重视，不断对其进行开发和利用，从而成为旅游景观。古村落文化传统在当代具有突出的价值表现。

首先，古村落与现代民居在景观上有着典型的差异，符合现代人探新求异的需要。探新求异、变换熟悉的生活环境，是现代社会人的普遍心理。古村落古朴幽静，其建筑材料或木质、或砖质、或砖木结合，年长月久，各种门楼和厅堂上精美的雕刻，曾经有过的名人，房屋自然相连，牌坊相接等，都与高楼林立、钢筋水泥的现代建筑形成强烈的视觉冲击，无疑给人们带来更多愉悦的情感体验。而且，随着时间的流淌、风雨的侵蚀、地震雷电的毁坏，古村落数量越来越少，因而更显珍贵。因其珍贵，其现代旅游价值愈加突显。

其次，古村落是一定地区一定时代的产物，蕴含着丰富的传统审美文化背景。一般而言，河流较少的平原地区，地形比较完整、开阔和平坦，村落的平面形态多呈圆形或不规则的多边形；河网密度较大的平原地区，村落沿河道伸展，平面形态多呈带状。就中国古村落来说，其选址反映了古代中国人遵循天人合一的儒家传统思想理念，自然环境好。一般选择在接近耕地、靠近水源、灌溉便利、避免灾害及利于防守之处,而保留下来的古村落大多位于地理位置偏僻的乡村,城市化进程和工业文明污染尚未到达之地,人为破坏小,依然保持着比较原始的风貌;环境优美,自然生态优良,符合当代人逃避工业化污染、回归自然的意愿。

第三,古村落景观的价值,不仅仅在于其留下的地面建筑,更主要的在于它是一定社会和历史的产物,承载和延续着一种文明,蕴含着丰富的历史文化意境。在中国古村落,保存着当地村民的祖宗所留下来的居所、生活习惯,以及宗谱、宗族祠堂,甚至供奉着宗族分支的香火神灵,反映了原汁原味的乡村文化伦理资源。浙江浦江县郑宅村的创始人郑绮在南宋建炎初年时留下遗训"吾子孙若有不同食共饮者天将罚之",倡导合族同居共食;他的后人恪守郑绮遗训,历经 15 世同炊共饮,并曾经创下 3 000 多人共聚一堂共同吃饭的纪录。而一些古民居门额上题着"以思乃身""和由甘受""耕读世家"等文字,表达着人们谨慎为人、渴求宁静生活的愿望。

随着现代社会的发展,工业化和城市化进程的不断加速,工业城市污染和生活节奏的加快,使现代人越来越强烈地产生了回归自然的愿望。自 19 世纪以来,由于铁路等快捷交通工具的发展,在西方发达国家,出现了一种新的旅游形式——乡村旅游,欧洲阿尔卑斯山区和美国、加拿大洛基山区成为世界上早期的乡村旅游地区。目前,在德国、奥地利、英国、法国、西班牙等欧洲国家,乡村旅游已具有相当规模,走上了规范发展的轨道。20 世纪 70 年代后,乡村旅游在美国和加拿大也得到了蓬勃发展,显示出极强的生命力和越来越大的发展潜力。而古村落以其独特的建筑风貌、重要的历史价值、深厚的文化积淀,以及特有的古韵氛围成为乡村旅游市场中的一朵奇葩。近年来,乡村旅游也在中国逐渐兴起,同时带动了古村落旅游走向市场,并得到迅速发展。特别是以血缘关系凝集而成的古村落,在海内外华人认祖归宗大潮中,成为当代姓氏寻根旅游的一种重要资源。

2.1.3.2 古村落文化旅游资源的开发与保护

目前,中国古村落面临着保护与开发意识不到位、保护资金短缺、政策法规支持力度弱等问题,在旅游开发中存在着"重开发、轻保护,重拥有、轻利用,重权属、轻管理,重富有、轻打击,重有形、轻无形,重建设、轻规划"等倾向。日本在总结 1975 年以来的传统古村落以及历史街区的保护工作时发现,将历史城镇、历史街区、古村落变成单纯的旅游观光地,这样做往往注重对古建筑进行保护与维修,复原文物古迹以及开发各类旅游景点,而对生活其中的居民却漠不关心,导致居民与游客的冲突,失去旅游可持续发展的内在活力。在中国,为了适应时代发展的需要,1999 年和 2002 年,先后举办了两次大型的"中国古村落保护与发展研讨会",就相关问题展开研究、讨论。

如何解决古村落文化的开发与保护,促进其可持续发展呢?

首先,古村落的旅游开发应遵循"以人为本"的理念,协调旅游发展、历史环境保护和当地居民生活改善三者之间的关系。"协调"应以历史保护为基础，以旅游开发为手段，以改善居住环境、提高居民的物质和精神生活水平为最终目的。尊重和保护居民的利益至关重要，居民利益得到尊重和保护是居民支持旅游业发展、真诚欢迎旅游者的前提。

其次，为古村落发展提供资金支持，旅游开发是一条可选的途径。合理开发古村落旅游，将会带动地方经济的发展，以旅游开发来促进保护，形成一种良性的循环机制，最终促进古村落的可持续发展。

[案例2-2]

姓氏景点中的民居游[①]

说到居住的地方，最豪华的非故宫莫属，其次应算是孔府。但它们或者是帝王之家，或者是达官显贵，都不是一般老百姓所能比的。至于除它们之外的民居建筑，有些也同样有其旅游价值。比如，这几年刚开发的一处叫做王家大院建筑，便与故宫和孔府都不同，是一处典型的民间住宅，但豪华气派程度也远近闻名，素有"民间故宫"之称。它地处山西省灵石县城东12千米处的静升镇，所在的灵石县相传设立于隋朝时。据说在当年，隋炀帝北巡之时，有一块陨石自天而降，落在当地的大湖之滨，炀帝认为这是上天保佑大隋的吉兆，因而下诏以灵石立县。自此以后，灵石县就被看成风水宝地，吸引着众多家族到这里淘金。王家大院的祖先王实，便是这些淘金者中的一位。据有关家谱记载，王实在南宋初年由太原迁至灵石县沟峪滩村，他的后代王诚斋又在元朝皇庆二年（1313年）率家族迁到这里，由自耕农起家，王诚斋的后代又转而经商，历经数百年的发展，至清代前期终于成为殷实富有的地方大族。由于其家族名人辈出，经济实力雄厚，居灵石县四大家族之首。王家大院居住地包括东大院、西大院和孝义祠，总面积34 650平方米。整个大院与其说是一组民居建筑群，不如说是一座建筑艺术博物馆。它的建筑技术、装饰技艺、雕刻技巧鬼斧神工，超凡脱俗，别具一格，院内外、屋上下、房表里随处可见精雕细刻的建筑艺术品。这些艺术品从屋檐、斗拱、照壁、吻兽到础石、神龛、石鼓、门窗，造型逼真，构思奇特，精雕细刻，匠心独具，既有北方建筑的雄伟气势，又有南国建筑的秀雅风格，将木雕、砖雕、石雕陈于一院，绘画、书法、诗文熔为一炉，人物、禽兽、花木汇成一体，姿态纷呈，各具特色，堪称北方民居建筑艺苑中的一颗明珠，也是一处著名的人文景观，被誉为"三晋第一宅"。

当然，像王家大院这样著名的民居建筑在山西还有一些，比如乔家大院、孔家大院、曹家大院等也都很著名。乔家大院曾是电影《大红灯笼高高挂》的外景地，并随电影走红国内外，至今还有不少人对它的建筑艺术啧啧称道。早在明清时期，山西是富商巨贾云集的地方，他们在经商致富以后多投资建造豪宅，上述这些都是被保留下来

[①] 王大良. 中国的百家姓 [M]. 天津：百花文艺出版社，2004.

的。这些民居大多追求气派豪华，具有典型的北方风格，不像江南民居那样典雅精致，代表了另外一种建筑类型，因此也具有独到价值。

除北方民居外，南方民居也同样有多处被当作旅游热点。如在江苏扬州市，有个著名的旅游景点何园，又称何家花园、寄啸山庄，在徐凝门街道77号，是扬州住宅园林的典型。它原是清乾隆时双槐园旧址，清光绪九年（1883年）道台何芷舟归隐扬州后，购得吴氏片石山房旧址，扩建成园林，占地14 000多平方米，取陶渊明《归去来辞》中"倚南窗以寄傲"、"登东皋以舒啸"句意作园名。园分东、西两部分，东部紧凑，西部开敞，以复道廊与假山贯穿分隔，上下衔接，成为多层欣赏的园林。由于它把江南园林的特点浓缩在一起，被认为是清代后期扬州园林的代表作，现在则是全国重点文物保护单位。

总之，无论在我国的南方还是北方，受悠久的历史文化熏陶，都有许多被当作旅游景点的民居，他们中又各有一些直接以姓氏命名，并在一个方面丰富了姓氏景点的内容。

2.2　游牧经济背景下的部族旅游文化传统

2.2.1　部族文化的游牧起源

2.2.1.1　游牧部族兴起的基础

关于游牧的起源，国内外学者众说纷纭，争论的主要观点可归纳为人口压力说、游牧出于游猎说、驯化地理说、游牧与农耕并立说、游牧与农业分离说、气候变迁说等。学者们见仁见智，莫衷一是。就时间而论，有人主张发生在1万年前的新石器时代早期，有人主张发生在战国时代，前后相差近万年；就地域而言，有人主张发生在近东或西亚，有人主张发生在远东或中国，东西相距万余千米；亦有人怀疑上述地区发生过游牧业与农业的分离。

一般认为，生态环境的变化是导致游牧兴起的重要原因之一。考古发掘证实，新石器时代欧亚草原上的居民和他们南部的邻居一样，过着以定居农业为特色的经济生活，目前还没有发现任何足以表明新石器时代存在游牧部落的客观证据。由于地球板块运动，分离出来的印度板块以较快的速度向北移动、挤压，其北部发生了强烈的褶皱断裂抬升。距今1万年前，青藏高原一带的抬升速度加快，使之成为当今地球上的"世界屋脊"。不断隆起的高原，阻隔了来自印度洋温暖湿润的季风，降雨稀少，加剧了欧亚大陆腹地干旱与半干旱气候的形成。气候的变化引起生态环境的变化。借助风调雨顺而发展的农业生产受到挫折，人们在经济上增加了对畜牧或狩猎的依赖。距今五六千年前，中国北部的鄂尔多斯及其邻近地区，由于气候逐渐干旱，生态环境越来越不利于农业的发展；与此同时，西奈半岛上的居民也由于气候的原因，从狩猎采集转而成为游牧民族（西亚早在1万年前就已进入农业定居生活，不少遗址已有建筑及粗具规模的村落遗迹，有的地方虽仍以狩猎采集为主，但正在向农业方向发展，并有了畜牧业的萌芽）；在世界上的其他地区，新石器时代晚期的游牧化与气象上的干旱期来临常常相对应。

马的驯化是草原游牧部族兴起的又一关键因素。马在草原游牧中具有决定性的地位，关于马驯养的起源问题，大多数学者认为东欧、南俄及乌克兰一带的欧亚草原是驯养马的原生地。早期游牧人群是以马、牛、羊为主的专业化游牧人群。因此，马、牛、羊的驯养史与游牧的出现密切相关。在新石器时代晚期发展出的农牧业兼营的混合经济为游牧的产生奠定了基础。已有学者指出，马被认为是草原游牧的象征，马的驯化和传播是欧亚草原游牧兴起的关键①。游牧部族以马作为最重要的生存工具，以游牧为生，以迁徙求发展，庐帐而居，逐水草畜牧，居无常处，浪迹天涯。

游牧民族的生活依赖牲畜，衣、食、住、行都离不开它。游牧部族的兴起，最初是以血缘纽带为基础的氏族组成单位，集体放牧。随着人口、牲畜的增加，给游牧和生活带来诸多压力与不便，于是氏族内部划分出若干较小单位，以几户或十几户有近亲血缘的人在一起游牧。随着时间的推移，草原上的氏族越来越多，互相干扰，争夺牧场。人多势众便可占据大片土地，人少势单便被驱赶或压缩到一个狭小的空间。游牧必须凭借集体的力量，共同占有一片牧地。为了获得足够的资源，在利害关系的推动下，相邻或相关的几个氏族联合起来，组成军事行政联合体，形成部落或部落联盟。牧场是公有的，凡本部落的人都可自由放牧，严格禁止别的部落侵入。为了能有更强大的武力对周边民族进行掠夺，原本互不相属的部落结合在一起，由势力较大的部落来领导，进而发展成国家组织。

2.2.1.2 游牧特色与部族文化

游牧民族的经济活动有两个特色。一是以牲畜为基础。牲畜是其主要财富，也是生活上的资源，饮食、衣着及其他许多日用品多仰赖牲畜。西汉武帝时卫青出击匈奴，于河南地捕获牛、羊百余万头，东汉和帝时窦宪击破北匈奴，获牛、马、羊、骆驼百余万头，仅在一个地区即可掳获数量如此庞大的牲畜，可知匈奴畜牧业的发达。但是，游牧经济极不稳定，暴涨暴落，由于游牧是以牲畜的繁殖为手段，受气候、水草、疫病的影响很大，风调雨顺则六畜兴旺，一旦自然界出现灾害，特别是干旱和瘟疫，牲畜就会大量死亡，使游牧部族兴衰无常。二是以狩猎、对外贸易及掠夺相辅助。由于牧区经济结构单一，不可能像农区那样自给自足，游牧民族必须以牲畜、皮毛及其他畜产品和土特产与农耕民族进行交换，换回粮食、布帛、茶叶及其他日用必需品，因而商品交换始终

---

① Bakanyi S. "Horse" in Mason I. L. Ed. Evolution of Domesticated Animals. 李群等译. 家养动物的进化 [M]. 南京：南京大学出版社, 1991. 转引自：邵方. 中国北方游牧业的起源问题初探 [J]. 中国人民大学学报, 2004 (1)：144–149.

是游牧民族的生命线。

游牧民族的游牧经济，对其物质生活和文化生活产生了巨大的影响，其生产居住、服饰饮食、丧葬祭祀、节庆娱乐、礼仪等，独具特色，从而形成与农耕文化迥然不同的游牧部族文化。

2.2.2 部族迁徙与部族文化区域分布

2.2.2.1 部族迁徙及其对世界文化的影响

游牧部族的主要特点就是其流动性。依赖水草，需要可供四季轮流放牧的草场、足够的水源；逐水草而居，迁徙成为常事，有时长途跋涉，一去千里，居无定所。一个部落的移动，往往使其他部落不得安宁，迁转不已。

历史上，当一个部落足够强大时，它便会依靠自己的铁骑，征服大片地区，甚至建立强大的草原游牧帝国。在中国北部外兴安岭地区、西北部的阿尔泰地区，自古就有许多游牧民族生活着，影响中国历史的众多游牧民族大都从这里一个接一个地兴起，进而南下，不少民族被汉族同化，过上定居的农耕生活，而相当多的民族，则仍然过着游牧生活。秦汉时期，匈奴在大漠兴起，所控之地，东西逾万里（匈奴分裂后，南匈奴内附，北匈奴向西迁移进入西欧，西方人称之为"上帝之鞭"，其中一部分定居在今匈牙利，与当地欧罗巴人种混血）。在其后的近千年时间里，鲜卑、氐、羌、羯、吐蕃、突厥、党项、回纥、女真等各游牧族或同时或先后迁徙生活在中国广大的北部、西北部地区。继之而起的蒙古，经过成吉思汗及其子孙的三次西征，在欧亚草原上建立了一个庞大的"草原帝国"。由于这个"草原帝国"的急剧扩张，整个世界发生了几千年未有的大变动，波及亚洲、欧洲及非洲。

在西方，早在公元前3000年，游牧民族便从西部叙利亚草原进入巴比伦尼亚。距今四五千年前，游牧人又向东部、南部移动，一支进入两河流域，与伊朗高原的居民融合为雅利安人。另一支移入了印度次大陆。而对西亚、南亚历史影响最大的是波斯人、塞族人和阿拉伯人。从公元前6世纪中叶起，波斯人征服小亚细亚，占领印度北部及中亚的一部分，甚至深入欧洲多瑙河以北的黑海草原，建立了一个包括22个行省的大帝国。塞族原是中亚的游牧民族，属欧罗巴人种、印欧语系，包括巴克特里人、乌孙人、月氏人、塞西安人、萨尔马提人、玛撒该达人等。史书上所说的大宛、大夏、奄蔡、康居等国，都是塞族人建立的国家。原住在中国西北的大月氏，公元前1世纪被匈奴击败以后迁往阿姆河、锡尔河流域，以后南下进入印度，建立了强大的贵霜王朝，成为与罗马、安息和中国并驾齐驱的四大帝国之一。历史上，阿拉伯人也是游牧民族，7世纪渐渐强大，建立了一个横跨亚、非、欧的阿拉伯帝国。从14世纪到17世纪，游牧的土耳其人建立了奥斯曼帝国，土库曼游牧部落建立了伊朗的萨非王朝。1517年，住在中亚的帖木儿的后裔巴卑尔率军侵入印度，击溃印度教徒与穆斯林联军后，建立了莫卧儿王国。大约在公元前400年，日耳曼人揭开了民族大迁徙的序幕，陆续进入欧洲。哥特人是日耳曼人的一支,于3世纪进入多瑙河下游及黑海、亚速海沿岸,造成罗马帝国的东西分裂。日耳曼人先后建立了法兰克王国、汪达尔王国,盎格鲁·撒克逊人渡过海峡进入大不列颠建立王国。4—5世纪,由于匈奴西迁,出现欧洲民族大迁徙,其民族构成主要是属于日耳曼系统的西哥特人、东哥特人、法兰克人、汪达尔人、盎格鲁·撒克逊人。

上述游牧民族的活动范围基本上属于欧亚大陆草原。历史上,这一区域位于中国、西亚、印度和欧洲几个文化中心之间,同世界上几大文化圈比较邻近,特殊的地理区位,使它的每一变动都影响世界局势。生活在这里的游牧民族,或因天灾而向外求食,或因贸易受阻而危及生存,或因利益驱动而掠夺四邻,或因势力膨胀而向外扩张,很快打破世界的均衡状态,引起轩然大波。在游牧民族与农业民族的对峙中,游牧民族总是占主动地位,采取攻势,而农业民族常多半处于被动地位,采取守势。然而,这些"草原帝国"忽兴忽衰,所造成的大变局突如其来,一阵暴风雨过去之后,渐渐恢复平静,但为时不久,又是一场暴风骤雨。这种状况持续了几千年,直到近代,"工业文明"兴起,游牧渐渐改为定牧,农区挤压牧区,"游牧文化圈"才急剧缩小。

2.2.2.1 部族文化的区域分布

游牧民族的部族文化发生在草原地带。由于草原的区域分布,形成了游牧部族文化的区域构成。

目前,全世界的草原总面积约为陆地总面积的1/6。草原可分为温带草原与热带草原两类。温带草原分布在南北两半球的中纬度地带,如欧亚大陆草原(自欧洲多瑙河下游起,呈带状往东延伸,经匈牙利、罗马尼亚、苏联、蒙古,直至中国东北平原,然后转向西南,经内蒙古高原、黄土高原达青藏高原的南缘,绵延8 000余千米),北美大陆草原(北从加拿大南部起,经美国中部达墨西哥湾;西起落基山东麓,东至美国五大湖区西岸,南北延伸约3 700千米,东西宽700～800千米),南美草原(主要分布在阿根廷中东部平原)等;热带草原主要分布于非洲、大洋洲及南美洲的热带、亚热带半干旱地区。

从区域来看,亚、非、欧、美洲以及大洋洲都曾产生过游牧部族。其中尤以欧亚大陆地带的游牧部族最为突出。这是地球上最辽阔的温带草原,因位于欧亚大陆腹地,极少受到太平洋和印度洋暖流的影响,是典型的大陆性气候区,冬长夏短,寒暑变化剧烈,年温差大,雨量稀少,且降水的时空分布极不均匀,干旱现象时常出现,大部分地区都是满目苍凉的草原和沙漠,生活在这里的居民,大都以游牧为生。春夏之交,冰消雪融,草木旺盛,可供放牧的地方很多,牧场豁然开阔,于是人们携带帐篷,驱赶牲畜按一定路线集体放牧;入秋冬以后,水枯草黄,只有少数背风、向阳、有水的山谷或盆地可以放牧,牧场骤然缩小,于是人们纷纷返回原来的驻牧地点。游牧民族虽主要活动在草原地带,但不表示游牧民族只生活在草原地区,森林及山区也是游牧民族活动的地区。在欧亚草原地带的北缘,从太平洋起,向西越过乌拉尔山,远及巴伦支海,有一条狭长的森林地带。历史上，住在这里的人们，大都以渔猎为生，也属于游牧民族范围。他们大抵分属两个体系：属于黄种人的有阿尔泰语系的匈奴、突厥、契丹、女真、蒙古，属于白种人的有印欧语系的塞族人、哥特人等。

2.2.3 部族文化的传统价值与现代转换

2.2.3.1 部族文化的传统价值

生活在广阔草原地带的游牧部族，有着独具特色的传统部族文化，并延续至今。

（1）倔强的性格、能征善战的强悍气质。长期的游牧狩猎生活，在戈壁沙漠草原上的长距离奔走，使游牧部族的生产方式与生活习俗都与干旱、空旷的自然环境相适应，普遍具有倔强的性格和强悍的气质，善于征战，以引弓骑射为荣。例如，蒙古族的传统节日那达慕，在每年的七八月间举行，主要项目有赛马、射箭、摔跤比赛，因其充分展示了男子的阳刚之气，又叫"好汉三赛"。在赛马场上，少则二三十人，多则上百人，比赛号令一下，骑手们飞身跨鞍，扬鞭策马，匹匹骏马似离弦之箭冲出去，群马奔腾，场面极为壮观。射箭比赛，射手们远距离射击，准确有力，常常箭不虚发。摔跤则是一种激烈而文明的竞技比赛。一般小型的那达慕多以摔跤为主，赛手两手张开，像雄鹰的翅膀一样上下摆动，跳着舞步入场，同对手行礼后交手。

（2）独特的生活习俗。长期的流动迁徙，使游牧部族往往习俗大同小异，轻裘、宝马、骑射、歌舞、毡房、肉食成为普遍的习尚。这与传统农耕民族以耕耘为主、食米面、衣棉麻、居室屋、以诗书为乐、国政复杂、官衙众多、遇战事则以城郭相御有着极大的不同，也与现代工业社会大机器生产、快节奏的生活方式明显不同。

（3）浓郁的宗教文化传统。在迁徙不定的生活中，部民们以浓厚的宗教信仰情结凝集在一起，既有强烈的群体意识，又不乏直率热情、真诚朴实、乐于助人，创造了丰富的游牧民族文化。游牧民族多信奉萨满教，这是一种以自然崇拜为基础、信仰多神的原始宗教，他们崇拜天地山水、树木虫鱼，认为不仅人的生命是上天赐予的，而且与人类生存相关的草场、牲畜、山川、河流、树木、花草以及野生动植物都来自上天的赐予。在同大自然的抗争中，原始朴素的宗教信仰，使游牧民族能够在迁徙不定的生活中凝集起来，彼此帮助。除本地宗教外，游牧民族还善于吸收外来宗教，如拜火教、摩尼教、犹太教、基督教、伊斯兰教、佛教、道教等都可在游牧民族中传播，而且时有改变或几种相兼。这些宗教信仰以及相关的宗教活动，与当地宗教建筑、节日、集会、娱乐活动相联系，成为民族文化的组成部分。

（4）与自然协调相处的生态环保意识。长期同大自然的协调与索取，使游牧部族形成了保护利用大自然的传统生态环境意识，例如，蒙古族世世代代流传下来的不掘地，不污染水源，不乱砍树木，按季节、有计划地狩猎，每次搬迁前必须把驻地清扫干净等历史上约定俗成的行为规范和禁忌都能够说明这一点。

（5）丰富的艺术文化。近两个世纪以来，人们在草原上发现许多岩画、石人和鹿石,当是马背上民族的艺术绝作。在雄伟壮丽的山冈上,往往可见到许多古朴、生动、粗犷的岩画。画中有成群游荡的野兽,有集体围猎的场面,有婀娜多姿的舞蹈,有刀光剑影的战争,有日月星辰及天神地祇,最引人注目的是古代战车的图案,它们是古代游牧民族的风情图。在中国新疆和内蒙古,在西伯利亚和蒙古人民共和国,在哈萨克斯坦、吉尔吉斯斯坦及南俄草原,都发现若干"草原石人",它以石为材,雕刻各种人像,或独身傲立,或成群列布,一般立于墓地建筑物前,气势宏伟。还有一种"鹿石",是刻在琢平的四面体或圆柱体上的动物图像,且多半是鹿的形状,用作墓墙的角石,有人认为是图腾崇拜的对象,有人认为是巫术的感应物,有人认为是部落地望的标记。关于草原岩画、石人和鹿石的研究,广泛引起世界各国关注,更深刻的内涵正在不断发掘,它将会告诉我们许多新的含义。

2.2.3.2 游牧部族旅游文化价值的现代转换

游牧部族传统文化曾经在历史上起过或大或小的作用,对其他国家产生了或多或少的影响。以音乐、舞蹈、绘画等艺术为例,游牧民族能歌善舞,不同程度地影响许多国家的音乐、舞蹈。中国的筚篥、胡笳、胡琴、琵琶与羌笛都是游牧民族传进来的,中亚的安国乐、康国乐直接传入中原,龟兹、疏勒、高昌、西凉诸乐在"西域"经过交融以后再传到内地,以后逐渐成为中国传统音乐的一部分,演变为唐代的"坐部伎"和"立部伎"。新疆歌舞之所以特别迷人,是因为它深受"西域文化"的影响,显得独特。

游牧部族文化的传统价值在现代社会仍将继续发挥作用。

(1) 满足人们探求多民族文化的旅游动机。随着大众旅游时代的发展,旅游需求越来越多样化、细分化,越来越多的旅游者追求自我发展和实现的需要,学习和探索不同文化,关注多种多样的民族文化,获得高层次的精神享受,文化旅游动机正在得到明显加强。流传至今的游牧部族文化为这种文化旅游动机提供了条件。

例如,在中国北部呼伦贝尔盟地区,居住的巴尔虎蒙古族、布里亚特蒙古族、达斡尔族、鄂温克族、鄂伦春族、华俄后裔等,是林海雪原中的游猎民族,有着浓郁的游牧民族风情,至今仍保留着传统生产、生活习俗及丰富多彩的民族节庆活动,且与众多旅游景观相融合,构成"唯我独有"的旅游内涵。

再如,历史上,锡林郭勒大草原由五个部落组成,由东向西为乌珠穆沁、浩济特、阿巴哈纳尔、阿巴嘎和苏尼特。1958年锡林郭勒盟和察哈尔盟合并成锡林郭勒盟,察哈尔部落融入锡林郭勒草原上;而察哈尔部落是从成吉思汗开始的黄金家族蒙古大汗的住帐部落,阿巴嘎部落是成吉思汗的弟弟别里古台的后裔和臣民,他们至今仍然完整地保留着草原游牧文化与风俗习惯,从服饰、饮食、民居到歌舞、婚嫁、礼仪、节庆等,在整个蒙古民族的历史文化中具有重要的地位和代表性。人们来到这里,可以尽情领略到丰富的游牧部落历史文化。

(2) 符合当代人们生态旅游的需要。由于现代社会的发展,工业污染加重,生物多样性的生态环境遭到破坏,森林、草地、植被减少,环境恶化,加之随着工作生活节奏的加快，人们对于日常生活和工作表现出强烈的烦躁不安，渴望回归自然、返璞归真。辽阔的草原，河湖遍布，众多生长茂盛的植物种类，无疑成为都市人逃避喧嚣的最好去处。

例如，内蒙古辽阔的锡林郭勒大草原，有着丰富的草原资源，这里有完整的草原类型，草甸草原、典型草原、半荒漠草原、沙地草原，一应俱全，地上植物达1 200多种，境内有被联合国教科文组织列为国际生物圈网络的国家级草原自然保护区——锡林郭勒草原自然保护区。美不胜收的草原风光，"风吹草低现牛羊"的场景，令人心旷神怡，流连忘返。当地依托丰富的草原旅游资源，先后培育开发了骑马、乘驼、射箭、坐勒勒车、牧羊、祭敖包、蒙古族歌舞、服饰表演、体验牧户生产生活等旅游项目，推出了"环锡林浩特天然草原游""锡林郭勒国家级草原自然保护区草原生态游""乌珠穆沁草原游牧部落特色游""阿尔山圣泉康复保健游""草原牧羊游""锡林郭勒草原民俗风情游""草原婚礼游""沙源治理游""元上都遗址探密游""恐龙墓地游""中蒙边境游""草原那达慕""祭敖包""森林、沙漠、雪地探险游"，以及自行车拉力赛、摩托车和汽车越野赛、狩猎、滑冰、滑雪等特种专项旅游。旅游活动项目独具特色、丰富多彩，深受广大旅游者的喜爱。

[案例2-3]

那曲赛马和物资交流会①

8月是草原的黄金季节，草原上最肆虐的狂风在这时悄无踪影，夜间偶尔下一点雨滋润草地，但白天总是万里无云。一年一度的草原赛马会就在8月的上旬举行。藏北是格萨尔王驰骋的疆场，藏北人个个都是马背上英雄。当及此时，那曲9县（加上文布和双湖）最健美活泼的姑娘、最潇洒剽悍的年轻人都涌向这里一展风姿。一些远道的牧民往往带上帐篷举家来这里狂欢。

那曲镇北面有一片宽阔的草坝子，当地人叫它"冲钦卡多"草场，每逢快要举办赛马盛会的时候，这片绿草坝上突然冒出成千上万顶各式各样的帐篷，仿佛兴起一座小城镇，而且规模竟然可以与有几百年历史的那曲镇相比。逢盛会，连周围地区的寺庙的僧侣也都千里迢迢赶来参加，而且"小城"中最豪华的帐篷就是寺庙的。那曲东边227千米有一个索县，索县的赞丹寺是藏北最大的一座黄教寺庙。那曲是苯教流行的地区，有赞丹寺这样的黄教大寺也属稀罕。绝妙的是那曲赞丹寺的喇嘛仿照寺庙的格局，用白色帆布缝制成一大四小的帐篷群落，成为这片暂时性"城镇"的流动庙宇。

在举办赛马会的同时，那曲往往也举办物资交流大会，这是一种大规模的贸易集会。有这样的商业活动，那些骑不动马的老人或专爱购物的妇女便也不会待在家中。其实，许多富裕起来的牧民、喜欢凑热闹的草原人也偏爱在这种人多的场合展示自己。去

---

① 廖东凡，耿军，卢小飞. 漫游西藏 [M]. 拉萨：西藏人民出版社，2001.

"小城"看看,牧民的脖子上、腰上满是五花八门的饰物,那曲9县该有的服饰应有尽有。这时候去那里探访藏北民俗,应该说是最经济实惠了。

那曲镇与拉萨市之间的338千米是青藏公路南段,1995年铺成了柏油路,是西藏境内最好的公路之一。由于路况好,拉萨—纳木湖—那曲的旅游路线一般3天可以往返。

2.3 海洋经济环境下的滨海旅游文化传统

2.3.1 滨海旅游文化的起源

所谓滨海旅游,是指发生在滨海地带、以海洋为依托的旅游活动,如海滨旅游、海岛旅游、海上游览、海底潜游、海上体育活动等。联合国《21世纪议程》第17章指出,"沿海国家应当探索扩大依靠海洋资源开发消遣和旅游活动的潜力",滨海旅游在未来旅游业中将占据极为重要的地位。

2.3.1.1 人类早期的航海活动

海洋占地球表面积的71%,有着丰富的资源。海洋中的盐类为人类生活必不可少的物质,而海洋中的鱼类是人们捕捞的主要对象,鱼类是供给人类蛋白质营养的一个重要来源。当代世界重要的渔场主要分布在中国沿海与日本周围海域,澳大利亚南海域,秘鲁附近海域,以及欧洲南部的地中海、北部的北海、波罗的海。正因如此,人类很早就开始了对海洋的探索。考古发现证实,早在旧石器时代,滨海地区的人们已经有了海洋活动。滨海旅游即是起源于远古时代人们的航海活动。

历史上,所有的沿海民族都有一定意义上的海洋探索。由于生产力水平的制约,人类最早的航海是以独木舟为航海工具的。据20世纪初的历史学家埃利奥特·史密斯《早期文化的移动》的研究,在新石器时代,从地中海到印度、到中国的沿海、到墨西哥、到秘鲁,存在着一种环绕地球的"日石文化",它表明,早在四五千年以前,人类便能以独木舟与木筏为航海工具,进行跨洋的航行。这种奇迹般的航海能力,至今仍然可以在波利尼西亚人身上看到。

在美洲,滨海的印第安人基本上是以"靠海吃海"的海洋采集业为主,航海工具也是独木舟。

古地中海的航海家早在四五千年以前便突破了独木舟航海时代;最早以航海术闻名天下的腓尼基人,发明了用苇草编制船只的技术,他们用苇草编制较大型的船只,航行于地中海各地,随着制木技术的成熟,又使用了大型木船。

古印度洋北岸是人类海洋文化最早的发源地之一,早在5 000年前的哈拉帕文化时期,印度河流域与波斯湾一带已有了可观的海上联系,许多航海的船只都是以苇草编成的,这类船只经不起大浪,只能靠近海岸航行,尽管他们后来也以木材造船、对季风掌握得心应手,但他们在海上所取得的自由是有限的。

由于古代制作船只需要林木草苇,阿拉伯人的航海曾有很大的规模,但其主要生活区域缺少大片森林,在中世纪以后,阿拉伯人的航海便居于次要地位。①

中国虽然以农耕经济为主,但其航海活动却在很早就产生了,距今 8 000～4 000 年前,中国沿海地带的辽东、山东半岛、江苏、浙江、福建、广东等地的远古先民,创造了原始造船术、航海术,丰富了海洋生活的内容。

2.3.1.2　近代滨海旅游的产生

早期人类对海洋的利用主要是取食海洋,进行海洋捕捞和近海养殖。其后,经济的发展,造船技术的提高,航海知识的扩大,人们扩大了对海洋的利用。由于海洋运输成本低于陆运,产生了海洋运输和海外贸易。随着工业社会的发展,又带动了其他关联产业,港口、海洋油气、海洋渔业、海洋造船、海洋食品、海洋医药等多元化的发展,形成效益可观的海洋经济。

不仅如此,滨海地区气候适宜、阳光充足,是避暑、疗养、度假、休闲运动和水上活动的胜地,为人们休闲旅游提供了更多的选择。海水含有钠、钾、碘、镁、氯、钙等多种对人体十分重要的元素,海滨空气中的氧和臭氧含量较多,空气清新,人们在滨海既可以潜水、戏水,又可以进行跳水、游泳、划船等水上运动,还可以海上观光游览,更可以品尝到营养丰富、味道鲜美的海洋产品。海洋对于人类的意义已经发生了很大的变化,从最初利用海洋求生存、求发展,演变为对海洋自然资源与人文景观资源的全面开发。正是在这种情况下产生了滨海旅游。滨海旅游从 17—18 世纪出现以来,一直受到人们的喜爱。随着现代自然生态环境破坏加剧,有着 3S 之称的海水、海滩、阳光(Sea、Sand、Sun)更是成为重要的旅游开发资源,并在世界上形成了一系列著名的滨海旅游胜地。

2.3.2　航海商贸与滨海旅游文化区域分布

面对辽阔的海洋,古代人们的海上活动,具有非常明显的开放性特征。其活动范围,随着时代的发展越来越广阔。其目的,部分是学术交流(如中国晋唐时代僧人求经之旅)或政府外交活动(中国明代郑和下西洋),但最主要的是沿海民族以捕捞养殖、航海商贸为主的经济活动。考察 15 世纪以前的东西方社会,它们以自己捕捞养殖、航海商贸活动范围,形成了各自的滨海旅游文化区域。

2.3.2.1　古代东方的航海商贸活动

在东亚文化圈,是以中国为核心的滨海文化区域。

中国是世界文明发源地之一,传统经济以农耕为主,然而并不妨碍沿海居民向海洋

---

① 徐晓望. 论古代中国海洋文化在世界史上的地位 [J]. 学术研究,1998(3):93-97.

求生存。由于中国东部面临浩瀚的太平洋，有1.8万多千米漫长的大陆海岸线，还有6 000多个大小岛屿，早在先秦时期，中国临海的吴、越、齐、燕等国的造船技术很高，航海事业比较发达，与古代的朝鲜、日本、越南等国家已有海上往来。根据美洲印第安的玛雅古文化遗址中发现的一些类似中国上古文化的文物，有人推测，早在夏代的时候，从华北，经东北，经阿拉斯加，到美洲之间存在着一条漫长的接力棒式的商品转手贸易①。还有人认为，上古先民漂流美洲的路线有三条：一条是北太平洋海流，由钱塘江附近的河姆渡起，中途经过夏威夷岛北端，而后直达墨西哥北部的瓜达卢佩岛附近。近代在夏威夷岛上出土了有段石锛和大汶口人的遗骨，证明了百越人和龙山人顺这条海流向东漂流的事实。第二条漂航的海流是赤道逆流，路线是：百越人一支从福建、沙漠经台湾到菲律宾；另一支从广东直接到菲律宾，经婆罗洲北部和苏拉威西岛，顺东去的赤道逆流向东漂流，直达波利尼西亚各岛，进而远达美洲西岸。第三条漂航路线，从海外龙山文化被发现的遗址分布状况看，上古先民从山东渡过渤海，沿黄海北岸到达朝鲜半岛南端，然后顺左旋环流漂航到日本北部，再穿过津轻海峡，乘黑潮和北太平洋暖流向东漂航②。当然，这些推测由于缺少史料记载而有待进一步考证。

不过，根据史书的确切记载，秦汉时期，中国东部沿海已经有了相当发达的航海事业。秦始皇四次东巡，都到达沿海，北至辽东碣石，南至江南杭州，并派徐福入海求不死药，远达日本；汉武帝七次巡海，西汉在开辟陆上丝路的同时，还开辟了从合浦、徐闻出发的海上丝路，沿北部湾、中南半岛、马来半岛岸边航行，经孟加拉湾，抵达印度东海岸、南海岸。东汉和帝永元九年（公元97年），甘英出使大秦，最远到达波斯湾。此后，东西方的交通越来越多地经由东南海道，中国商人与海外商人之间通过海路来往，海上航行不断。在此基础上，出现了空前规模的明代郑和下西洋。只是由于明清海禁政策，使中国痛失参与地理大发现的良机。

2.3.2.2 近代以前西方的航海商贸活动

西方文化的中心欧洲，是典型的海洋文化，其滨海文化区域，古代是环地中海地区，而在中世纪则主要分为南北两大区域。从地形上来看，欧洲大陆三面临海，海岸曲折，岛屿、海峡众多，大陆海岸线长达3.8万千米。

欧洲自古以来航海业发达。特别是南部的地中海地区，其周围先后产生了以古埃及、腓尼基为代表的北非文明，以及古希腊罗马文明。古埃及人早在公元前25世纪立国之际，便已能驾驶帆船沿地中海东岸航行；腓尼基人则在公元前3000年已经在地中海和爱琴海中航行，他们驾驶着自己建造的巨型桨船乘风帆在地中海航行，先后抵达马耳他、西西里和北非海岸，公元前7世纪他们曾经环绕阿拉伯半岛航行，一直旅行到波斯湾和印度。欧洲文明发源地古希腊，位于土壤贫瘠、多山地区的希腊半岛上，只有不

---

① 章必功. 中国旅游史 [M]. 昆明：云南人民出版社，1995.
② 叶雨蒙. 谁比哥伦布先到达美洲 [M]. 北京：昆仑出版社，2003.

到 1/5 的平原地区可以种植谷物，需要与其他地区进行交换；因而希腊人的航海商贸非常频繁，他们在爱琴海中往来如梭，进而跨越地中海，前往埃及、意大利等地，航海商贸成为古希腊各城邦联系的重要形式。随着地中海制海权由希腊转入罗马，罗马人加强了对海洋的控制，罗马、亚历山大里亚等大城市成为商品集散地和内外贸易枢纽，地中海变成了内湖，罗马航海家甚至抵达设得兰群岛附近海域；他们还利用西南季风从东北非横渡阿拉伯海抵达印度。

中世纪的欧洲，形成了南北两大商贸区。北部为北海、波罗的海，渔业使居住在日德兰半岛的诺曼人远距离航行，其航道环绕整个中欧、西欧和南欧，并从南部欧洲农业国家换取粮食和其他物资；诺曼人还向东航行，穿过波罗的海，抵达里加湾和芬兰湾，进入伏尔加河，然后转入第聂伯河抵达黑海，一直航行到拜占庭帝国；向北，他们绕过斯堪的纳维亚半岛，跨过巴伦支海和北欧地区。南部的商贸区是地中海地区。地中海的航行与欧洲大陆的贸易活动相关，从 12 世纪后半叶起，意大利和阿尔卑斯山以北各国之间建立了经常性的贸易关系，商人们来往于地中海沿岸各城市之间，另一些商人则跨海前往亚洲经商。地中海的航海活动，极大地促进了意大利沿海工商业城市的发展，如威尼斯、佛罗伦萨、热那亚、那不勒斯等。此外，欧洲的一些航海者还在北欧与东北美洲之间进行探险商贸。

2.3.2.2 滨海旅游文化的区域分布

不论是东方还是西方，其海洋活动在很长一段时间内都是靠近陆地的近海航行。直到 15 世纪后期开始的地理大发现，才出现了远离陆地的跨洋航行，使航海商贸、海上探险活动突破了传统的局限，发展到了一个崭新阶段。15 世纪中后叶到 16 世纪中叶，西班牙人发现了美洲，横渡大西洋、太平洋、印度洋；葡萄牙人发现了非洲南部，绕过非洲横渡印度洋到了印度，并进一步东进太平洋，与中国、日本等国发生了接触。16 世纪中叶到 17 世纪末叶，荷兰人发现了澳大利亚、新西兰，开辟了从印度洋到太平洋的新航路；俄国人发现了整个亚洲北部、北冰洋，开辟了从欧洲东北越过西伯利亚到达亚洲东北、越过白令海峡到达东北美洲的阿拉斯加的北方新航路；英国人、法国人和其他欧洲人发现了北美许多地区、世界第一大岛格陵兰和其他地区，开辟了从欧洲西北经大西洋到达北美的航路。各大洲传统的地区海上贸易演变为面向世界市场的全球贸易。

当代世界著名滨海旅游胜地的分布（见图 2-1），多集中在中低纬度的热带、亚热带，且与历史上人类近海航行活动范围密切相关，它们是：

(1) 地中海、黑海沿岸地区。如西班牙著名的滨海旅游区"太阳海岸"，有"幸福岛"之称的加那利群岛，有"地中海浴池"之称的巴里阿里群岛，法国芒通"蓝色海岸"，意大利亚得里亚海滨，罗马尼亚、保加利亚的黑海海滨。

(2) 大西洋西部的墨西哥湾、加勒比海沿岸地区。如美国的迈阿密、古巴的巴拉德罗、小安得列斯群岛西南的阿鲁巴、开曼群岛等。

(3) 印度洋东部沿岸地区。如马尔代夫、东南亚各国沿海，包括印尼的巴厘岛、泰国的普吉和帕塔亚、马来西亚的槟榔屿、菲律宾的宿务等。

（4）太平洋地区。如太平洋西部的日本沿海、关岛，以及位于太平洋中部的萨摩亚群岛、斐济群岛、夏威夷群岛、东澳大利亚沿海，太平洋东部沿岸的加拿大温哥华"海上之村"等。

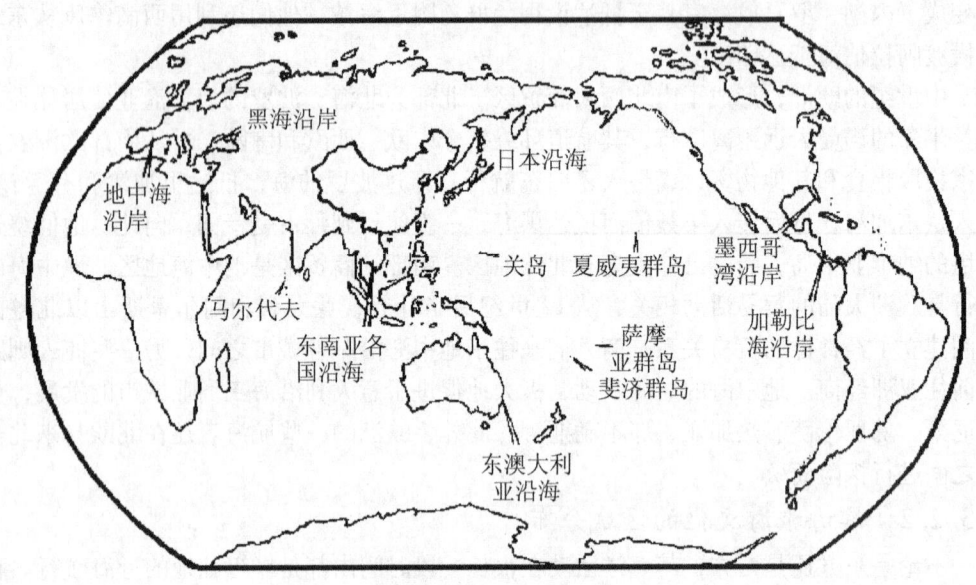

图 2-1 世界著名滨海旅游胜地分布图

[案例 2-4]

西班牙"太阳海岸"①

"太阳海岸"是西班牙著名的旅游胜地之一，范围从南海岸的阿尔梅里亚到马拉加附近，全长 250 多千米。由于纬度较低和有海水调节，这里温差很小，阳光充足，气候宜人，全年气温大都在 13～27℃之间，有 300 天以上的晴日、半年以上的游泳期，而且海滩平坦舒展，沙细柔软，海水洁净湛蓝，的确是旅游者心目中的天堂。难怪西班牙人以"我们出口的是阳光和海滩""阳光普照西班牙"而颇感自豪。尤其值得一提的是布兰卡"白色海岸"，它从穆尔西亚省西南部的阿吉拉斯到阿利坎特省东北部的德尼亚，全长 200 多千米。沿着银沙曲岸是一望无际的橄榄树、棕榈树和葡萄园。那和煦的阳光、洁净的海滩、沁人心脾的花果香气，着实令慕名而来的游人流连忘返。除此之外，"太阳海岸"还有 20 多个城镇和布满山坡、造型雅致的各种小型别墅式旅馆，它们都尽善尽美地同自然景色融为一体。

---

① 肖星，严江平. 旅游资源与开发 [M]. 北京：中国旅游出版社，2000.

2.3.3 滨海旅游文化传统的现代转换

随着社会经济的不断发展,人类对陆地资源利用的深度和广度不断增加,遇到了越来越多的问题。在当代,人口剧增、资源短缺、环境恶化,已成为人们无法回避的难题。为了生存与发展,人们把目光转向了海洋,纷纷加快了对海洋的研究、开发和利用。21世纪是海洋的世纪,已成为全球的共识。

2.3.3.1 滨海旅游文化传统的现代价值

1. 滨海地区拥有优美的自然风光、丰富的滨海人文景观

人类的海洋活动曾经创造了东西方灿烂的文明,以海洋为背景的古埃及神话、古希腊神话、古罗马神话和北欧神话,为人们提供了丰富的想象空间。海上交通、商业贸易、航海探索、海洋科技、文化交流,曾经为推动社会进步和经济发展发挥了巨大作用,并留下了丰富的人文景观(例如,巴塞罗那是哥伦布远航的出海口,如今海岸边有哥伦布当年出海帆船的复制品,哥伦布广场上矗立着哥伦布纪念碑,它已经成为该市引人入胜的标志)。中国沿海自古以来的神仙思想,以及徐福东渡、崂山道士、八仙过海等相关神话或实践,也留下了众多的地面遗存。海洋自然风光优美,碧海蓝天,惊涛拍岸,珊瑚礁石,海鸥翱翔,它们为现代滨海旅游业的发展提供了良好的条件。

2. 滨海旅游业对海洋产业的关联带动

从旅游业的分布区域来看,沿海地区,主要是滨海地区是最吸引游客的地区。作为朝阳产业的现代滨海旅游业,发展潜力很大,综合性很强,与经济、社会各部门之间有着难以隔离的联系,特别是与海洋相关产业或部门之间都存在着不可分割的依存关系,对国民经济和社会发展有很强的关联带动作用,很多相关产业和行业可以借助它来带动自身的发展。例如,旅游过程中的食、住、行、游、娱、购等活动,可以带动造船、运输、养殖、捕捞、工程、贸易等海洋相关产业或部门的发展,还能够为交通、商业、餐饮、城市基础设施及环境建设提供机会,为其进一步发展创造条件。而这些相关事业的发展,不仅可以为城乡居民提供大量就业机会,创造经济效益,使之成为不少地方的支柱产业和国民经济新的增长点,而且还可以提升城市知名度。同时,由于滨海旅游处于海洋和陆地相接合的海岸带,依靠海运可以和世界各国相通,发展国际旅游;依靠沿海陆地方便的交通运输网络,有利于促进国内市场的开发。国际上已经充分认识到滨海旅游的产业特征和发展前景,在国家和地区发展计划中给予了重点扶植。滨海旅游业已成为沿海国家竞相发展的重点产业,与海洋石油、海洋工程并列为海洋经济的三大新兴产业。此外,目前世界上著名的滨海旅游胜地主要集中在热带、亚热带的中低纬度地区,一般具有夏季凉爽、冬季温暖的特性,基本上不受季节影响,人们随时都可以到海滩游玩,因此,滨海旅游无淡季之虞,长期拥有稳定的客源,具有生命周期长的特点,对于促进沿海城市旅游业的稳定发展具有十分重要的作用。

2.3.3.2 当代滨海旅游业的发展

在当代，以海洋为依托的滨海旅游发展非常迅速。据统计，全世界已有上千个海上娱乐和旅游中心，其中有200多个海洋公园。美国近年来仅参加游钓的就有4 500万人，年收入180多亿美元。加拿大每年参加游钓的也有650万人，年收入47亿加元。日本每年参加海水浴的人达1亿左右。地中海沿岸是著名的滨海旅游胜地，西班牙的主要旅游区都位于海滨；意大利已开辟6 000多个海滨浴场、150多个旅游港口和500多个海滨旅游中心。每年夏天，有2 500多万旅游者来到地中海旅游胜地和海滨度假，意大利3万多家旅馆全部客满，而且还有1 300多万游客在法国的海滩、公园和路边宿营；西班牙漫长的海岸线更成了众多旅游者慕名前往的地方，每年吸引3 700多万游客。

在中国，海洋旅游业蓬勃兴起，沿海及海岛各地都把滨海旅游业作为经济发展的先导产业。1992年，国务院正式批准建立的12个国家旅游度假区有11个分布在沿海省份；1995年沿海地区接待海外旅游者总数为117万人，占全国接待海外旅游者人数的67.7%；1995年13个国际旅游外汇收入超1亿美元的省、市、直辖市中有9个分布在沿海地区；1997年沿海旅游区总产值超过500亿元。近年来，相关数字不断被刷新。国家海洋局发布的《2006年中国海洋经济统计公报》显示，全国主要海洋产业继续保持稳步增长，2006年全国主要海洋产业总产值18 408亿元，增加值8 286亿元，比上年增长12.7%，相当于同期国内生产总值的4%。其中，滨海旅游业保持平稳较快发展，旅游市场持续扩大，旅游消费稳步增长，服务水平进一步提升，全年滨海旅游收入4 706亿元，增加值2 400亿元，比上年增长17.6%。滨海旅游业越来越成为沿海地区的支柱产业。

2.4 工商业经济基础上的城镇旅游文化变迁

2.4.1 城镇文化的工业背景

2.4.1.1 城镇的起源

人总是组织成大小不等的群体居住在居民点里。中外各国大体都有一套居民点的系列：小村（hamlet）—村庄（village）—镇（town）—城市（city）—大城市（metropolis）。城镇或市镇，是与乡村相对应的一个概念，是以非农业活动为主的人口集中点，其规模比村落大。城镇不同于乡村的本质特征有：城镇是以非农业人口为主的居民点，在职业构成上不同于乡村；城镇一般聚居有较多的人口，在规模上区别于乡村；城镇有比乡村要大得多的人口密度和建筑密度；城镇具有用水管道、通讯、广场、街道、影剧院等市政设施和公共设施，在物质构成上不同于乡村；城镇一般是工业、商业、交通、

2 旅游文化的传统类型、变迁与当代发展

文教的集中地，是一定地域的政治、经济、文化的中心，在职能上区别于乡村。

一般来说，城镇是从村落渐渐发展形成的。在许多场合下，城市和城镇这两个概念有严格的区分。经国家批准设有市建制的镇称为城市（city），不够设市条件的建制镇称为镇（town），市和镇的总称叫城镇（urban place）或市镇（city and town）。由于世界各国人口密度不同，标准各异，目前还没有为定义城镇找到一个统一的标准。例如，中国规定有2 000人以上的非农业人口、自理口粮常住人口的居民点即可设镇；非农业人口6万以上、年国民生产总值2亿元以上，已成为该地经济中心的镇，可以设市①。

本节所阐述的"城镇"概念，按照中国城市规划法，是指县人民政府所在地的镇和其他县以下的建制镇。城镇是城市与乡村的过渡形态和联系纽带，也是介于二者之间的一种聚落。城镇规模虽然不大，但具备各种主要设施，履行多种或某种主要功能，在地方城市体系和空间结构上占有重要地位，城镇聚落文化景观，兼有城市和乡村的特点②。

城镇的出现是人类社会生产力提高的产物。在原始社会晚期，随着生产力的提高，得到了较大发展，出现了专门的游牧部落从事畜牧业，畜牧业从农业中分离出来，形成了第一次社会大分工。农业和畜牧业的发展，促进了手工业的发展，各种手工技艺越来越复杂，促使手工业脱离农业，出现第二次社会大分工，从事加工工业的人们，在一些交通便利、便于交换的地点聚集，以手工业产品与农牧产品交换，产生了集市。随着第二次社会大分工，出现了直接以交换为目的的生产，即商品生产，货币也随着流通，于是，专门从事产品交换的商人出现了，产生了第三次社会大分工。随着阶级、国家的出现，为了便于交换，人们开始在集市周围筑城、居住，商人在此经商，开设酒馆、饭店、客栈等服务设施，这便是最早的城镇雏形。世界上最早产生城镇的地区，在尼罗河谷地、美索不达米亚平原、印度河流域、黄河长江中下游地区等，时间在公元前3500—公元前1500年间。其地理环境一般都比较优越。这些地区大多位于中低纬度，气候适宜，适合人类居住；地形平坦，土壤肥沃，水源充足，有便利的灌溉条件，农耕历史悠久，能为城镇提供大量的农副产品；靠近江流河道，有便利的供水和运输能力，有利于货物转运，可以汇集人流与物流。

2.4.1.2 城镇文化的工业背景

工业革命以前，西方各国城镇发展较为缓慢。例如，在英国，1600年包括城市在内的城镇居民占总人口的2%，1800年增加到20%，1890年为60%。

18世纪中叶开始的工业革命是人类历史上的一个重要阶段，它结束了城镇工场手工业生产的方式，实现了从工场手工业到大机器生产的飞跃。工业革命首先从英国开始，继而席卷欧美以至全世界。蒸汽机的发明导致城镇中铁路和火车的出现，给运输提

---

① 周一星. 城市地理学 [M]. 北京：商务印书馆，1995.
② 司徒尚纪. 广东文化地理 [M]. 广州：广东人民出版社，2001.

供方便，铁路运费低廉，成为城镇之间的主要交通工具。工厂向城镇转移，工厂企业为寻求协作利益和增强竞争能力，在地域上出现了相对集中的倾向，这种倾向直接影响近代城镇内部的扩展形式和城镇的区域分布格局。城镇中经济活动的社会化、生产的专业化向着更广的范围发展。与此同时，随着工厂的建立与交通的发展，人口迅速向城镇转移，产业工人往往成为城镇居民的主体。由于城镇中市场的集中与集聚，进一步把更多的工业企业、人口、资金、物资吸引到城镇中，使城镇规模和范围急剧扩大。于是，城镇化现象成为工业革命以来的重要特征。在区域范围内，随着资本、工厂、人口向城镇迅速集中，某些地理条件优越的地区人口集中、密度高。工业，特别是在煤田和沿海地区，如英国的兰开夏地区、德国纳鲁尔地区、美国的大西洋和五大湖沿岸，都在工业革命中形成城镇密集地区，导致城镇空间分布严重不平衡。

世界城镇化的进程有两个明显的特点：

第一，增长势头猛烈而持续。从城镇起源以后的几千年里，世界的城镇人口和城镇人口比重在很低水平上缓慢增长。在缓慢之中则包含了城镇发展的相对繁荣地区在不同时间的频繁变动。1800年世界总人口为9.78亿，大约5.1%居住在城镇。从这以后态势完全改变，世界人口的自然增长率不断提高，世界的城镇人口以更高的速率增长，城镇化的发展迅猛异常，势不可挡。在19世纪至20世纪50年代的时间里，世界人口增加了3.5倍，而包括城市在内的城镇人口却增加了35倍有余。

第二，城镇化发展的主流已从发达国家转移到发展中国家。在世界城镇人口的普遍稳定增长中，城镇化发展的主流是有变化的。欧洲是最早城镇化程度最高的地区，英国在1850年成为第一个有一半以上的人口居住在包括城市在内的城镇的国家。20世纪初美洲的城镇发展却具有更高的速度。世界发达地区的城镇化在1925年前后达到高潮，以后其主流又逐渐到了欠发达地区，尤其是20世纪中叶以来，民族独立解放运动的普遍胜利，这一趋势更见明朗，亚洲和非洲的城镇发展势头尤为迅猛[①]。

城镇化是人类进入工业社会时代，社会经济的发展出现农业活动的比重逐渐下降、非农业活动的比重逐步上升的过程，从此，世界从农业社会开始迈入工业社会，从乡村化时代开始进入城镇化时代。城镇的分类出现了新的变化，经济都会可以分为工业城镇、商业城镇、海外贸易城镇；工业城镇又可分为纺织工业城镇、钢铁工业城镇、陶瓷工业城镇、化学工业城镇、煤矿工业城镇、石油工业城镇等，或者称为轻工业城镇、重工业城镇；商业城镇又可分为综合性商业城镇、单种商品为主的商业城镇；海外贸易城镇也可按交易对象或商品种类，分成不同类型的贸易中心城镇。城镇的发展，加速了世界城镇化的进程。

---

① 周一星. 城市地理学 [M]. 北京：商务印书馆，1995.

2.4.2 商贸网络与城镇文化区域布局

2.4.2.1 东西方商贸网络的历史考察

城镇的出现和发展，是以工业手工业的发展以及由此产生的商品交换为基础。在商业贸易发达的时代和地区，城镇发展迅速，从而形成与商贸网络密切联系的城镇文化区域布局。

作为西方文明核心的欧洲，城镇始于商贸发达的地中海。地中海地区商贸中心最早是东海岸的腓尼基，然后是东地中海中部的希腊，最后是地中海中部的迦太基和罗马。特别是希腊人的商业活动对地中海沿岸地区城镇的发展起了重要作用。公元前9世纪，希腊半岛上出现了城邦国家，它们通过与周边城邦的征战、贸易而生存发展，公元前600年左右，仅希腊半岛及其附近岛屿上的城镇就有500多个，当时的城镇都比较小，很少超过5 000人（后来有少数城镇发展成为大城市，如雅典，据估计人口已达到30万）。随着贸易的扩大，希腊城邦通过移民，将城镇扩散到地中海西部和黑海地区。

承希腊文化而起的古罗马文化，是以罗马帝国的兴起作为背景。罗马帝国依靠军事力量建立了跨欧、亚、非三洲的大帝国，城市生活随着军事的征服而出现在新的地区。军队为了能控制新占领的土地，需要建立或征用当地资源的汇集地点，用这些物资来支持帝国和军队，其军营驻地往往成为城镇发展的基础。随着军事时期的过去，经济生活的安定和发展，商业与政治作用提高，各种人群的集聚，使那些地点就上升为新的城镇。随着领土的扩大，城镇也就随之在各地增多，特别是罗马帝国在阿尔卑斯山脉以北的扩展，促进了当地城镇的发展。

中世纪的欧洲，由于南下的日耳曼人以农业耕作为主，对城镇的依赖不大，手工业、商业萧条，人们生活重心转入乡村，城镇大大减少。直到11世纪以后，随着封建人身依附关系的松弛，农奴、手工业者成批逃离封建领主的庄园，到便于销售产品的交通要道、关隘、渡口、教堂附近（西文地名字根常有 bourg、san、saint、ford，即来源于此），其聚集地就逐渐形成了城镇。城镇在整个欧洲再次出现。

随着早期资本主义的产生和发展，商品贸易的扩大，到15世纪前后，整个欧洲已形成南北两大贸易区。在南部，以威尼斯、热那亚等为中心的地中海贸易区；在北部、西北部，是北海和波罗的海贸易区，特别是14世纪中期德意志北部沿海城镇为保护其贸易利益而结成的商业同盟——汉萨同盟，极盛时加盟城镇超过160个，其势力不仅遍布于北德地区，还扩展到佛兰德、英国、丹麦、斯堪的纳维亚半岛、波罗的海沿岸的条顿骑士团国家——普鲁士、库尔兰、立窝尼亚和爱沙尼亚，甚至远达俄国和芬兰，同盟持续3个世纪（1365—1669），这样影响广阔、延续时间久远的商贸团体，是过去从未见过的。

新航路的开辟，世界各地区的沟通，使欧洲的重要商路和贸易中心从地中海区域转移到大西洋沿岸。直到工业革命，城镇迅速发展起来。

中国是世界上城镇最早产生的国家和地区之一。在几千年的漫长发展历程中，产生了无数大小城镇。但是，直到明、清两代，随着资本主义的萌芽，商品经济与手工业的发展，才出现一些专业化城镇，如闻名全国的四大商业城镇——景德镇、佛山镇、夏口镇、朱仙镇。城镇的分布主要集中在交通便利的沿江沿河沿海地区，如扬州、苏州、杭州、南京、武汉、重庆、广州、福州、宁波等。特别是沿海城镇，由于自古以来与海外通商，历史上先后出现了一些著名港口城镇，如泉州、福州、广州等；而华人的对外商贸，因市场、商品、活动地域、共同利益关系而形成了相对稳定的商贸网络，始于宋元时代（13世纪以后），到15世纪初基本形成，在17—18世纪经历扩张和发展而达到顶峰，从而形成一个以中国市场为中心，遍及北起日本、中国内地沿海地区、中国台湾，南至东南亚地区的东亚东南亚商贸网络，这个经贸网络与欧洲人的远东经贸网络互相交叉、利用和补充，构成由西人主导世界经贸网络的组成部分①。鸦片战争后，随着中国被纳入殖民地半殖民地体系，中国城镇发展出现新的变化，形成一批半殖民地式城镇，被迫开放了许多沿海、沿江、沿边通商城镇，铁路的兴建使城镇沿铁路线得到发展。

2.4.2.2　商贸网络与城镇文化区域布局

城镇分布的疏密，深受政治、经济、自然、交通等因素的制约。在商品经济发达、交通便利的地区城镇比较密集。在中国，广东以商品发达而闻名，珠江三角洲和潮汕平原地区，城镇规模大，分布广而密，平均每80平方千米就有一圩镇，服务半径为5千米，是中国城镇分布最为密集的地区之一。此外，由于商贸的发展需要借助于交通运输工具，因此，不同时代不同的交通条件和交通运输工具，影响了城镇的区位布局。古代多靠帆船、马车运输，城镇多分布在海港、河流及大道交汇处；现代发达的铁路、公路交通运输，城镇多沿铁路干线、公路等分布。

基本上，商贸网络城镇可以分为陆地城镇和滨海城镇两种类型。

1. 陆地城镇

主要依靠水运、公路和铁路运输，沿河流、运河、公路、铁路分布。以水运为基础的商贸网络，在古代尤为重要。那时交通条件差，交通工具落后，只能依靠人力、畜力、自然力作为动力，商业贸易多以江河湖泊等水运为基础，城镇沿河两岸分布。中国古代封建王朝的都城，不论是西安、洛阳、开封，还是杭州和北京都与水运有关系；除首都以外，沿河流、沿运河还出现许多城镇；中国明清四大镇中，景德镇、佛山镇、朱仙镇也都与河流水运有关。在西方，过去农业时代的城镇大多在河流附近，西方国家的首都与城市（如法国的巴黎、英国的伦敦、奥地利的维也纳、匈牙利的布达佩斯等）也都与河流有联系。即使在工业革命开始，铁路还未出现时，英国和法国都是大修运河，开发水运。在水运中，河口处由于上可以与全河流相通，下可以转向海外，所以不少河口处的港口城镇成为全流域的最大城市，如长江口的上海、珠江口的广州、恒河口

---

① 庄国土. 论早期海外华商经贸网络的形成［J］. 厦门大学学报（哲学社会科学版），1999（3），33–40.

的加尔各答就是如此。

然而，仅仅依靠水运是不够的，不论天然河道还是运河，都受一定限制，所以必须有陆路交通维系。在古代为了政治、军事以及经济的需要，政府或地方都注意道路的建设和桥梁的建造。中国自秦代以来陆续修建了覆盖全国四通八达的交通网，罗马帝国时修了四通八达的全国道路系统，它们不仅有利于政令、公文的传递，而且为商贸、城镇的发展提供了重要的条件。例如，陆上丝绸之路开通后，沿途先后兴起了许多大大小小的城镇。工业革命后，动力系统和能源开发成为时代特征，极大地改变了人类的面貌，火车、汽车、渡轮，使人类的旅行以及商贸变得更为快捷、方便，沿途城镇大大发展起来。现代沿铁路干线、沿高速公路等出现了一批城镇，使相对距离较近的城镇彼此间往来比较迅速方便，促进了城镇的发展。

2. 滨海城镇

一般来说，地理大发现以前，人类交往的主要途径是依靠骆驼、马、驴、非机动车辆以及徒步的陆上旅行，沟通有联系的各地区，因此陆上城镇相对分布较多。海上贸易仅局限于某些地区比较发达，如地中海地区、从黑海到波罗的海的欧洲沿岸、阿拉伯海、南海等，因此兴起了一些海上港口城镇。从世界范围来说，海上贸易只是陆上贸易的补充，不仅其地位不如陆上，而且连航行路线都表现出对陆地的依附性。从新航路的发现起，海上交通就把世界联系起来。现在的船舶体积大、速度亦比过去快，成为世界上商品交换的重要运输工具。特别是对数量多、质量重、体积大的商品具有绝对运输优势。随着经济的发展，不论大国还是小国都无法孤立于世界商贸之外，不论沿海国家还是内陆国家都与海上交通发生直接或间接的联系。现在可以明显看出世界上最大的城市主要是集中在沿海地区。从目前世界上前20位最大城市来看，有14个位于沿海地区，只有6个城市位于内陆。从中国30年的改革开放来看，沿海城市的发展一般快于内陆城市，特别是开放城市、特区发展更快，深圳、珠海、厦门、上海浦东等就是明显例证。滨海城镇一般位于沿海港口大城市周围，或作为其卫星护翼，或作为其所辖之地。如港口城市深圳，所辖范围内就有众多大大小小的城镇，如沙头角、盐田、葵涌、大鹏、坝光、溪涌、大梅沙、新大、南澳、西冲、下沙、小梅沙、马峦等。

[案例2-5]

广东城镇分布①

城镇聚落地区分布的疏密，深受政治、经济、自然、交通等因素的制约。一是商品经济发达地区多城镇，如珠江三角洲和潮汕地区。顺德县每个城镇服务半径只有4.83千米，为全省之冠。二是在省界或边境界线附近，城镇比较密集。原因是关税壁垒，这是不同政制地区都有的现象。各种偷税逃税等活动，多在这些界线经过的地区发生。厚

---

① 司徒尚纪. 广东文化地理［M］. 广州：广东人民出版社，2001.

利所在，促使两边聚落增多。以广东为例，在雷州半岛与广西接壤地区就有不少这样的城乡聚落，包括峒利、大寺、那栋、东灵、那路、盘龙、沙坪、烟墩、南乡、丰塘、凤门、白沙、石角、六山塘、双合田、水岸、大伦等。深圳与香港接壤地带则有大鹏（王母）、葵涌、盐田、沙头角、定宝安、蛇口、南头、西乡等。三是沿河流两岸分布，几乎所有县城均在河边。一般圩镇紧靠河边者为数更多，如漠阳江在阳春县境就有河朗、石望、松析、春湾、合水、春城、岗美等城镇。四是沿陆路交通线分布。其中先有聚落，后有交通，后者选线取决于前者，这于近世公路交通兴建时最为常见。而交通线完成后，原有聚落不免受其影响，或趋于繁荣或趋于衰落。如增城中新镇即在广汕公路通车后发展起来，1931年始正式定今名。五是水陆交通汇合点更为城镇聚落产生地点。例如，广东南路地区，水路由北而南，陆路自东而西，相交之处城镇甚多。这些产生在两河汇合地点的城镇，则称为合水。信宜和阳春都有合水镇，分别位于鉴江和漠阳江与它们支流汇合地点。

2.4.3 城镇文化的历史内涵与现代取向

城镇是区域性经济或政治、文化中心，不同时代有不同的城镇特色。特别是经历过时间洗礼的古老城镇，由众多形态要素组成，商业、宗教、城墙、民居、街坊、店铺、官府驻地、河流、山地、农田、土地、风味小吃、手工艺品、地方特产、民俗活动等，有着悠久的历史，或曾经发生过特殊的、重大的事件，有较多的文化遗存，有丰富的文化传统内容，它们构成了城镇的整体风貌特色。它是一种文化资源，有着深厚的历史文化积淀，是人类的历史见证和文明结晶。

2000年7月，联合国教科文组织与中国有关部门在北京发布的《北京共识》宣言中指出："保存在城市中的文化遗产，不仅是历史上不同传统精神的载体和见证，同时也体现了全世界各个民族的基本特征，构成了各个城市面目和特点的基本要素。"经济是基础，经济发展对传统城镇更为重要。城镇形成的因素很多，包括政治、军事、经济、交通等各个方面。由于传统城镇仍在使用并将持续发展，社会在前进，城镇内居民的生活也要不断改善，不断发展经济。然而，这些城镇的经济发展又不同于一般新城市，它必须要在保护原有文物古迹、城镇风貌、名胜风景、文化传统的前提下发展，控制一些不适合的建设项目，发展有利于城镇历史保护的项目。因此，城镇的历史空间格局与现代经济共存，传统的基础设施与现代生活方式共存，有着传统与现代的冲突：历史空间是在当时的经济水平与生活方式下形成的，而生活在其中的现代人的价值观、生活方式已远远不同于古人；现代交通与工业经济对空间的要求已远远超越已经过去的历史时代。如何建立城镇历史文化传统保护机制，形成保护与发展的良性循环，是城镇发展所面临的问题。

在当代城镇现代化建设中，应当把保护纳入城镇规划之中，把古建筑文物、古城格局、风貌等作为城镇规划与建设的组成部分。同时，借助于这些文化传统，在发展经济的同时，开发文化经济。文化经济是以文化资源为依托的经济发展形态，与农业经济、工业经济处于同等重要的地位，经济需要文化来支撑，保护文化遗产与保护城镇的文化环境需要经济来支持，两者相辅相成。以城镇文化为依托发展文化经济，是被国内外实践所证明了的成功的古城可持续发展模式，如意大利的威尼斯、奥地利的萨尔茨堡、中国的江苏同里。萨尔茨堡城镇人口8 000人，年接待游客640万人，平均每位居民需要为800位游客提供服务，每个人都是导游，人均收入2 000美元，经济持续发展，生活水平持续提高。

国外对历史古城的发展有两种方式：一是完整保持古代城镇原貌，再现昔日历史情景。如美国的威廉斯堡，保持独立前的城镇布局建筑形式，城郊地区保留着那个世纪的风车、磨场、农舍、麦仓，古城服务人员、导游、马车夫、官府侍从都穿着古代的服装，古城的两端外围专门开辟一片商业区，利用旧时建筑，保持风貌协调，内部设施现代化，出售各类旅游用品；法国录柯洛和斯特拉斯堡等所有传统建筑原样不动，保持原有风貌，部分房屋设施内部现代化，开设旅馆。二是保持古城特色，展示传统风格，以意大利威尼斯与佛罗伦萨为代表，保持历史遗存原貌，也不排斥现代生活的介入。这两种方式从环境开发角度来看，前者属于分离型开发，本地居民居住与旅游观光地区分离；后者属于融合型开发，居民生活与旅游观光共存，把当地人拥有的优秀文化和产业的诸要素如习俗、产业、土特产品、庙会、祭祀活动、传统艺术表演等组合起来，开发出市民表演地区文化传统而且游客能亲身体验的交流场所、设施。

2.5 当代文明视野下的城市旅游文化

2.5.1 城市文化的历史考察

2.5.1.1 城市文化的概念

"城市"源自"城"与"市"的结合。"城"，乃设防之壁垒；"市"，则是交易之处所。筑城守民，设市易货，古代的"城"与"市"遵循完全不同的需要而发展。设防的城堡需要充足的商品交换以维持物质的供应，贸易繁荣的市场需要完备的防卫设施以确保安全和秩序。互为依存的需要是"城"与"市"合而为一的基础。如2.4.1.1节所述，城市（city）是指那些经国家批准设有市建制的城镇。城市人口规模大，管辖范围广，结构复杂，功能齐全，经济文化生活丰富多样，有多层次的景观风貌。

"城市"与"文化"的联姻，是历史进步的必然产物。城市，作为一个复杂的有机体，更多地具有地理、行政、区域、经济单位概念的意义；文化，是一个城市的灵魂和气质，是衡量城市文明程度和人们生活质量的重要标志。城市建筑、道路、交通、雕塑、广场、绿地、社区、教育设施、文化体育设施、公益设施以及城市公共空间（包括文化活动场所）等，构成城市文化的必要条件，也是决定城市品位的外在显性标识。

城市内在的、非物质化的、可间接感知和体认的人文环境，包括历史遗传、文化传统、民情风俗、教育水平、城市规划与管理、智能化与信息化程度、文化辐射能力等，构成城市内在品质，是城市文化的隐性标识，也是决定城市文化品位的重要因素。因而城市文化包括空间布局、符号系统、生活哲学、群体精神、文化习俗、社会结构、宗教信仰、日常生活等各个方面。

城市的兴起和发展受自然、经济、社会和人口等方面因素的影响。不同时期，不同地区，不同社会经济发展水平和发展速度，不同人口分布和迁移特点，都对城市的发展速度、性质、规模、空间组织等产生影响，从而产生不同的城市文化。

2.5.1.2 西方城市文化的历史考察

虽然西方很早就产生了城市，但城市的发展始于希腊。希腊的城市是与城邦制度相联系的，每个城邦都是一个以城市为中心的国家组织，公共活动是重要的社会生活，城内除卫城之外，剧场和商业活动的广场较为发达。罗马时代，通过控制区的扩大，把城市带到欧洲的广大地区，城市获得更大发展；罗马就是当时西方最大城市，城内修有良好的给排水系统，除了豪华的王宫以外，在广场周围建有庙宇、市场、市政厅、斗兽场、剧场、公共浴室、图书馆、学校，郊外还有高级别墅。高级住宅内有干净的卫生设备与取暖设施。文艺复兴开始后，自由的市民阶级上升为中产阶级，与君权相结合，向封建势力进攻，促进了欧洲资产阶级的发展、民族统一国家的建立和君主权威的兴起；君主王朝为了体现其权威，往往把首都建筑和建设作为其权威的体现：豪华的王宫，开阔的广场，宏伟的公共建筑，整齐的林阴大道，加上花园、剧场、博物馆和商业中心以及雕塑、喷泉、草坪，使城市的面貌发生了很大变化，典型的如法国的巴黎、英国的伦敦以及奥地利的维也纳等。

中世纪及以前的西方城市，多产生于水陆交通要道处，或是大领主城堡、大主教宫廷、修道院所在地以及军事堡垒附近，是手工业、商业的聚居地，是工商业贸易的产物。城市居民以自由民为主，他们往往以商业、海外贸易为生，城市就是他们的家园。因此，城市的布局，一般中心是广场，是商品交易集会之处。由于受古希腊罗马自由、理性、尊重民主、倡导民主政体、法权结合等思想影响，传统西方城市具有明显的独立性，享有独立的行政、司法、财政、铸币、军事防卫以及对外宣战、媾和等权力，市民享有不同程度的参政权。城市还拥有自己的武装力量，保护城市的经济贸易活动，争取城市的自主权。由于基督教会在西方社会的统治地位，城市中教堂众多，教会为西方城市注入了独特的文化气质。

从总体上说，中世纪欧洲城市的人口规模仍较小，据估计，1400年，仅巴黎的人口达27.5万，布鲁日、威尼斯人口超过10万，伦敦、罗马、那不勒斯、科隆、佛罗伦萨、根特等人口在4万～5万之间；与欧洲城市规模相比，当时土耳其的伊斯坦布尔、中国的北京人口达70万，日本的大阪、东京、京都和埃及的开罗人口达30万～40万，显示了更高的城市发展水平。工业革命以后，随着工业的发展、铁路的出现，西方城市人口迅速增长，城市规模急剧扩大，并带来新的问题，如住房困难、交通拥挤和环境污染等，迫使一些居民向郊区转移，寻求舒适的环境。

在当代，随着城市化进程的加快，在世界范围内都出现了特大城市与大都市带。过去 100 万人口的城市已是很大的城市，而且数量也不多。现在却出现了一些千万人口以上的超级城市，如墨西哥的墨西哥城、巴西的圣保罗与里约热内卢、美国的纽约、日本的东京，都属于这类城市。在一些经济发达地区，城市不但规模大、数量多，而且由高速公路、铁路、航空等交通网络相连，形成大城市成群连片地聚集在一个区域的城市带。世界上已形成的大都市带有 6 个。其中，有 2 个在欧洲：西欧西北部大都市带，英国东南部大都市带。有 3 个在美国：大西洋沿岸大都市带、太平洋沿岸大都市带、五大湖沿岸大都市带，居住着美国一半左右的人口；其中大西洋沿岸大都市带，包括波士顿、纽约、费城、巴尔的摩、华盛顿等 5 个特大城市及众多中小城市和镇，跨越 10 个州，面积为 13.8 万平方千米，人口约 4 500 万，有众多跨国公司总部，在经济、政治、文化等各方面均具有世界中心地位。有 1 个在东亚，即日本的东海道大都市带，自东向西包括东京—横滨、名古屋、大阪—神户 3 个大城市圈，面积约 10 万平方千米，集中了日本 3/4 的工业产值和 2/3 的国民收入，人口近 7 000 万，成为世界上规模最庞大的大都市带。

2.5.1.3 中国城市文化的历史考察

中国城市产生很早，其发展大致始于春秋战国时期。由于诸侯割据，相互攻战，筑城防御，因此产生了坚固的城墙，庞大的城池，如秦都咸阳、赵都邯郸、魏都大梁、楚都郢城等，而齐都临淄城，周长有 12 千米，估计居民有 20 万人，商业十分发达。随着封建制度的建立，政治统治的加强，经济不断发展，城市建筑水平也在不断提高，汉唐时期的长安城、北宋开封城、南宋杭州城，都是当时世界上著名的大都市，城市内部功能已相当齐全。元明清三朝，全国最大的城市是北京，它代表了中国封建礼制的典型：城分内外城，内城（今二环路以内）大体呈方形，共 9 个城门，内有皇城，皇城内有内宫城，即紫禁城；城内建筑以宫城为中心，沿中轴对称，前朝后市，左祖右社，分列于宫城四周；宫城后有钟楼、鼓楼；内城四周又分列有日坛、月坛、天坛、地坛；城内街道呈棋盘式，民宅沿胡同排列，一般以四合院为基本格局。至于外城，则是明朝嘉靖年间为加强北京城的防卫，以城市南北中轴线为中心，匆匆建成，由于财力不支，只修了南部，仅 7 个城门（正南面的永定门，东边的左安门、东便门、广渠门，西边的右安门、西便门、广安门），使整个北京城成"凸"字形。在明、清两代，由于商品经济与手工业的发展，出现一些专业化城市，如生产瓷器的景德镇，生产丝织品的南京、苏州，棉纺织业的松江、福州，制糖业的东莞等。

传统的中国城市，是按照统治阶级的政治、军事需要而建立的，城市是诸侯的官邸所在地，是中央权力在地方的代表，很多城市并不是随市场交换的发展而产生，而是作为行政区划的产物，是当时的府、州、郡、县等地方治所所在地，工商业处于从属地位。因此，城市的布局，一般以行政长官的衙署为全城中心，各种府第鳞次栉比，城关往往发展成为工商业区。城市里居住着地主、官员、商人、手工业者等，他们大都与其宗族、祖产、祠堂所在的故乡保持着千丝万缕的联系，与土地保持着密切的联系。城市处于政治的从属地位，没有独立性，不过是自上而下地执行中央政策的机构。驻军或者是归中央管辖的武装，或是为某个将领而存在。城市居民也没有自治权利的要求，城市里的小手工业者和小商贩在官府的严密监督下经营和生活。

鸦片战争后，中国城市发展出现新的变化，城市偏于东南及沿海地区，城市规划制度、建筑形式和风格都有所变革，许多古老城市建成新式马路，街道两旁不同风格的新式建筑渐渐取代旧式建筑，商店向马路开门，形成敞开式门面，城区范围扩大，并构成道路网络，近代城市功能运行所需要的各部门和设施，如政府机关、银行、公司、商店、茶楼、旅馆、公园等建筑风格多种多样，反映了当时半殖民地、半封建性质。1949年以后，中国城市发展与经济发展、国家政策密切相关，内地与边疆地区城市都有所发展，而沿海地区与边境口岸城市随对外开放而获得新发展，上海已经发展成为人口超过千万的特大城市，而深圳的发展可以说是个奇迹，从 1980 年建立特区以来，仅 20 多年，就从一个小镇发展到百万人口的大城市。

2.5.2 跨文化交流与中西城市文化的典型特色

2.5.2.1 跨文化交流

所谓跨文化交流，是指来自不同文化背景的人们一起交往的过程，交流的双方往往来自不同的民族、不同的国家，或不同的地区。

由于世界范围内存在多种不同文化，不同文化之间各有差异，故而形成不同的认知体系、语言符号、社会组织、规范体系、风俗习惯、价值观念、生活方式、物质产品等，构成了文明世界丰富多彩的内容。文化差异的存在是跨文化交流的必要前提，强调文化的差异性，承认一切文化都有其应该得到重视的自身特性和价值，才能在一种相对平等的环境中进行跨文化交往活动。

自从人类不同文明产生以来，不同文化之间的交流一直在进行着，它们彼此取长补短，相互促进，共同提高。在当代，随着现代科学技术和通讯手段的迅速发展，经济全球化进程加快、多元文化共生，跨文化交流已越来越被人们重视。

2.5.2.2 中西城市文化的典型特色

不同的城市有不同的风格与特色。欧洲的城市历史比较悠久，城市的格局与主体建筑风格已经形成，为了不破坏城市的传统形象，城市建筑物大都在 10 层以下，很少有高层建筑，更少集中林立的。而美国城市位处新大陆，中心为高层建筑区，四周则迅速降低，到其边缘地区，是 1～2 层的单户住宅。一些经过规划而建设的城市往往表现得尤为突出，不仅重要建筑物的单体与组合，而且整个城市的道路系统都反映出其独特的风格与含义。如美国华盛顿的设计，体现了美国的国家意识，即民主和法制，它以国会到林肯纪念堂作为东西方向的长轴，以白宫到杰斐逊纪念堂为南北方向的短轴，两个轴都是宽阔的草坪，其相交处建有华盛顿纪念塔，棋盘与放射状相结合而构成的街道，形成特殊的风格。另一方面，一些城市所在地由于地理环境的不同，因而形成一个城市的特殊风格。例如，沿海、沿江、沿湖的城市多利用水体表现城市特色。在水体的边缘，有的形成重要的商务区，如芝加哥的沿湖地区，上海沿黄浦江的外滩；有的发展为风景与旅游区，如杭州的西湖；也有的利用水体形成建筑，如威尼斯城内河上的小桥，巴黎和布达佩斯在塞纳河与多瑙河上的跨河桥，旧金山的跨越海湾的大桥；另外，还有山城、泉城、沙漠城、高原城和绿洲城，都是由于特殊的环境而具有自己的特色。

从中西城市文化来看，由于是在完全不同的自然地理环境中成长，因而有着完全不同的历史传统、经济水平、政治制度、宗教思想、文化艺术，它们各具特色。总的来说，中西城市文化有如下两点基本不同的特征。

首先，从城市整体建筑布局来看，典型的中国传统城市整体性强，以南北轴线为主轴定位，主次分明、对称排列，道路呈方格网状，布局较规整；市中心为王城、衙署或钟鼓楼、十字街口，无公共广场，呈封闭式布局。西方城市无一定轴线，道路结构呈环形辐射状，布局较自由；市中心为宗教或市政建筑，有公共广场，呈开放式格局。

中国传统社会是宗法制社会，崇尚君权至高无上，政治权威、血缘伦理、尊卑等级的儒家礼制一直占统治地位，并强烈地影响了中国古代城市规划思想，形成了尊卑有序、主次分明的城市布局，诸如对称、规整、轴线等形式，相应地建造了大量的宫殿、坛庙、礼堂家庙、书院等大型院落式建筑，建筑群体较普通民居要高大得多。例如，广州古城布局以刺史署所在地的北京路为城市轴线，自隋唐至清代历久不变。最典型的实例是明清北京城：以皇宫为中心，宫城坐北朝南，形成一条纵贯几里的南北中轴线，其他设施按规矩对应布置，道路体系以南北轴为准绳，经纬分明。中国古城的街头巷尾很难找到扩大的广场，也见不到放射形道路。

在西方，由于基督教会长期占有统治地位，为城市注入了独特的文化气质，时至今日，教会仍然是西方城市社区的精神支柱，对西方社会生活方式和人文精神仍然具有巨大影响力，发挥着不可替代的独特作用。宗教建筑在城市中始终占据了显著位置，城市中教堂众多，教堂常占据城市中心位置，其庞大的体积和超出一切的高度控制着城市的整体布局，教堂广场是市民集会、狂欢、从事各种文娱活动的中心场所。没有教堂的社区和不进教堂的市民都是难以想象的。城市道路网络常常以教堂广场为中心呈放射状，并形成如同蛛网的放射环状道路系统。

第二，从城市文化的意蕴来看，中国城市追求天人合一，讲究风水观念；西方城市在于表现人类对自然的征服。

中国人讲究天人合一，把个人、自然社会看作一个统一体，人与自然世界的关系细微而深奥，强调与自然协调相处。中国人的哲学观念中认为，世间万物皆为阴阳变化而成,由此而产生"象天法地"的思想方法,其中包括"相土"和"占卜",即"风水"观念。"风水"的整个系统建立在阴阳、五行、八卦及"气"的运动之上,是将中国古代哲学与宗教原始科学及巫术礼仪的糅合,是凭经验对自然现象与规律、人与环境关系进行直观把握,对古代城市选址与空间布局都有重大影响。城市环境中建筑的地位是次要的,环境特色与空间形态成为主体要素。城市建筑呈平面展开,市中心无高耸建筑物,高塔多建于郊区或山丘之上;城市建筑"适形而止",与自然协调。在空间规划上,常将大片水面与山体纳入城内,如"城裹三山千簇寺"的福州城,遍植榕树,"绿阴张盖";"一城山色半城湖"的济南府,家家有泉水,户户有垂杨,自然山水与城市中的建筑、庭院中的树林互相映衬,使城市空间透出一种与自然同在的和谐。另外,即使"王权至上"的皇帝在选择祭祖建筑、郊外陵墓的时候也都讲求自然方位和山川风水,这也充分表明了古代中国对自然的屈从、认可与尊重、适应的态度。中国建筑是以建筑的屋脊、屋角及屋面等处所形成的曲线,与山峦的起伏、树木的姿态等自然轮廓存在着某种暗合,与自然环境浑然一体;在体量上也是"适形而止"。

西方社会崇尚人文主义的思想,注重自然科学的研究和注重技术的改进,强调人类对自然的征服,城市建筑是对周围环境的统辖与支配。高耸建筑常在市中心,逐步向周围降低高度,市中心常有不高的山丘;城市建筑具有尺度雄伟、体量宏巨,与自然对立的外观形式。尤其是宗教建筑,罗马式建筑运用檐和尖拱,而哥特式建筑则运用林立向上的尖塔,凌空飞架的飞扶壁,使教堂显示出一种向上与向四周伸展的外张性格,似乎努力挣脱自然束缚,使自身肢体得以充分的伸展。而且城市景观往往与著名的建筑物相联系,该建筑也就成为该城市的标志与象征。例如,美国帝国大厦、西尔斯大厦分别是纽约、芝加哥城市的象征,伦敦的塔桥,巴黎的铁塔和凯旋门,莫斯科的红场和克里姆林宫,悉尼的歌剧院等,都是以其别致的造型而获得特殊地位,成为其所在城市的象征。总之,传统文化、哲学观念上的差异使得中西方的城市规划思想、城市空间模式沿着截然不同的路径发展。当代随着国家和地区间的交往日益增多,东西方民族文化思想出现了跨文化的双向交流,相互借鉴。中国可以借鉴西方城市建设经验,更新城市空间设计方法,一方面,改变不结合实际的硬要中轴对称布局、城市无供人游憩的公共交往空间等沉闷格局;另一方面,应该避免一些城市出现的只顾眼前利益,一味求新求洋而不顾传统、空间特色的铲平重建的做法,避免一味表现自我所带来的环境失调,创造出与时代同步发展并蕴涵着传统意识的城市空间环境[①]。

---

① 董国红. 中西方城市空间特色比较[J]. 新建筑, 1997 (1): 6-8.

[案例2-6]

世界著名古都——北京①

北京位于华北平原西北隅，地处燕山、太行山两大山脉所包围的南向小平原，是内蒙古、东北与中原联系的枢纽地域，地理位置十分重要，一向为兵家和政治家所重视。城市具有悠久的历史，灿烂的文化和光荣的革命传统。

自公元前11世纪初周灭商，作为燕国都城"蓟"开始，北京城已有3 000多年历史。中间由郡治所蓟城、幽州，到南京、燕京、北京，多次更名。作为辽、金、元、明、清和民国前期的都城800年之久，是驰名中外的历史名城。1949年10月，古城成为中华人民共和国的首都，并发展成为全国政治、文化和对外交往的中心。北京拥有大量宫殿王府、皇家园林、坛庙陵寝、宗教寺观、名人故居、各类博物馆、著名街市及郊外风景区，其中世界文化遗产有6处：故宫、周口店北京人遗址、长城、颐和园、天坛、明清皇家陵寝，占全国世界遗产总数的近1/6；有全国重点文物保护单位35处、市级文物保护单位154处、对外开放的景区景点237处，是中国和世界最富魅力的旅游名城之一。

[案例2-7]

世界著名都市——美国纽约②

纽约位于美国东海岸，哈得孙河口，濒大西洋，是世界著名的大都会，是美国最大的金融、商业和文化艺术中心。市区人口约1 809万，也是世界最大城市之一。面积945平方千米，分曼哈顿、布鲁克林、布朗克斯、昆斯和里斯满5个区。主要市区在曼哈顿岛上，百老汇大街纵贯全岛，华尔街位于曼哈顿区南端，长仅500米，却集中了美国10家最大银行中6家的总行，成为资本主义世界金融中心的象征。岛的中部为商业区和行政区，摩天大楼鳞次栉比。岛的东侧有联合国大厦，东南隅有华人聚居的"中国城"。纽约市旅游点极多，有美国的标志性建筑——自由女神像，世界最大的商业和娱乐中心——洛克菲勒中心，设备完善的表演艺术中心——林肯中心，荟萃全球文物的大都会博物馆。这里的各种剧场、影院、博物馆、夜总会和俱乐部数不胜数，因而被称为"富人的天堂""冒险家的乐园"。纽约，一直是外国人进入美国的主要大门，外国旅游者在该市消费占外国旅游者在美国全部消费的15%左右。

2.5.3 经济全球化时代的城市文化精神与文化生态系统取向

城市文化精神，是在城市文化形象的基础上，对城市的历史、发展、文化的积淀、

---

① 肖星，严江平. 旅游资源与开发 [M]. 北京：中国旅游出版社，2000.（节选时有增改）
② 肖星，严江平. 旅游资源与开发 [M]. 北京：中国旅游出版社，2000.

升华、提炼，是一种与城市与市民血脉相连的精神力量。

生态系统是指在某一地表空间范围内，生物与生物之间、生物与非生物环境之间，通过连续的能量和物质交换相互作用形成的一个整体。所谓文化生态系统，与自然生态系统相对，是指人类文化内部的政治、经济、思想等各文化形态之间相互作用的关系。城市是地球生物圈的一个功能单位，它不能自行完成物质、能量的循环，需要从其他或近或远的系统中输入食物、能量和其他物质，同时也向外输出产品、排泄废物，具有高度的开放性。

城市文化生态系统是以人为主体的，人口高度集中条件下的自然、经济、社会、文化等复合起来的特殊的人工生态系统。在城市文化生态系统中，人与人之间，人与其他生命之间，人与城市及周边环境之间按一定规律相互作用。

城市是人类所创造的文化景观，由于在最初建筑之时没有注意吸收自然景观的一些成分，造成城市很多与环境不协调的问题。为解决城市中自然成分过少的问题，人们在城市中建设广场，广场上保留绿地；在城市中兴建公园，并注意行道树、小块的花坛、草坪、水面的布局，以此减轻城市污染，缓和环境问题，增加美感，提供舒适、优美的生活与工作环境。这既反映人对回归自然的潜在愿望，也是现今城市规划、建设中的重要课题——创造优美的文化景观与田园风光的城市。

随着经济全球化时代的到来，社会和科技的发展，城市化进程的加速，人类正在不自觉地破坏自己赖以生存的自然生态系统，城市生态建设用地比例失调、污染程度加剧、污染种类增多、人居环境欠佳、生物多样性丧失等一系列生态环境问题，严重制约了城市可持续发展。为了提高生存环境质量，人们对城市生态有了新的认识，开始研究城市的绿色环境规划和景观设计，改善和保护城市的人居环境。20世纪50年代以来，城市规划设计不仅从视觉艺术的角度进行探索，而且从地理学、心理学、生态学、社会学、美学、旅游学、哲学等各种学科进行日趋深入而广泛的理论研究和应用实践，探讨城市如何为居民创造良好的生存生态环境。许多学者的研究表明，在城市规划中，一开始就应该考虑将城市的总体规划与城市的园林绿地系统规划、城市的旅游规划等内容有机地相结合，为城市的持续发展打下坚实的基础。

"生态城市"（Ecopolis 或 Ecoville）是苏联城市生态学家扬诺斯基（O. Yanittsky）1981年提出的一种理想模式，旨在建设一种理想的人类居住环境。在这种环境中，技术和自然充分融合，人的创造力和生产力得到最大程度的发挥，居民的身心健康和环境质量得到最大程度的保护。换言之，就是按照生态学原理建立起的社会、经济、自然协调发展，物质、能量、信息高效利用，生态良性循环的人类聚居地。从本质上看，生态城市的发展目标是实现人与自然的和谐，人与自然和谐是为了实现人与人之间的和谐。生态城市可以通过扩大自然生态结构（如增加城市开敞空间和提高绿地率等）、调整经济生态结构（如发展洁净生产、第三产业，对污染工业进行技术改造等）、控制社会生态规模（如确定城市人口合理规模、进行人口的合理分布等）以及提高系统自组织性

(如建立有效的环保及环卫设施体系等)一系列规划手段,来促进城市经济、社会、环境协调发展。

□ **本章小结**

古村落文化是农耕经济环境下的产物,是以地缘或血缘关系结合起来的特定人群长期聚居的场所,分布在世界各地,尤以中国最为集中。世界各地村落建筑形式差别很大。古村落可以让人们看到民族发展和进步的脚印,了解其历史变迁和沿革,领略到魅力无穷的民俗风情,经过开发和利用,已经成为当代的一种旅游景观。

部族旅游文化建立在游牧经济基础之上,尤以欧亚大陆地带最为突出。游牧经济对游牧民族的物质生活和文化生活产生了巨大的影响,独具游牧部族文化特色。随着大众旅游时代的发展,流传至今的游牧部族文化为文化旅游动机提供了条件。

远古的航海商贸旅行最初产生于滨海地区,海洋不仅为人类提供了丰富的食物资源以及运输的便利,而且滨海地区气候适宜、阳光充足,是避暑、疗养、度假、休闲运动和水上活动的胜地,为人们休闲旅游提供了更多的选择,滨海旅游成为时尚。

工业文明是继续农耕文明之后的又一种文明,在其基础上出现的城镇文化区域布局又与商贸网络有着紧密联系,不同的交通条件影响了城镇的区位布局,城镇多分布在海港、河流及大道交汇处,以及沿铁路干线、公路等。存世较长的城镇都经历了时间的沉淀,有自己的文物古迹、城市风貌、名胜风景、文化传统,如何建立城镇历史文化传统保护机制,形成保护与发展的良性循环,是城镇发展所面临的问题。

不同的城市文化各有特色,经济全球化时代的到来,国家和地区间的交往日益增多,出现了城市的跨文化交流。而城市化进程的加速,工业污染的加剧,在世界范围内,人们提出了生态城市的理想模式,力图建设一种理想的人类居住环境。

□ **课堂讨论题**

谈谈古村落文化和部族游牧文化在当代工业社会中的价值体现;如何进行开发利用。

□ **复习思考题**

1. 古村落文化是如何形成的?主要分布在哪些地区?
2. 什么是滨海旅游?世界上著名的滨海旅游胜地主要分布在哪里?
3. 中西方城市文化有何特色?试举例说明。
4. 在经济全球化时代,人们为什么提出建设生态化城市?

3 旅游主体文化

□ 学习要点
- 了解文化性是旅游主体的本质属性
- 了解旅游主体文化的主要特征：地域性、民族性、多样性、审美性等
- 了解旅游主体的文化人格及其塑造
- 了解民族旅游性格对旅游心理起着深层背景作用、中介作用和整合作用

3.1 旅游主体是旅游文化的载体

旅游主体即通常所说的旅游者，是旅游客体的游览主体。从辩证逻辑上来讲，旅游主体与旅游客体是旅游行为中一对相辅相成的概念。没有旅游主体，就无所谓旅游客体，反之亦然。旅游主体是旅游审美的主体，是旅游活动的主体，只有在与旅游客体相观照和相审视时，它才成其为旅游主体。旅游审美以旅游主体对旅游客体的直接审视为条件。

从文化的角度来看，旅游主体是旅游文化的承载者和传播者。旅游主体承载着原有文化内涵，前往相异的文化空间中旅行和游览，在将原有文化传播到异地的同时，也将各地的文化和风俗传播回原有的文化环境之中。旅游主体并非简单的"搬运工"，他还在文化传播的同时，在两种或多种文化的比较和熏陶中，创造出新的文化成果，如文学艺术、民俗文化、传说故事、历史典故等。更重要的是，旅游主体在旅游过程中，在对文化差异的比较中及文化交流的追求中，不断提高自身的文化修养和素质，实现对真善美的认同。无论是旅游消费活动还是旅游经营活动，都具有文化性。因此，文化性是旅游主体活动的本质属性。

3.1.1 旅游主体是旅游文化的承载者

从文化学的视野来看，一定的主体首先是一定文化的承载者。旅游是人的活动，人离不开社会和文化，文化也离不开人，人之所以成为人，就在于人是社会的人、文化的人。人与文化分不开，两者相伴而生，相随而长。人类的起源和发展与文化的起源和发展同步。从古猿发展到人所运用的第一件工具是人类进化的起点，也是文化进化的起点。所有的物质文化都是人类在劳动中为适应自己的需要而从自然界中创造出来的，是他们认识自然、改造自然的结果。在制造工具、改造自然的同时，人类造就和拥有了自

己的精神文化。人类生活着,并意识到自己在开创着自己的历史,创造着自己的文化,如此,任何个人、族群、国家、民族,都有了自己的文化和历史。

中国是世界文明古国之一,中华民族承载了五千年的历史文明,我国人民通过生生不息的旅游活动,创造了辉煌的中国旅游文化。先秦时期的旅游文化,是在人类文明发展之际同时孕育起来的。远古神话传说中的女娲补天、黄帝征战及巡游、大禹治水等,均反映了我国原始社会时期人类为征服自然而进行的各项旅行活动。而许多远古的传说,如"夸父追日""精卫填海""嫦娥奔月"等,表现了人类文明初始时人类向往和追求美好的旅游活动,同时也揭开了中国旅游文化历程的朦胧扉页。进入阶级社会以后,由于生产力的发展,水陆交通的开辟,产生了旅游这一特殊的生活方式,如以天子、诸侯为首的封禅、游猎、会盟、巡游、娱游,由于各国间政治、外交、军事活动频繁而萌生出的公务旅行、外交盟会;百家争鸣期间,各学派的创始人带领其门徒周游列国形成的政治、学派游说等,种类繁多而目标各异。由这些旅游活动而派生出的旅游文化,同样多姿多彩,更多地闪现了人本的光泽和意蕴。春秋战国时期,社会大变革引起诸子百家争鸣,最终确定了中华文化的人文主题——重伦理道德和个人修养的实用的、理性的价值判断标准,并由此产生了不同区域特色的旅游文化,如齐鲁文化、关陇文化、三晋文化、吴越文化、荆楚文化、巴蜀文化和岭南文化等。秦皇汉武的伟力,不仅使国力强盛,而且促成了一种亢奋的拓展精神,也造就了一代万里征途常做客的风云人物,使秦汉两朝代的旅游文化展现恢弘大度的风采,极尽多元开放之特色。魏晋南北朝时期的士人漫游,作为黑暗现实的对抗面出现,由此而迸发出无比热情的旅游文化创造力。他们或追求人性的自然,摆脱世俗的束缚,或追求一个玄意盎然、超越功利的自足世界,或顺应自然、顺情适性、追求本体人格,由此而衍生出的山水文学、游记、山水诗、书法艺术等,尽一时风流,汇成了魏晋南北朝特有的逍遥玄虚、不拘一格的旅游文化的主流,为中国的旅游文化开辟了前无古人、后启来者的崭新境界。隋唐是中国古代文明最为灿烂夺目的时代,也是中国古代旅游文化最为辉煌的时代。民族的自信心、自豪感,以及人民的创造力都达到了前所未有的高度,游览观赏之风盛行全国,他们以丰富多彩的形式和热烈奔放的风格描绘出一幅极为壮观的旅游宏图。宋元明清时期的旅游文化在旅游生活深入发展的情况下持续发展,形成了众多的旅游景观和丰富的旅游文化精品,给后世留存了丰富而宝贵的旅游文化遗产。随着人类生产方式的进步和国际社会环境的稳定,近现代旅游活动不再是少数人的事情,而演化成大众的一种普遍的生活方式。这一时期的旅游文化也日趋现代化、综合化、多样化。当今,旅游产业的经济文化含量越来越高,旅游需求日趋多样化、细分化、个性化,旅游活动愈益丰富多彩、推陈出新,与之相适应的旅游文化也必定同步发展,走向更高更广的境界。

在人类生活的早期,旅游属于劳作性质的旅行活动。生活在原始生态环境中的先民,在其周围的资源不足取用时,便开始向大自然的纵深处前进。这样,采集、渔猎、游牧、交换、迁徙等原始的旅游活动便产生了,远行和登临这些旅游的基本的空间逾越方式也随之出现。以劳作为主的旅行使先民突破了聚居的生活定势,自然引发了休闲性的旅游行为。为了向旅游者提供服务,早期的旅游中介体应运而生;为了规范旅游行为,旅游制度和法规也同时形成。于是旅游文化各个环节及层面的诸多事象便一一发生了:一是文化的物质要素和物质层面,即我们通常所说的物质文化,主要包括各种生产工具、生活用具以及其他各种物质产品;二是文化行为要素和行为方式,即我们通常所说的行为文化,主要包括行为规范、风俗习惯、生活制度等;三是文化的心理要素和精神层面,即我们通常所说的精神文化或观念文化,主要包括思维方式、思想观点、价值观念、审美情趣、道德情操等。

旅游文化的发展历程,旅游文化体系的产生与形成,反映了人类在旅游活动中的创造过程,反映了旅游主体在旅游中的人格塑造过程,也证明了人是文化的产物,旅游主体是旅游文化的承载者。

3.1.2 旅游主体是旅游文化的需求者

对于全球旅游业而言,文化旅游是个性化、知识化时代背景下最具有持续发展前景和良好卖点的一项旅游产品,是以某种个性化、主题化的深层次文化体验为主线进行相关旅游项目组合的文化旅游产品。文化是旅游行为的核心。早在1975年,众多国家在《赫尔辛基条约》中就曾号召世界旅游业要挖掘"文化和历史知识"。这无疑强调了文化在旅游活动中的核心作用,并且道出了旅游与社会文化的互动作用,同时还表明了国际社会对旅游文化的重要性所达成的共识。就整体意义而论,一项旅游活动就是一次文化交流活动,就是透过本国、本土或本地的文化氛围,去审视和观赏异国、异地、异质文化的新奇特质与品性,去享受旅行游览的乐趣与美感。因此,现代旅游者所达成的共识是:没有文化内涵和品位的旅游是没有生命力的旅游。作为旅游主体的旅游者在富有文化品位的旅游中满足自己的文化消费需求、智慧启迪需求、逃避日常琐事的需求以及在大自然中洗涤心灵和完善自我的需求。

3.1.2.1 人类的旅游动机以其内在的旅游需求为根据

学术界在分析旅游者产生原因的时候,一般都要提及三个方面:可自由支配收入(disposable income)、可自由支配时间(disposable time)和旅游动机(tourist motivation)。旅游是一种跨空间的消费活动,没有一定的经济收入为后盾,没有一定的闲暇时间作保证,便无从谈起。因此,从表面上看,旅游是一种经济现象,旅游活动的广泛出现是经济发展驱使的结果。但是,旅游毕竟是人的主观能动活动。一个人能否成为旅游者,不仅需要外在的客观条件,还需要内在的动因。美国的旅游心理学家就注意到:在20世纪80年代中期以前的任何一年中,到自己国家之外旅游的人数还不到世界人口总数的0.5%。在美国,80%的旅游是由只占人口总数20%的人进行的,大约有5 000

万美国人从来没有坐过飞机,大约有 8 000 万人是在自己家的后院中度过周末和假期的①。可见,除了时间和财力之外,还有人本身的因素在决定着是否去旅游。换言之,可自由支配收入和可自由支配时间只是旅游者产生的先决条件,或称为限定因素,旅游动机是推动一个人从事旅游活动的内在动力,是旅游消费行为的决定因素。

  动机产生于需求。人类的旅游动机,以其内在的旅游需求为根据。人的需要是人的内在的、本质的规定性。人有什么样的需要,就有什么样的活动。而人的需要是多层次、多种多样的。根据马斯洛的需求层次理论,人类的需求可以区分为 5 个层次:

(1) 生存需求;
(2) 安全需求;
(3) 社交和归属需求;
(4) 尊重需求;
(5) 自我实现需求。

  对应这一理论,旅游动机是高于基本生存需求的社会动机和文化动机。旅游需求的真正驱动力主要不是满足其基本的生存需要,也不是满足常态生活可以满足的需要。旅游主体的文化需求动机则更应归结到较高的 3 种层次,即人们希望通过旅游满足社交和归属需求、尊重需求和自我实现需求。

  按照新弗洛伊德主义的理论,从人的社会环境中可以找到人类动机的根源。这一学派认为人有 5 种特殊的需要,这些需要是从他的孤独存在的条件中产生的:

(1) 个体安全相同感的需要;
(2) 个体隶属于社会感的需要;
(3) 把低级的动物本性上升为具有创造性的人类的需要;
(4) 与其同伴造成融洽关系的需要;
(5) 求得稳定和一致的方向的需要。

  旅游者是到异地从事与生计无关的活动,即使从"大文化"的概念出发,文化旅游也属于社会层面、精神层面的文化实践活动,因而可以将其动机界定为文化归属、文化交流的需求驱动。

  旅游者希望通过旅游实现日常生活和工作环境的移位,寻求心理上或文化上的补偿。对不同文化具有新鲜感和奇异感,了解异质文化的愿望和要求,是产生文化旅游动机的直接原因。旅游者旅游的根本动机即是对异地或异质文化的憧憬。旅游者的生活和文化都有一定的时空限制,时空分割产生了特定意义上的"距离"和"不可及",文化憧憬和追求便由此发生。对不同的文化情景、文化场景乃至文化环境的理想化联想,往往导致强烈的文化旅游冲动,文化旅游就是对这种文化理想的憧憬和追求。用文化人类学的理论和方法对文化旅游的需求动机进行分析,旅游者对异地或异质文化的追求首先

---

  ① [美] 小爱德华·J·梅奥,兰斯·P·贾维斯. 旅游心理学 [M]. 天津:南开大学出版社,1987.

可以归结为人类文化好奇、求知的天性。不同的文化景观、文化形貌、文化信息往往可以引发人们的好奇心和探求欲。与过去的时代相比，现代人对自身环境的依附性越来越低，人们更愿意改变环境，适应新环境被看做是一种能力，哪怕是暂时性的——文化旅游就是这种"暂时离开"原有环境的文化行为。崇尚新奇使人们感到兴奋、愉快、满足，人们对新鲜事物、景观、习俗和文化感兴趣，是因为它们与他熟知的一切截然不同。从理论上说，文化之间的差异越大，越能激起人们文化旅游的动机。文化旅游动机的文化地理倾向在"文化领地"以外——这也可以作为文化旅游概念中的"非居住地"因素的文化诠释。当代旅游者文化休闲性动机使其对文化生活的闲情逸致有着意境性的倾向，这形成了文化旅游吸引的憧憬性特征。文化旅游休闲性动机包含了两个并列的主题：一是有品位的生活，二是艺术化的生活。有品位的生活注重生活环境、生活服务的格调，这实际是对有闲阶层的生活状况的希冀；艺术化的生活注重对生活场景的一种意境化的追求，希望自己为高雅的生活艺术所包围。苏州园林就是这类休闲的最佳去处，每一个私家花园均是有山有水，有绿树、翠竹、芭蕉，有微风、细雨、斜阳，这样的环境幻化着悠然的闲情逸致。

3.1.2.2 旅游者有着文化休闲、文化学习和提高文化素养等明确的文化需求指向

旅游者的文化需求是物质性需求，也是精神性需求，更是人类自身的一种发展需求。旅游活动是人类在解决生存、温饱之后的更高的发展需求（多为精神需求），它追求一种更有价值的生命意义，注重生活和生命的质量，是发展、丰富生活的手段。鲁迅在谈到人类的生命过程时曾说过："一要生存，二要温饱，三要发展。"旅游活动对于人类来说，无疑是属于一种发展的需要。居住在舒适、宽敞的洋房里的欧美人偏要住一住北京的四合院或云南的傣族山寨，这一行为明显已不是出于生存的需要，而是为了满足旅游者的心理需要——了解异质文化的愿望和要求，寻求心理上或文化上的补偿，具有浓重的文化色彩。同样，农田耕作自古以来就是维护人类生存的最重要的方式，务农是人类传统的生存需要。但是，近年来在日本兴起一种别具意义的务农旅游，这种务农旅游一般在盛产稻米的新潟县大和町，旅游者每天和当地农民一道早起下田劳动，一道戴月而归。除挥镰割稻外，还有挖红薯、收蔬菜等农活。这些务农旅游的参加者不但得不到任何报酬，反而要交费。很明显，这种农作劳动已不是出自于一种生存需要，而是为满足现代社会中人们的一种发展的需要，即一方面是为了继承、发扬日本的"稻作文化"传统，以引起人们对粮食生产的重视；另一方面也是出于对异地或异质文化的憧憬，为了体验一种与都市不同的生活，培养当代人的劳动品格。

随着全球性大众旅游市场的不断成熟，旅游者文化素养的不断提高和旅游阅历的不断丰富，旅游者更加注重旅游的多样化、个性化和参与性，而旅游经验对于文化的独特体验建立在旅游者个人的文化背景、个性特征、观察视角上，极为契合个性化、参与性趋势；在知识经济时代，知识的商品化程度增加，商品的知识含量也在提高，出现知识

化的商品产业群,知识含量、知识附加值成为商品价值的主要成分。对于旅游者而言,眼前的自然景观和城堡神庙只是他所购买具体的、物化的商品,而历史沧桑赋予景观的人文色彩所引发的感悟和迷醉,是旅游者真正需求的知识附加值。人类文明发展到21世纪,已开始反思作为自身的人类对于地球和宇宙的意义,反思强势文化对于弱势文化的侵蚀,反思止于感官的物质享受对超然出世的性灵的替代。旅游业界也开始提倡做"有责任感的旅游者"(responsible tourist),以对精神的体验代替对物质的无止境的追求,以对多元化文化的尊重和体验代替居高临下或猎奇式的心态,以对环境的责任感代替以人类为中心的滥用环境的观念。同时,根据世界旅游产品的发展规律,文化旅游是顺应时代要求的第三代旅游产品,旅游文化也就成为现代旅游者的重要需求。

从中国作为旅游目的地的特征来看:人文精神和自然态势相互包容,华夏文化源远流长、博大精深,在漫长的发展过程中逐步成为东方文化中最具有代表性的独特文化体系,同时也积淀汇集为我国旅游资源的主体部分。在中国广袤的土地上,几乎每一座名山、每一条大川,乃至一草一木,都有传说故事、诗文歌赋、历史沧桑,中国的文化、历史和自然共同孕育出人文精神和自然态势相互包容的目的地,具有传统文化的引力作用,这是区别于许多国家目的地的主要特征。从国际旅游者选择中国作为目的地的动机分析,体验古老的华夏旅游文化当推首选。对于大多数国际旅游者而言,中国代表的仍是古老的华夏文明,是古老的东方农业社会向现代文明转轨的社会体制及文化心理机制,如果只是在大自然中放松身心或在光怪陆离的物质社会中恣意狂欢,而非出于对旅游文化的需求,他们更可能会选择芭堤雅、夏威夷、东京等地,而不是"污染严重"和"欠发达"的中国。因此,依附于中国传统历史文化的旅游文化产品在可以预见的未来几十年仍然是中国旅游界在国际促销中的主打牌。从古至今,文化因素都是中国人特别是知识分子产生旅游动机以及选择目的地的重要因素。湖南岳阳楼上的对联道破真谛:"一楼何奇?杜少陵五言绝唱,范希文两字关情,滕子京百废俱兴,吕重阳三过必醉,诗耶儒耶吏耶仙耶,前不见古人,使我怆然泪下。"中国的旅游目的地以其诱人的自然或文化景观将一代又一代的中国人吸引到它们所在的地方,它们的魅力让历代文人留下了讴歌称颂的诗篇、辞赋、楹联和绘画,构成了目的地旅游文化的宝库,后人被这些宝库吸引,而产生了出游的欲望。尽管人们选择的旅游项目和目的地各不相同,他们的旅游观念、游乐形式、出游目的地的选择,都不同程度地受到传统文化和民俗习惯的影响。

[案例 3 - 1]

"做一天北京人"的"胡同游览"①

在北京,许多欧美旅游者非常喜欢"做一天北京人"的"胡同游览"项目。游客乘老北京传统交通工具三轮车出发,在导游的带领下,到带有浓郁京城民风的胡同里漫

---

① 资料来源:根据"北京网"等网络资料整理.

步,听导游讲解北京的胡同和四合院的文化内涵,看胡同中传统的生活方式,走进普通居民住宅四合院参观,与居民聊天,了解人民的生活风俗习惯。旅游者甚至可以介入他们处处感到新奇的北京老百姓的居家生活环境,参观典型的北京居民的家庭,在居民家中做客,与居民座谈、聊天,还可跟主人学包水饺、做面食、吃家常菜,与主人共同进餐。此后,可以前往胡同中有"红楼大观园"之称的恭王府花园,参观为昔日贵族家庭开展社交活动而举办京剧堂会的大戏楼,对比贵族人家与普通百姓的生活方式和环境。

3.1.3 旅游主体是旅游文化的传播者

旅游主体是传播文化的民间使臣。旅游主体负载着他所在国家和地区即旅游客源地的语言、服饰、行为方式、思想观念等一系列的可见和不可见的文化元素,前往相异的文化区域和景观空间中旅行、游览,与当地的接待人员、世居的百姓等接触,将原有文化传播到异地的同时,也深受异地文化和风俗的影响。旅游者实际上是文化的承载者和传播者,起着文化使者的作用。

3.1.3.1 旅游目的地文化传播和旅游客源地文化传播

1. 旅游目的地文化传播

旅游者对将要前往游览、观光的旅游地所表现出来的文化意义的认同和理解,是旅游目的地文化的传播过程(见图3-1)。

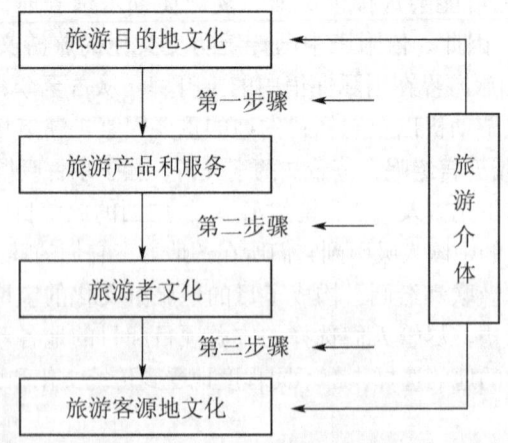

图3-1 旅游文化传播示意图

旅游目的地文化传播主要通过三个步骤来完成。

第一步骤:通过旅游产品和服务传播。

旅游目的地文化首先通过旅游产品和服务来体现。在旅游文化的传播过程中,广告媒介被赋予了新的生命力。广告媒介表示了旅游产品的文化意蕴,产生文化交流,通过广告、借助旅游地的标志物向旅游者传播旅游文化。例如，北京的万里长城、故宫，上海的东方明珠电视塔，苏州的园林，西安的秦始皇兵马俑等，这些标志物将旅游城市的文化抽象为具体的物质，更易进行文化传播，使旅游者和潜在的旅游者对旅游目的地形成生动的文化印象。价格也可以表示文化意蕴，对于许多旅游消费者而言，高价意味着高档、高质量的文化。旅游产品和服务的文化还可借助公共关系、分销渠道、品牌等传播。

第二步骤：通过旅游者传播。

旅游者通过一些仪式来实现旅游产品或服务的文化传播。

购买仪式：有些购买仪式较为简单，例如进入主题公园购买门票；有的连购买仪式都不会发生，例如，进入免费公园；有些获得性的仪式较为复杂，例如购买过程中的讨价还价。购买仪式的复杂程度受到旅游目的地的文化影响。

赠与仪式：旅游者在旅游目的地旅游的过程中，会参与一些节日的庆典、盛大的酒会，得到一些旅游纪念品。这些赠与活动有的是正式的，有的是非正式的，作为一种免费的活动，旅游者甚至可以凭借自己的物品进行交换活动。

参与仪式：由于旅游是生产与消费过程的统一，旅游者可以在旅游过程中亲身感悟旅游目的地文化，达到文化的交流。这种互动的文化交流，使旅游者充分地与旅游目的地文化相融合，丰富旅游经历。

第三步骤：通过旅游客源地传播。

旅游目的地的文化可以通过旅游者的行为传播到旅游客源地。社会是由共同生活和工作的人群构成，许多文化都是由人类的活动创造。旅游文化也可以在人们日常的交互行为中自动形成；有时具有特殊行为目的的人群（如旅游目的地人群），尽力用新的旅游目的地文化去影响旅游客源地的文化，再通过旅游客源地进一步传播旅游目的地文化。

由旅游者带回的旅游目的地文化，又称为归向文化，指旅游者从旅游地归来后，根据自己对当地文化的认知、体验而向他人或社会转述而形成的文化传播，其传播过程具有如下特征：

第一，传播的有意性。这是通过旅游者对自己经历和旅游地风土人情的转述、回忆而主动进行的文化传播。西方学者罗伯特·麦金托什曾认为，许多人的旅游动机往往来自旅游者归来后的炫耀，而炫耀内容本身即是一种有意的文化传播。这种文化可以说是被旅游者"有意带回来的文化"。在交通不很畅通、信息业不发达的中世纪以前，这种文化传播方式是当时地域之间、国家之间最主要的文化传播方式。阿拉伯旅行家伊本·拔图塔以自己的旅游见闻完成了《旅行者的快乐》一书，与稍前的《马可·波罗游记》一样，成为西方了解东方文化和中国文化的重要依据。伊本·拔图塔和马可·波罗对自己的旅游经历的回忆就是对东方文化的有意传播。因此，从此意义上来说，所有的旅行者和旅游者都或多或少是旅游文化的有意传播者，他们"带回了文化"。对目的地文化的宣传，可以增加客源地人们对旅游地的向往和了解，是旅游动机产生的重要原因。

第二，传播的限定性。由于旅游者的个人视角、感受程度和旅游业的既定引导等因素的作用，这种归向文化传播具有某种限定性。即旅游者所"带回来的文化"不是整体的而是局部的，不是客观化的而是主观化的，所以这种文化传播往往有明显的局限甚至变形。在现代旅游活动特别是国际旅游活动中，归向文化传播往往会出现信息的虚假性。如果旅游者不加分析地一味接受，并在归来之后向人转述，则就传达了一种错误的信息。因此，可以说，旅游活动中的归向文化传播与一般渠道的文化传播一样，充满着不完整、不确切的信息，它有时并不因旅游者亲临其境、耳闻目睹而有明显改变。

2. 旅游客源地文化传播

旅游目的地文化传播过程的逆向顺序就是旅游客源地文化传播过程（见图3-2）。旅游客源地的文化为旅游者所携带，在旅游者消费旅游产品和服务的过程中外化，通过旅游者的消费行为影响旅游目的地的文化。对于旅游目的地来说，旅游者的进入及其所带来的异地或异质文化，也调整了原来的文化信息系统，增添了新的文化气息。旅游者通过参与不同的文化旅游活动，提供并逐渐确立了不同文化间的比较参照系，产生特定的文化评价与文化选择机制，实现文化传播或跨文化传播。

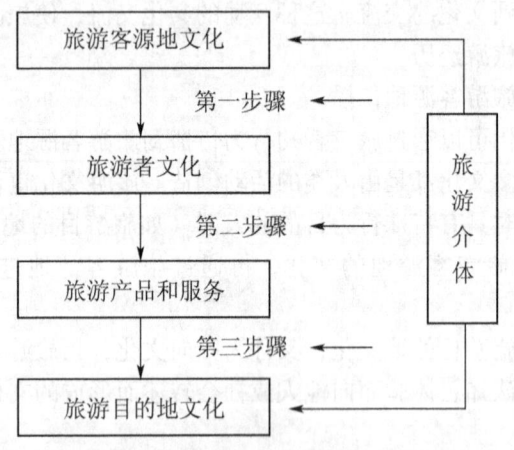

图3-2 旅游客源地文化传播示意图

旅游客源地文化传播过程具有如下特征：

第一，传播的无意性。除了那些宗教旅游者和其他负有特殊使命的旅游者外，客源地文化传播多是无意性的。因为旅游者对居住者的文化影响往往是通过潜移默化的过程来实现的。

第二，传播的示范性。旅游者文化往往对居住者具有示范性影响，后者对前者的"察言观色"的效仿，构成了客源地文化的传播过程。它主要表现在居住者中青年一代对旅游者的服饰、姿态等外在行为的模仿，例如牛仔裤在我国就是最早在主要旅游地和开放城市流行起来的。随着时间的推移和开放程度的深化，在外在服饰等方面，居住者与旅游者的距离亦越来越小了。

3.1.3.2 旅游者的文化传播具有积极性与消极性的二重影响

1. 积极性的影响

旅游活动就是一种文化交流，旅游者本身即是文化交流的媒介。以旅游者为媒介，促进了不同地域、民族、国家的文化交流。旅游者的活动自古以来就对人类文化的交流与发展起着巨大的作用。公元前139年，张骞出使西域，历经13年，开辟了著名的"丝绸之路"，加强了西汉与西域少数民族地区及中亚各国的联系，促进了各民族之间的文化交流。意大利传教士利玛窦于16世纪来中国传教的同时，热心传播西方的科学，研究中国的学术，他与中国官员兼学者徐光启合著了中国第一部《几何学》，成为东西方文化交流的友好使者。旅游者文化的积极影响不限于居住生活，而且对旅游客体即文化资源本身亦构成重要影响。历史地看，许多旅游文化资源都是通过旅游者的不断体验而被发掘和增值的。登过泰山的人都知道，过中天门之后有一段松荫遮蔽、道路平坦的路程，人称"快活三里"。这一称谓一定是出自于登山者的亲身感受，而这一感受本身最终又成为其他旅游者登泰山而急欲体验的感受之一。

2. 消极性的影响

事物都有两面性。旅游作为一种文化交流活动，在对旅游地文化产生积极作用的同时，也必然会或多或少产生一些消极作用——"文化污染"，即由于旅游业的发展、各种旅游者的进入，给旅游地造成的物质破坏和社会文化的消极影响。首先是破坏。旅游者具有强烈的炫耀、强化自己经历的欲望，如果旅游者的素质不高，这种欲望便以种种不正常乃至丑恶的方式表现出来，从而对旅游地构成具体的破坏。最为典型的破坏行为便是"乾隆遗风"——在旅游地到处题字或涂鸦。其次，旅游者的求奇求新心理刺激了旅游地的"文化赝品"的盛行。旅游者往往具有这样一种价值尺度：异地文化特色的检验程度取决于直观的新奇程度。文化特色越突出、越鲜明的地方对旅游者越有吸引力。因此，为了迎合旅游者，一些旅游地便开始大肆地制造"文化赝品"，有些地方以保持和恢复传统文化的本来面目的名义，不顾当地社会文明进化的事实和发达的现状，硬是保留，甚至制造出一些原始部族，冠以"人类学的活博物馆""历史的活化石"之类的美名供人观赏，把"赝品"作为一种不加注明的"真实信息"传达给旅游者，从而误导旅游者，也背离了旅游文化的本质。再次，旅游者文化与居住者文化的差异造成了旅游地的文化失衡和社会心理波动。现代旅游者大多都有一种返璞归真的游历欲望，相对而言，这种自然和古朴境界多存在于现代化不充分或经济欠发达国家与地区。所以在很多时候，旅游者与居住者之间往往表现出较大的文化差异，当然这种差异不仅仅表现为线性时间上的先进与落后之差，还表现为两种不同文化素质之差，如价值观念、生活习性、情感方式等。这种反差并非仅是经济上的，更主要是文化心理上的。从旅游地的整个社会构成来看，旅游者文化冲击了旅游地居住者之间传统的人际关系，对许多人来说，这种改变是不乐意接受的。

当然，与旅游者的积极性文化影响相比，这种消极性影响一般说来是十分次要的，亦是难免的。

[案例3-2]
非洲好望角也出现"到此一游"[①]

位于非洲大陆西南端的好望角是世界著名的旅游胜地之一，也是规模很大的自然保护区。但面对好望角的美景，邢先生却感觉"心里堵得慌"，因为他发现在好望角灯塔下的石平台上刻了许多中文"到此一游"之类的字。

邢先生告诉记者，春节期间他和家人去好望角旅游时意外地发现，在好望角灯塔下几十平方米大的石平台上，居然写着"中国××省××市×××到此一游"的字，有的人甚至用刀子将这些字刻在了石台上。邢先生说："乱刻乱画的现象在国内屡禁不止，没想到中国人的这种恶习竟然带到了非洲。少数人的这种不道德行为，实在是太影响中国人的形象了！"

3.2 旅游主体文化的特征

3.2.1 旅游主体文化的地域性

3.2.1.1 主体文化身份的地域性

旅游主体文化身份包括地域文化身份、民族文化身份、国别文化身份等。每个人都有自己的生存地域，都在一定的地域文化中成长、成熟，这就是每个人的地域文化身份。地域文化身份的形成，是一个地域的全体成员在参与社会共同的物质生产活动和精神生产活动的过程中，形成的一致的思想方式、行为方式和感觉方式。也就是说，形成相对统一的文化表达方式。这种文化上的统一，是同一地域的全体成员意识到的集体存在，产生的地域意识，其文化身份即是地域统一的文化在地域成员身上的具体体现。在此基础上，我们也可说民族文化身份、国别文化身份等都与地域文化类似，都是人所承载着的具体的文化内涵。

地域不仅是一个自然地理意义上的范畴，而且也是一个政治、经济和文化意义上的范畴。旅游主体文化的地域性是指每一个旅游者都带有本地的、民族的、民俗的风格以及本区域历史所遗留的种种文化烙印。地域性在某种程度上比民族性更具狭隘性或专属性，并具有极强的可识别性。地域性的形成离不开三个主要因素：一是本土的地域环境、自然条件、季节气候；二是历史遗风、先辈祖训及生活方式；三是民俗礼仪、本土

[①] 李仲虞，邢怡. 非洲好望角发现"到此一游"[N]. 北京青年报，2005-03-07.

文化、风土人情、当地用材。不同的旅游者因其面对不同的生存环境，与地域内种族、生活环境、饮食习惯等密切相关，必然具有很强的地域性。正所谓：一方水土养一方人；一方人有一方人的品味。这品味或许就是长期因地理环境和文化熏陶而成的个性特点。

3.2.1.2 旅游活动的地域性

旅游者的旅游需求，从文化学的角度来说，不外乎两方面的原因：一是追求文化的差异，领略异地文化风采的需求；二是寻求文化的认同，对自己所处文化环境的发祥地的探寻。正是由于这两个方面的原因，人们的旅游活动中呈现出地域性特征。欧美人涌向亚洲，去领略与西方截然不同的东方文化；欧美人涌向非洲，去寻求远离西方文明的古老的非洲文化和原始风情。同时，许多北美人、东南亚人纷纷去欧洲列国和中国探寻他们文化的发源地。

此外，随着现代科学技术的发展和交通运输工具的进步，几乎世界各地都留下了旅游者的足迹，虽然现代旅游者已经几乎是无处不到，但他们的旅游活动绝不是平均或大致平均地分布在地球表面的各个地方。恰恰相反，他们往往集中到某些地区或国家去旅游，甚至集中到某些景点参观游览或从事其他旅游活动。例如，近些年来，每年大约有5亿多人次的国际旅游，同全世界的人口及人类活动的地球面积相比较，这一数字本身并不算大。如果这些旅游者平均分散在各处进行旅游活动，则不会对目的地的社会和环境产生什么负面影响，更不致影响各接待地区居民的正常生活。但是，实践表明，旅游者并非平均分散于世界各地，而是往往集中到某些地区。例如，1997年在全世界的国际旅游活动总人次中，在欧洲地区旅游的人次最多，其次是美洲。这两个地区每年接待的国际旅游者总量都占该年全世界国际旅游者总量的80%以上。相比之下，非洲、中东、南亚等地区的国际旅游接待量很小，三个地区的接待总量也占不到全球总量的6%。值得注意的是，全世界国际旅游活动在地域分布上的这种格局从战后以来每年都是如此，基本上没有太大的变化。从全世界国际旅游活动的地区分布格局来看，现代旅游活动突出地表现出地域性特点。

旅游活动的地域性不仅反映在全世界国际旅游活动的地区分布格局上，具体到某一个国家，旅游活动在该国各省（州、区）及各城市间的分布情况同样也呈现出这一特点。例如，到我国来旅游的国际游客也不是平均分散到各个省市，而是沿着他们理想的旅游线路到他们向往的地区去旅游，这样，需求较大的线路和游客数量比较集中的地区也便形成了所谓的旅游热线和旅游热点。例如，在1995年，接待海外旅游者数量超过90万人次的城市有北京、深圳、广州、上海、杭州、珠海、西安、昆明、桂林、泉州、中山、苏州、厦门、南京、天津。另外，还有沈阳等13个城市各自接待量都超过10万人次。这28个主要旅游城市共接待海外旅游者1 304.6万人次，占全国接待海外旅游者总量的75.5%。也就是说，为数众多的其他城市接待量的总和还占不到全国接待总量的1/4。这意味着有些城市的接待量很小，有的甚至根本没有海外旅游者游览。再如，国家旅游局公布的 2006 年 1—8 月接待入境旅游者最多的前 10 座城市中，位居第一的上海比位居第十的桂林高出 6 倍（见图 3-3）。这种热点与冷点城市（或地区）接待量之差别，进一步显示出旅游活动的地域性特点。

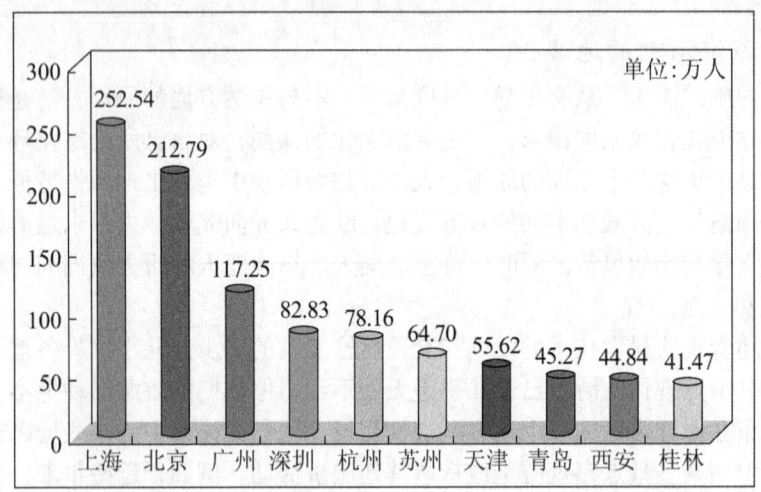

图 3-3　2006 年 1—8 月，接待入境旅游者最多的前 10 座城市[①]

即使是在同一个旅游城市中，旅游者往往集中访问某些区域的现象也屡见不鲜。例如，英国的首都伦敦是世界上著名的旅游城市之一。市区内的特拉法格广场、西敏寺、白金汉宫和伦敦塔等都是有名的参观游览点，也是外来游客集中活动的地方。据调查，在伦敦接待的旅游者中，大约有 93% 的人前往特拉法格广场游览，85% 的人参观西敏寺，83% 的人前去白金汉宫观看皇家卫兵换岗仪式，82% 的人去伦敦塔参观。换言之，到伦敦的旅游者并非平均分布在市内各处活动。

3.2.1.3　旅游客流分布的地域性

现代旅游的地域越来越广，参与旅游的人越来越多。这主要表现在两个方面：

一是客源市场不断扩大。传统的欧美市场继续发展，其他地区旅游者则增长更快，从而形成客源的广泛性。就国际旅游市场而言，传统旅游进口大国的旅游者人数虽增加，但所占比例却越来越小。从旅游客源看，欧美等经济发达国家一直是世界国际旅游的最大客源地。近几年随着亚太地区的不断发展，该地区的客源正以前所未有的速度增长。例如，我国旅游业的国际客源就主要集中在日本市场、韩国市场、东盟成员国市场及澳大利亚市场。

二是旅游目的地迅速增加。传统的欧美互为目的地状况正在改变，旅游者走向更广

---

① 资料来源：国家旅游局

阔的世界。无论是发达国家还是发展中国家，对旅游业的支持力度都在不断增加，新的旅游地不断开发出来，使现实旅游资源的分布面越来越广，加上交通和信息条件的改善，旅游者可以更方便地到达世界任何地方。

从旅游流向看，旅游客流分布有以下几个地域性特点：欧美是国际旅游的中心。无论在接待人次上，还是在国际旅游收入上，欧洲始终独占鳌头，成为世界国际旅游业最发达的地区。美洲特别是北美地区，也是国际旅游的热点。1997年欧洲、美洲一共接待了世界国际旅游人次的78%，并占世界国际旅游收入的76.6%。亚太地区开始成为国际旅游新的热点。随着亚太地区特别是中国经济的发展，这一地区的旅游业异军突起，在国际旅游中的地位迅速提高。非洲从20世纪60年代下半叶开始发展国际旅游业，到70年代初步形成了国际旅游市场。如今，欧美旅游者去非洲旅游日益增多，非洲成为他们重要的旅游目的地。

3.2.2 旅游主体文化的民族性

民族性是指旅游主体文化子系统具有民族特色，旅游主体在一定的地理环境下不仅创造出一定的文化，还塑造了一定的民族特性。

3.2.2.1 不同的民族有不同的旅游文化观念和行为模式

从旅游主体的旅游性格看，受传统文化的影响，中国大多数的旅游者比较内敛稳健，而西方大多数的旅游者则比较外向和具有冒险精神；中国旅游者倾向内心的感受，而西方人则更重于对外部世界的细微观察；中国人倾心于旅游的道德塑造，且富于人文情怀，西方人看重旅游的求知价值，而充满科学精神。从旅游主体审美观念的差异看，旅游主体分属不同的民族，不同的民族处在各自的文化生态环境之中，因此旅游主体的审美风尚和审美标准便具有民族性差异。审美标准的民族性特征使旅游主体对异国人文景观的欣赏产生某种审美和知觉上的障碍。同是帝王园林，中西方在园林文化上的炫耀方式就截然不同。中国皇帝的观念是曹操式的"宁教我负天下人，休教天下人负我"。所以在中国的皇家园林中，皇帝是独享游览大权的，其他人只能作为随从或侍卫，不能同他一起享乐、一起观赏。凡有碍皇帝尊严、危及皇帝安全的树木、假山等，也都得扫除与摒弃，如北京故宫后花园古树稀少，这就是主要原因。西方的国王和大贵族的园林观念不同，他们认为那是讲排场、比富豪的地方，所以，他们将园林搞得很整齐，空地很大很多，以便举行酒会、宴会和舞会等。路易十四曾要求凡尔赛花园里能同时容纳7 000人玩乐。届时，摆酒宴、放焰火、开舞会、演戏剧，天天车水马龙、热闹非凡，像过节一般。他自己则因是这一切活动的中心和指挥者而洋洋得意。所以圣西门公爵在回忆录中说，路易十四造凡尔赛花园是"为了玩，不是为了美"。以后就有人批评凡尔赛花园只适合于炫耀国王的威严，而不适于在里面悠闲地散步、思考和隐居。

文化的民族性和文化的地域性互为表现，每个民族都生活在特定的环境中，不同的环境造就了不同的生产、生活方式，形成了不同的语言、文字、艺术、道德、习俗，构成了不同的行为模式。瑶族居住在地形崎岖的山区，交通十分不便，珍贵客人来访是一件非常隆重的事情，他们对客人的来访表示热烈的欢迎，并将这个信息告知居住在周围的邻居。由于高山阻隔，其他方式不易传递信息，只能用鸣枪的形式将这一信息传递出去，久而久之，形成了鸣枪迎宾送客的礼节。壮族的干栏式建筑也打上了环境的烙印，干栏式建筑一般分为三层，第一层饲养家畜家禽，第二层住人，第三层堆放粮食等需要干燥的物品。南方气温高，雨水多，地面湿度大，蚊虫多，还容易受到毒蛇等危险动物的威胁，因此，住在第一层对人的身体健康和生命安全都有不利影响，而把家禽家畜放在住宅的第一层则既便于管理又安全。建筑文化中的建筑材料一般都是就地取材，更是受到环境的制约。民族文化一旦形成，就会成为稳定性的因素沉淀于一个民族之中，成为一个民族强有力的黏合剂与内聚力。即便共同的地域改变，不再具有相同的经济生活，人们仍然不会立刻改变自己民族文化的认同和归属。美国现在有大批的华侨，这些华侨虽与祖国隔着茫茫大海，分处完全不同的两个地域，但是，中华民族的文化特性已深深地植根于他们的血脉之中，因而他们的日常行为方式仍沿袭了中华民族的传统。China Town 和唐人街，实际上可以看作文化地域性的移植。因此，分布在不同地域的同一民族，其文化虽有一些变异，但却有明显的同源性。除了上面提到的长期保留着炎黄文化传统的分布于世界各地的华人社区外，还有被称为"马背上的部落"的吉普赛人的文化，频繁迁徙的犹太人的文化等，它们都是跨地域存在的文化。当然，随着民族之间的交往，不同的民族文化开始有了交融。相互间不断地吸收和认同，逐步使民族文化的同体根基受到动摇。当今世界许多文化已跨越了民族的藩篱。人类社会的发展，将会使更多文化超越地域和民族的限制而广泛存在。但是，文化大同的实现毕竟是一个相当漫长的过程。因此文化的民族性将依然十分明显，并影响人类的行为，这种影响在旅游文化范畴体现得尤为突出。

3.2.2.2 不同的民族有不同的旅游文化资源

地球上的每一个民族都受地域的限制，在发展过程中形成了各自的文化传统。一个民族在理解一种资源的旅游价值时，因受其民族文化的影响，必然产生明显不同于另一民族的判断。换言之，一种自然存在或社会现象是否会成为旅游文化资源，也会因民族的差异而不同。

旅游资源的价值在于满足旅游者的心理需要。由于旅游者分属于不同的民族，因此，其旅游需要自然要受到民族因素的影响，从而也影响到旅游者对旅游资源的价值判断。毫无疑问，对于都市居民来说，大山里的古木怪石、松涛月色足以唤起他们强烈的心灵震撼和审美愉悦，而对长期蜗居于此的山民来说，面对这一切都可能麻木不仁，或者产生一种莫名的恐惧和厌恶，因为长期的甚至尚在继续的生活斗争使他们对这一切只有厌倦甚至畏怯心理，而没有观赏要求。都市风光在城市居民和山野人群的眼中也肯定具有完全不同的理解。以此类推，生活在东西方不同文化背景之下的人们，既可能创造不同的文化旅游资源，也可能拥有不同的旅游资源观。

众所周知,东西方文化因民族的不同,有着很大的差异。东方文化(尤其是中国文化)是以意欲自为、调和持中为其根本精神,而西方文化则是以意欲向前要求为根本精神。这种根本精神上的差异在各自不同的旅游文化资源上有着直接的反映。

这里以建筑为例。基于地理环境与自然条件的不同,西方古代(主要是古希腊、古罗马和中世纪)由于环境的恶劣与山石地质的因素,在建筑上出现了与中国不同的特征,即以石为本位的建筑风格,体现的是以神为崇拜对象的宗教神灵精神。黑格尔说:"有一些民族就专靠建筑或主要靠建筑去表达他们的宗教观念和最深刻的需要。不过这种情况基本上限于东方。"① 应该说,这里的东方主要是指佛教和伊斯兰教国家(如巴比伦和印度)。实际上,西方的建筑体现宗教观念也是相当突出的,特别是与中国相比较尤为显著。西方从古希腊罗马时代以神为崇拜对象的神庙建筑、卫城建筑、金字塔(帝王的陵墓和祭祖台),以及中世纪的拜占庭建筑、中古俄罗斯建筑、"罗马风"、"哥特式"建筑等,采用的主要材料都是冷硬、厚沉、庞大的石块,追求的是一种高大、强壮、神秘、威严和震慑效果,体现的是一种弃绝尘寰的宗教出世精神。这种精神同样也充分体现在建筑的结构、布局、部件设计和色彩的配备等形式上。

拿建筑的色彩来说。中国建筑的主色是象征幸福、喜庆的粉红色,其次是象征永久、平和与生机的绿蓝色,宫殿建筑则用象征富贵、力量、中央的金黄色。这些色彩是涂在原本无色的本质材料上的,起着一种既保护又美观的作用。中国建筑色彩喜用原色,不掺和杂色,用红、黄、绿(蓝)主色配合着白、黑色,与体现阴阳五行之说成对应。中国的建筑色彩充溢的是理性精神和独特的民族审美意识,这与追求迷乱、朦胧、强烈色彩的西方建筑显然不同。西方的建筑色彩主要由大理石贴面和彩色玻璃体现。它们是以白色、灰色为主调,红、黄为辅色,得到的是鲜亮辉煌和扑朔迷离的效果,给人以神秘、惶惑之感。拜占庭历史学家普洛可比乌斯描绘了这种色彩下的教堂的心理感受:"人们觉得自己好像来到了一个可爱的百花盛开的草地,可以欣赏紫色的花,绿色的花,有些是艳红的,有些闪着白光,大自然像画家一样把其余的染成斑驳的色彩。一个人到这里来祈祷的时候,立即会相信,并非人力,并非艺术,而是只有上帝的恩泽才能使教堂成为这样,他的心飞向上帝,飘飘荡荡,觉得离上帝不远……"② 正因如此,蔡元培总结我国建筑特点说:"总之,我国建筑,既不如埃及式之阔大,亦不类峨特式之高骞,而秩序谨严,配置精巧,为吾族数千年守礼宗法实际之精神所表示焉。"(《蔡元培全集》第249页)

中国的"民间建筑充分反映了民族文化的特点。同一地区不同民族的建筑有不同表现,而同一民族在不同地区的建筑也面貌相异。民间建筑文化呈现出多样性,这种多

---

① [德] 黑格尔(著),朱光潜(译). 美学. 见:《朱光潜全集》第15卷 [M]. 合肥:安徽教育出版社, 1990.

② 陈志华. 外国建筑史 [M]. 北京:中国建筑工业出版社, 1981.

样性为其作为一种旅游资源的开发提供了广阔天地。另外，民间建筑受民族文化传统的影响，常常表现出神秘性的一面。例如，在选址时，要做到阴阳相济，藏风聚气；在布局时讲究形式并重，静动互释，礼乐秩序，以体现某一种特有的精神；在使用上尊卑有序，上下有等，反映了牢固的宗法观念。民间建筑中神秘的东西，比如风水之说，既有迷信的色彩，又有合理的成分，如能加以适当开发利用，就会转化为有独特魅力的旅游产品。民间建筑神秘性的一面在西南少数民族地区多有体现，如遥远而美丽的西双版纳以及沈从文笔下的湘西边城，都是旅游者非常想去的地方"。①

3.2.2.3 不同民族有不同的旅游文化特点

文化传统的差异，必然导致各民族旅游文化特点的各不相同。下面以东西方民族旅游文化特点为例进行说明。

1. 旅游动机

整体上讲，西方民族的旅游动机比中华民族强烈。虽然不能排除经济发达水平的影响，但这种差异的形成有着更为深远的文化方面的原因。西方传统文化强调征服自然，着眼未来，强调个人主义，塑造了西方民族外倾型性格；而中华民族尊奉的是圣贤教导："父母在，不远游，游必有方。"中华民族内倾型的性格特征阻抑了中国人的旅游动机。

山水是一种较为客观的、不经人为加工过的旅游客体。然而即使是面对这一自然而客观的对象，中国和西方人旅游动机也有着各自不同的特点。孔子的"君子比德"在先秦形成了较系统的思想和理论，以后又一直影响和制约着中国人对自然美，特别是对山水美的欣赏习惯。重现实和世俗、重实践理性的儒家文化，使得中国人将山水看做是理想、追求、憧憬、道义以及人格等的象征，中国人游山玩水局限于"智者乐水，仁者乐山"的旅游动机。西方人对山水自然景物的欣赏，不会寄托这么多的道德伦理内容。他们对山水的欣赏，主要出自于两种动机：一是纯粹欣赏自然的形态美；二是感受自然与人的心情的契合。

2. 旅游动机类型

大河大陆性地理环境铸就了中国保守喜静的国民性，使其呈现出稳健内敛的旅游性格；海洋地理环境培养了西方民族冒险勇进的旅游性格。不同的民族文化导致了中西民族旅游动机上的类型差异，主要表现为中华民族的旅游需求较为单一，倾向于平衡、和谐、求同、少变化、可预见等，中华民族的传统文化，决定了中国人缺乏冒险的旅游动机，对旅游活动中复杂性、多样性的追求颇有限度，远逊于西方民族。西方民族强烈的探索冒险意识有着悠久的历史传统和民族传统，他们的旅游需求表现为在征服世界的过程中满足好奇心和突出自我。具体如发现新的旅游地，参加登山、滑翔跳伞、潜水冲浪、乘气球飞行和航海等既有高度刺激性又富有浪漫色彩的活动。林语堂先生的话耐人

---

① 沈祖祥. 旅游文化概论 [M]. 福州：福建人民出版社，2004.

3 旅游主体文化

寻味:"我们(中国人)对探险南极或攀登喜马拉雅山实在毫无兴趣,一旦西方人这样做,我们会问:你这样干的目的何在?你非得到南极去寻找幸福吗?……我们在荡舟湖心之时并不渴望走到山脚下,我们在山脚下时也并不企求翻越山顶。"虽然当今中国人也不乏冒险勇进者,但那毕竟是少数人。

3. 目的地选择

由于旅游动机上的差异,中西方旅游者在目的地类型的选择上呈现不同倾向。中国人信奉天人合一,喜欢小桥流水、波澜不惊的平和景观。西方人更喜欢险峻壮丽的景观。在陆地上,西方人爱好游览和观赏峡谷、瀑布、峭壁、险峰、雪山等。他们欣赏这些景观本身的魅力,但不会像中国人作许多的相似联想与人格投射。例如,美国与加拿大之间的尼加拉瀑布,50.9米高,426.72米宽,每分钟有50万吨水倾泻而下,气势非常壮观。然而,美国人却称其为"度蜜月者的天堂"。"度蜜月"到这么喧哗、壮丽的气氛中进行,中国人觉得不和谐。难怪著名文人梁实秋也想不通,他说,度蜜月者最理想的地方应该是一个山明水秀而又远离尘嚣的地方,像尼亚加拉瀑布游人如蚁、昼夜喧闹不已,如何能让一对度蜜月者充分地、全神贯注地彼此互相享受呢?这真有点以"中国人"之心度"西方人"之腹了,恐怕难以取得一致。

宋代大文豪王安石在《游褒禅山记》中说:"古人之观于天地、山川、草木、虫鱼、鸟兽,往往有得,以其求思之深而无不在也。夫夷以近,则游者众;险以远,则至者少。而世之奇伟、瑰怪、非常之观,常在于险远,而人之所罕至焉,故非有志者不能至也。"这段话有两层意思,一是说古人观景和物,往往"求思之深而无不在";二是说"奇伟、瑰怪、非常之观",人们很少能到达,原因在于"险远"。他是由此谈立志的问题,用在此当然有点离题。倘若结合中西山水游的特点来理解王安石的这段话,我们会另有启迪。他说的第一层意思:"求思之深而无不在",可以看做是典型的中国人(特别是文人)游览和观赏山水的习惯;第二层讲的"险远",中国人"至者少",而西方人倒是乐意去探索的,他们往往会冒风险、豁性命般地去寻找这样的景点。当然,这是就整体而言。中国古代如徐霞客、李白那样不畏"险远"的旅游者也不在个别;特别是近几年来,中国也涌现出一些类似的探险者与勇士,单车周游全国、孤身驾车环球旅行、长江源头漂流探险、徒步行遍中国等,也经常见之于报端。这种精神在中国是需要大大发扬的,因为旅游既是陶冶性情,也是"劳其筋骨、饿其体肤"的意志和身体的锻炼,需要我们如民歌所唱"阿里山的少年壮如山"那般的体魄,走向自然,融入于山水之中,心境相融。

此外,在旅游组织形式和旅游习俗方面,也体现了旅游文化的民族性特点。如西方民族的旅游者单独外出度假的情况相当普遍,而中国人因为有强烈的群体意识和保守性格,所以在出国旅游和国内长距离旅游中,多喜欢组团的形式,个人单独外出旅游的情况比较少见。中西方民族不同的风俗习惯在旅游各个环节上也有所体现。例如,中国人对数字很讲究,他们往往选择带3、6、8、9这些数字的日子出游,也喜欢住带这些数字的楼层和房间，而不喜欢带 4 的数字。西方人则忌讳"13"。在宴席上，中国人喜欢劝酒，甚至灌酒，而这在西方人看来简直是无礼之举。

3.2.3　旅游主体文化的多样性

旅游者的生活方式、行为模式、思维方式、风俗习惯等都是旅游主体文化多样性的具体体现。旅游主体文化多样性特征产生的原因来自多个方面：首先，缘于旅游本身。旅游者在旅游中展开包括吃、住、行、游、购、娱六要素在内的多元性综合性活动，任何一个环节所体现的文化色彩，都属于旅游主体文化的范畴。其次，缘于时间和空间的特性。不同时期、不同地域，人们在旅游活动中所得到的精神体会，所积累的旅行经验，所创作的旅游作品，都属于旅游主体文化的范畴。第三，由于旅游者文化水平和审美情趣的差异，旅游文化呈现出多姿多彩的格局。另外，不同的地理环境对旅游者的社会生活会有不同的影响，而这种影响的后果就是派生出不同的文化类型。不同的旅游文化之间往往相互影响，相互作用，而这种作用的结果，就是融合产生新的旅游主体文化类型。旅游主体文化因而显示出缤纷多彩的多样性特点。

3.2.3.1　旅游需求的多样化

旅游作为一种在马斯洛的理论中属于较高层次的需要，由于旅游者来自不同的国家和地区，有不同的身份和目的，因而多样性和差异性更为鲜明和突出。

1. 旅游需求个性化

在信息技术普遍发展的今天，旅游者通过各种高技术的信息手段，便捷地获取多方信息，可以自由选择旅游目的地和旅行方式，也可以自主地安排行程，充当"自主计划者"。由于不同的旅游者文化素养、经济收入、个人爱好、职业、年龄各不相同，每个人都希望也有可能根据自己的愿望安排旅游，因此，旅游需求的个性化趋势不断增强。

2. 旅游需求多元化

旅游需求的个性化引起旅游需求的多元化。现代高科技对旅游业的渗透，使得旅游需求的多样化更加广泛和普遍。

不同阶层的旅游者有不同的旅游需要。处于社会上层的旅游者在旅游中往往追求旅游产品和服务的高品位和高质量，喜欢显示自己的成熟感与成就感，强调生活的享受、潇洒、文雅、大方；中层的旅游者在旅游活动中十分关注自己的形象，不仅注意旅游产品和服务的质量，还追求其情趣与格调；而处于社会下层的旅游者重视安全与保险，讲究实惠和节约。此外，不同年龄、不同性别、不同文化程度的旅游者都有不同的旅游需要。

3. 旅游需求高档化

科学技术的发展造就了高要求的旅游消费者。熟悉各类高科技产品的旅游者，正改变过去单一的观光旅游需求形式，要求享有更高层次的旅游消费。例如，通讯技术的发展,使得他们可以跳过旅游中间商而直接进入旅游市场,进行选择。在现代信息技术高度发达的社会中,人们旅游需求的产生动机与旅游产品科技含量的多少有直接的关联,科技含量大的旅游产品能吸引或刺激更多的旅游需求,也符合当代旅游需求向高层次发展的趋势。

3.2.3.2 旅游动机的多样性

旅游动机是推动人们旅游的内部驱力或张力,旅游者的各种活动离不开旅游动机的激励。由于各个旅游者的收入水平、文化水平、职业、性格、年龄、国籍、民族和生活习惯的不同,自然会有多种多样的兴趣、爱好,对于旅游商品和服务的需要是千差万别和丰富多彩的。旅游者旅游需要的差异,使旅游动机具有多样性。就旅游的主导动机而言,就有观光动机、健康动机、文化动机、交际动机、宗教动机、休闲动机和业务动机等。如果细分下去,还可以找出旅游者更多的动机类型:有的是去观赏名胜古迹,有的是为了探亲访友,有的是选择名山大川休息疗养,有的是为了度假休闲,有的是探究科学奥秘或寻求刺激的活动。同一个旅游者在不同的假期或时间,其旅游动机也具有多样性,春节时可能出外探亲;夏季去北方避暑;明年又可能为考察异国风土人情而出境游……凡此种种,无不显示旅游动机的多样性。

3.2.3.3 旅游活动多样化

旅游是人们带有游览目的的非定居的旅行和暂时停留中所进行的物质和精神活动的总和。作为一种复杂的社会活动,旅游包括吃、住、行、游、购、娱六大要素,而每一种要素其本身又都包含多方面的内容。例如,从吃的要素来说,品尝异地不同风味的菜无疑是激发旅游动机的原因之一,就像人们到北京要吃全聚德烤鸭、到天津要吃"狗不理"包子一样,不同地域、不同民族形成的不同风味是旅游者在吃上追逐的目标。从行的要素来说,旅游者的出行方式可以采取多种多样的途径,如飞机、火车、轮船、巴士等。从游的要素来说,丰富的自然和人文资源可供选择,如名山大川、都市风情、主题公园等。从购的要素来说,有多种商品可供选择,既可到有"购物天堂"之称的香港去体验购物的疯狂,也可漫步于苏州小镇街头买一些有地方特色的刺绣,还可到杭州西湖的灵隐寺去求一串庇佑的佛珠。从娱的要素来看,既可参加一些富有特色的地方旅游活动,也可到主题公园一尽游兴。总之,旅游活动内容丰富多彩,无论是吃、住、行,还是游、购、娱都能从中体会出多样性来。

3.2.3.4 旅游者与居民关系多样化

旅游者与居民的相互影响是一种独特而繁杂的多元文化的相互作用。通常的情况是,旅游者到访景区时,逗留时间非常短,但是作了精心的安排。他们的旅行动机使他们与其他的不同文化背景的逗留者区别开来,而且与当地人相比,他们明显地要更富有一些。这些性质至少体现了旅游者与居民不同文化联系的两个特征。首先,他们与移民、学生和外籍员工不同,旅游者不必去适应当地社会。尽管旅游者会经历文化冲击,但这种冲击仅存在于旅游过程的开始阶段，并且这对旅行者来说也是一个刺激和兴奋的经历，因为它可以满足寻求感官刺激的动机。第二，旅游者的富有，即使他们是年轻的流浪汉或背包旅游者，也使他们置身于一个特殊的社会位置，一种可以观察和审视到访社会的陌生人或局外人的位置。旅游者与居民接触的效应受到旅游者的富有程度、旅游动机以及在旅游景区的逗留时间和社会地位的影响。旅游者类型繁多，他们各自的旅游动机与旅游态度大相径庭。一些游客非常热衷于与当地居民打交道，而有的游客只是把居民当做风景的一部分。旅游者在经济、文化、环境等方面给当地居民带来了多种多样的或正面或负面的影响，而旅游地居民也不同程度上决定着旅游者游览的满意度。另外，旅游景区的规模和技术上的成熟程度在调节旅游者与居民关系中也发挥着至关重要的作用。

3.2.4 旅游主体文化的审美性

旅游是人们满足其审美需求的一种常见的定向形式，审美指的是审美主体对客体之内容与形式、价值（如美丑）的感知、观察、审视和品评，是人对美的事物的一种带有情感的认识。旅游的审美性是由旅游消遣娱游的特性决定的。旅游作为一种短期性的闲暇生活方式，从本质上说，是一种集自然美、艺术美、社会美之大成，融文物古迹、建筑园林、绘画书法、雕塑篆刻、音乐歌舞、服饰烹饪、民俗风情等于一体的综合性审美实践活动。通过旅游获得审美愉悦和满足，是所有旅游者的共同追求，也是旅游的本质之所在。

旅游主体是旅游审美行为的承担者，具体地讲，是指有着内在审美需要，具有审美结构和功能，并与旅游产品（资源）结成一定审美关系的旅游者。

3.2.4.1 旅游主体的审美规定

1. 旅游审美主体具有一般审美主体的审美特性

首先，旅游审美主体是精神活动的主体。在具体的旅游审美活动中，旅游者作为主体追求的是精神享受而非物质享受，是旅游产品（资源）的精神价值而非实用价值；在旅游审美活动中，旅游者运用的本质力量主要是精神感觉力量而非实践感觉力量；在旅游审美过程中，旅游者的活动主要表现为精神活动而非生理性本能活动或实践性物质活动。当然，旅游审美主体不可能只是某种精神实体，也有物质方面的需求，但其精神活动是根本的、主要的，物质活动是衍生的、次要的。其对象化的本质力量和方式都是精神性的。其次，旅游审美主体是情感活动的主体。人的精神活动有多种状态，如科学认识活动中的理智状态、社会伦理活动中的意志状态、宗教活动中的信仰状态等。在旅游审美活动中，人作为主体，不能排斥上述状态的出现，但主要是处于一种情感状态，否则就不可能进入审美境界，获得旅游的真正乐趣。再次，旅游审美主体是自由的生命活动的主体。人的任何一种审美活动都是摆脱了肉体需要支配的活动，是脱离了对"物"的绝对依赖性的活动。旅游审美活动更是如此。马克思曾经说过：对于忧心忡忡的穷人来说,再美的景色也是无意义的。旅游审美主体不是粗陋的肉体需要者,也不是低级的实用主义者,而是能对对象凝神观照、不旁及日常功利、不为物质欲望所纠缠的享有高度生命自由的人。真正欣赏黄山松的游客,绝不会产生此木可烧炭或打家具的念头。

2. 审美行为的实现是主体审美结构功能的体现

在美学家看来,主体的审美结构可以按主体的不同存在方式分为本能的、心理的、社会文化的三个层次,按主体的不同意识状态分为显意识层次和潜意识层次。在前一种层次结构划分中,本能层次是基本的层次,它主要指作为一种生物所具有的刺激—传导—反应的本能及由此产生的某种情绪。所产生的情绪表现为一种生理上的快适,即所谓的快感。美感以快感为生理基础。心理层次或所谓意识层次是比生理本能更高的一个层次,是指人对对象的体验、理解、联想、想象的心理意识及其机制。很显然,没有心理意识,美感也是不会产生的。社会文化层次是最高的层次,它实质是人在世代相传过程中形成的社会文化结构。在审美活动中,社会文化结构起着中介作用,通过这个中介,主客体互相联结、融合、渗透、同一,审美主体才具有了主观能动性。在后一种层次结构划分中,所谓显意识层次是指由人类日常的认知、表象、记忆、情感等心理层次构成,一般呈现为经验形态的东西,如传统、习俗、信仰、价值观念等。所谓潜意识层次,是指人类大脑无意识记忆中沉积、凝聚而成的深层文化结构。总之,可以肯定,旅游审美行为与其主体的文化背景是一个问题的两个方面。

旅游审美主体的审美尺度,亦即审美趣味、审美标准、审美理想等,无疑也不外乎两类:一是形式韵律尺度;一是形式意蕴尺度。前者通常称为形式美尺度,根源于人的心理结构和作为自然生命体的活动规律,如均衡、对称、比例、韵律等;后者根源于人的社会文化心理和活动规律,与社会的理性观念相联系。

3.2.4.2 旅游审美主题的规定

1. 旅游审美主题丰富多样

所谓旅游审美主题,是指旅游者从自身的审美心理、旅游动机出发而确立的具体的旅游审美对象。

旅游审美主题的丰富性,首先源于游客审美心理、旅游动机的复杂多样性。游客的气质、性格多种多样,他们各自的经济条件、文化水平、经历、阅历也都千差万别,尤其是受某一特定时代环境影响的人们的思想观念也在不断发生着变化,所以人们的审美心理、旅游动机便相应地复杂多变。这样在不同的审美心理、旅游动机的制约下,不同的游客或不同时期的游客必然要选择不同的旅游对象,确定不同的审美主题。

其次,旅游业的不断发展为游客创造了更多的审美空间与审美对象,使游客的审美主题更加丰富、更趋多样性。古代的旅游,人们的审美主题大多确立在自然山水方面,此外还有园林、寺院等少量的人工景观上,旅游的审美主题比较单调。现代的旅游就大不相同了,可供旅游的项目花样不断翻新。例如,伴随着影视业的发展,在美国建起了迪斯尼乐园这座童话世界,随之又移植到了欧洲和日本;在中国也建起了大观园、汉城、唐城和水浒城等用于拍影视片,继之又为游客的旅游提供了观照影视情节或历史的审美主题。遍布于世界各地利用现代技术建立起来的现代游乐场为游客提供了品味乐趣、经历奇险的审美主题。我国深圳、北京等地微缩景观为游客提供了无须走出国门即可周游世界、游览风景名胜的审美主题。

2. 旅游审美主题范围宽泛

旅游审美主题的分类可以从不同角度入手。从审美主题所反映的对象与审美主体(旅游者)的关系角度划分,可以将审美主题归结为自然类、社会类和精神类三种。自然类审美主题,是指把大自然和其中的各种自然物作为旅游和审美的对象。这类审美主题包括游览大自然的山水风光,对动物、植物、气候和地质等自然现象进行观照。自然万物是纷繁复杂、变化多端的,它能给旅游审美者以层出不穷、永远率真而又新奇的美感,它特别被现代人所钟爱,是现代人旅游时首选的审美主题。社会类审美主题,即把社会作为旅游和审美的对象。它包括对风土人情的了解,对政治、经济现象的观察,对文化、艺术、科学的考察,对历史、考古的研究以及探亲访友、与特定的人群交际等。精神类审美主题,是把满足精神需要的某种特殊旅游方式作为审美的对象。例如,选取可以使神经受到高度刺激的登山、漂流、滑雪、蹦极等体育探险项目的旅游;以观看体育比赛和文艺演出为目的的旅游;追求自我实现、自我尊重的各类旅游;表达对宗教虔诚的朝圣旅行等。这类审美主题虽然也选择了某类具体或抽象事物作为审美的对象,但旅游者审美的核心却不在事物或过程本身,而在于它们所反映出的境界、所折射出的精神。此外,还可以根据旅游审美所指对象的性质,将审美主题划分为身体类、精神类、心理类、经济类等;还可以根据审美主题对旅游者的作用,将它划分为寻新、寻奇、寻美、寻知、寻根、寻嗜好等。

3.2.4.3 旅游主体的审美文化

人类审美的领域是逐渐展开的,旅游审美的领域也是如此。旅游审美领域大体可分为自然领域、艺术领域和社会活动领域,在展开的过程中历史地形成了各类旅游审美文化形态。这里依据旅游审美领域的不同,将旅游审美文化分为自然审美文化、社会审美文化、艺术审美文化和饮食审美文化四种类型,并对各类型审美文化的特征加以分析,以便进一步把握旅游主体的审美文化。

1. 自然审美文化

自然审美的指向是自然美(在中国,许多与自然环境融为一体的人文景观也可以纳入自然风景的行列,这是因为,这些人文景观并不是独立的,而是与周围的自然为一整体,它的作用是点缀自然和使自然更加人化)。自然审美文化是以大自然为载体的审美文化,亦可谓物态审美文化。大自然是一种本然的"物态"存在,它之所以能成为一种旅游审美文化的载体,是由于它已进入人类的文化圈中,并且成为人类旅游的一种直接的享受对象。人类审美在自然领域的展开相对较晚,但是自然界在现代旅游审美活动中的地位却甚高。

自然审美观是受到人与自然关系制约的。在生产力水平极为低下的时代，人屈从于自然，依赖于自然。人类与自然之间的敌对性和疏远性，随着人类自身的发展渐被克服，自然事物大量地进入到人类的生活圈中，推进了自然审美文化的萌芽。但是，自然作为审美客体的出现，还有赖于人类将自然由实用的对象转化为纯粹审美的对象。这种转变，在中国大体始于先秦，成于魏晋南北朝时期。中国第一部诗歌总集《诗经》中有许多诗篇是以山水风景作为起兴的，例如，《蒹葭》中有"蒹葭苍苍，白露为霜"之句；《硕人》中有"河水洋洋，北流活活"之句。春秋末老子提出以"道"为核心的思想体系，明显地流露出对自然美的关注。战国时期的庄子则更进一步，他不仅提出"天地有大美"的观点，还指出天籁、地籁高于人籁，因此被誉为中国美学史上肯定自然作为审美客体独立存在的第一人。至魏晋南北朝时期，道家思想和玄学思潮甚嚣尘上，人们的精神世界与前相比得到极大的自由解放，自然界渐成为人类审美的一个独立领域，观赏千岩竞秀、万壑争流、云蒸霞蔚的自然景色至少在知识分子阶层成为一种时尚，故能有谢灵运、陶渊明一类"倾耳听波澜""性本爱丘山"的名人涌现以及山水艺术创作的勃兴。在西方，自然作为独立的审美客体始于文艺复兴时期，这比中国要晚得多。据美国学者欧·奥尔特曼等人的研究，在西方文化中，对山的否定态度一直延续到18世纪，直到19世纪人们对山的态度才开始比较肯定一些，山始被描绘成"令人尊敬的""壮观的""高雅的"和"自然美的精髓"；就是对于大海的普遍向往，也只是19世纪才出现的事情。工业革命以后，特别是"二战"结束以来，随着工业化、城市化的进程，越来越多的人渴望获得"久在樊笼里，复得返自然"的乐趣，物态审美文化有了快速的发展。尽管如此，由于美学研究长期局限在艺术美领域，直至今天，人们对于物态审美文化的认识还是很肤浅的。

自然美是一种韵律美，只有当物态自然的形式韵律与主体的生命韵律形成某种"同构"关系时，这种物态的自然美才获得审美的文化价值。中国古人云"凡山川之明媚者，能使游者欣然而乐"，中国的名山可谓多矣。泰山之雄，华山之险，嵩山之峻，雁荡之奇，青城之幽，峨眉之秀，千山之丽，黄山之雅……凡此种种，不仅代表着自然景观的个性特征，而且大体上勾画出中国山水之南秀北雄、阴柔阳刚的美学风貌，从而在客观上为旅游者提供了具有丰富价值和不同形态的审美对象。这些名山胜景，由于历代文人墨客的咏叹描绘，加之现代宣传媒介的渲染，很容易激发起潜在旅游者的审美动机，但由于人们各自的气质、阅历情趣、年龄、生理、体质状况和文化修养不尽相同，在自然审美动机的指向性方面必然存在一定的差异。有的可能崇尚阳刚之美（崇高），便生寻访险峰峻岭的意向；有的或许偏爱阴柔之美（婉秀），故怀游览清泉幽谷的动机。值得指出的是，在中国，"天下名山僧占多""自然的人化"是非常明显的，人文景观如寺院建筑、楼亭、佛塔、石碑等与自然景观往往相互交错，融为一体，构成了丰富多彩的旅游审美对象。另外，导游对景物来历的讲述，"旅游指南"对景物的描绘

（如有关景物的典故与名称等），会使旅游者得到一种文字符号的文化体验，从而会弱化自由而单纯的自然观赏强度，引导主体"按字索骥"，依照文字符号的内涵，进入定向联想的审美活动，使审美感受大大地丰富强化。譬如对桂林"象鼻山"、莫干山"剑池"以及对山海关孟姜女庙"望夫石"的观赏，就属于此类。

自然界是广袤浩瀚的，以其为载体的物态旅游审美文化具有无限的意义。同时，这种审美文化又具有较大的共同性和随意性。走出喧嚣的市街，投身于大自然的怀抱，既是一种解脱和逃避，更是一种人性的回归。无论哪个阶层、民族、哪种性别、年龄、文化程度、宗教信仰、职业的旅游者，都会乐此不疲。郁达夫曾说过，大略的欣赏自然山水，不必要有学问、有鉴赏力的人才能办到。乡村农妇千里进香，都市里的市民窗槛栽花，都是欣赏自然心情的一丝表白。只要天良不灭、本性尚存，则凭我们的直觉，也能够做一个自然景物和高山大水的欣赏者了。自然是天赋的，但是，自然的韵律也需要发现（不是创造），这种发现当然有赖于主体的审美结构，决定于主体的审美层次。不同层次的旅游者即使是同时同地置身于某一自然景观之中，所获得精神享受的丰富程度可能大大不同。

在旅游审美中，作为审美主体的旅游者，在领略秀美的自然风光的同时，又对自然所蕴含的丰富文化内涵有了更深刻的了解，由此得到思想的净化和道德的升华，产生愉悦的感受。这种感受，就是精神和情感的慰藉，是一种高层次的文化享受。

2. 社会审美文化

社会审美是以审美的眼光观察、体验旅游地社会的制度、结构、人情、伦理、道德、民风与生活方式。人类的社会交往、社会活动过程也是美的创造过程。这些美普遍地存在于人类的道德伦理、习俗礼仪、婚姻家庭、经济政治、宗教信仰以及社会劳动和社会产品之中，并以人类自身的存在状态和活动状态显示出来。旅游者所到之处，必然会以审美的态度观察、体验这些美，由此形成一种社会审美文化形态。

事实上，社会美比自然美更早进入旅游活动领域。我国先秦典籍《易经》中有"观国之光，利用宾于王"之句，《左传》中亦有"观光上国"之语。这里的"观光"意指观看、考察一地的礼乐文物、风俗民情等，显然是一种社会审美活动。就是在当代，社会审美动机也是最主要的旅游动机之一。美国商业部10多年前曾对来美国旅游的外国人的动机进行调查，发现绝大多数游客是为了了解美国人的社会生活方式而作出旅游决策的。我国有关单位也曾对一批美国游客做过旅华目的调查，结果显示：对中国人民生活方式、习俗和伦理道德感兴趣的占一半多，远远超过以游山玩水为主要目的的人数比例。正是因为如此，我国才安排了民俗旅游年的活动，并涌现出像山东安丘石家庄民俗村、深圳中华民俗村等一大批社会文化型旅游产品。

社会审美活动的对象主要是由人的存在和活动所构成的人类社会，具体地说是人精神性存在的心灵、品格、情操、智慧、情感、理想等。当然，人的心灵性、精神性存在只有外化为感性的物质存在，才能成为可以直观的对象，成为旅游审美的客体，此即所谓"诚于中而形诸外"。因此，社会审美的对象既是有韵味的形式，也是有意味的形式，或者说主要是有意味的形式。社会审美与社会制度、社会功利意识直接相关。旅游活动中的社会审美文化，可以说是客源地和接待地的两种社会制度、社会功利意识碰撞的火花。旅游者从这类文化中得到的，应该说既有一般心理官能上的赏心悦目、猎奇览胜，又有伦理道德层次上的震动和启迪。

3. 艺术审美文化

艺术审美是以欣赏艺术作品（包括工艺美术品）作为旅游的目的。旅游活动中的艺术审美文化，是指旅游者与作为旅游审美客体的各种艺术作品发生"同构"关系而产生的文化形态。严格地说，艺术也是人的一种生存状态和生活活动，艺术审美也属于社会审美的范畴。但是，艺术审美毕竟具有典型性、特殊性，因此将艺术审美文化从社会审美文化中分离出来加以单独探讨是有意义的。

艺术品是人们按照一定的意图、遵循美的法则创造出来的有意味的形象。是否具有审美价值是区分艺术品和非艺术品的一个基本标准。只有那些能够给人以精神上的愉悦和快感，也就是具有审美性的人类创造物，才能称为艺术品。也正因为艺术品具有审美价值，能给人审美享受，它才能进入旅游领域，成为旅游审美文化的一种载体。

与天然风景之美不同，艺术美是人所创造的，是人类劳动和智慧的结晶。因此，艺术作品具有鲜明的主体性和形象性特点。任何艺术作品的形象都是客观与主观的统一、形式与内容的统一。鲁迅曾经说过，画家所画的，雕塑家所雕塑的，"表面上是一张画，一个雕像，其实是他思想和人格的表现"①。法国雕塑大师罗丹讲过："没有一件艺术作品，单靠线条或色调的匀称，仅仅为了满足视觉，能够打动人的。"② 艺术作品离不开形式，也离不开内容，既是具体的、感性的，又体现着一定的思想感情。对于建筑、园林、雕塑、书画等实用艺术和造型艺术来说，往往是在再现生活形象中渗透了艺术家的思想感情，主观因素消融在客观形象之中；另一些艺术门类，如音乐，则更善于直接表现艺术家的思想情感，间接地和曲折地反映社会生活，客观因素消融在主观因素之中。艺术作品的特点决定了旅游活动中艺术审美文化的特性。

首先，这种审美文化具有主导性和强制性。与自然审美不同，艺术审美是旅游者与艺术创造者通过艺术作品这个"媒体"进行相互沟通和交流。艺术品的观赏者肯定会自觉或不自觉地受到艺术作品创造者主观意图的影响。不同读者眼里的哈姆雷特不会完全相同，但总有共性的东西，绝不会完全不同，否则艺术创作就无主体性可言了。从另一个角度而论，只有当欣赏者把握住了创作者的真正意图，艺术品的魅力和价值才能得到最大程度的发挥。这里举两个例子来说明这个道理。在意大利佛罗伦萨美蒂奇教堂内，保存着著名雕塑家米开朗基罗的4件大理石雕刻，分别名为《晨》、《暮》、《昼》、

---

① 鲁迅. 鲁迅全集：第1卷 [M]. 北京：人民文学出版社，1981.
② [法] 罗丹. 罗丹艺术论 [M]. 北京：人民美术出版社，1978.

《夜》。对于这4件艺术珍品的真正含义有许多说法,存在很大的分歧。相比之下,米氏的学生、著名美术史家瓦萨里的解释更有说服力。瓦萨里认为,这4件雕刻寓意深刻,它们的构图大多给人以不稳定的感觉,人物的神情显露出惶恐与悲伤,观之令人联想到米氏本人写过的一首诗:"睡眠是甜蜜的,成为玩石更是幸福。只要世上还有罪恶与耻辱,不见不闻,无知无觉,于我是最大的满足。不要惊醒我。"显然,这几件雕刻作品蕴藏着米氏对人生、历史、社会的深刻反思。欣赏者在听过瓦萨里的解释后再去观赏这4件作品,感觉获得了更为深邃的意味和震撼力。山东省青岛市市区有一座天主教堂,由德国人设计,1934年建成,教堂立面带有明显的哥特式建筑风格,颇具特色,故常有游人前来观赏。但是,据导游反映,知悉这幢建筑所蕴含的宗教意味的游客,对其评价要比其他游客高出许多。如果没有导游的介绍,多数游人就会停留于走马观花,收获较少。旅游活动中的艺术审美文化具有主导性、强制性,这使得导游介入旅游者审美过程具有重要意义。

其次,由于艺术是一种特殊的社会意识形态,艺术生产是一种特殊的精神生产,艺术品的审美价值不在于它的存在本身,而在于它的内在意蕴。这种内在意蕴是社会文化的历史积淀,与人类的哲学、宗教、道德、科学有密切的复杂关系。因此,旅游中的艺术审美活动对于鉴赏主体亦有一定的要求。艺术鉴赏是一种消费活动,但这种消费与物质消费有很大的不同。艺术鉴赏本身是一种审美再创造活动,是人类特有的一种高级的、特殊的、复杂的精神活动,这就对鉴赏主体提出了相应的条件和要求。也就是说,艺术作品的旅游吸引力与旅游者的文化艺术修养和审美鉴赏能力成正比。旅游者只有具备了相应的主体条件,才能真正进入艺术审美活动之中,获得审美的快感和愉悦。所以说:"如果你想得到艺术的享受,那你就必须是一个有艺术修养的人。"① 比如,对于中国古典园林,倘若旅游者缺乏对中国传统哲学、宗教的一般了解,就很难谈得上获得审美享受。游览一座佛教寺院,如果对佛教一无所知,就难以获得审美愉悦。同样,一件彩陶艺术品,在缺乏艺术鉴赏力的旅游者眼中,可能与普通的容器无甚差别。马克思曾指出:艺术品的价值有待于在"消费"过程即艺术鉴赏中最终完成和实现。基于这个观点,致力于研究艺术鉴赏中审美再创造活动规律的接受美学,从20世纪60年代源起于德国之后,很快传遍世界,产生了广泛影响。接受美学对于发展旅游有指导意义。以旅游鉴赏为主要目的的艺术创作,必须关注旅游者整体的、不同层次的文化艺术素质及艺术鉴赏特点,否则艺术创作的本来意义会被大大消解。

再次,艺术审美对旅游者的反馈影响独特而深刻。艺术审美不仅具有娱乐作用,还具有审美认识和审美教育作用。艺术活动由于具有反映与创造统一、再现与表现统一、主体与客体统一等特点,往往能够更加深刻地揭示社会、历史、人生的真谛和内涵,具有反映社会生活的深度和广度的特长,并且常常是通过生动感人的艺术形象给观赏者带

---

① 马克思,恩格斯. 马克思恩格斯全集:第42卷 [M]. 北京:人民出版社,1979.

来难以忘却的社会生活知识。各种艺术品能把早已逝去的古代生活和难以见到的异地生活展示在游客眼前，实现了"观古今于须臾，抚四海于一瞬"，为人们扩展视野提供了良好的途径。艺术品之所以具有审美教育功能，是因为它不仅可以展示生活的外观，而且能够表现生活的本质特征和规律。渗透于艺术品中的艺术家的社会理想和审美理想，可以使观赏它的游人受到真、善、美的熏陶和感染，思想上受到启迪，在潜移默化的作用下，引起人的思想、感情、理想、追求发生深刻的变化，引导人们正确地认识生活，树立正确的人生观和世界观。

4. 饮食审美文化

在长期的生活实践中，人类追求美食美饮的欲求最终使烹饪升华为一种艺术。这种艺术不仅是特定文明历史的见证，而且也是特定审美意识的积淀。

中国美食历经数千年的发展，已经形成一种菜肴精美、流派众多的艺术，成为民族审美文化中熠熠生辉的瑰宝，烹饪成为中国文化"四宝"（绘画、书法、中医、烹饪）之一，在世界烹饪艺术园地中享有极高的声誉。"文明之种族，则辨味不精，辨味不精则烹调之术不妙。中国烹调术之妙，亦是表明文明进化之深也。"中国美食以具有审美特性的食物形式与进食方式作为审美符号，涵盖了极为深厚的文化意蕴，它能使人们在进食的过程中，从色、香、形、味、滋、器、意的品味中，感受到源远流长、博大精深的中国文化，产生丰富多样、深厚蕴藉的审美体验。

中国较为著名的鲁、川、苏、浙、粤、闽、湘、徽等八大菜系风格各异，使南来北往的国内外游客流连忘返，有口皆碑。一般来讲，中国烹调不仅讲究菜点本身的美（色美、味美、形美、技术美、意趣美），而且也关涉饮食器具的美（造型美、装饰美、质地美）和饮宴环境的美（餐桌摆设的美、宴席配乐美和服务美）。所有这些使饮食活动完全审美化了，演变成一种博杂而综合的审美过程。其间，精美可口的食品，造型典雅的器皿，悠扬柔和的音乐以及周到礼貌的服务通常使人在得到生理快感的同时，还会引起精神上的愉悦或轻松恬静的情趣。因为，人们在品尝某些具有特色的佳肴时，往往伴随着相应的心理活动，诸如联想、记忆和想象等。例如，在杭州"楼外楼"吃"叫化童鸡"时不免会回忆起乾隆下江南的有关轶闻；在北京街头吃烤羊肉串时兴许会联想到"天苍苍，野茫茫"的塞外风情；在云南吃"过桥米线"时，可能会想起那个夫妻真诚相爱的动人故事；在饮"杜康"酒时，必然会吟诵曹孟德《短歌行》中的名句"对酒当歌，人生几何？……何以解忧？唯有杜康"。特别是那些富有文学意味的菜肴命名，如"半月沉江""老蚌怀珠""龙凤呈祥""霸王别姬""东坡豆腐"等，很容易给人一种"指引性想象"，强化食者的文化享受。

中国的饮食文化，寄寓了中国人的哲学思想、审美情趣、伦理观念和艺术理想，具有不可替代的独特地位。中国人一开始就把人的生理感官看作了审美的感官，这就使中国的饮食文化一开始就从比较低级的人生需要，跨入了较高层次的审美境界。由饮食之"味"所引起的美感，表现出了中国人对美和审美活动的理解，即始终从人最基本的日常生活中去探求和体悟美,并始终以为美就是能够引起人强烈的生命感、唤醒人强烈的生命意识的东西。因此,饮食活动既是一种审美体验又是一种审美享受。这样,日常饮食活动提高到了审美的境界,让人们在日常生活达到体现个体创造精神、发展和完善个体独立自主之人格、寻求和认同个体生命价值的目的;中国饮食文化的内涵,就已超越了维持生存的本能,进化到了一种超越生命哲学的艺术境界,升华到了满足人的审美需求的境地,成为人们积极地充实人生、美化生活的表现。

3.3 旅游主体的文化人格

3.3.1 旅游主体的文化人格概述

人格(Personality),作为学科的一个概念,不仅在心理学、社会心理学中出现,也在文化人类学中出现。由此,对人格有不同的研究角度,也有略微不同的概念规定。如从心理学角度,G·W·奥尔波特对人格的论述为"所谓人格,是指决定个体适应环境所独有的心理-生理内在动力系统","是人类个体所以异于他人的内在的特质模式,是一个人身心组织结构和行为与心理的综合"①。人类学家林顿认为,人格是"个人固有的心理过程以及心理状态的集合体","作为心理过程和心理状态的结果的外部行为是不包括在人格这个概念中的"。这两个定义所强调的重点不同,心理学者注重行为动力,文化人类学者注重于整个内在过程特点。但是,两个定义都把心理过程作为人格的内容。美国社会心理学家克里奇(D. Krech)认为"人格是个人所具有的所有特性的总和,又是适应环境的特有机制,因此,它是由环境不断改变着"。我国心理学家孙本文认为,"人格是个人行为特质表现相当统一与固定的组合形式,简单地说,亦可谓之个人行为统一的定型"②。从文化环境对个人的影响作用看,人格"是个体在先天的基础上,在一定的社会历史条件下,通过社会交往形成和发展起来的带有一定倾向的稳定的心理特征的综合"③。人格的形成比较复杂,遗传因素、童年经验、个人独特的生活经历、个人的认知能力等都对人格的形成起到了不同程度的影响。人格的差异性,造成人格取向的多元化。为了适应社会生活和人际沟通,需要对它进行社会文化的塑造,使之形成"文化人格"。文化人格是个人显现出的有益于社会的崇高的个性和品格,是社会文化体系塑造的结果,它在保持个体人格的前提下,进一步融入了真善美的文化品质。文化人格以人的个性结构为基础,以人的价值观念和文化素质为灵魂。

---

① 陈山. 痛苦的智慧——文化学说发展的轨迹 [M]. 沈阳:辽宁人民出版社,1997.
② 沙莲香. 社会心理学 [M]. 北京:中国人民大学出版社,1987.
③ 甘朝有. 旅游心理学 [M]. 天津:南开大学出版社,2003.

3.3.2 旅游主体的文化身份

文化身份（Cultural Identity）是我国学术界自20世纪90年代从西方引进的一个概念。1993年出版的《中国文化与世界》第一辑里，有加拿大学者张裕禾的"民族文化·民族文化身份"一文。标题中的"文化身份"一词尚用一注，说明Cultural Identity一词国内通常译为"文化特性"。张裕禾先生曾撰文有一解释，说："因为Identity（身份）跟Property（属性，特性）、Characteristic（特性，特征）、Particularity（特征，特点）不是一回事。身份能包括特性、特征、特点，反之则不行。特性、特征、特点都是身份的具体表现，但不能代替身份。身份这个概念是在更高层次上的抽象和概括。"从根本上说，自从地球上的人类以家庭、氏族、部落、城邦、王国、帝国或共和国为单位，群居在一起的时候起，便有了个人的或群体的文化身份，文化身份问题就存在了。当一个人自我介绍说，我是中国人，我是法国人，或我是北京人，我是巴黎人时，他是以自己的国籍、市籍，即以自己生存的地域来限定自己，以区别于外国人、外市人。能使一个人、一个群体、一个民族或一国人和他人、他群体、他民族或他国人区别开来的，不仅是生存的地域，还有很多其他因素，比如族群、语言、性别、年龄、阶级、宗教、家庭、生活方式、价值观念和精神世界等。那么，文化身份究竟是什么？荷兰学者瑞恩·赛格斯指出："某一特定的族群和民族的文化身份只是部分地由那个民族的身份决定的，因为文化身份是一个较民族身份更为宽泛的概念。"所以"通常人们把文化身份看做是某一特定的文化特有的、同时也是某一具体的民族与生俱来的一系列特征"。另一种观点则认为，"文化身份具有一种结构主义的特征，因为在那里某一特定的文化被看作一系列彼此相互关联的特征，但同时也有或多或少独立于造就那种文化的人民。将'身份'的概念看做一系列独特的或有着结构特征的一种变通的看法实际上是将身份的观念当作一种'建构'。"全面地讲，文化身份应该同时具有固有的"特征"和理论上的"建构"之双重含义。通俗地说，文化身份即是一个个人、一个群体、一个民族在与他人、他群体、他民族相比较之下所认识到的自我形象。

从一定意义上来说，在经济全球化背景下，在旅游跨文化交流中，用文化身份概念或许比用人格概念更能概括旅游主体的文化特征。人格主要是从心理学角度概括其心理特质和性格特点的总和，文化身份更多的则是从文化社会学或文化人类学的角度包容了民族性格在内的族群、语言、性别、年龄、阶级、宗教、家庭、生活方式、价值观念和精神世界等方面的内涵。对旅游者来说，其文化身份的确认也就是在旅游中与他人、他群体、他民族相比较之下所认识到的自我形象的确认。由此，当我们离开久居地前往异国他乡后，也是从这些方面来与异质文化中的"他者"交往，在交往中既确认自身，也规范了交流、互动的实际内容和方式。相比较而言，生活方式、语言、精神世界等则首先在旅游的跨文化交往中显露出来，而这些方面正是民族性格的突出表现。在今天全球范围的旅游跨文化交往中，确认旅游主体的文化身份时，民族性格应是一个首要的、突出的和核心的方面。当我们接触到一位异质文化身份的人时，常常先以他的民族和国度来确认他的文化身份，因为不同国家与民族在语言、生活方式、精神世界方面的文化特质恰是最直接表达了个体的民族性格。而后，家庭、家族的个性特征、宗教信仰、伦理原则、世界观等价值观念也会在交往中表现出来。

旅游者个性的发挥与否，既与民族性格及文化人格对其约束程度相关，更与时代的开放程度相关。时代越进步，个性就越解放，旅游者文化人格就越呈多样化特色。这往往牵扯到文化的民族性与时代性的关系问题。值此文化转型之际，中国有不少人在旅游上呈现开放性格，虽然受到民族原生性格的约束，但时代又给了他们超越传统羁绊的推动力，从而形成次生性的文化人格特征。诸如那些徒步探险、漂流、攀岩、溶洞探险、远足野营、驾车周游，乃至孤舟远航等盛行于西方的旅游项目已渐次在国人中开展起来。旅游者文化人格与民族性格的关系，是个性与共性的关系。民族旅游性格是就旅游者所呈现的整个民族的某些性格特征而言的，而旅游者的文化人格则是对个体旅游者在旅游活动中所表现出来的性格特征而言的。另外，人格、性格等其实都包含于身份之内，旅游者的文化身份应是一个更宽泛的概念。

[案例3-3]

关于文化身份[①]

身份能包括特性、特征、特点，反之则不行。特性、特征、特点都是身份的具体表现，但不能代替身份。身份这个概念在西方人文科学和社会科学中已经使用了几十年，使用范围十分广泛，几乎涉及所有的人文学科和社会学科，而且派生出一系列概念，如身份体系、身份构件、身份重建、身份危机、身份战略、身份冲突等。如果译成特性，就是用一个下属概念代替总体概念，从而造成概念上的混乱，以至上面列举的词组就没法对译了。

文化身份概念的确立，在西方学术界有一个过程。从根本上说，自从地球上的人类以家庭、氏族、部落、城邦、王国、帝国或共和国为单位，群居在一起的时候起，便有了个人的或群体的文化身份，文化身份问题就存在了。19世纪，随着欧洲殖民主义者的步伐，欧洲的人类学家、民族学家、社会学家开始对殖民地的所谓"落后"民族进行研究，以便给制定殖民政策的政治家们提供政策建议。他们在研究他民族文化的过程中，发现了一个民族内部文化的统一与文化身份的存在，以及不同民族之间文化身份的差异。20世纪上半叶，儿童心理学和社会心理学的发展，弗洛伊德精神分析学的传播，使得个人文化身份的形成和发展得到了理论上的支撑和实践上的证明。其实，大部分欧洲的人类学家和社会学家继续研究处于西方现代文明外围的民族，而美国的人类学家和社会学家则把注意力转向美国社会自身，开始研究美国人在行为上的共同特征，各族裔

---

① 章海荣. 旅游文化学 [M]. 上海：复旦大学出版社，2004.

群体文化身份的差异和冲突，少数族裔身份转化的问题，以及美国社会的主流文化如何同化少数族裔文化的问题。第二次世界大战之后，随着民族独立运动的兴起，捍卫和重建民族文化身份成了反对殖民主义和消除经济殖民主义影响的一面旗帜。从此，文化身份问题便和政治问题、经济问题结下了不解之缘。正是在这种背景下，第三世界的精英们，以及巴斯克、瓦隆、北爱尔兰、魁北克等第二世界地区的知识分子，才大书特书，大谈特谈他们文化身份的特殊性，研究它们的民族个性和集体意识。20 世纪 80 年代以后，由于国际形势的变化，欧美等西方国家对文化身份的研究向纵深发展，从民族身份的研究转向地区身份、职业身份、宗教身份的研究，把文化身份的研究深入到日本战后的经济奇迹和亚洲四小龙经济腾飞的领域，也把文化身份的研究跟巴尔干国家、中东国家的战争联系起来。特别值得一提的是，近 20 年来，文化身份的研究从理论走向实践，去解决包括旅游在内的不同文化相遇所产生的间文化问题，解决大企业和跨国公司中间文化管理的问题等。

3.3.3　民族旅游性格

民族旅游性格是国民性或民族性的一种特殊形态，是民族性在旅游生活中的表现，是旅游者在旅游活动中表现出的民族性格。"同一民族由于有着共同的语言、共同的地域、共同的经济生活和共同的历史渊源，承接着大体一致的文化积淀，因而又具有表现于共同文化上的共同的心理素质"①，这就是民族性格。民族性格的根基是人格和一般的社会性格，但作用范围比人格和一般社会性格要广泛，并横跨所有国民心底的深层精神。民族越古老，历史越悠久，民族性格就越深沉、含蓄、执著。不论哪个人和哪个群体的成员，都深深地烙着民族性格（国民性）的印记。旅游者生活在具体的民族之中，与生俱来地承载着本民族的性格。民族旅游性格表现为该民族的一种旅游精神，这种旅游精神是旅游主体在进行旅游实践中体现的个性与共性的统一，着重体现为旅游主体的某一群体特征。

民族旅游性格作为旅游心理变化发展的主观条件，对旅游心理起着深层背景作用、中介作用和整合作用。

3.3.3.1　民族旅游性格的深层背景作用

任何社会心理的变化发展，都有一定的背景。社会心理背景有外部背景和内部背景，其外部背景是社会生活条件（或叫社会背景），内部背景是已形成的心态（或叫心理模式，又叫心理背景）。已形成的心态或心理模式像一层层内在布景，现实生活中的社会心理反应都会落在上面。与之吻合，就心安理得；如果不相吻合，则会心理紧张和不安。人的心理世界像是由一幕幕布景构成，形成深层的内部背景和表层背景。一个人在喜逢久别的朋友之后，留在心目中的场面和喜悦，构成一种心理背景；一个人的苦恼、悲恸也会成

---

① 冯天瑜，周积明. 中国古文化的奥秘 [M]. 武汉：湖北人民出版社，1986.

为一种心理背景，在一段时间里起作用，影响着他（她）的心理生活。这种即时背景，属于表层背景，是易变的、动态的。内部心理背景由表层到深层，层层深入内心世界。深层内部背景是稳定、不易变化、静态的。民族性格作为一种心理模式，在心理世界深处起作用。由它构成深层的内部背景，深层内部背景就是移入人之内心的文化生态。

文化生态是指人类在创造文化过程中与自然地理环境和社会文化环境的相互调适的关系及其内在联系，是指"相互交往的文化群体凭以从事文化创造、文化传播及其他文化活动的背景和条件，文化生态本身又构成一种文化成分"①。人类与其文化生态是双向同构关系，人创造环境，环境也造就人。人类各民族的生态环境，是"自然场"和"社会场"的整合。自然场是人生存与发展赖以依托的自然界；社会场是人在生存与发展过程中结成的全部社会关系的总和。

文化生态环境可细分为四个层次。第一是自然环境（地理环境），第二是社会经济环境，第三是社会制度环境，第四是意识形态环境。文化生态环境对文化的生成及其特征有着重大影响。文化生态不同，民族的旅游性格也不相同。任何人和任何民族，都是生活在特定的文化生态之中，不同的文化生态，赋予了不同地区和民族的人以不同的性格，使本来一致的人性显出千差万别来。日本的民族性格十分复杂而多变，既具有吸纳博采和外倾扩张的基本特性，又具有谨慎保守的性格特征，从而被本尼迪克特概括为"菊花与剑"。这种民族性使其旅游性格也呈现向外探寻和进取与内敛稳健相交织的特征，这是其所处的特殊的深层内部背景——文化生态所决定的。其一，日本是濒临海洋的岛国，由北海道、本州、四国、九州四个大岛和几千个小岛组成。日本列岛多山，山地约占总面积的76%。河流短促，水势湍急，水量充沛，但不利航行。然而，列岛四周临海，海岸线曲折多港湾，利于航海旅行。斯塔夫里阿诺斯指出："日本历史的形成在很大程度上受地理位置的影响，这与欧亚大陆另一端的不列颠群岛极为相似。"② 其二，日本的庄园制农业经济与海外贸易是相互促进的。狭小的领土使日本惯于与海外国家进行贸易往来。其三，日本政治长期处于封建割据的状态，实行的是"双重政府"体制。天皇无权，幕府执政，其下又实行层层分封，引起战争连绵，导致武士阶层的膨胀。其四，在日本形成了博采众长的观念并盛行勇猛无畏的"武士道"精神，同时，岛国心理使其具有一种危机感和随之而来的扩张意识。以上文化生态，使日本民族向外探寻和进取的旅游性格得以形成。日本民族较之于同处东方的中华民族，更多地具有海外旅行和旅游的倾向。早在曹魏时，日本的邪马台国已跨过日本海与黄海，与中国通使，此后来往不断。日本遣唐使和留学生频繁地游历中国，使其社会产生了巨大的进步。然而，日本还具有另一个特殊的文化生态环境，那就是它处在儒学文化圈之中，受中国传统文化的强烈辐射和影响，使其民族旅游性格也具有中国稳健内敛的特征。不同

---

① 冯天瑜等. 中华文化史 [M]. 上海：上海人民出版社，1990.
② [美] 斯塔夫里阿诺斯. 全球通史——1500年以前的世界 [M]. 上海：上海社会科学院出版社，1988.

的深层内部背景——文化生态，也造就了中西两大文化民族不同的旅游性格特征。西方社会所处的特殊的海洋环境，塑造了他们与此总环境相适应的社会环境，如开放、进取和富有弹性的社会环境，这种文化生态又培养了他们积极、主动的民族性格，表现在旅游性格上便呈现出冒险勇进的特性；中国社会所处的大河大陆性环境，以及几千年来的农本基础、宗法专制制度和中庸肃穆的意识形态，使中国人性的抒张受到压抑，因而呈现出一种静的性格，表现在旅游性格上则出现了稳健内敛的特征。

3.3.3.2 民族旅游性格的中介作用

深层内部背景亦是移入人之内心的文化模式，它有很大的清晰性和惯性，因此，人们对变化着的东西，常常不习惯，或者看不惯，难以适应。这种不习惯正体现出民族旅游性格所起的中介作用。民族旅游性格对社会心理反应发生中介作用，指人们对变化着的社会生活和文化环境的心理反应，都是在经过民族性格的过滤、筛选和加工之后，才形成反应然后去发展的。民族旅游性格是旅游生活客体与旅游心理主体之间必经的中介环节。这个中间环节的介入，使人们对有了变化的现实生活的心理反应，总是或多或少地带有民族的性格特点。

民族旅游性格的中介作用，可以从人们对异质文化的心理反应中看得出来。任何一个民族都是从自己固有的、习以为常的文化模式去看另外一个民族的生活方式，但是，又不觉得自己有异民族习性、民族偏见。因此，常常难以理解在另一个民族那里并不难理解的现象。就从给小费这件事来看，中国的公民就不甚理解，也很不习惯。文化人类学上有一种说法，即"文化眼镜"，就是指文化模式的顽固性和劣根性。"文化眼镜"隔在现实生活与心理反应之间，人们必须透过这副"眼镜"去看现实。由此，当一个人跨越了文化背景去旅游，即旅游地与自身存在着一定文化距离，在面对这样的异质文化时总会产生一定的惊愕或震惊。

3.3.3.3 民族旅游性格的整合作用

很难想象，生活在当代社会中的人是纯粹的某一种封闭的民族性格的产物。民族性格能把生活中丰富多彩、变化万千的社会心理现象吸引和收敛成一种特有的群体精神。社会心理是自发产生的生活意识；就自发状态而言，它的作用方向是不定的、分散的，但在群体生活中，社会心理能形成一种笼罩群体空间的气氛。社会心理之所以能够成为笼罩全体空间的气氛，是因为它的内部机制是心理互动，而促成心理气氛形成的内部动力，乃是民族性格。这就是民族性格的心理整合作用。

具有主客分离思维特性的西方民族，一直对自然采取征服的态度，因此其旅游性格除了冒险的特征外，还具有征服的特征。在18—19世纪新的历史环境下，西方民族旅游性格开始了近现代的转换，这种转换的表现是，征服变成亲近，粗糙演为温柔。西方民族在保留了冒险勇进的原生旅游性格的基础上，滋生了温柔多情的次生旅游性格。西方民族旅游性格的整合与转换，受到了中国民族旅游性格的影响。众所周知，西方传教士把中国文化传播到西方，引起了伏尔泰、莱布尼茨、魁奈等启蒙思想家研究中国文化的热潮，最终兴起了浪漫主义运动。同时，西方旅游性格的近现代整合与转换，也与西方内部科学技术的发展和工业革命息息相关。它们为西方人提供了方便快捷、收费低廉的交通运输工具以及信息传递和饮食起居的种种有利条件。而生产力的提高，意味着人民收入的增加和工作时间的缩短，使休闲性旅游这种过去只有官宦富豪才能享受的活动逐步在现代社会中普及，越来越大众化。运载工具的设备条件的逐渐完善给旅游的发展提供了充分的可能性。于是，西方近现代旅游开始兴起。与这种崛起相应，西方民族旅游性格也开始了超越传统的变化——对自然的征服变为对自然的亲近和欣赏；对自然的粗粝行为变成温柔的呵护。18世纪中叶，西方世界第一次出现了真正自觉的、有特定目的的自然观光旅游。大哲学家和文学家卢梭、狄德罗、拜伦、雪莱、歌德、海涅等人掀起了回归大自然的热潮，鼓励人们到大自然中去。一时间，欧洲人纷纷去瑞士、阿尔卑斯山等自然风景区旅行，去观赏壮丽的自然景色，以至成为一种社会时尚。

如果说西方民族旅游性格的近现代整合与转换是融入了东方的温柔和亲近自然因素的结晶的话，那么中国民族旅游性格的近现代整合与转换则是融入了西方冒险外张的旅游性格因素的结果。可以说，东西方都是在吸收对方的优秀旅游品格后才实现了自身旅游性格的近现代整合与转换的。中国民族旅游性格在近现代的整合过程，使冒险勇进精神成为中国旅游次生的性格特征。面对西方世界的强烈冲击，中国近现代的文化精英和思想家开始从观念上促进中国民族旅游性格的近现代转换。他们对中国的传统文化进行深刻的反思，认为中国之所以在现代化过程中进步缓慢，受到西方列强的欺凌，原因在于中国旧国民性的落后。因此，近现代贤哲们改造国民性（亦即民族性）的主张，也涉及改造民族旅游性格的问题。中国民族旅游性格的整合与转换，使中国近现代旅游性格在内敛稳健的原生性格上，产生了冒险、劲厉、外向的次生特征。

世界近现代工业革命使社会经济高度发达，国际往来极为频繁，导致各国的经济背景日益相似，现代工业发展正把世界变为一个模式，在这样的背景下，旅游的趋同性也在日益增强。如果说不同民族的旅游性格有相互靠拢和彼此吸收的迹象的话，那么它总是从旅游风尚的相互渗透和交融开始的。民族旅游风尚在旅游者的传播和示范作用下，会对其他民族的旅游风尚带来极为深刻的影响。近代以来，中国旅游风尚有了较大的变化，稳健和内敛的旅游性格也得到部分改铸，冒险勇进的因子融入中国旅游者的性格之中；西方冒险、征服的民族旅游性格中也注入了温情的因子。当然，西方并没有完全被东方旅游性格所取代，中国民族旅游性格也仍然保持着自己基本的原生特征。

民族旅游性格的深层背景作用、中介作用和整合作用三种社会职能相互联系、相互补充，从不同侧面体现它的作用。从心理过程看，民族旅游性格是旅游心理变化发展的一种内部背景；从旅游主体与客体之间的关系看，它对旅游心理的变化发展起中介作用，是两者之间的一种中间环节；从个性发展和群体精神的形成看，民族旅游性格起着各相异文化交锋的整合作用，它像磁石一样，将零散的有益的文化心理吸引到民族旅游性格中来，因而,它是变化的、发展的和不断成态、成流、成势的。这三种作用从更具体的事项方面,体现出人的文化身份。在旅游中,某些能表现个体身份的特性或许都暂时隐退,短暂的交往或许难以准确确认个体深层的身份。然而,文化,却无时无刻不在伴随着个体,如外表的着装特征与语言,或许就携带着某种文化因子;个体的价值观念、精神世界、生活习惯,甚至家族历史等,或多或少,或隐或显会在旅游生活中彰显出个体的文化身份。

3.3.4 旅游主体文化人格的塑造

旅游者文化人格是旅游者在旅游活动中,以个体人格为基础,融合真善美的品格后形成的一种崇高的旅游性格特征。旅游是一种高尚的文化活动,具有塑造旅游者文化人格的功用。

3.3.4.1 旅游主体文化人格的塑造,建立在人性发展的基础上

人性的走向,是由必然走向自由的。旅游源于劳作性的旅行,即源于人类在生活和生产的功利目的驱使下所进行的商旅、巡游、宦游、游学等旅行活动。人性在此时表现为生存的必然。当人类的物质生活条件得到发展,人性发展需要更为广阔的空间时,旅游也开始逐步摆脱物质的羁绊,容纳更多文化的和审美的内容。如果说劳作性旅行尚带有人类的被动适应性生存的话,那么审美性和休闲性旅游则是人类的主动性生存乃至复杂性生存的表现。人一旦从与自然界的原始统一性中分离成为人之后,他就逐步摆脱与自然原始统一时形成的被动适应的特征,开掘出自己主动适应的能力,并通过复杂适应,在现存的文化环境条件下,为自己的生存获取更为丰富的物质财富,尤其是发展精神生活,使自己活得欢快、浪漫而多彩,活得更有意义。主体的解放和自由的实现是人类本性追求的理想目标,是人本质的规定。旅游从劳作性旅游向审美性旅游的发展,表明了旅游主体从求生意志向求胜意志的超越。求胜意志使旅游主体追求高层次的审美享受和精神满足,旅游者在丰富多样的旅游活动中不断塑造和完善自己的文化人格。

3.3.4.2 旅游主体在不断丰富旅游文化的同时,塑造了强烈的求胜意志

旅游主体是有意志的人类,人类是从自然中形成和发展起来的灵长动物,本身具有动物的自然属性,同时,人类又是具有精神和意志的万物之灵。人类不满足于其自然本性,时刻想着超越生命和有限。如果说求生意志是人类维护其作为生物性群体的生存信念的话,那么,求胜意志则是人类超越生存本能的创造驱力。求胜意志对于解释人类的旅游活动,有着不可忽视的理论价值。求胜意志,是指人应在生命的过程中,去追求无限丰富的物质与精神生活,超越生命存在的基本要求层面,成为既有丰富的物质享受又有无限多样的精神生活的生命,使人获得强大的生命力。旅游主体的求胜意志是相当强烈的。他们已不满足于物质生存的需要,而要求享受无限美妙的精神生活和审美愉悦。循着求胜意志的发展,旅游主体不断超越了个人生活的有限:有限的环境、有限的信息和有限的文化氛围。他们前往异国他乡,前往风景名胜区,去实现超越基本生存的精神文化活动,渐渐发

展起丰富的旅游文化内容，同时也塑造着求真、向善和审美的崇高的文化人格。

3.3.4.3 旅游主体把山水之游当作陶冶心性的途径，陶铸和塑造真善美的理想人格

旅游主体文化人格的最高标准是理想人格，旅游者理想的旅游人格是可望而不可即的，但作为一个灯塔照亮旅游者人格追求的航程。最先对旅游主体理想人格憧憬和描画的是浪漫主义大师庄子。他将旅游主体自由意志的发挥推至极致，并提出了理想的旅游主体人格——"至人""神人""圣人"。与道家关于旅游主体的理想人格的出世倾向不同，儒家对主体的理想人格的追求是塑造道德完善的仁智之士。旅游者把山水之游当作陶冶心性的途径，当成最终达到圣人境界的途径。当然，旅游主体的理想人格毕竟只是一种理想，这种人格的建立必须通过旅游者漫长的一次次的旅游，将旅游作为修身养性的生活，不断地塑造自己的心性来实现。旅游主体的人格塑造，包括求真、向善和审美诸方面，这些都可以在或艰辛跋涉或自由浪漫的旅游活动中得到陶铸。旅游可以塑造人类求真的人格。出于不断探索的欲望，人们永远将目光投向远方，他们怀着强烈的好奇心，把每一次旅行都当成对神秘世界进行了解的过程。废墟上方的明月，残碑旁的落花，引导人们的目光穿越遗忘之丘，追溯祖先文明的进程；茅檐低舍，小桥流水，使人们的思绪沉浸于永恒的安详，重温先民们恬淡质朴的生活。旅游是人类跨文化交往中的学习。通过旅游使人获得知识，增长见识，增加人生的体悟，如爱琴海几千年的哀怨传说，图唐卡门陵玄奥的咒语，富士山樱花的灿烂与罗马百里香的馨香，历史之趣，自然之谜。旅游还可以塑造人的审美人格。人们通过旅游，不仅可以获得美的享受和畅神的愉悦，还可获得超越本我的崇高感。当人们漫步异域他乡，不管是喧嚣的城市还是幽僻的乡村，一样的阳光，一样的天空，都能让人拥有一份不一样的情怀。旅游更可以塑造人的道德人格。旅游净化并充实了人们一己的、幽闭的心灵，有助于形成自由、远大而高尚的理想。通过艰辛的或欢畅的旅程，可以使人们重新珍惜一些东西，一些平日看来习以为常，甚至理所当然的东西。只有背着沉重的行囊跋涉在不期而遇的风雨中，才知道冬日围炉的温馨；只有饥肠辘辘啃着干硬的面包，才会想起家常便饭的香甜；只有面对困难孑然无助时，才知道亲情的可贵。此时此刻，一个会心的微笑，一声友善的问候，都会使人油然而生感激之情。对真善美的追求，是旅游者求胜意志的表现，它将使旅游主体的文化人格得到全面的陶铸和塑造。

今天，旅游所蕴含的文化禀赋正反映了当代旅游活动和观念由物质本位向人性本位的逐渐但是深刻的转移。这也是旅游文化总体上的发展和成熟的必然趋势。随着这种转移，当代的和未来的旅游活动将会越来越多地关注一些昔日不曾或较少为人们所关注的目的地，即那些也许是普通的、平凡的、异国他乡人的日常的生活场景。然而，正是在这种对过往的自然和人文的生活充分关怀和细腻体察中，那些曾是人类由此而出、经历过的也是被极度浪费了的境遇才又重新充满了现实的情怀和切肤的温暖，带给旅游主体全新的体验与亢奋。让历史回归于当今生命的存在与交往的需要，让世界哪怕是曾经的

苦难因重现人类一体的童真情怀而具有文化的意蕴和审美的回味,让旅游文化成为真正意义上具有历史穿透力的生命的体验,融入旅游主体对生存哲学的冥想。只有这样,旅游作为文化的载体或历险,才能从休闲的方式上升为生命存在的方式;而此时,生命存在的方式才能真正进入完善、完美的理想境界。

□ **本章小结**

1. 旅游主体即通常所说的旅游者。从文化的角度来看,旅游主体是旅游文化的承载者、需求者和传播者。文化性是旅游主体活动的本质属性。

2. 旅游主体文化的特征主要表现为地域性、民族性、多样性、审美性等。

地域性是指每一个旅游者都带有本地的、民族的、民俗的风格以及本区域历史所遗留的种种文化烙印。在旅游主体的文化身份、活动范围、客流分布诸方面都具有鲜明的地域性特征。

民族性是指旅游主体文化子系统具有民族特色。不同的民族具有不同的旅游文化观念和行为模式、不同的旅游文化资源、不同的旅游文化特点。文化的民族性影响在旅游文化范畴中体现得尤为突出。

多样性特征具体表现为旅游需求的多样化、旅游动机的多样性、旅游活动多样化,以及旅游者与居民之间的独特而繁杂的多元文化的相互影响和相互作用。

审美性特征表现为旅游本质上是一种综合性审美实践活动,旅游主体是旅游审美行为的承担者。依据旅游审美领域的不同,将旅游审美文化划分为自然审美文化、社会审美文化、艺术审美文化和饮食审美文化四种类型。

3. 旅游主体的文化人格是旅游者在旅游活动中,以个体人格或文化身份为基础,融合真善美的品格后形成的一种崇高的旅游性格特征。民族旅游性格是国民性或民族性的一种特殊形态,是旅游主体在进行旅游实践中体现的个性与共性的统一,着重体现为旅游主体的某一群体特征,它对旅游心理起着深层背景作用、中介作用和整合作用。旅游是一种高尚的文化活动,具有塑造旅游者文化人格的功用。

□ **课堂讨论题**

谈论各自家乡人的文化品位,分析"一方水土养一方人"的原因。

□ **复习思考题**

1. 为什么说文化性是旅游主体活动的本质属性?

2. 有人说:"越具有民族特色的旅游产品越具有世界性。"你同意这个观点吗?为什么?

3. 文化身份与文化人格有何不同?一个人的文化身份包括哪些内涵?根据这些内涵说说你自己的文化身份。

4 旅游目的地文化

□ 学习要点
- 了解旅游目的地文化的几种类型,掌握旅游目的地文化的概念和特点
- 运用所学知识分析旅游对目的地文化的影响,了解旅游目的地文化的形象策划
- 了解旅游地域文化的特征,分析旅游地域文化的整合和转型

4.1 旅游目的地社会文化影响

4.1.1 旅游目的地类型

旅游目的地,也称为旅游接待地,与旅游客源地相对应,是旅游者前往旅游的国家或地区。它包括该国家或地区内的旅游资源、旅游产品、旅游设施、旅游行政组织、旅游企业等各类有形或无形、物质或非物质的旅游吸引物,能够使旅游者产生旅游动机,并追求动机实现的较为广大的地域空间。

旅游目的地类型,与其所在地资源类型密切相关。按旅游资源的属性及其组成要素来划分,可以分为自然旅游资源、人文旅游资源两大类。自然旅游资源是由地质地貌、水文水体、气候气象和动植物等自然要素在不同时间、不同地理条件下天然形成的环境资源,由于其形状异常、构成要素特别以及产生的原因特殊,使其具有不同于一般自然环境的特殊品质,因而具有观赏性和游览性,可以供人们欣赏并从中获得享受和乐趣,增强人们的审美能力,唤起人们的旅游意识,丰富文化生活。人文旅游资源指古代社会的遗迹和现代人类社会活动的产物。作为人类活动所创造的具有旅游价值的物质、精神财富的人文旅游资源,包括的内容十分广泛,诸如文物古迹、民俗风情、城乡风情、城乡风貌、现代设施、宗教文化、文学艺术和饮食购物等人文景观和社会生活内容。其时间跨度从古至今,历史遗迹、古建筑、古战场、留存至今的文物可以再现古文化的风貌,而世代相传、重复出现的民俗活动,能使人感受到逼真的原始民俗风情。

随着世界范围内旅游活动的普及和旅游需求的不断发展变化,旅游消费方式变得丰富多样。世界各地涌现出各种各样的旅游目的地,数量繁多,种类丰富,人们根据不同的分类方法对旅游目的地进行划分[①]。

---

① 尹隽. 旅游目的地形象策划 [M]. 北京:人民邮电出版社,2006.

4.1.1.1 按空间范围大小进行划分

1. 国家旅游目的地

国家旅游目的地是按照国际旅游市场的空间格局来划分的,属于国际性旅游目的地的范畴。在一些旅游资源特色鲜明且相对集中的国家,尤其是一些对旅游业依赖性较强的小国,往往把发展旅游业作为基本国策,形成了以旅游业为主体的国家社会经济结构,如地处印度洋东北部的马尔代夫,就是一个典型的国家旅游目的地。

2. 区域性旅游目的地

区域性旅游目的地一般有两种分类方法。

第一种是从国际旅游市场角度划分的,它可能包含多个资源和属性相同的旅游目的地国家,如加勒比区域旅游目的地包括了加勒比海周边地区的古巴、牙买加、多米尼加等多个国家旅游目的地。

第二种是从一个国家空间范围内部来划分的,对于一些世界上著名的大国而言,其独特的历史进程和特定的地理气候环境可能在该国范围内孕育出多种不同的旅游资源特征,形成多个各具特色的区域性旅游目的地。以我国为例,我国东部沿海和西部内部的旅游资源特征完全不同,北方的季节鲜明和南方的气候恒定的差异也非常突出,由此形成了许多特性不同的区域性旅游目的地。

一个区域性的旅游目的地一般由多个城市旅游目的地组成,也可由多个国家旅游目的地组成。

3. 城市旅游目的地

城市旅游目的地是从一个特定旅游区域空间范围来划分的。随着现代旅游业的发展,城市在旅游经营活动中承担着越来越重要的功能:城市不仅是重要的旅游吸引物,也是旅游资源最丰富的地区,同时还承担了旅游交通、住宿、娱乐和服务等支持体系的功能,成为现代旅游经济活动的中枢。如我国众多的历史文化名城以其保存文物特别丰富,并且具有重大历史价值或者革命纪念意义而成为重要的旅游目的地。

4. 景区型旅游目的地

景区型旅游目的地是旅游目的地的最小单位,但不等于说所有的旅游景区都能构成景区型旅游目的地。对于大多数独立经营和以一个具有特色旅游资源为主、面积不大的旅游景区,还是应该从旅游企业的属性和角度加以认识和管理。一般来说,只有那些对一定规模的旅游客源市场具有专门吸引能力,又能为旅游者提供系统完备的旅游服务的大型或者特大型旅游景区才能符合景区型旅游目的地的特征。该类型的旅游目的地常以主题公园的形式出现。主题公园是以经济盈利为目的,根据选定的文化背景,主要依托人造景观和设施使游客获得体验的封闭性景点和景区。独特的旅游文化是其成功发展的核心和灵魂。如建在美国、法国、日本和中国香港的迪斯尼乐园就具有景区型旅游目的地的属性。

在我国,随着国内旅游业的迅速发展,一些客源丰富但旅游观光资源相对不足的地区，为了增强旅游产品的丰度，提高旅游产品中旅游者的参与率，在一些旅游区内，相继出现了以人造景点为形式的各种各样的主题公园建设热潮。20 世纪 80 年代中期以来，主题公园在我国不仅数量发展很快，质量及规模也有很大提高，出现了更新换代的现象。我国主题公园的发展经历了四个阶段：首先出现的是以西游记宫、封神演义宫为代表的"声、光、电"和"立体连环画"式的简单人造景点；第二阶段是以深圳"锦绣中华"和北京"世界公园"为代表的、文化内涵较高的静态的缩微景观；第三阶段是以深圳"中华民俗文化村"及无锡"唐城"、"三国城"为代表的、动静结合的游乐公园；第四个阶段是以参与性、知识性和娱乐性为主，并用高科技支撑的人造景点，如香港迪斯尼主题乐园。

4.1.1.2 按旅游资源的性质特点和旅游需求划分

按旅游资源的性质特点和旅游需求的不同，可将旅游目的地划分为观光旅游目的地、度假旅游目的地和特殊旅游目的地 3 种类型。

1. 观光旅游目的地

观光旅游目的地是指那些资源性质和特点适合于开展观光旅游活动的特定区域。按观光对象的不同主要有自然观光地、城市观光地、名胜观光地 3 种类型。观光旅游目的地是一种传统型旅游目的地，目前仍在世界旅游活动中占有重要地位。传统观光旅游目的地一般围绕独特的自然景观和风景名胜来组织旅游活动，现代观光旅游又增加了许多带有"活动"色彩的旅游消费形式，如节庆旅游、体育旅游、会议旅游、民俗风情旅游等。一些具有特殊资源的城市区域，由于其集自然、政治经济和社会文化环境为一体，旅游资源丰富，旅游活动空间范围比较大，对旅游者具有越来越大的旅游吸引力，成为观光旅游目的地的重要载体。

2. 度假旅游目的地

度假旅游目的地是那些旅游资源性质和特点能够满足旅游者度假、休闲和休养需要的旅游地，主要包括乡村旅游度假地、海滨度假地、山地温泉度假地 3 种。度假旅游目的地依托优越的自然条件，经过人工开发，完善旅游设施，融食、住、行、游、购、娱于一体，满足人们休闲娱乐、度假疗养等需求。高质量的环境是旅游度假地成功的基础。欧洲是最早开发旅游度假地的地区，最初是为了满足古代少数统治者旅游度假的需要。在我国，古代的皇家园林承德避暑山庄、北京颐和园以及苏州、无锡的私家园林等都属于早期的旅游度假地。

我国自改革开放以后，在珠江三角洲兴起了第一批以经济效益为主要目标的旅游度假区，康体休闲活动项目迅速增多。但在 20 世纪 90 年代以前，我国旅游度假区的开发仍处于雏形时期，总体规模偏小。为改善我国度假旅游产品落后的状况，进一步扩大对外开放，开发利用我国丰富的旅游资源，促进我国旅游业由观光型向观光度假型转变，加快旅游事业的发展，国务院决定在条件成熟的地方试办国家级旅游度假区，鼓励外商投资开发旅游设施和经营旅游项目。1992 年 1 月，国务院召开国家旅游事业委员会会议，讨论试办国家旅游度假区和利用外资试办的原则意见。此后，国务院正式批准建立 12 个国家级旅游度假区，它们是：大连金石滩、青岛石老人、苏州太湖、无锡太湖、浙江之江、上海佘山、福建武夷山、福建湄洲岛、广州南湖、广西北海、海南亚龙湾、云南滇池。此后，旅游度假区就成为中国旅游业发展的重要概念，使中国旅游产品的开发实现了由点到面的发展，形成了区域开发、成片开发的格局，为旅游业的发展开拓了新的领域，成为中国旅游产品由单一观光型向观光型与度假型相结合的综合发展的转折点。

3. 特殊旅游目的地

特殊旅游目的地是指那些为特殊旅游需求提供产品服务的旅游地。按其属性的不同主要包括探险旅游目的地、修学旅游目的地、购物旅游目的地和专项研究目的地等。如中国香港一向以"购物天堂"著称，吸引了周边许多国家和地区的旅游者专门到中国香港进行购物消费，形成了以"购物"为诉求主体的旅游目的地。

4.1.1.3 按旅游目的地构成形态划分

按旅游目的地构成形态不同，可以划分为板块型旅游目的地和点线型旅游目的地。

1. 板块型旅游目的地

板块型旅游目的地的旅游吸引物相对集中在某一个特定区域内，所有的旅游活动都是以该区域的服务设施和旅游服务体系为依托，并以这个核心区域为中心向周边辐射进行旅游消费活动。板块型旅游目的地通常是以一个主要旅游城市为中心，并依托现代化交通建立起来的。度假旅游地和特殊需求旅游地一般都属于板块型旅游目的地。

2. 点线型旅游目的地

点线型旅游目的地的旅游吸引物分散在一个较大的地理空间区域内，在不同的空间点上各个吸引物之间的吸引力相对均衡，没有明显的中心吸引点。它是通过一定的交通方式和组织将这些空间点上的吸引物以旅游线路的形式结合在一起，旅游者在某一空间、某一点停留的时间较少。交通方式与组织体系是点线型旅游目的地形成的主要条件。许多观光旅游项目是围绕旅游线路组织旅游活动的，属于点线型旅游目的地的范畴。

4.1.1.4 按开发时间和发育程度划分

按开发时间和发育程度不同，可以划分为成熟旅游目的地和新兴旅游目的地。

旅游目的地的成熟程度是由该区域旅游业所处的开发阶段和竞争程度不同决定的。早期世界旅游客源市场主要在欧美地区。为满足欧美游客的需要，形成了集中在加勒比海、地中海沿岸等区域的一批世界著名的旅游目的地，这些区域属于成熟旅游目的地，至今每年仍能吸引大量的欧美游客前去观光度假。

随着世界旅游市场规模不断扩大以及旅游交通和服务技术的改进，加之一些新兴旅游客源市场（如日本、韩国等）的出现，仅靠一些传统旅游目的地已经无法承载日益增长的国际旅游消费需求，为满足这些新的旅游需求和提升传统旅游市场的需求，又形成了一批新兴的国际旅游目的地，今后随着国际旅游消费趋势的调整，世界旅游格局将逐步向亚太地区倾斜，亚太地区将出现越来越多世界级的新兴旅游目的地。

4.1.1.5 按关系紧密程度划分

按关系紧密程度不同，可以划分为紧凑型旅游目的地和松散型旅游目的地。

不同旅游目的地或同一旅游目的地内部各景区之间的业务连接程度是不一致的，由此决定了旅游目的地之间存在着不同的市场关系。一般情况下，空间位置相近、具有同等吸引力且能满足互补性目的的旅游目的地或景区之间容易通过产品纽带形成互相依赖的紧凑型目的地关系。如山东的济南、泰安和曲阜，三地通过"山、水、圣人"文化旅游产品连接为紧凑型旅游目的地关系。此外，产品关联相对弱一些的旅游目的地或景区之间则可以通过市场联盟形成相对松散型的市场关系，共同实现旅游市场的开发目标。

4.1.2 旅游目的地文化

4.1.2.1 什么是旅游目的地文化？

旅游目的地由旅游资源、旅游产品、旅游设施、旅游行政组织、旅游企业等众多因素构成。

旅游资源是存在于自然或社会的环境下，对旅游者构成一定的吸引力，能够激发人们的旅游动机并产生旅游活动的各种物质和非物质因素的综合。它们在现实条件下的开发能够产生一定的经济、社会、生态环境效益，或者具有未来开发利用的可能性。

如果说旅游资源是具有潜在旅游价值的吸引物，那么，旅游产品则是人们对旅游资源开发而形成的各种可满足人们旅游需要的产品，包括物体、服务、组织或概念，如特色、风格、质量、声誉、组合安排等。因此，旅游产品是产生现实旅游吸引力的关键。旅游资源若不能很好地转化为旅游产品，则不能产生对旅游者的现实吸引力，就不能转化为旅游目的地经济源泉。可见，旅游资源与旅游产品是互不等同但关联度极高的两个概念。

旅游设施主要提供旅游者旅游活动过程中所需的生活空间和有关的物质、设备。旅游设施状况会影响旅游者在旅游活动期间生活需要的满足程度，从而影响旅游目的地的吸引力。旅游者的类型多种多样，不同旅游者对旅游设施的要求千差万别。旅游设施对旅游目的地吸引力的影响可用容纳指数、质量指数、完备度指数、协调度指数来进行度量。

目的地旅游行政组织为保证旅游活动的稳定和有序进行，保护旅游目的地的旅游资源及区域经济利益，在旅游发展的不同阶段需要采取不同的方针政策，协调目的地内各种关系，优化资源配置；同时，对旅游活动过程的各个环节也采用相关政策、条例、规章等进行规范与指导，某些政策可能是有利于旅游者的，而某些政策可能是对旅游者的约束与限制。

目的地旅游企业借助有关旅游设施，通过传播、引导、宣传其旅游吸引物，传播旅游目的地的环境信息，让旅游者预先感知目的地的旅游环境，如目的地的安全问题、治安条件、干净整洁状况、消费条件和水平，以及旅游目的地居民的态度、旅游管理水平、旅游法规实施状况等，向旅游者提供、收集各种信息，以保证旅游者在目的地的合理流动和旅游信息的畅通。旅游者通过评定旅游企业上述功能的实施状况而形成目的地旅游企业形象，从而影响其目的地选择行为。

上述旅游目的地各构成因素，需受到旅游者的检验和认可。旅游者对旅游的感受或旅游经历的优劣通常是通过对旅游目的地的整体印象来判断，并非限于对景点自身的满意程度。如果旅游吸引物形象完整，配套服务较好，产品组合恰当，旅游者满意度就高；如果旅游吸引物遭到破坏，旅游者会产生失望之感。因此，为了以高品质的旅游环境吸引游客，往往需要旅游目的地在真实传播旅游地信息和保存吸引物形象的完整性的同时，加强诸如旅游设施、旅游商品、旅游服务的吸引力。此外，作为物质形态的旅游吸引物，只有人为地赋予具有相当意义的文化内涵，才能长久地保存在旅游者的记忆中。因此，旅游目的地往往结合不同地域和文化背景的旅游者的需求，运用综合手段开发具有地域文化特色的旅游产品，将旅游自然产品与人文产品进行组合，拓展多种特色旅游和文化旅游，如宗教旅游、民俗风情、田园风光游等。

由此可见，旅游目的地是围绕旅游者的旅游活动而展开的区域，在此区域内所形成的文化都可以归入旅游目的地文化的范畴。通过这些分析，我们可以为旅游目的地文化作一个定义。所谓旅游目的地文化，就是指在旅游目的地开展旅游活动并由此引起的相关文化现象，它既包括旅游资源、旅游设施、旅游产品组合、旅游基础设施、旅游服务状况等旅游吸引物，也包括目的地人文素质，如民俗民风、生活水平、地域条件等文化因素，更包括与旅游者自身文化背景相互作用、相互影响而产生的复杂文化内容。

4.1.2.2 旅游目的地文化特点

旅游者旅游需求的产生和对旅游目的地的选择，主要来自于对环境差异以及文化差异的认识、猎奇和追新求异的心理，旅游目的地文化正是为了满足这种需求而产生。因此，旅游目的地文化有如下特点。

第一，旅游目的地文化是一种相异的文化，存在于较大空间范围内，能够刺激旅游者产生旅游动机。

旅游区域的空间尺度有大有小。作为小尺度的旅游空间，一般的旅游景点本身只是旅游吸引物，不足以构成一个旅游目的地。作为旅游目的地，应该具有较大尺度的空间（如城市、国家或相当的区域，或者包括几个国家的更大区域），它由若干旅游景点构成，具有区域旅游功能。这种较大尺度的空间，与旅游者自身文化背景不同，进而能够使旅游者产生强烈的旅游动机。

旅游是为了满足个人对外部世界的追求，世界各地旅游者有多种多样的消费偏好，其核心动因是地域和文化的差异性。旅游目的地为了发展旅游经济，迎合旅游者的需求，结合当地自然旅游资源和人文旅游资源，物质文化与非物质文化的有机结合，现实生活与传统生活的有机结合，开发为旅游区域。因此，各个国家和地区的旅游目的地千姿百态、各不相同。各类观光旅游地、度假旅游地、探险旅游地、森林旅游地、游憩旅游地等，都有其独特的吸引力，这种吸引力主要通过文化的差异与特性体现出来。

随着旅游业的发展，适应旅游者需求的有特色的文化旅游将会越来越占据旅游市场主导地位。正因如此，在传统旅游的基础上，当代产生了以经济发展和经济发达为基础的城市型旅游目的地，出现了一系列主题公园。从国际上来看，欧洲以文化为基础，逐步发展到文化型与城市型兼容的旅游目的地；而美国则是继欧洲之后以经济发达为基础，以城市型为主兼有自然与文化型的旅游目的地。从我国看，深圳是一个典型的以经济发展为基础的城市型旅游目的地，深圳主题公园的建设也正是以此为基础，突出有特色的文化主题，兼具目的地与客源地毗邻的优势，吸引更多的旅游者。

第二，旅游目的地是客源地与接待地两种文化直接相遇、碰撞和发生交融的地区，旅游目的地文化是一种相遇的文化。

旅游是利用闲暇时间从事游憩活动的一部分，是一种愉悦的、跨越地理空间的流动，是感受和体验文化差异的活动；而旅游者是一定地域内不同文化的承载者和传播者，旅游者追求文化空间上的差异性是形成旅游的动因，这就为来自不同地理区域、不同文化背景和不同经济状况的人们的接触创造了先决条件。因此，旅游是跨文化传播的方式之一。这种异质文化的交往与互动，必然会造成不同文化之间各种因子的撞击、摩擦、交融。在旅游活动中，不同的旅游者承载着所在国家和地区的文化元素，通过在旅游目的地游览观光、度假休闲或从事专项旅游活动而获得身心满足，本质上是在亲身感受和体验一种所到之处的有别于自身文化的文化，这是两种地域文化的碰撞，是一种客源地与旅游接待地文化之间的跨文化交流。特别是著名的旅游目的地，由于所吸引的客源市场的地理分布相对广泛，往往要遇到多种地域文化的交流、沟通和影响，其中又以主要客源市场与目的地的跨文化传播最为显著，因而文化的相遇显得尤为明显。对于目的地而言，通过以多种形式的逼真再现和精心重组的自然旅游景观以及具有自身文化价值的人文旅游景观，一方面集中展示了自身文化智慧和创造力，另一方面也使得这种自身文化价值在旅游活动中得到重新认识，从而推动其民族文化的复兴和再构建。

第三，在多数情况下，旅游目的地文化代表着一种低势能文化。

人类的文明程度有高低之分，世界各地的各民族文化却难以用高低优劣来进行界定和评判，而从文化交流的角度来看，不同国家和地区文化势能的确存在高低之别。高势能文化总是表现出强烈的自信和咄咄逼人的气势，活跃在世界文化舞台上，拥有主动性和话语权，是世人关注的重心和亮点，从而成为主流文化，它总是处于一种强势辐射状态，进而持续地、大规模地向低势能文化传播和流动；相反，低势能文化相对处于劣势，尽管其文化是优秀的、有价值的，却很难被世人理解和接受，无法与主流文化相抗衡，只有在吸收、融合高势能文化的基础上才可以生存和发展，由此形成了文化融合过程中的主动与被动的差别。换言之，在当代文化交流中，发达国家由于技术先进、经济发达，其文化总是处于高势能状态；而发展中国家由于技术不够先进、经济发展相对落后，其文化总是处于低势能状态。

在大众旅游时代，虽然人人都可以参与旅游，但是旅游毕竟是一种较高层次的消费，既需要经济的支撑和时间的保障，更需要适当旅游动机的刺激。在经济落后和文化欠发达的国家和地区，其居民缺少金钱和缺乏前往其他国家和地区尤其是经济发达而物价高昂的地区和国家去旅游的愿望。相反，在发达国家和地区，由于高效率的生产方式，其居民往往有较高的收入和较多可以自由支配的时间，成为潜在的旅游者。因此，从世界范围来看，旅游目的地一般是在落后国家或发展中国家。例如，中国是一个发展中国家，目前已经把发展旅游业放在国民经济发展战略的重要位置，全国有多个省区把旅游业作为支柱产业。根据世界旅游组织预测，到2020年，中国旅游业总产值将达到国内生产总值的10%以上，将成为全球最大的旅游目的地国。

当然，由于旅游业是一种低投入、高产出的劳动密集型产业，是第三产业中的龙头产业和朝阳产业，发展旅游业不仅能够推动经济增长，还能够增加就业，创造更多的就业机会，因而世界各国都大力发展旅游业。现代旅游业已经成为世界上发展势头最为强劲的产业和世界经济增长的重要支柱之一。发达国家和地区（如欧美）、发展中国家的大中城市及其经济较发达地区（如我国的北京、上海）也可以成为旅游目的地，而旅游目的地国家和地区也可以转变为客源国，不仅欧美国家或大城市的旅游者能够彼此到对方国家和地区旅游，发展中国家的部分旅游者也会前往。尽管如此，由于旅游者求新求异的动机，以及受经济、时间因素的制约，在大多数情况下，旅游者往往来自经济较发达和收入比较高的地区，发展中国家和地区的旅游者前往发达国家和地区的比例仍然较低。因而从总体上来看，在国际旅游贸易中，发展中国家旅游服务输出的比重大大超过输入的比重，从而成为旅游目的地国；而发达国家旅游服务输入大大超过输出，从而成为旅游客源国。

4.1.3 旅游目的地文化的嬗变

随着旅游业的迅速发展，大量来自不同文化背景的旅游者在目的地的游览观光，对旅游目的地文化产生持续不断的积极或消极的影响，从而引起旅游目的地文化的嬗变。20世纪60年代开始，"旅游影响研究"成为西方旅游研究的热点问题，并逐渐形成了旅游经济、旅游环境与生态、旅游社会文化三个领域的影响研究。自20世纪70年代以来，旅游对目的地社会文化影响研究开始成为西方学术界关注的焦点，学者们从旅游目的地居民的态度、示范效应、道德感的退化，对语言、宗教、传统习俗、传统工艺的影响等方面进行了研究。相比较而言，中国由于当代旅游业起步较晚，学术研究显得薄弱，关于旅游对目的地社会文化影响的研究成果有限，尚未形成系统、科学的理论体系和方法论，有待学者们不断探索。尽管如此，国内仍有较多学者开始关注、参与旅游对目的地社会文化影响研究领域的探索，建立在案例基础上的研究成果逐渐增多，旅游开发对旅游地民俗风情和少数民族地区文化的影响引起关注，有关研究基本理论的成果出现，对国外相关研究成果的介绍和翻译性论著颇丰等。

4.1.3.1 旅游对旅游目的地文化的积极影响

第一，改变旅游目的地的社会结构，改善其经济状况。

旅游业是一种关联带动性很强的朝阳产业。旅游业的发展，可以促进目的地产业结构调整，提供大量直接或间接就业机会。直接就业是指直接从事与旅游者相接触的相关行业，如向旅游者直接出售商品或服务的旅馆、餐馆、运输服务和商店；间接就业是指从事受旅游者消费活动刺激而产生的行业，如为旅游企业提供商品或服务的工厂或批发部门、与建筑业和其他旅游设备生产业中的投资有关的就业。一个国家或地区的旅游业越发达，带来的经济效益越明显，所产生的直接或间接就业机会越多，人们的就业意识就越容易发生转变，会有越来越多的人投入到旅游相关行业中，从而使旅游业成为当地的支柱产业。尤其在贫困落后地区，旅游业的发展至关重要，绝大部分收入来自旅游及其相关行业。在四川九寨沟，70%的地方政府收入来自旅游业和相关行业。

由于旅游业的支柱地位，导致当地产业结构的变化，从而影响了当地居民的生产和生活方式，促使社会结构发生变化。随着大批旅游者的涌入，人们视野扩大，妇女地位提高。受较高生活方式的影响，旅游目的地居民出现了寻求较高生活质量的国内或国际迁移，一部分居民特别是易于接受新事物、新观念、充满朝气的青年人开始走向外部世界，到其他部门寻找工作以获取高额报酬，寻求更为理想的生活方式，而另一部分外地居民又会因旅游业发展导致更多就业机会而移民进入，从而使人口结构发生变化。因受益于旅游业的发展，旅游目的地大部分居民都从事与旅游相关的工作，改变了当地原来的职业结构。在家庭生活中，家庭环境更为开明，子女受教育愈来愈受到重视，因旅游业的游动性，家庭联系不如从前密切。同时，旅游业的发展，为当地学校、诊所和其他公共服务设施提供了资金来源，当地卫生状况、公共基础设施得到重视和改善，服务意识增强，人的素质提高，当地居民的行为举止、卫生习惯发生变化，文明程度相应提高，人们生活质量明显提高，收入结构发生变化，经济状况得到改善。

第二，强化了旅游目的地本土文化的认同和复兴。

一方面，在旅游业发展过程中，旅游目的地居民在与不同文化背景的外地旅游者日益频繁的接触中，意识到本地自然资源与人文资源与众不同，具有吸引外地游人的独特魅力，会唤起对自身归属的认识，对当地景观价值有了新的认识，并形成新的认同感，并借此展示和张扬本地文化，重树自我形象，加强本土文化的认同。在旅游业尚未发展之前，每一个地方不过是一处生活的地方，或者是一处在生存资源方面（包括景观方面）有特点的地方，而旅游业的发展使当地居民充分意识到这些资源的旅游价值。例如，今天的夏威夷在当地人的心中再也不会是太平洋上的普通岛屿，而被认同为一处世界旅游胜地，这种认同显然会深刻地影响夏威夷人的思想和行为方式，形成新的"地方精神"。在中国很多地方也在经历着一种"旅游地化"的过程，这个过程不仅仅是经济发展的过程，更是人们对地方的认同心理，以至自我认同的过程。

另一方面，旅游者的旅游活动，促进了当地文化的复兴。一些研究表明，旅游者对目的地观光和与当地居民的交流，在引起旅游地文化变化的同时，也保护乃至振兴旅游地原有地方色彩的文化。越来越多经验丰富的外来旅游者开始追逐"真实的"旅游目的地，他们不再愿意在那些专门为外国游客设立的商场购物，而渐渐地从旅游地文化活动的表演舞台走出来，更愿意去当地人常去的地方，深入当地居民的日常生活，发掘更多更有价值的当地文化内容。正是由于旅游的发展、旅游者的探求，导致当地居民对其价值的重新认识与定位。世界上一些旅游业发达的国家和地区开始回归自己的文化传统，重新认识并强调自己的文化个性。当地一些原本几乎已被人们遗忘的习俗活动再获新生，传统的手工艺品得到重新开发，一些旅游地也开始注意对传统民居和古建筑的保护，探讨重新塑造城镇风格的可能性，很多濒于毁坏的文化被拯救出来。人类学家认为，工艺品与外界交流的过程中经历了三个主要阶段的变化。第一阶段，失去其传统的艺术设计形式，特别是那些有深刻宗教含义和神话意义的工艺品；第二阶段，代之而起的是能成批生产的退化而简单的工艺品；第三阶段，技术水准很高和富有地方特色的工艺品的复兴，如云南石林五棵松撒尼人的针织手工艺品、贵州苗族和布依族的蜡染手工艺品的振兴和扩大生产，都是缘由旅游业的发展而发展。

4.1.3.2　旅游对旅游目的地文化的消极影响

第一，在外来高势能文化示范效应的冲击下，造成旅游目的地本土文化的真实度降低，出现趋同化、弱化或者异化。

随着旅游活动的开展，外地甚至外国众多游客的大量涌入，有意无意地带来了各自不同的价值标准、道德观念和生活方式，势必引起以往相对封闭的接待地居民价值观念的急剧变化。由于旅游者往往来自经济较发达和收入比较高的地区，属于高势能文化，其自身意识、生活方式以及言谈举止都能够产生示范效应；旅游者所显示的物质优越感及其言谈举止，便会通过示范效应，引起旅游目的地居民对外部文化的模仿和学习，产生媚外情绪，对本土文化失去信心，甚至产生地方文化自卑心理，引起当地居民传统的社会心理与行为方式等方面的退化甚至遗失，古老的风俗习惯、伦理道德、乡规民约以及心理素质等都发生了变异，导致一些诸如传统失落、道德失范、秩序失控等社会问题，引发价值观、道德感、宗教信仰、语言文字、风俗习惯等变化，使本地传统文化被逐渐冲淡、同化和异化。

价值观是传统文化的本质内涵，是一个社会或群体中的人们所共有的区分事物好与坏、对与错、符合或违背愿望以及可行与不可行的观念。当大批来自经济发达地区的旅游者，以其闲逸舒适的生活、随心所欲的消费、光鲜华丽的衣着打扮出现在贫穷落后的

旅游目的地居民眼前时，无疑令后者心驰神往，以致无心勤奋工作和田间劳作。一方面，旅游目的地居民在自卑与媚外心理影响下，模仿旅游者的生活方式，接受其价值观、人生观和道德观，甚至完全抛弃了自己的传统文化；另一方面，又试图寻求快速发财的途径，于是出现一些不良习气，腐蚀本地传统文化，影响当地社会风气。在四川松潘县，20世纪90年代初旅游开始出现之前，许多村民从来没有见过汽车；到了1995年许多孩子学会了高兴地向外国人喊一声"hello"；但是到1999年，有些人开始乞讨要钱，讨厌别人对他们拍照，而且往往向拍照的人收费。这表明，即使是短暂的接触所积累的影响也会对人们带来不利影响。

从语言来说，一些地方有特色的语言文化会因旅游的发展而趋于灭绝。旅游是人与人、人与地之间交流的过程，而旅游者与当地居民的交流必然会引起语言和文字的变化。特别是国际旅游中尤其如此，为了从旅游服务中获取益处，当地居民和服务人员都有意识地学习外语，并以通晓外语而自豪，这虽然有利于语言的交流，但却造成语言的同化趋势，不利于保护有特色的多样性语言文化，冲淡本土语言的纯洁性。著名旅游胜地云南丽江的城区和坝区，与10年前相比，讲本民族语言的人越来越少，从小就教小孩学说汉语已成为风气，约70%的当地居民尤其是年轻人已不再说纳西语，在青年人中，即使讲母语，大量的传统文化词汇也正在消失，为此美籍纳西族专家方宝贤博士多次专程回乡奔走呼吁，要求保护母语。

从生活方式与生活习俗来说，老一代居民虽不同程度地受到外来生活方式的影响，却仍能保持祖先们传下来的生活习惯；而接受过更多教育的新生代的思想行为有别于其祖父辈，不断改变原来的生活方式，在装束打扮及娱乐方式上盲目模仿，刻意追求，厌倦甚至抛弃原来的生活方式，并由于受到新思想的影响，对原来的生活习俗产生不满和抵触情绪。例如，云南泸沽湖地区，有中国仅存的少数民族摩梭人母系社会"走婚"习俗，在这里，妇女拥有一切财产，掌管村里的所有事务，既负责养儿育女，又负责田间生产。但是，随着旅游业的发展，国内外旅游者的进入，带来了外部世界父权、男权制社会文化的冲击，当地母权制社会的生活习俗受到威胁，越来越多的年轻人因此产生了相当大的不满情绪。

从宗教信仰及建筑景观而言，为了迎合旅游者猎奇心理，当地居民的宗教信仰可能会变得无足轻重。例如，九寨沟的许多藏族人所找到的工作就是穿着怪异的服装充当游客拍照的"布景"。从建筑景观来看，为满足国际旅游者的心理需求，发展国际标准化的宾馆、酒店和旅游交通等接待服务设施，使旅游目的地景观面貌发生显著变化，原有体现景观人地关系的古老传统的风水结构逐渐解构。而在那些传统文化相对薄弱的新开发地区（如深圳等新城市地区），以及老城市内部的新城区（如上海浦东），则在发展都市旅游的同时，将城市填满了各种外来文化的符号信息，广告牌、霓虹灯、摩天大楼、各种绚丽商业橱窗、娱乐消闲吧、麦当劳式的快餐店等。这些都会对当地的消费方式、人际沟通模式、劳动力结构等多方面的同化产生影响。

此外，过度开发、资源退化，以及大批旅游者的拥入，本土的自然或人文遗产也面临被破坏的危险。在四川九寨沟，自从20世纪90年代初发展旅游以来，文化和环境的承载力被推到极限，保护区里原来随处可见的野生动物已很难见到；景区每天都有几十辆所谓低尾气排放的大汽车冒着黑烟在公路上呼啸而过，而这条路却直逼保护区原来那碧水清流的小河；为了满足成千上万旅游者的需要，饭店对景区内水源的需求量很大，一年中严重缺水的情况屡屡发生；无数的塑料饭盒被丢弃在铁路沿线的壕沟内，一些地方已出现由旅游直接造成土壤侵蚀、大气和水污染的迹象。夏威夷由于旅游区开发和大批旅游者的涌入，当地特有的动植物已有许多绝迹。在雅典，由于游客的增多及汽车的骤增而出现酸雨，侵蚀了许多无法复制的建筑和雕塑。

第二，旅游目的地文化被庸俗化、商业化。

旅游业迅速发展，在经济效益的驱动下，有些人重视短期利益，过于迎合旅游者的猎奇需要，为了赢利而随意改变、歪曲以至捏造民族传统文化，导致旅游目的地文化庸俗化。在许多旅游目的地，文化形式经过修饰，传统节日、风俗习惯经过预先安排，以娱乐的形式介绍给旅游者；一些与本土文化毫无关联的景观、在现实里基本看不到的伪民俗凭空出现；原本只有在特定的时间、地点及场合，并按传统的内容和方式才能举行的各种礼仪习俗，也往往随意登台亮相；甚至刻意渲染一些因果报应等封建迷信、格调低俗的东西，如鬼文化等；把一些有特色的文化描绘成"原始的和怪异的"，将当地民俗文化中不愿意拿出来展示的诸如纹面、天葬、水葬以及一些相对隐秘的文化习俗摆上市场，严重伤害其自尊和民族感情，使宗教礼拜场所世俗不堪，宗教仪式变质，圣物受到亵渎。受经济利益的驱动，有些人将旅游目的地本土文化简单地视为经济服务，在旅游开发过程中体现出浓厚的商业化气息。例如，旅游业的发展，使一些原来富有宗教和礼仪意义的工艺品变成了纯粹的商品，大批量生产的旅游商品，其工艺美术风格和形式已发生变化，改变了它们原来的意义，导致其纪念意义和可信度下降。在丽江古城，一些身着纳西族服装的外地客商操着各式各样的口音吆喝着，竞相招揽游客，毫无民族特色的外来商品摆满了古城街巷，古城居民祥和恬静的传统生活方式因此受到严重冲击，从而逐渐失去其独特魅力。

此外，为了吸引国内外旅游市场，往往盲目开发，或建缆车修索道，或在不适当的地方建宾馆商店，或滥建人造景观，以文化遗产作为招牌招商引资，缺乏大局意识，忽视了当地文化形象的总体性特征，使周边相关设施与地方整体性文化建筑极不协调。在很多地区，常见的情形是，大兴土木，修建与所处人文环境格格不入的仿古人工建筑物，从而导致自然度、美感度和灵感度严重下降，侵蚀着当地传统文化的内涵，失去其原有文化的意义和吸引力，影响了旅游目的地文化的可持续发展。例如，东方佛都主题公园，位于世界自然文化遗产乐山大佛——麻浩崖墓保护区域内，主题公园内集中复制大小佛像3 000多尊，其中就有按1∶1比例复制的高37米的阿富汗巴米扬大佛。事实上，复制的巴米扬大佛不仅降低了乐山大佛作为历史文物遗址的深远意义和传统文化内

涵，而且破坏了乐山大佛的整体风貌以及与周围环境的协调。旅游目的地文化的商业化开发，甚至会付出惨痛的代价。世界自然遗产地张家界，由于景区内大兴土木，各种建筑物林立，过度商业化，自然景观破坏相当严重，引起联合国教科文组织高度重视并给予黄牌警告，景区不得不拆除超限建筑，总耗资超过多年的门票收入。

[案例4-1]

旅游对旅游目的地社会文化的影响——野三坡旅游发展跟踪调查①

野三坡位于河北省保定市涞水县境内，北部和北京房山接壤，距北京市中心约100千米。由于交通和历史方面的原因，这里虽毗邻首都，长期以来却与外界隔绝，在20世纪80年代中期开发旅游之前，当地依然保持着山区农村的传统习俗和朴实民风。1985年正式开发旅游后，打破了当地与外界长年隔绝的状况，野三坡在经济、社会、文化等方面都发生了显著的变化。

1991年，刘振礼教授在野三坡进行了有关旅游对接待地社会文化影响的问卷调查，并采取了以旅游强度序列来代替旅游的发展阶段序列的变通方法，分别在风景区内选择了交通不便、游人尚未涉足的南禅房，距景点较远、只有个别农户从事旅游业的上庄，旅游热点、80%以上农户从事旅游业的下庄进行问卷调查。问卷的内容涉及经济、文化、婚姻、家庭、审美、社交、休闲等生活的各个主要方面。通过对以上几方面调查结果的分析，得出了旅游的社会文化影响以有利方面占主导地位，尤以经济方面最为突出，以及旅游影响具有阶段性等初步结论。1991年以后，当地的旅游业持续高速发展，并由尝试、成长逐步走向成熟。在原有以自然景观为主的基础上，先后开发建设了度假村——苗寨、风情苑、蒙古包等人造景点，并通过实施旅游扶贫工程、举办各种节庆和系列夏令营活动等措施，不断地把旅游开发引向深入。1994年，旅游客流量达50万人次。随着旅游业的蓬勃发展和游客的大量进入，当地的经济迅速增长。与此同时，在风俗习惯、消费观念、人际关系等方面也发生了较大变化。所以，进行一次跟踪调查，在与上次调研结果比较的基础上，探求旅游深入发展对接待地社会文化的影响机制和实际状况，必将具有现实意义。故此笔者于1997年8月中旬赴野三坡进行了为期近一周的问卷调查。考察了6年间旅游的社会影响的变化情况：

(1) 经济状况。旅游的开发带动了当地经济的全面发展，在其他资源较匮乏、经济相对落后的野三坡地区，旅游已成为当地经济发展的支柱性产业。旅游开发前的1984年，下庄村人均收入仅70元，1991年的调研结果为800多元，1994年年人均收入上升到1 200元。而在本次调研中，下庄的年人均收入比1994年翻了一番，达到2 400元左右。距景点较近的下庄和苟各庄已成为全县有名的富裕村。随着人们从旅游

---

① 刘赵平.再论旅游对接待地的社会文化影响——野三坡旅游发展跟踪调查[J].旅游学刊, 1998 (1): 50-54.

中获取收入的增加,人们对当地自然资源利用方式的认识有了进一步的变化。开发旅游前,人们只知道将其用于农林、畜牧,上次调研中,有74.5%的人希望将其用于旅游;而在此次调研中,有高达85.9%的人希望将自然资源用于发展旅游。

(2) 经济意识和消费倾向。在野三坡开发旅游的过程中,当地村民的经济意识也发生了深刻的变化。最初人们不相信当地能发展旅游,在游客来了以后也只是拿他们当亲人相待,食宿均不收报酬,"主客间仿佛是亲友关系,彼此都不计较经济得失"。后来,随着经济意识的增强,人们广开脑筋寻找致富门路,或开设家庭旅馆和饭馆,或出租马匹、马车,但与此同时,当地的淳朴之风减弱,出现了不择手段追逐金钱的现象,敲诈勒索时有发生。在此次调查中,我们高兴地发现:一方面,由于当地旅游管理部门会同县里其他管理部门的综合治理,对损害游客的行为进行了严厉打击;另一方面,当地村民在认识上有了新变化,他们在树立市场观念的同时,逐步认识到游客是上帝,"没有游客,就没有财路,自己也就没有了饭碗"。只有通过改善服务环境,提高服务质量和水平,让游客满意,才能吸引更多的游客前来。近年来,当地的饭馆、骑马、乘车的服务水平均有所提高,文明经商、礼貌待客已逐渐形成风气。更可贵的是,当地村民普遍树立起法制观念,即使偶尔与游客发生争执,也学会了主动找旅游管理所的执法人员进行协调处理。在消费倾向方面,发展旅游后带来的影响也可以从上庄、下庄之间的比较中看出。在旅游发达的下庄,多数村民打算把积蓄花费在扩大生产和子女教育两个项目上,与城市居民的观念较为接近。上庄村民则集中在盖房和购买大件用品上。此外,下庄人在满足生活基本需要后有5人提出愿外出旅游,而上庄仅有1人。

(3) 审美倾向。在旅游开发中,当地居民的审美倾向也发生着巨大的变化。以对服饰的态度为例,越来越多的人开始喜欢城市的流行服饰。从统计结果中看,虽然选择当地一般服饰的人仍居多数,但考虑到当地居民现今一般服饰与城市居民服饰日趋接近,人们在审美倾向上,逐步摆脱了以往的传统认识。部分年轻人的装束已与外来的城市青年难以区分。但在审美倾向都市化的同时,当地居民对当地的民间艺术依然充满自豪感,所有回答"对当地民间艺术的看法"这一问题的人,都无一例外地选择了"感到自豪"这项内容。

(4) 人际关系。旅游的发展,特别是旅游带来的经济收益,使得人们对与陌生人交往表现出浓厚的兴趣。与1991年相比,下庄无大的变化,认为与血缘关系之外的人交往"绝对必要"和"有必要"的人占很大比例。上庄这两项虽有较大幅度的波动,但除了由于样本选择的差别造成影响之外,依据在调查中了解的情况,主要反映出被调查者心理个性方面的特点。从调查中可以看出人们对接待游客的积极态度。由于发展旅游后不同家庭间的竞争关系、邻里间协作关系的金钱化以及经营家庭旅馆的村民所接待的游客与不经营旅游的村民间产生的冲突,有部分村民认为发展旅游后,影响了邻里关系,但绝大多数人认为旅游的发展对家庭内部关系及子女没带来任何影响。

(5) 婚姻与家庭。在婚姻目的方面,统计结果与1991年的调查并无大的差别,传宗接代、互相照顾生活仍构成结婚的两个主要目的，出于感情需要结婚的人数比以往有所增加。多数人对自己的婚姻状况较满意，并期望夫妻白头偕老。在1991年的报告中，得出了随着旅游的发展，婚姻中感情因素比重在增长的结论。但通过此次调研结果分析可知，旅游对社会结构，特别是对家庭与婚姻观念的改变尽管可能产生一些影响，但对此做出的判断需要在更长的时间内才能得到检验和确认。夏威夷岛开发初期那种旅游发展威胁到家庭关系、导致离婚率提高的现象，在野三坡并未发生。

(6) 当地居民关于旅游对社会文化影响的综合判断。在此次调研的问卷中，增设了当地居民关于旅游对社会文化影响的综合判断这项内容，选取了妇女地位、青年地位、社会治安及传统风俗等8个方面，由当地的居民做出变好、变坏或不变的选择（旅游开发前后相比较）。此项研究仅局限在旅游较发达的下庄。

从以上的数据中可以看出，旅游对当地居民社会文明程度、生活质量等方面的影响，多属于积极方面，妇女和青年地位的提高成为明显的事实。对于旅游带来较多的就业机会及促使生活质量和社会文明程度提高方面，也几乎众口一词。对于社会治安方面的影响，人们认识上有较大差异：一部分人认为旅游开发后，当地的青年人大多有了工作，打架的人比以往少了；另一部分人则认为受金钱万能思想的腐蚀，赌博等各种违法现象有所抬头。

4.2 旅游目的地形象策划

4.2.1 旅游目的地形象

4.2.1.1 什么是旅游目的地形象

旅游目的地形象，是指旅游目的地政治、经济、社会生活、资源环境、基础设施、旅游服务等各方面的文化属性在人们头脑里所形成的共同心理图像，是人们对其文化内涵的感知、了解、体验所产生的印象的总和。

旅游从本质上讲是一种文化活动。无论是旅游消费活动，还是旅游经营活动，都具有强烈的文化性。旅游者追求的主要是精神享受而非物质享受，因此旅游是一种高层次的精神享受。人们离开自己的居住地去异地旅游，往往根据自身的生活方式、价值观念、文化素养、审美情调，结合对旅游目的地的认识和感知，进行比较或评价，并最终选择能够满足其心理、精神等内在文化需求期望值或可能性评分最高的旅游目的地。任何一个旅游目的地吸引物都具有其自身独特的文化属性。例如，新西兰作为一个旅游目的地，其特点是崎岖的地形、温暖的气候，居民性格顽强、热爱和平，其旅游目的地形象的典型特征是户外荒野性的环境、岛屿性的天气以及以绵羊业为主的农业；而法国城市带给旅游者的印象则是精致豪华、时尚休闲、自由放纵、沉溺享受。

如果旅游目的地形象不清或无特色，旅游者无法认知旅游目的地文化的基本特征，必然会减少选择、购买的可能性。旅游形象独特和鲜明的地方，往往是旅游者感到新奇、不断获得高质量服务、留下深刻回忆的地方。因此，旅游目的地文化形象越突出，拥有的知名度和美誉度就越高，就越能得到旅游者的认可和重视，从而增强市场生存力和竞争力。

树立旅游目的地文化形象，主要在于突出其地方特色和形象特色。一般来说，在较大尺度范围内的旅游目的地，如亚洲、非洲、欧洲等，彼此间共性小、地方性显著，较易建立鲜明的旅游形象，而在较小尺度范围内的旅游目的地，一个地区，甚至如旅游度假区和主题公园，在现代旅游者心中则是共性认知比较显著、差异小、竞争比较激烈的旅游地。为了以鲜明、精确的旅游形象吸引游客，就应以独特的自然环境和独特的人文意味来充分发挥旅游目的地的地方性或地方特色、地域差异。

例如，随着世界经济中心的东移，20世纪80年代以来，国际旅游客流渐渐涌向东亚和东南亚，从全球的角度来看，东亚和东南亚几个主要的旅游强手差不多处于相近的地理位置、相似的历史与文化背景之中，彼此之间常常以性质差不多相同的旅游产品在同一市场展开竞争。在西方人看来，东亚、东南亚各国的旅游资源没有明显的差别，都是古都文明、东方风情。似乎只要看看泰国的玉佛寺，就不需要再登中国的五台山。参观一下新加坡圣陶沙的艺术中心，仿佛就领略了中国艺术文化的风韵，因为该中心收藏着大批中国国画、书法、陶瓷、雕塑和木刻等珍贵的艺术品。同时，东亚、东南亚各国几乎都不遗余力地进行国际旅游宣传，投入的经费多。为了吸引国外旅游者，不少国家和地区几乎想尽一切办法，不停地变换角度，宣传自己的旅游资源，塑造自己的旅游形象，推销自己的旅游产品。例如，新加坡极力在世人心目中树立"世界公园""购物天堂"的形象，泰国则以"黄袍佛国"自居，中国也在将自己的旅游形象概括为"文明古国，人间仙境"。

在相同类型的旅游目的地中，文化形象的特色起着十分关键的作用。旅游者对旅游目的地的认知，不仅包括对其空间尺度大小和地理位置的认知，一般还同时对旅游目的地的类型有所认知。处于大众社会的旅游者，受现代传播媒介的影响，潜移默化地在心中将自然或人文资源类旅游目的地划分为诸如城市、乡村、风景名胜、旅游度假等基本类型，对于每一种类型的旅游目的地，旅游者都存在相对统一的形象认知。例如，北京与纽约同属于城市型旅游目的地，二者的文化形象差异是在城市文化形象基础上的差异，北京是文明古都，纽约则是世界金融中心。同为城市文化旅游，但其特色却完全不同。

4.2.1.2 旅游目的地形象特征

旅游目的地形象具有如下区别于一般形象的独有特征①。

1. 客观性

旅游目的地的社会存在决定了旅游目的地的文化形象，尽管人们可以通过各种方法

---

① 尹隽. 旅游目的地形象策划［M］. 北京：人民邮电出版社，2006.

主动塑造一个旅游目的地的形象，但绝不能离开旅游目的地的现状随意杜撰。如果离开了旅游目的地组织脚踏实地的经营管理活动及由此产生的外在表现，是不能构筑起一个可以被人认知、依赖和引起人们好感的旅游目的地形象的。任何脱离旅游目的地存在客观性的所谓形象设计都不能解决旅游目的地的实际问题。

2. 整体性

旅游目的地形象是由内外各种要素构成的统一体。从内在的要素构成看，它包括旅游目的地文化、资源特征、员工素质、管理理念、旅游产品质量、工艺技术、营销艺术等；从外在的构成要素看，它包括公众的认知、依赖和好感。在结构上，两者密切相关，且两者内部各要素之间也相互联系，由此构成了一个内涵丰富、有机联系的整体。

3. 多样性和复杂性

旅游目的地形象是由人去塑造并被人感知的，而人总要受到不同的思维方式、不同的认识能力、不同的文化背景及不同的价值观、审美观等的局限，这就造成了旅游目的地形象的多样性和复杂性。旅游目的地为塑造自身形象而进行的不懈努力，有时很容易被人们接纳，有时则会受抵制。以什么标准衡量旅游目的地的形象好坏，往往因人因时因地而异。即使最优秀的形象策划大师，也不能保证他所策划的旅游目的地形象一定是成功的，因为人的思维最难以控制。然而，成功的旅游目的地形象必须具备一个条件，那就是被社会所承认。

4. 稳定性和可变性

正因为人们思维的复杂性，所以企业形象一旦形成，在相当长的一段时间内，不易在人们心目中淡化，形象是一种经验积累和理性认识的过程，比较难以改变。但是，这种稳定性只能是相对的。人们的思维、认识是客观世界的反映，随着外部环境的变化和内部环境的变化，思维中的旅游目的地形象也会发生变化，或越变越好，或越变越差。总之，旅游目的地形象的稳定是相对的，变化是绝对的。这就要求旅游目的地根据环境的变化和人们心理的变化，不断创新旅游目的地形象；同时在创新过程中，保持旅游目的地形象的相对稳定性。

5. 传播性

旅游目的地形象是借助于各种渠道和手段得以传播成功的。这种传播往往是跨地域甚至是跨国界的，其传播手段包括人际沟通、大众传媒沟通等。因此广泛的传播性是旅游目的地形象的又一重要特征。在现实生活中，信息的传播主要以消费者为对象，而消费者往往不会主动收集生产者的信息。旅游目的地形象大都是在广泛的传播过程中形成的，离开了广泛而有效的传播，旅游目的地形象这一无形资产就不能及时获得应有的回报。

6. 战略性

如上所述，旅游目的地形象不是一成不变的，而是要在保持相对稳定的前提下发展、变化的。旅游目的地形象的发展目的是为了提高旅游目的地的经济效益、社会效益和环境效益。我们把实现这一目的的过程概括为旅游目的地形象战略。综观世界上成功的旅游目的地，无不是以战略的眼光塑造和发展旅游目的地形象的。在旅游目的地经营活动中可以有很多种战略，如竞争战略、差异化战略、信息开发战略、环境应变战略等，但是，旅游目的地形象战略无疑是一种总揽全局的总体性战略。在日趋激烈的市场竞争中，任何一个旅游目的地想要取得良好的发展就必须借助于旅游目的地形象战略，没有旅游目的地整体形象战略，旅游目的地的发展就会出现障碍。

4.2.1.3 旅游目的地形象的功能

对于旅游目的地文化形象功能，可以从内部和外部两个方面来加以认识。

从内部功能来看，良好的旅游目的地文化形象对于旅游目的地组织内部提高生产效率、管理效率和服务水平及充分发挥员工的积极性等方面有着巨大的影响和作用。它包括旅游目的地文化建设及其价值观的实现，旅游目的地组织内部沟通及其凝聚力的增加，旅游产品及其服务竞争力的提高，组织激励机制的形成及其内部控制制度的完善等方面的功能。

从外部功能来看，旅游目的地文化形象对于旅游目的地与外部环境保持良好关系并能有效地发挥这种关系的影响和作用亦是不可忽略的。它包括旅游目的地外部公共关系的良好运作、营销观念的不断创新及消费者认同感的稳定，旅游目的地形象广告意识的增加及其经营资源的合理配置、旅游目的地外部沟通及信息收集、反馈能力的增强等方面的功能。具体有以下几个方面的作用：

（1）良好的旅游目的地文化形象有助于旅游产品赢得旅游者的信赖；
（2）良好的旅游目的地文化形象有助于增加旅游目的地的吸引力；
（3）良好的旅游目的地文化形象有助于旅游目的地的发展；
（4）良好的旅游目的地文化形象有助于旅游目的地在竞争中赢得优势。

4.2.2 旅游目的地形象策划

旅游目的地形象策划是指策划主体为实现旅游目的地目标，在充分调查的基础上，对旅游目的地形象战略和具体塑造旅游目的地形象活动进行谋略、计划和设计的运作。

旅游目的地形象是由多种形象要素整合而成的形象体系，旅游目的地形象策划立足于旅游目的地形象定位，对该地旅游产品进行创意、构思、规划和包装，建立旅游目的地的旅游形象识别系统，使旅游目的地形象深入到旅游者心中，从而增强旅游产品的吸引力、扩大市场占有率。良好的旅游目的地形象，可以促进当地旅游业的良性发展。

4.2.2.1 旅游目的地形象调研

旅游目的地形象的策划，建立在对该地现状调研的基础上，现状调研是旅游目的地形象策划必不可少的基础性工作。旅游目的地现状调研包括旅游目的地的地方性资源调研与旅游目的地形象实态调研。

任何旅游目的地都具有自身独特的地方特性。游客在旅游目的地游览观光后所形成的旅游目的地形象是对旅游目的地的独特感受和综合体验，其独特感受很大程度上取决于旅游目的地的地方特性。因此，独特的地方特性往往是该地旅游形象设计的最优切入点。地方性资源调研就是在对旅游目的地资源要素普查的基础上，把握旅游目的地文脉，并对其历史文化进行阅读和提炼，精炼地总结出该地的基本风格，为该地本土特征进行形象定位提供可靠的依据。

旅游目的地形象实态调研是一项使用一定的信息手段，将旅游目的地现实形象与旅游市场和旅游者连接起来的工作，通过对这些专门信息的加工整理，帮助旅游目的地识别旅游市场各种有利的市场机会，准确把握目标市场的特征和规律，及时评估和监控旅游形象营销活动的绩效，并为旅游形象决策提供科学客观的决策依据。

4.2.2.2 旅游目的地形象定位

旅游目的地形象定位是旅游目的地形象设计的前提和核心。形象定位必须在形象调查的基础上，以旅游目的地资源特色为基础，以客源市场为导向，塑造出富有个性、独特鲜明的形象。形象定位旨在使旅游目的地深入到公众心中，形成生动、形象、鲜明而强烈的感知形象。

旅游目的地形象定位是以旅游目的地形象调研为基本依据，通过科学的流程和精心的提炼，对某一旅游目的地未来发展的一种方向性判断、概括及总结。形象定位的最终表述，往往是一句主题口号。

旅游目的地形象定位一般遵循如下原则：资源特色和市场导向相结合的原则、易识别性和难替代性相结合的原则、整体性和层次性相结合的原则。

旅游目的地形象定位的主要方法有：

领先定位法：选择那些国内乃至世界上独一无二、不可替代的要素进行定位。如广西龙脊梯田被誉为"世界梯田之最"。

比附定位法：有意对照占绝对优势、知名度极高的同类产品，努力突出自己第二位的形象，如"塞上江南""东方巴黎"等。

逆向定位：标新立异，强调其形象是消费者心中习惯形象的对立面或相反面。如番禺"夜间野生动物园"。

导向定位：根据自身资源特色，确定该地主要的旅游吸引对象，提出针对该类旅游者的形象定位。如澳门博彩业是其支柱产业，推出"世界赌城"形象。

多头定位：一个旅游目的地从不同角度同时确定好几个针对性强的形象，不同的定位之间的差异是互补性质而不是相互矛盾。如北京为"东方古都·长城故乡"。

组合定位：采取相辅相成、互助合力的组合形象定位策略，以区域联合的形式打造大区域整体旅游目的地形象。如"×××后花园"。

4.2.2.3 旅游目的地形象设计的原则和方法

1. 旅游目的地形象设计原则

旅游目的地形象的设计，是通过对旅游目的地各文化因子以及相关产品的重新组合，提炼概括其突出特征，旨在提高目标市场对旅游目的地文化的认识，改善旅游目的地形象，激发旅游者的旅游动机。

一般来说，旅游目的地形象设计应遵循三个原则：一是普遍接受原则，二是积极健康原则，三是地方特色原则。

其中，普遍接受是前提，缺乏地方民众的高度认同，旅游目的地文化形象不可能真正发挥效益；积极健康是方向，落后腐朽的旅游目的地文化只能成为发展的障碍；地方特色是本质特征，它既可以增强民众的归属感和凝聚力，又是区别其他旅游目的地的文化形象的根本，从而对其他文化产生吸引力。

突出旅游目的地形象的特色，应该从旅游目的地文化形象各构成要素入手。旅游目的地形象的构成因素主要包括当地的社会生活与政治经济状况、旅游资源、旅游产品、旅游接待设施及相应的旅游管理组织与机构等。因此，旅游目的地可以通过开发具有独特人文旅游景观或基于地方文化的名牌旅游产品，充满地方文化魅力的社会生活环境，具有地方文化内涵且方便舒适的旅游接待服务，能够激发其他文化地区居民旅游动机的旅游广告和宣传，充满地方文化意蕴的旅游形象标识系统等，建树旅游文化形象。旅游目的地社会生活、人文素质与政治经济状况，作为旅游者在旅游目的地游览过程中对旅游吸引物以外的文化因素的体验，本身可作为一种独特的旅游资源，或作为旅游吸引物的附属组合产品。旅游业的发展总是在有意或无意中利用各地社会政治、经济、文化生活的差异来吸引游客，如人们的风俗习惯、生活状态等，都在一定程度上被旅游发展所利用，通过运用综合手段，开发出体现旅游目的地地域特色和民俗风情的旅游纪念品、文艺表演、宗教朝拜等健康向上的特色文化旅游产品，加深旅游者对旅游目的地的文化印象。

作为物质形态的旅游吸引物，只有人为地赋予了具有相当意义的文化内涵，才能长久地保存在旅游者的记忆中。因此，对于相关的旅游资源，可以进行调查、归类、整理、开发，并协调各专业文化艺术部门（如历史、文学、建筑、工艺美术、园林、服装设计以及音乐、书法、绘画、雕刻雕塑、装饰装潢等），依靠艺术手段和科学手段，将旅游资源进行艺术化处理，生动、形象地展示自然和人文旅游资源的文化内涵，凝集旅游目的地文化最富内涵的精华，使其成为该地区最具吸引力的旅游景点之一，从而开发出具有较高文化品位的旅游产品，树立主题明晰的旅游形象。

就旅游接待设施和旅游经营部门而言，旅游经营者应当了解旅游消费者的文化需求和文化精神特征，研究不同的旅游消费群体，把握消费者的文化消费心理，开发一些有特色的、满足各类旅客的文化旅游项目和产品，彰显旅游目的地文化特色。作为旅行社、旅游宾馆、旅游车船公司等企业，则应突出文化特色。例如，作为主要接待设施的旅游饭店，可以利用当地的文化氛围，突出其建筑、装潢、功能和服务等方面的设计和建设，营造一种浓厚的文化氛围，借以提高旅游区的品位和档次。旅游市场营销人员，其自身的文化素质、言谈举止、礼节礼貌都要体现一个国家、一个地区、一个城市、一个民族的文化特征，给人以鲜明的文化形象。

2. 旅游目的地形象设计方法

旅游目的地形象设计必须围绕特定的旅游目的地，从旅游目的地的视觉形象、其他感官形象、行为形象和风情形象等多方面着手设计。

（1）视觉形象设计

视觉形象是旅游目的地形象中最直观的部分，它以视觉传播感染媒体，将旅游理念、文化特质、服务内容、企业规范等抽象概念转化为具体符号，形成一定的内外感应气氛，使用一定的传播程序，把旅游产品推向社会，产生轰动效应和持续效应。旅游目的地的视觉形象设计一般包括视觉符号识别设计和视觉景观形象设计，具体包括以下设计要素：旅游目的地的名称、标徽、字体、纪念品、交通工具、户外广告、人的视觉形象、象征性吉祥物、象征人物、旅游企业的视觉形象等。

（2）其他感官形象设计

听觉形象设计。一般包括旅游目的地的语言、民歌、地方戏曲、背景音乐、旅游主题曲和宗教音乐等。

味觉形象设计。地方民族风味食品是一种旅游形象塑造物，当地的特色食品和美味佳肴可以令游客终生难忘。

嗅觉形象设计。一个强调自然气息如森林气息、花香等的自然风景区、森林公园，或者佛香缭绕的庙宇，能够给游客较深印象。

（3）行为形象设计

行为形象设计主要包括政府形象设计、旅游服务形象设计和居民行为形象设计。

（4）风情形象设计

风情形象设计指旅游目的地中唯一具有并能够成为该地形象代表的风情节目或活动。

4.2.2.4 旅游目的地文化形象的推广

旅游目的地文化形象的推广，有赖于各种媒体和标志性物质景观的选择或建设。由于旅游者往往通过书籍、旅游经历和旅行社等了解旅游目的地文化形象，电视在旅游目的地文化形象推广中也扮演着越来越重要的角色，利用各种宣传手段与公益广告能够不断强化人们的意识；而地方景观建筑则是旅游目的地文化形象的物质体现。比如，说到埃及，人们会想到金字塔、狮身人面像、沙漠和尼罗河；提起日内瓦，人们就会想到雪山、湖泊、森林和作为重要国际会议的城市；说到中国，人们会想到长城、丽江古城、香格里拉以及多姿多彩的民族文化。

旅游目的地文化形象推广的核心是将形象信息传播给受众的过程。在这一过程中，可采取多种宣传工具和推广方法。

（1）宣传工具。常采用的宣传工具有传统广告、宣传品、公共关系、展览和网络。旅游目的地在开展文化形象推广时，可以针对旅游者的消费心理和行为形态，实施追踪游程各阶段的旅游目的地文化形象整合推广策略。

（2）主题口号。主题口号有助于旅游者对旅游目的地的认知和了解。它主要是以旅游目的地所处的自然、社会环境为背景，以旅游目的地的景观资源为基础，将旅游目的地最具优势的特征加以提炼，概括成一句口号，以达到打动旅游者、激发旅游者亲临实地一游的欲望的目的。在以关注自然、灵活与个性化为特征的旅游观念影响下，成功的旅游目的地文化形象推广策略将更注重亲和力与人本色彩，推广机构将会更多选择以"绿色目的地""另类目的地"等令人耳目一新的形象出现。旅游目的地的口号可分为两类：一类是反映旅游目的地总体形象特点的口号（可称为总体旅游口号），另一类是开展旅游推广活动的主题口号（年度性专题口号或节庆活动口号）。好的口号应该是含义隽永、言简意赅的点睛之笔，体现旅游目的地多方面的属性，它应为旅游目的地文化形象的拓展提供一方舞台，而非仅是哗众取宠的文字游戏。口号设计原则包括：内容源自文脉，表达针对受众，语言紧扣时代，形式借鉴广告，言辞务求精简。

（3）视觉表征。对于旅游目的地文化形象推广策略而言，视觉景观是推广的重要基础和依托。旅游目的地视觉景观形象设计包括通道、边沿、节点、目标区域、地方标志物等要素，应精心设计，树立自身独特的品牌形象，加深游客心中的良好感知印象。一套完整的旅游目的地视觉符号系统大致包括：目的地名称、目的地标徽、目的地标准字体、目的地象征性吉祥物、目的地象征人物、目的地户外广告、目的地纪念品、目的地交通工具、目的地人的视觉形象、旅游企业的视觉形象等。

（4）旅游节事。旅游节事包括节庆和盛事两方面。节庆是有主题的公众庆典，盛事指历史上或社会上发生的不平常的大事。按照主题可将节事分为体育节、工艺节、戏剧节、电影节、舞蹈节、音乐节、农业节等类型。

[案例4-2]
旅游目的地文化形象：动感之都香港①

香港位于珠江口东岸，是目前中国两大特别行政区之一，更是世界旅游城市。素以"东方明珠""购物天堂""饮食天堂""东西文化荟萃之地"的魅力，吸引着来自全球各地的旅游者。香港地域小，可供旅游者观光游览的原有自然景观和人文胜迹很少，因而主要靠开发新的旅游资源和开展丰富多彩的活动来吸引旅游者。首先，香港经济在战后几十年来，特别是20世纪六七十年代以来的迅速发展，使其从单纯的货物中转港一跃成为国际化大都市和世界金融中心、黄金贸易中心及航运中心，各种现代建筑不断涌现，城市面貌日新月异，这是香港吸引旅游者的重要因素；其次，近年来香港陆续兴建

---

① 肖星，严江平. 旅游资源与开发 [M]. 北京：中国旅游出版社，2000.

大型文化活动中心及各种康乐设施、辅助设施达2 500多处，并建设了一批高品位、有魅力的旅游景点和设施，如太空馆、宋城、海洋公园、艺术中心、博物馆、赛马场、国际会展中心、香港新机场等；第三，香港还利用其"自由港"的特殊地位，对世界各国的商品实行免税，并经常举办各种国际性和地区性活动，包括文艺表演、体育竞赛、商务活动和学术会议等。总之，在香港可以很方便地欣赏中西合流、五光十色的城市风光，品尝世界各地的美味佳肴，购买来自世界各地的廉价商品，欣赏东西方文化艺术，参加各种形式的娱乐活动等。1997年，香港回归祖国后，独特的"一国两制"使这个"动感之都"焕发出更加迷人的风采。

4.3 旅游地域文化的整合与转型

4.3.1 旅游地域文化的形成及特征

4.3.1.1 旅游地域文化的形成

在某一区域内，某一种文化要素，甚至多种文化要素，如语言、宗教、民族、民俗等，以及反映这些文化特征的景观呈现出一致性。人们根据这种相似的文化特征作为标志性指标而划分出地域范围，这就是文化区。在旅游目的地文化中，旅游地域文化是文化区的表现形式之一，以其突出的区域文化特征而彰显。

旅游地域文化，是指在一定地域范围内的自然或人文旅游资源，具有相同、相近或相似的文化景观与文化风格，形成具有明显地域色彩的旅游文化。地域范围可大可小，大至一个或几个国家、地区，小至城市、区县。由于受地理环境差异的影响，不同地域的自然山水风光具有不同的审美价值和美学风格，形成不同的自然旅游资源；另一方面，由于世界各民族在历史背景、文化传统、生活方式等方面存在差异，形成了具有不同文化景观和文化风格的人文旅游资源。因此，旅游文化在一定的地域范围内具有空间分布的差异性，这种空间差异性使得世界各地不同地域的旅游文化风格千姿百态、异彩纷呈，从而形成了不同地域的旅游文化特色和优势。正是这些不同的特色和优势，吸引了众多旅游者前去游览欣赏和体验。

旅游地域文化的形成有两个明显特点。

第一，旅游地域文化是在一定地域范围内，依托具有相同或相似特征的自然环境而形成，明显受到自然条件的影响。

自然环境如气候条件、地形地貌等，常常作为一个最基本的限定，规定了这一地域文化精神的历史走向。旅游地域文化精神是人类社会生活和自然环境的长期交互作用下逐步显现出来的，古代埃及人、腓尼基人、希腊人、罗马人，他们都生活在地中海周围，有相同的自然地理环境，长期的海洋生活，使其形成了积极冒险的海洋文化品质；而在东亚大陆的中国，大河大陆型自然环境，使其形成了知足、稳重、内敛的文化精神。即使在中国，由于幅员辽阔、民族众多，各地自然条件各有不同，在此基础上，长期的历史发展形成了缤纷多彩、各具特色的地域文化。中国古代旅游文化就有所谓齐鲁旅游文化、三晋旅游文化、关陇旅游文化、吴越旅游文化、荆楚旅游文化、巴蜀旅游文化、岭南旅游文化等；中国北方和江南，旅游文化的地域色彩也颇为浓厚，"杏花春雨江南，骏马秋风冀北"，北部中国广袤的草原沙漠地区，其自然环境具有干旱、寒冷、辽阔、空旷的特点，生活在这里的游牧民族，其生产方式、生活习惯都与此相适应，他们善于征战骑射，有着强悍粗犷豪迈的气质；其文化艺术风格，如敦煌、龙门、大同的石窟佛像显得粗犷豪放，线条刚劲浑厚。而在中国南方，气候温暖，雨量充沛，土地肥沃，河湖密布，水乡泽国，是天然的鱼米之乡，在此自然环境中孕育出了细腻、婉约、柔顺、精美的江南文化风格，江南的园林以精巧玲珑、质朴淡雅著称，杭州飞来峰、南京栖霞山千佛岭佛像则细腻柔媚，线条圆润婉约。

第二，旅游地域文化的形成，是在长期的历史发展过程中，同一地域内人们相互间不断交往，政治传统、经济生活方式、风俗习惯以及文化心理逐渐融合同化的结果。也就是说，区域内人们交流的形式越多样，内容越丰富，交流越频繁，越有利于地方文化的形成。它不是依靠行政区划来维系，而是以文化的同一性自成体系。它一方面不断变易、逐渐丰富，随着人类各种活动的渐次展开而不断有新的内容补充并沉积；另一方面又相对稳定，始终保持着一些使之区别于其他区域的独特文化品质。

地域文化的形成，是该地不同文化要素组合的结果。例如，虽然英语是英国、巴基斯坦、印度和新加坡等四个国家的官方语言，但由于各地宗教信仰、民族和民俗等的不同，其文化的整体特征各有很大差异；在信仰伊斯兰教的地区，由于各个区域内受到其他文化因素的影响而表现出不同的文化特征，而这些文化因素，往往和当地的历史传统与文化传统密切相关。广州旅游文化以兼容开放、富有进取的商业意识和讲求实效的务实精神著称，这种特点是在历史发展过程中，吸收不少中原汉文化、海洋文化、商业文化的结果。自古以来，广州和中原虽有五岭相隔，但秦统一岭南，推行郡县制，南越文化因此全面深入地与汉文化相融合，汉代的文化制度也在广州得到迅速推广；广州很早就已经和海外有所交往和联系，从秦汉时期开始就开辟了以广州为起点的海上丝绸之路的航线，联结亚欧非，长盛不衰的海上丝绸之路，使广州受海洋文化的影响很大；广州长期和海外交往，持久和迅速发展的商业使广州人逐渐淡化了中国传统的"贵义贱利"的观念，重商趋利的商品意识在广州人中是最强烈的，历代官吏、读书人不以经商为耻，加入经商行列，从而形成了重商传统。

旅游地域文化的形成发展过程中，又往往以其独特的文化源头作为地域特征。例如，荆楚文化是荆楚地区民众所创制的具有浓郁的地方特性的地域文化，在荆楚文化的传承发展中，以其沟通南北的地域之便不断地吸收与融会异地文化因素，形成了荆楚文化包容与开放的气度，同时又在长期发展过程中保留了原有的浪漫文化底蕴。荆楚位于中国长江中游地区，在地理上沟通南北，连接东西，在中国历史上，几乎每一次大变动,都会以不同方式在不同程度上影响荆楚文化,特别是由于战争或灾荒而导致的人口迁徙,荆楚往往成为移民的过境或居留地带,并带来文化的变化,使荆楚地区在文化上有着开放性和兼容性的特点,儒家、道家、法家、墨家、农家、佛教、道教等,都有其发展空间,其价值观也都具有一定的代表性,敢为天下先、勇于奋斗、经世致用、务实践履、以治国平天下为己任等,都是荆楚文化在发展历程中的产物。另外,荆楚文化在长期发展过程中,始终充满了不拘礼法、卓然不屈的文化精神和浪漫主义文化传统。荆楚地区是道家的发祥地,是原始宗教、巫术、神话的沃土,在先秦时期就一直以崇巫尚卜、诡异神奇著称,作为本地文化的源头,它一直影响着本地居民的文化生活,此风俗历宋元明清,直到近现代。巫风与好祀,孕育了荆楚文化的神秘与浪漫主义典型特征,老子"驰骋畋猎,令人心发狂",庄子"天地与我并生,而万物与我为一"的逍遥游,将身心与大自然融合,屈原《楚辞》中种种神话传说、天地日月、风云雷电、雨雪山川等,开创了追求"美政"理想的积极的浪漫主义。沅湘一带流行的《湘君》《湘夫人》《少司命》等巫歌、巫舞等,也都充满了神秘色彩和浪漫气息;汉剧、楚剧、花鼓戏、黄梅戏等无不透射出其民间风俗的特质。

4.3.1.2 旅游地域文化的特征

在特定的自然环境和社会经济环境中孕育成长的旅游地域文化,具有如下特征。

第一,旅游地域文化是客观存在的地理实体,相同或相似的旅游文化景观、旅游文化风格,在地域范围内具有完整性或区域集中性,并具有相对稳定的文化特征,对当地旅游文化起着主导作用。

在旅游地域文化中,区域内包括山川风物在内的自然旅游资源或人文旅游资源所显现出来的气质、品味、品格等精神风貌具有相同或相似的特征,它们相对完整地表现在同一个地域范围之内,构成了当地旅游文化风格。任何一个旅游地域,之所以能够成立或者与其他旅游地域区别开来,正是在于它自身具有相对主导的特征或风格。

在中国,东部明显地属于传统农业文化风格的范畴,西部广大地区则普遍表现出游牧文化的特色。就中国西部而言,高山雪原,雪峰冰川,高原盐湖,沙漠戈壁,草原绿洲,原始森林,具有原始神奇空旷辽阔的特征;这里居住着中国84%的少数民族,与农耕民族不同,他们主要从事游牧、放牧和狩猎活动,特殊的生产生活方式,千差万别的地理环境,以及佛教、伊斯兰教在西部地区的广泛传播,形成了浓郁的少数民族文化特色,无论是风俗习惯、节日庆典、语言文字、文化艺术,还是生产活动、衣食住行,无不兼具游牧与宗教双重影响的烙印和特点。因此,西部既有内地和东部地区所缺乏的特殊自然生态系统,如高峰、雪山、草原、沙漠、戈壁、绿洲、高山湖泊等,也有十分丰富的民族文化资源,甚至在一个不大的地理范围内,也可以发现迥然不同的社会文化群体,形成强烈的反差(例如,甘肃的南部地区,在汉族包围的地区中有回族和藏族两个相对独立的民族聚居地,不同的宗教信仰,不同的生活习俗,不同的生活方式,相互衬托,相互比较,宛如一个大型的活的民族文化博物馆),所以西部地区在发展旅游

4 旅游目的地文化

业时，往往利用其得天独厚的自然条件，打出"民族风情"的旗帜，向世人展示西部迷人的民俗风情和神奇的自然风光。在辽阔的内蒙古大草原上，有那达慕大会、蒙古族歌舞和传统美食、北方民族遗留的文物古迹，此外还有骑马、摔跤、射箭等非常怡人的旅游项目；而正成为世界性旅游目的地的西藏自治区则力图通过博大精深的历史文化和古朴浓郁的民俗风情吸引更多的游客，西藏把藏族节日节庆旅游项目重点推出，如拉萨郊区农村"春节、藏历新年""藏东澜沧江民俗游""林芝贡布新年旅游活动"等，这些旅游项目都集中于西藏的"旅游黄金三角区"；四川的凉山彝族、甘南藏族、广西苗族等都成为各省区旅游的主打牌。

第二，作为一个文化系统，旅游地域文化内容丰富，往往由多种不同文化内涵的子系统构成，有丰富的自然资源，悠久的人文历史，复杂的宗教或民俗文化，具有多元性的特点。

仍以中国西部旅游地域文化为例。尽管中国西部旅游文化风格是游牧文化，但由于其地域辽阔，包括大西北、大西南两大自然地理区域，由陕西、甘肃、宁夏、青海、新疆、云南、贵州、四川、西藏和重庆等 10 个省、市、自治区组成。幅员 540 多万平方千米，约占全国国土面积的 56%；人口约 2.80 亿，占全国人口总数的 23%。因此，还可以根据自然条件的差异，不同民族的历史背景、文化传统、生活方式，划分为北国沙漠草原典型旅游文化、青藏高原宗教－游牧旅游文化、云贵高原民族风情旅游文化。其中，北国沙漠草原地区有广阔无垠的沙漠、戈壁、草原，地理环境空旷辽阔，主体民族为蒙古族、回族、维吾尔族等，信仰喇嘛教、伊斯兰教等。生活习俗：或如蒙古族喝奶茶、吃炒米、吃手抓肉、奶制品，穿蒙古袍、蒙古靴，进行赛马、搏克、射箭等传统体育运动；或如回族食牛、羊、鸡、鸭、骆驼、鱼、兔等动物肉，忌食猪肉，不食猛禽猛兽及爬虫类动物的肉，不食自死的或未以安拉名义宰杀的动物肉，不食动物的血；或如维吾尔族食烤制肉类，能歌善舞等。而在青藏高原有雄伟壮丽的雪峰冰川，是高寒而充满宗教神秘色彩的游牧世界，群山叠嶂，雪峰连绵，藏传佛教在整个社会中占据极为重要的地位，无论从藏南谷地到藏北高原，还是从青海湖畔到喜马拉雅山区，几乎每到一个地方，都可以看到雪山脚下银光闪烁的喇嘛庙，喝到藏族牧民亲手制作的青稞酒，参加山谷中草原上篝火堆旁的藏民舞蹈晚会，处处感受到藏民的虔诚、淳朴、粗犷、豪放。云贵高原则有形状奇异的岩溶地貌景观与高山深谷相对应，各少数民族普遍流行自然崇拜或祖先崇拜等多种信仰，使其民族风俗习惯丰富多彩。

即使在一个空间相对较小的地域范围内，旅游地域文化仍然以丰富的内容呈现出来。徽州文化是自南宋至清末在皖南地区崛起的一种地域文化，儒商文化、古村落文化、佛道文化都十分突出，并以其广博精邃的内涵受到海内外学者的极大关注，同时也引起众多旅游者的浓厚兴趣，具有重大的现代旅游价值；以徽州文化覆盖的黄山市所辖范围内旅游资源异常丰富，品位价值高，有世界文化和自然双重遗产、我国"十大风景名胜"黄山和世界文化遗产黟县西递、宏村古村落，国家级风景名胜区、道教圣地齐云山，国家级历史文化名城歙县，国家级历史文物保护区屯溪老街，国家级自然保护区牯牛降和清凉峰，省级风景名胜区太平湖以及正在积极开发的被誉为"花山迷窟"的大型石窟群，同时还存有徽州文化留下的众多文物古迹和独具特色的民俗风情，它们从一个侧面构成了独具特色、丰富多彩的徽州旅游文化。

当然，旅游地域文化特征并不是恒久不变的，它往往随时间的推移而发生变化。随着科技的进步，人类已经进入了技术复制时代，大众传媒在空间上的超强覆盖性使其文化产品迅速扩散到世界各地，造成地域文化差异的缩小甚至消失。不过，由于能够复制和工业化生产的文化要素极其有限，大众文化产生的真正动力和创作源泉在民间，受地方民众的影响，那些与外界交往较少的地方文化仍然个性鲜明，即使在与外界交往频繁的发达地区，外来文化可以为地方注入新鲜血液，文化多元化趋势使其地方文化特色得到强调，反而促进地方文化凝聚力的上升。

4.3.2 旅游地域文化的整合

4.3.2.1 文化整合

文化是人类社会发展的产物，是人类实现自身价值的过程，它是一种动态的发展现象，处于不断变化之中，具有创造性、自由性和开放性的特点。世界上分为不同的文化区或文化圈，自古以来，这些文化区之间都不是彼此封闭的，都有不同程度的交流与联系，特别是当代的全球化进程中，文化的交流更加密切。不同区域一方面由于文化价值取向以及文化要素不同，势必导致不同区域文化的碰撞和冲突；另一方面，由于不同文化中都具有其他文化所不具备或欠缺的价值及成分，因而在异质文化之间的相互排斥、彼此冲突的同时，也存在相互吸引、彼此融合，形成一种与原来文化不尽相同的新文化，从而出现文化整合。

所谓文化整合，是指在跨文化交流过程中，各异质文化之间经过相互碰撞排斥、相互协调融合，彼此达到一种相对平衡关系。例如，印度佛教在北传过程中，为了在中国内地立足，进行佛经翻译，教义阐释，比较中国汉族文化传统，吸收中国文化内容，而中国内地信徒也以其汉文化背景接受佛教文化，从而产生了具有中国特色的汉地佛教，尤以隋唐八大宗派著名；而印度佛教在传入西藏的过程中，又融合了藏族信仰与文化传统，形成独具特色的藏传佛教。这就是文化整合的结果。

4.3.2.2 旅游地域文化的整合

旅游地域文化是一个有着相似文化特征的文化时空概念。从旅游地域文化的形成来看，它与自然条件、历史文化传统密切相关，是在长期的历史发展过程中，融合了本地各种文化因素而形成具有主导性文化特征的地域文化。此外，由于旅游的发展总是有意无意地依托一定的文化背景，并以其差异性吸引着旅游者，旅游者居住地与旅游目的地距离越远，区域文化差异越大，越能激发旅游者的好奇心理和主观想象，激发旅游消费行为，在对不同文化差异的认识和促进中旅游业得到了发展。由于旅游地域接触的往往是异质文化，表现出一种开放的姿态，常常导致异质文化对本地文化产生撞击及渗透，促进本地文化与各种不同地域文化之间的兼并、融合、取代、共生等渐变而延续的文化过程和文化现象，出现旅游地域文化的整合。因此，所谓旅游地域文化的整合，就是指在旅游地域范围，本地文化之间、本地文化与来自异地的各种文化之间的相互吸收、融合与调和，形成具有地域特色的旅游文化体系。

旅游地域文化的整合包含两层意思，一是指在旅游地域范围内，其自身文化系统内部各文化子系统的相互整合；二是指在自身文化系统之外，受来自异域文化系统冲击和渗透而出现的整合。

1. 旅游地域范围内自身文化系统内部的整合

旅游地域范围内自身文化系统内部各文化子系统相互整合的过程，实际上就是旅游地域文化的形成过程。

例如，徽州文化内涵丰富，徽派建筑、徽派雕刻、徽派篆刻、徽派盆景、徽商、徽州牌坊、徽州教育、徽州刻书、新安理学、新安医学、徽州朴学、徽剧、徽菜等，都是徽州文化的重要组成部分。由于古徽州位于皖浙赣三省交界的崇山峻岭之中，是一个相对独立的自然地理单元，"群山环抱，盆地层中"，这里热量充足，降水丰沛，既是良好的避难所，又是理想的定居地，社会环境和社会结构相对稳定，为多种文化在这里生存提供了条件，在历史时期，如魏晋南北朝、唐末五代、两宋之际、南宋末年等时期，中原的战乱和动荡曾多次导致大量中原民众迁徙、流移到这里，因此，内涵丰富的徽州文化并非徽州土著山越人原创，而是中原文化被中原士民以迁移传播的方式扩散到徽州后，在徽州特定的地理条件下，与当地土著文化以及其他文化如吴文化等，在长期历史发展过程中，交流、整合而形成的具有徽州地方特色的文化。

2. 旅游地域文化与外来异域文化的整合

旅游地域文化与外来异域文化的整合，是在保持各自旅游文化精神的前提下，以"和而不同"的方式，吸收、融合外来旅游文化的精华，形成既适应本地本国具体情况又具有广泛性的新的旅游文化。主要表现在：

其一，不同旅游者与当地居民之间相互欣赏、相互帮助，当遇到困难与危险时，彼此互相伸出援助之手，这在古今社会中都不乏其例。

其二，表现在现代旅游企业制度在当地移植和扎根，尽管它可能带来各种社会和文化矛盾，但其中也包含不少积极的整合因素，使当地旅游环境文化中某种落后的文化因子得到替换，使旅游文化得到有益的整合。受西方近现代旅游业的影响，中国现代旅游业迅速崛起，旅游景观的建设、保护和开发得到了极大的重视，旅游饭店如雨后春笋般出现，旅行社、旅游交通企业迅速发展，它们的崛起、发展并走向成熟，是与先进的经营管理方式接触、碰撞、取舍和融合的过程。北京长城饭店加盟国际著名饭店管理集团喜来登，引进了世界第一流的管理制度就是一例。

其三，旅游文化的整合最主要的是不同文化集团和社会背景的人们精神交流和情感融合。不同地区人们的相遇相会，相互交流，发现陌生的地方，城市居民与农村居民对各自生活条件的相互了解，大大开阔眼界，促进思想、精神和经济的交流。当代西方与中国之间，由于相互旅游频繁往来，人民之间的感情和文化交流日益增多，促进了各国人民在不少问题和观念上的理解和沟通。

旅游地域文化的整合，存在着主动和被动的情形。从被动的角度来说，旅游地域是一个特定的文化交汇场所，大量旅游者源源不断地拥入旅游地域，使当地不断接受不同文化的冲击，如果加上双方经济上的差异，其冲击就更为明显。因为区域间的文化传播，无论采取哪种传播方式，都是以经济发达地区向较落后地区的传播为主导的。经济欠发达国家和地区的社会文化，在旅游业发展过程中，更易受到来自发达国家和地区文化的冲击，而原有经济水平较低的旅游地域更是难以避免外来经济势力的直接渗入，外资旅游企业一旦落脚和壮大，其经济运行模式、科学管理方法、现代化观念以及相配套的设备和物资对旅游地域文化的影响将是非常巨大的，这是旅游地域文化的被动整合，往往以外来的高势能文化居主流地位。从主动的角度来说，为了更好地发展旅游业，旅游地域文化有时也会主动选择那些与本身文化价值观念不相容的成分，促成文化整合。在一般情况下，任何本土文化在与外来文化接触时，都只是选择那些与本身文化价值观相契合的东西加以接受和吸收，而对那些与本身文化价值观念不相容的成分予以排斥。在旅游发展中，旅游接待地如果要得到良好发展，就必须满足旅游者的需要，这就迫使旅游地域各方参与者不得不接受外来文化中某些必要的内容，甚至主动创造出适合旅游者的文化环境，从而使外来文化逐渐扩散渗入到本土文化之中。

此外，由于受地理环境、文化势能的影响，不同地域旅游文化的整合程度不同，它既可能是局部性的，也可能具有整体性。例如，地理环境的差异对文化整合的程度会产生一定影响。有学者研究，由于海南岛地域空间相对狭小，文化接触时回旋余地有限，所以一旦有新的文化系统输入，自然就会很快与原有的文化系统短兵相接，从而产生正面接触，故而发生在海南岛的文化冲突要比内地不同区域更为激烈，融合的程度也更高。内地文化在海南岛的传播扩散是一个历史渐进的过程，不仅受到当时所传播的文化水平高低、传播的文化内容、传播途径和形式等方面的影响，而且还与文化传播宿地即海南岛各地的自然条件、原有文化赋存、新旧文化间的联系等种种因素有关。以开发、开拓海南这一疆土为主要内容的文化在海南岛的传播扩散，因受本岛地形条件和气候等地理要素的作用，呈现出鲜明的地域特色。其文化景观、人才分布、农业开发等均表现出沿海拔呈圈层展布及东部胜于西部的总体特点。因各地基础条件的不同，必然影响文化的传播效果，进而反映出不同的文化发展程度，在汉文化的长期同化下，海南黎、苗等少数民族的文化特色日益淡薄，有些甚至已经消失，文化趋同的势头愈来愈猛，但仍能够借助各地各个文化层面的文化特质，如服饰、建筑、语言、习俗、饮食等景观的存留，感受到地区间较明显的文化差异。

4.3.3 旅游地域文化的转型

4.3.3.1 什么叫文化转型

文化转型是一种文化深层次的、根本的变化，与社会的变化和人的变化相关联，由于变化前后具有明显而相对稳定的特征，便把这一变化称为转型。导致文化转型的因素主要有两种：一是文化随着时间的推移，由于生产力发展、社会进步和自然环境变化所导致的文化模式的变化，也是各文化日渐深厚的过程；二是文化在空间的碰撞（即文化扩散）所导致，文化扩散引致的文化转型必然由器物层、制度层向心理层渐次展开。以近代中华文化的转型为例，开始是洋务运动，它着重去接受西方的物质文明，洋枪洋炮、中体西用；接着是包括戊戌变法和辛亥革命这两个在政治价值上不同的阶段，从文化的变化看，它们都发生在制度层面，力图实现"洞见本原"的目标；最后是五四运动，其任务是解决文化深层的问题，即人们的心理状态问题，真正达到"平人心之积患"。因此，批判地继承，有选择地借鉴、吸收，以兼收并蓄的方式改善，甚至重建文化模式是这类文化转型实现的主要途径。正因如此，文化空间的冲突结果一般不是文化征服，而是彼此取长补短，相互融合。

4.3.3.2 旅游地域文化的转型

旅游地域文化的转型主要是由于文化碰撞而带来的。在当代，旅游业在许多国家产业结构体系中已经成为发展速度最快、潜力最大、势头最好的一项新兴产业，尤其是在经济欠发达地区更是如此。一般来说，经济相对发达的国家和地区成为旅游客源国，其居民多成为旅游者；而经济欠发达地区由于社会经济状况落后，人口的社会文化素质较低，社会文化环境具有明显封闭性和自我隔绝性，使该地区的社会文化要素具有形式上的完整性和内容上的独特性与民族性，如保存着各种名胜古迹、风情民俗等，这类社会文化环境成为具有区别于区外系统和环境的特殊的旅游资源，为旅游业的发展提供了良好的条件，从而成为旅游接待地，在与不同文化的交流整合过程中，促使当地社会文化发生转型。这种转型主要表现在两个方面。

第一，旅游业转变成为当地支柱产业，带动当地经济文化的迅速发展。

由于旅游业是一种低投入、高产出的劳动密集型产业，成本低，收效快，且不需要较高技术水平，在缺乏资金和技术的经济欠发达地区，它很快就可以使当地居民成为旅游从业人员，促进旅游的发展，并使旅游业成为推动经济增长、创造更多就业机会的当地支柱产业。在中国，西部地区及周边一些少数民族地区，往往利用当地具有民族历史文化价值的自然景观和人文旅游景观，以多种形式发展旅游业脱贫致富。

例如，纳西族是我国居住在金沙江上游地带的少数民族，除四川、西藏有少量分布外，主要聚居在云南省西北部玉龙纳西族自治县及其周边的中甸、宁蒗、维西、永胜、德钦等县，在长期的历史发展中，纳西族人民创造了富有本民族特点的灿烂文化，形成并发展了自己的宗教信仰和风俗习惯。纳西族的婚姻家庭，多数地区实行一夫一妻制，旧时婚姻由父母做主，婚前社交自由。宁蒗泸沽湖周围的摩梭人则还保留着母系家庭和对偶婚的残余。纳西东巴文化在云南各民族中独树一帜。纳西族人能歌善舞，在生产劳动和民族节日中常有群众性的歌舞活动。民间乐器以葫芦笙、竹口弦和直笛为主。藏传佛教自元代传入纳西族，明、清两代广泛发展，对其社会生活和精神文化有深刻的影响。而道教洞经音乐这时也从内地传入，形成了丽江"纳西古乐"，经常在婚、丧、祝寿等场合演奏。纳西族一般居住在坝区、河谷和半山区。坝区民间住房多系土木结构的瓦房，格局多为"三房一照壁"。鉴于当地经济落后、少数民族资源丰富的特点，从20世纪90年代开始，在云南建设旅游大省战略的指引下，丽江以世界文化遗产丽江古城和东巴文化为代表的人文资源、以国家级重点风景名胜区为代表的自然资源作为依托，实施"旅游先导"战略，坚持以旅游兴县，加大景区开发力度，不断扩充景区容量，开拓海外客源市场和国内高消费客源市场，这里有闻名中外的大研古镇、玉龙雪山、金沙江、虎跳峡、泸沽湖，以及源远流长的东巴象形文字、纳西古乐、白沙壁画。旅游业已经成为丽江的支柱产业，境内已有近100家旅游饭店，云南省第一家五星级酒店就诞生在这里，丽江已经成为海内外著名的旅游城市，年接待海内外游客逐年上升，旅游收入稳步增长。据报载，2000年，全县旅游综合收入13.44亿元，以旅游业为主的第三产业在全县国民生产总值的比重达50%；2001年，到丽江旅游的游客超过300万人次，旅游收入超过17亿元；2002年，丽江共接待海内外游客320万人次，旅游收入20亿元；2003年，丽江旅游收入达到29亿元。旅游业的繁荣促进了当地传统文化的发展，丽江每年把旅游收入中的一部分用于古城修复与文化保护，许多濒临失传的纳西族文化在旅游大潮的触动下开始复活，得到了新生和重构。

第二，由于旅游业发展而带来经济体制的改变，最终引起当地文化系统核心层面的回应，民族心理发生转变，民族文化转而为旅游业服务，促使旅游地域社会文化纳入国际化的进程。

因大量的持续的旅游者的涌入和所有人力资源乃至所有地方资源和民族资源投入旅游业，使各个不相同的民族社会都先后进入了国际化的进程。它们逐渐同国际范围内组织起来的经济、社会、文化体制连接起来。这些欠发达地区和民族社会在开发旅游业之前主要从事农业、畜牧业，甚至个别民族和地区仍保留着某种刀耕火种、采集、狩猎等相对更原始的生产阶段的痕迹。因旅游的开发，它们均成为旅游目的地，成为经济发达区域里工业、后工业文明社会不可或缺的一个补充和城市共生存的后花园。这些地区和民族在被动的、外力的驱使下突进式地或外植式地进入了现代社会。这使原有的由古老历史延续而来的经济、文化和生活就此转型；千年承续发展而来的独特民族文化，被开发成为旅游市场上的特色产品、主打产品；区域性的旅游业、民族的旅游业进一步转型为从事旅游业区域、旅游业民族。这时，这些民族和这些区域内原来相对稳固的经济、文化体系随着旅游业经济的兴起而解体。原先从事田间劳作的人力资源一夜之间成为旅行社、旅游开发公司、旅游接待公司、景点管理、餐饮等一条龙式的旅游业职员，原先按农事和岁时发生的节日及民俗民间活动，变成了旅游者即时消费的文化产品。以纳西东巴文化为例，东巴文化作为丽江纳西族传统文化的核心部分，涵盖了纳西族社会生活、风俗习惯、道德观念以及文化艺术等方方面面，被誉为"纳西族古代社会的百科全书"。当地旅游的开发，使原本仅限于学术界研究而被人们视为神秘深奥的东巴文化，由于具有国内外知名度高、各种载体的视觉与听觉审美特征强等特点，迅速步入市场，直接为旅游业服务，并越来越发展成为推动丽江旅游大潮的主要文化因素。以东巴文化内容为素材的各种工艺品（如书画、木雕、石雕、篆刻、扎染、蜡染等）在丽江新老城区的大街小巷随处可见，琳琅满目，一大批分属演艺（如丽江东巴宫）、旅游景区景点（如东巴万神园、玉水山寨）、餐饮及副食业的东巴文化产业脱颖而出，有关东巴文化的系列书籍已有159种，各种音像制品也不下20种，并逐渐形成了一定的产业规模。馆藏文物资料1万多件的东巴文化博物馆以及各种东巴文化学校相继建立，促使东巴文化走向世界。

[案例4-3]

旅游地域文化的转型：印度尼西亚的托六甲①

美国加利福尼亚大学伯克利分校的人类学专家E·克里斯特尔（Eric Crystal）考察了印度尼西亚托六甲（Tana Toraja）地区的旅游业，对旅游业使托六甲民俗和文化内涵的转型做了研究。托六甲人的数量为20万人左右。像印度尼西亚的其他地区的大多数民族一样，他们都受到了印度文化、伊斯兰文化和基督教文化的影响。直到最近，托六甲人还保留着他们的宗教信仰，而这种信仰是建立在对祖先和众神的崇拜之上。自然，活着的人都能在一种符号系统中相互联系，在血缘和婚姻纽带上共同连接，将每一个家族都附着于祖先所遗留下来的房子的装饰物上。精心安排的和经常是冗长的葬礼显示出无比的重要性，它往往伴有唱歌、列队前进和舞蹈，在葬礼期间仪式化地屠宰大量的猪和牛。那些被邀请分享这顿肉食的家庭不得不在将来的某一天用实物的形式偿还他们的"债务"，否则要冒丧失社会的风险。

自1906年起，荷兰传教士的到来意味着许多的葬礼仪式虽继续被演示着，但它们越来越降为地方风俗，并丧失了它们早期所具有的那种深层次的、宗教上的大部分内容。更有甚者，在1949年印度尼西亚从荷兰人手中赢得独立之后，政府下决心要实现印度尼西亚的现代化。20世纪70年代，这里成为旅游开发地区。1975年，大约有2 500名游客参观了托六甲地区；但到1985年，这一数字已上升到约40 000人；在1986年，托六甲地区成为仅次于巴厘岛的印度尼西亚最重要的旅游发展区；到20世纪80年代中期后，汽车服务、宾馆和饭店像雨后春笋般地遍及全岛，并且旅游代理人正源源不

---

① 章海荣. 旅游文化学［M］. 上海：复旦大学出版社，2004.

断地从世界各地和印度尼西亚的其他地区拉来大量的游客。国际旅游业已完全改变了托六甲的社会结构。对此，E·克里斯特尔说道："托六甲地区文化是反映东南亚本土建筑、工艺和宗教传统的鲜活例子。这个相当偏僻的地方虽然早已被整合进入现代印度尼西亚政治体系，但是直到新政府开始挖掘它的文化资源来发展国际旅游业时，它才出现在国家的发展规划中。1974 年 11 月前的资料显示，托六甲区商业旅游小规模增长的负面影响很小，在某些情况下甚至有助于恢复人们对当地仪式和艺术传统的兴趣……然而，如果游客不断涌入这个地区，即便规模不大，我们也得对其可能造成的长远影响加以考虑……对旅游业可能出现的影响进行预测只能是暂时的。苏拉威西的旅游道德观对高地人祖传的仪式性自我决定的特权做出让步，因此托六甲在省级和国家级的规划中的地位异常地突出。不断增长的旅游业必然会导致宗教意识的商业化。果真如此的话，托六甲仪式将成为商品。如果一时的某个方面——实物赠与改变了，那么与葬礼有关的风俗习惯的其他所有方面还会一成不变吗？作为一种选择，仪式活动会被重新组织，变成一种向游客展示的'表演'，而这样的'表演'有可能会让仪式丧失其完整的涵义……这一切充分说明，旅游将会成为托六甲人生活的特征，这一特征会不断发展。要预告防范旅游的有害影响，比如亵渎遗产、玷污仪式、让坚持传统主义的农民成为牺牲品，我们必须明智地对旅游进行规划。"

□ **本章小结**

旅游目的地文化不仅包括旅游吸引物，也包括人文素质等文化因素，还包括与旅游者自身文化背景相互作用、相互影响而产生的复杂文化内容。它是出发地和接待地两种不同文化直接相遇、碰撞和发生交融的地区文化，在很多情况下，它代表着一种低势能文化。大量来自不同文化背景的旅游者在旅游目的地游览观光，对旅游目的地文化产生持续不断的积极或消极的影响，或者导致旅游目的地文化的复兴与再构，或者造成当地文化的庸俗化、商品化，从而引起旅游目的地文化的嬗变。

旅游目的地文化类型，与其所在地资源类型密切相关，是为适应多元化旅游需求而开发出来的，它们依托独特自然环境和人文意味，以鲜明、精确的旅游形象展现在世人面前，使旅游者对其文化内涵感知、了解、体验，从而形成别具一格的旅游文化形象，满足旅游者娱乐休闲和求知求异的需要。

一定地域范围内的自然或人文旅游资源，在长期的历史发展过程中，同一地域内政治传统、经济生活方式、风俗习惯以及文化心理，往往以其独特的文化源头作为地域特征，逐渐融合同化，形成具有明显区域特色的旅游地域文化。由于旅游业的发展，它又与来自异域文化系统的各种文化发生冲突、渗透、融合，从而导致地域文化的整合。而不同文化在空间的碰撞，必然引起地域文化系统由器物层、制度层向心理层的渐次展开，最终出现旅游地域文化的转型，促使旅游地域社会文化纳入国际化的进程。

□ **课堂讨论题**
举例分析旅游对旅游目的地社会文化的影响。

□ **复习思考题**
1. 什么是旅游目的地文化?它有哪些类型?
2. 什么叫旅游目的地文化形象?旅游目的地文化形象的设计应该遵循什么原则?
3. 旅游地域文化是如何整合的?

5 旅游消费文化

□ 学习要点

- 掌握旅游消费文化的概念，中西方传统文化的差异，以及文化的差异对旅游消费行为的影响
- 了解消费行为的理论和模式
- 了解旅游消费文化创新和传播的基本理论和模式
- 结合旅游专业的理论知识，运用与实践相结合的方法，理解后现代思潮对旅游消费文化的影响和当代旅游消费文化的演变趋势

现代旅游是一种对生活意义的追求，代表着一种走向世界的新趋势，是一种不同文化身份的人以整个世界为家的尝试。在当今高度发达的工业文明和后现代社会中，由于旅游活动本身所包含的文化属性，人们的旅游尝试也愈来愈突显出各自的文化特色。正是如此，才使得旅游消费行为的众多影响因素中，文化因素的地位和作用随着时间的推移而日益突出。如何从文化的纵横比较中把握旅游者消费行为的特点，并为旅游业所把握，也切实地摆到了旅游各界的面前。

本章所讲述的旅游消费文化即旅游消费行为文化，包含了两层含义：一是指文化对旅游者消费行为的影响；二是指旅游者在消费过程中的各种文化表现。

5.1 消费行为

旅游消费行为是众多消费行为中的一类，它遵循着消费行为理论和模式。

消费既是一个经济问题，也是一个社会问题。不同领域的学者从不同的角度研究、探讨消费者的行为活动规律，提出了许多旨在解释消费行为的理论与模式。

5.1.1 消费行为理论

5.1.1.1 习惯行为理论

习惯行为理论认为：消费行为实际上是一种习惯建立的过程。消费偏好是在重复使用中逐步建立起来的，不一定要经过认知过程。消费者的购买行为与刺激—反应的强度有关，并且主要取决于消费者在多次刺激—反应中所形成的习惯强度。这种习惯越强烈，购买动机的诱发就越无需建立在对商品的喜欢上。

5.1.1.2 减少风险行为理论

消费者购买行为就是在想方设法寻求减少购买之后可能遭受损失的途径。消费者的损失包括身体损失、时间损失、经济损失和社会声誉损失等。为了减少购买风险，消费者会采取选用名牌、从众决策等方法，同时注重生产者的商业信誉。

5.1.1.3 解决问题行为理论

消费行为基本上是解决问题的行为。人有各种生理和心理上的需求，这些需求如果得不到满足，就会产生内在的紧张情绪，会有不舒服的感觉，解决问题的办法就是做出购买决定，从而恢复平静。这种理论同时指出了消费者购买行为中所面临的三类问题及解决办法。

广泛性问题，指对非连续性新产品的购买。解决的办法是深入进行信息处理，形成新概念，建立一套评估准则，决定对其是否采用。

局限性问题，指对连续性新产品的购买。解决的办法是利用原有评估原则，在肯定原概念的基础上修改旧有标准，建立起新产品的形象。

惯常性问题，指对习惯使用消费品的购买。解决的办法是不做过多的考虑，运用原有的概念快速做出反应。

5.1.1.4 选择决定行为理论

消费者购买行为是一个在目的、步骤、策略中反复进行选择，做出决定的行为。选择的目的是从众多的产品中决定其一，这个目的可以在购买行为之前对各种产品没有任何整体形象和态度时就达成。选择的各个步骤可能会在一段时间内同时进行，而消费者采用不同策略所实现的最后选择可能不同。选择过程一般是：选择候选产品—选择评估标准—选择一种选择策略—最后决定。

5.1.1.5 象征性社会行为理论

产品是一种社会语言，消费者购买行为就是如何用产品来表达人的身份地位、人与人关系的行为。按照这种理论，产品必须具备以下三个特点才能用作社会象征物：①产品能见度高，消费者使用时易暴露，引起社会的注意；②产品的变化程度大，款式或功能新颖；③产品的个性化突出，不与其他产品雷同。

5.1.1.6 学习过程理论

消费行为发生于不断的学习过程中，通过学习获得经验，改变原有的购买行为，使购买行为合理化、科学化。学习主要通过理论、思考、比较、判断等机制进行。学习的内容和途径是：①个人直接的消费经验；②他人间接的消费经验；③消费知识和技能；④生产者的营销活动。

上述的每一种理论都具有一定的合理性，但显然都只适宜于解释某一类消费活动或消费活动的某一阶段。比如，习惯行为理论适合解释习惯性、重复性购买行为。减少风险行为理论对于分析实际消费行为是有相当高的价值的，但它本身并没有揭示消费产生的动机。

5.1.2 消费行为模式

5.1.2.1 消费行为模式

经济学家、心理学家、行为学家等研究者为了形象地表现消费行为的运动规律，揭示其本质特征及影响因素，建立了许多有关消费行为的模式。

1. 马歇尔模式

最早研究消费行为模式的是英国经济学家马歇尔。他认为，消费者的决策基于理论判断和清醒的经济计算，即每个消费者都根据本人的需求偏好、产品的效用和相对价格来决定其购买行为。马歇尔模式揭示了消费行为主要的决策方式，但只强调了经济因素，而忽视了其他因素的影响，仅仅提供了消费者达成理智性购买行为的逻辑标准，无法单独解释消费行为的产生和变化，也不能阐明消费偏好的形成原因、消费动机差异等基本问题。

2. "刺激—反应"消费模式

著名心理学家巴甫洛夫将人类的需求行为视为一种"条件反射"过程，提出"刺激—反应"消费模式。这种模式认为，消费过程可分为驱策、诱动、反应和强化四个步骤。没有诱发购买行为的内部力量和满足需要的产品，就没有购买行为（反应）诱因和反应之间的关系。与以前需求的满足程度直接相关，如果反应经常被强化，时间一久就成为习惯，导致消费者重复购买。巴甫洛夫提出的这一模式强调了决定消费行为的心理机制和心理过程，为人们把握消费行为规律提供了良好的基础，但对消费活动的其他方面没有涉及，因此被认为是欠完善的。

3. EBK 模式

美国俄亥俄州立大学的三位学者 Engel、Blackwell 和 Kollat 于 1978 年提出了建立在消费者购买决策程序基础上的消费行为模式，称为 EBK 模式。这种模式认为，典型的购买决策过程一般可分为五个步骤，即确认问题、收集信息、判断选择、购买决策和购后评价，如图 5-1 所示。

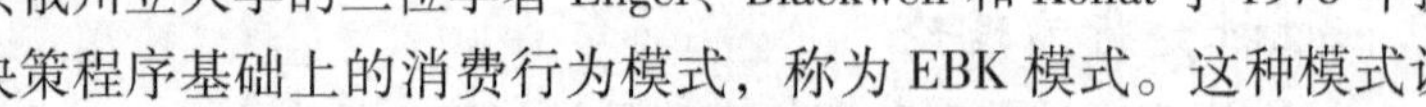

确认问题 → 收集信息 → 判断选择 → 购买决策 → 购后评价

图 5-1 EBK 消费行为模式

4. 社会心理模式

社会心理学家维布雷宁创立了关于消费行为的社会心理模式，通常称为维布雷宁模式。该模式认为，人类是一种社会性的动物，其需求和购买行为一般受到社会文化和亚文化的影响，并遵从其所处的相关群体、社会阶层和家庭等特定的行为规范。上述社会因素往往直接形成和改变人们的价值观、道德观、审美观和生活方式，进而在很大程度上决定消费者的购买行为。

5. 塔尔德模式

心理学家塔尔德也是从心理学的角度提出了塔尔德模式。该模式认为，消费行为是消费者希望和信仰这两个心理原因共同起作用而产生的结果，可用公式表示为：

$$C = f(D, Cr)$$

式中，C——消费行为；D——希望；Cr——信仰。

显然，希望和信仰两个变量与消费者的文化背景有着密切的关系。

6. 消费行为函数

行为学家科特·莱文认为消费行为是消费者个人特点、社会因素和环境因素的函数，可用公式表示为：

$$C = f(P, S, E)$$

式中，C——消费行为；P——消费者个人特点；S——社会因素；E——环境因素。

7. 菲利浦·科特勒消费行为模式

根据美国著名学者菲利浦·科特勒的归纳[①]，消费者的行为模式如图 5 – 2 所示。

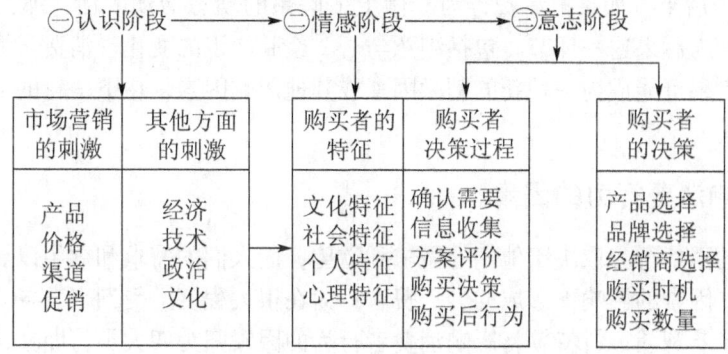

图 5 – 2　消费者行为模式示意图

这个模式认为，消费者接受了消费刺激后，又经过个性特征的影响和心理活动，从而确定购买的方式、数量和质量。这是消费者做出消费决策的一贯程式，集中体现了消费者消费的全过程。

5.1.2.2　消费行为模式的构建

关于消费行为模式，虽然有许多不同的解释，但是其构建都需要考虑以下几个基本问题。

(1) 刺激因素。即那些能引起、激发消费者进行心理活动并做出行为反应的因素。待满足的需要一旦产生，肯定是一种刺激因素。可是，在许多行为决策过程中，待满足的需要并非一开始就存在，往往是在由其他因素所引起的心理活动过程中被认识到的。能激发消费者进行心理活动的其他因素，如家庭的、社会环境的、营销的因素，也是消

---

① [美] 菲科浦·科特勒. 市场营销管理（亚洲版，上册）[M]. 北京：中国人民大学出版社，1997.

费刺激因素。

（2）心理活动过程。消费者在遇到刺激后并不是立即做出反应，而是首先对各种因素进行处理，然后才会做出反应。传统的消费模式将消费者行为的内部过程视为不可捉摸的"黑箱"，因而未对其进行很好的描述和分析，也就难以找出输入和输出的关系。消费者的心理活动过程是有序的，一般要经过认识过程、情感过程和意志过程三个阶段，认识是行为的基础，意志是行为的保证，情感对认识和意志心理过程起着强化或弱化的作用。意志过程的执行决策阶段又是与外显的消费行为相并行的。

（3）影响因素。对于对消费者会有什么行为反应来说，刺激因素同时就是影响因素。但是，在心理活动过程中，消费者同时也会受到其他因素的影响。刺激因素激发了消费者的心理活动过程，而其他因素是在这一心理活动过程开始后起作用。这两类因素虽然在发生作用的时间上有所不同，但对形成何种决策和行为反应却无甚差别，因此，都可以当作影响因素来看待。

（4）输出物。即狭义的消费行为，包括是否买、买什么、何时买、何处买、怎样买等。

（5）行为后果。如果把消费行为看做上下联系的动态活动的话，那么消费模式的构建还应含行为后果这一环节，包括满意与否、经验知识的变化、消费习惯、偏爱的变化等。行为后果可能成为一种新的刺激因素或其他影响因素，在下一轮的消费决策和行为中发挥作用。

5.1.3 影响消费行为的因素

消费者的消费行为取决于他们的需求和欲望，而人们的需求和欲望以至消费习惯和偏好是在许多因素的影响下形成的。消费者行为在很大程度上受到来自各方面因素的影响。美国学者菲利浦·科特勒将影响消费者行为的因素归为四大类，即文化因素、社会因素、个人因素和心理因素①，如图5-3所示。

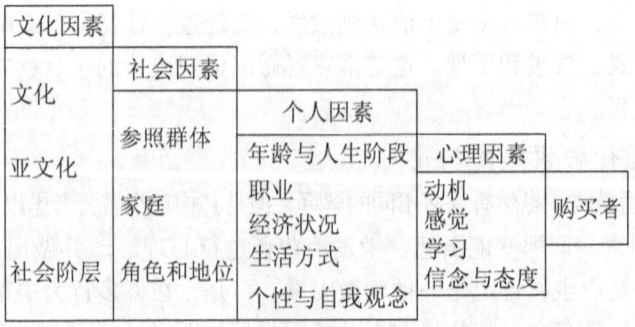

图5-3 影响消费者行为因素示意图

---

① [美] 菲利浦·科特勒. 市场营销管理（亚洲版，上册）[M]. 北京：中国人民大学出版社，1997.

5.1.3.1 文化因素

文化是一种生活方式的总和，它包括社会成员共有的预期行为、信仰、价值、语言和生活实践等等，同时由外显的和内隐的规则所构成。文化对人类的行为施加影响，决定哪些行为是有益的，是会获得褒奖的；哪些行为是有害的，是应当予以阻止的。文化强化了价值观，它帮助人们决定什么东西是恰当的和可取的，什么东西是不可接受的；文化告诉人们什么是正确的、真实的、有价值的和重要的；文化教会人们各种重要规则、礼仪和程式；文化规定并确定社会大多数人都须服从的观念与规则。总之，文化是人类欲望和行为最基本的决定因素，消费者的文化背景决定其价值取向、偏好和行为的整体观念。

亚文化（subculture），是主导性文化的分支或次属文化，是由各种社会和自然因素造成的各地区、各群体文化特殊性的方面，具有社会化程度较小、认同感更为具体的特点。如因阶级、阶层、民族、宗教以及居住环境的不同，都可以在统一的民族文化之下，形成具有自身特征的群体或地区文化，即亚文化。代表亚文化的可以是一个小型的群体，也可以是一个庞大的群体，人们可以同时成为许多不同群体的成员。一个人可以同时认同自己是一个白种的法国人、一个基督徒、一名中产阶级的成员。亚文化为其成员提供规范与准则，指导其行动、相互交往、思考问题。亚文化作为主流文化的补充，在社会生活中发挥着作用，有时甚至起决定性的作用。

社会阶层，指在一个社会中，具有相对的同质性和持久性的群体，它们按等级排列，每一阶层成员具有类似的价值观、兴趣爱好和行为方式。社会阶层有几个特点，一是同一社会阶层内的人，其行为要比来自不同社会阶层的人的行为更加相似；二是人们以自己所处的社会阶层来判断各自在社会中占有的高低地位；三是某人所处的社会阶层并非由一个变量决定，而是受到职业、所得、财富、教育和价值观等多种变量的制约；四是个人能够在一生中改变自己所处的阶层，既可以向高阶层迈进，也可以跌至低阶层。在诸如服装、家具、娱乐活动和汽车等领域，各社会阶层均显示出不同的产品偏好和品牌偏好。

5.1.3.2 社会因素

参照群体，指一个人的行为常常受到许多群体的强烈影响。其参照群体是指那些直接或间接起影响作用的看法和行为的群体，如家庭、朋友、邻居和同事，以及各种宗教组织、专业协会等等。

家庭，作为一个主要的参照群体，决定了大多数人的行为准则。现代社会中，家庭仍是许多人生活中的最重要部分，是社会上最重要的消费者购买组织。购买者家庭成员对购买者行为影响很大，每个人都从父母那里得到有关政治、经济、个人抱负、自我价值和爱情等方面的指导，在许多父母和子女共同生活在一起的国家里，如东方国家，父母的影响力是非常大的。此外，夫妻及子女在各种消费中也起着不同作用，相互之间产生影响。

每个人在各群体中的位置可用角色和地位来确定。每一角色都伴随着一种地位，这一地位反映了社会的评价。如，企业的 CEO 这个角色比中层管理人员这个角色的地位高，企业中层管理人员的地位比一般职员的地位高。人们在购买商品时往往结合自己在社会中所处的地位和角色来考虑。

5.1.3.3　个人因素

年龄和人生阶段。人们在一生中购买的商品会不断发生变化，不同年龄和不同人生阶段的收入状况存在差异，处在不同阶段的消费需求各不相同。

职业和经济状况。职业决定一个人的收入水平、闲暇时间，反应其消费性质和生活经历，经济状况决定着一个潜在的消费者能否实现其消费愿望及消费水平。

个性、自我观念和生活方式。个性反映了一个人持久、独特的心理特征，个性因素决定了不同消费者在面临类似环境时会做出的独特的反应，而且这种反应不会轻易改变。自我观念可以在很大程度上解释不同个性的消费者为何表现出不同的行为，比如，一位认为自身具有高贵气质、向往浪漫经历的旅游者很可能把法国作为旅游目的地，或选择到高档豪华餐厅享受法国大餐。生活方式包括例行的日常生活、活动、兴趣、看法、价值、需求和感知，表现了消费者的不同个性，反映其思考和行为的独特模式。

5.1.3.4　心理因素

动机是激发人的活动，并使人的活动持续指向一定目的的心理倾向，许多研究者认为动机是行为的主要决定因素。作为一种需要，动机能够及时引导人们去探求满足需要的目标。

感觉是指将外部世界的信息转换为内部思维的过程，它取决于刺激物的特征，同时还依赖于刺激物与周围环境的关系以及个人所处的状况。不同的消费者对同一刺激物所产生的感知是不同的。

学习，尤指学习如何消费。消费者在消费过程中会遇到不少问题，要解决这些问题，就得积累经验、收集信息、学习消费。消费者的学习与感知相关，通过感知信息，丰富知识与技能，适应新的环境，并为将来的消费决策积累经验。

态度是消费者对人、事、活动等态度对象的稳定的基本看法。心理学研究表明，消费者的态度一经形成，就会产生特定的偏好和行为倾向，并进一步影响其消费决策。态度可以帮助消费者在市场上做出购买决定。当消费者对备选产品进行比较时，会在其中选出最为喜欢的一种产品。

从上述分析可以看出，消费行为受多方面因素的影响，其中文化因素起着根本性的作用，社会、个人、心理因素的各方面也受文化因素的制约。从某种意义上说，文化是一个社会个性的反映。一个人身处社会中，无时无地不受文化的影响。

5.2 旅游消费行为的文化指向

5.2.1 文化对旅游消费行为的影响

旅游消费文化即旅游消费行为文化，它既包括旅游者在消费过程中的各种文化表现，也包括文化对旅游者消费行为的影响。

5.2.1.1 旅游消费行为

旅游消费，是旅游主体在有时间保证和资金保证的情况下，从自身的享受和发展需要出发，凭借旅游媒体创造的服务条件，在旅游过程中对物质形态和非物质形态存在的旅游客体的购买和享受的支出（投入）总和[①]。旅游消费行为，是旅游活动与消费活动的交叉重合行为，包括旅游者的食、住、行、游、购、娱等多个环节。旅游者在为了旅游而进行的消费活动中的购买行为，旅游者的购买决策过程，影响旅游者购买行为的因素，旅游者在消费旅游产品和服务时的体验，以及旅游者对旅游消费效果的评价和反映，都属于旅游消费行为研究的范畴。

旅游消费行为有广义和狭义之分。广义的旅游消费行为包括从旅游消费需要的产生、消费计划的制订到实际消费以及其后产生感受（满意程度）的全过程。狭义的旅游消费行为强调行为是一种外在表现，仅指旅游者的购买行为以及对旅游产品的实际消费。

人们在一生中要消费许许多多的产品和服务。有的消费是基于生理需要，有的消费则是基于发展、享受等社会性的需要。从旅游消费的构成来看，旅游消费是综合性很强的消费，既包括满足旅游者旅游过程中生理需要的消费，也包含满足旅游者发展和享受需求的消费。从旅游消费结构层次来看，消费者追求的主要是精神和文化上的发展和享受。根据国际旅游业发展的经验，随着人们生活水平和社会进步程度的提高，在旅游消费结构中，对生存资料的消费比重会逐渐下降，对发展资料和享受资料的消费比重会逐步上升。现在，学术界普遍认为，旅游消费是高层次的社会性消费，它是在一定社会经济条件下发生和发展的，受社会风气影响和制约的一种社会经济文化活动。

5.2.1.2 旅游消费过程中的文化差异

由于旅游活动本质上是一种高层次的精神文化活动，在旅游消费过程中，文化的制约和影响表现得非常明显。

人们注意到，在旅游倾向上，白色人种比有色人种积极，城市居民比乡村居民积极，户主学历高的比学历低的积极。

---

① 宁士敏. 中国旅游消费研究 [M]. 北京：北京大学出版社，2003.

在旅游流向演变方面，一些国家或地区表现出明显的乡村化倾向，另一些国家或地区则呈显著的城市化倾向，而这样的差异又不是能用经济规律来解释的。

来自不同国家或地区的旅游者，旅游消费的具体行为方式相差很大。比如，旅游团中的日本游客与美国游客，或者说日本旅游团队与美国旅游团队，在旅游活动中的行为有显著差别。日本旅游者聚在一起，会根据某些基准，如年龄、社会地位等，意识到相互间的排列名次，然后以此相应地约束自己的行动方式，一般不喜欢采取和团友相背离的行为。当他们要自己决定行动时，首先考虑别人是怎么行动的，或者那样做后别人会怎样看自己。日本游客会"规规矩矩"地听导游的讲解和安排。日本游览团外出走起来像个古希腊方阵，而不是旅游时通常出现的杂乱、时常有人掉队的松散队伍。日本游客在发表意见和阐明意志时，往往能先体察对方的心情和态度，使用审慎、婉转的语言。美国游客则大不一样，他们一般都具有强烈的"以个人为中心"的行为特征，喜欢直截了当地向导游或旅行社表达自己的意志和意见，并且坚持自己的主张。那种导游举着一面小旗子领着大家的做法，在美国游客看来，导游像个牧羊人，而游客像群羊，美国客人是无法适应和不愿接受的。

信仰基督教的游客不愿住号码为13的楼层或房间，若以12B或14A代之，问题就解决了；来自佛教国家的游客喜欢参观寺院，购买佛鼓、佛像等佛教用品，而来自基督教社会的游客却很少这样做。

中国人在旅游消费方面有共同的特点，但不同地区、不同民族、不同年龄、不同社会阶层的旅游者的旅游消费行为又各具特色。优秀的饭店或旅行社管理人员都会告诫部下如何有针对性地接待北京、上海或者广东客人，如何组织适应于不同职业游客的服务产品等。事实上，在任何一个国家或地区都存在着类似的情况。例如，美国旅游心理学家梅奥等人注意到英裔美国人和墨西哥裔美国人在旅游消费行为方面截然不同，并告诫旅游服务公司"必须对民族及其他一些亚文化差异保持敏感，因为这些差异会影响人们对闲暇和旅游的偏好。在一个以满足某些群体的特殊需要为赚取利润最为可行手段的旅游市场中，这一些尤为重要"。

类似于上面所述的现象，在旅游活动中是随处可见的。导致这些现象的原因，固然不能完全排除经济因素，但文化的作用是显而易见的，并且是巨大的。文化作为一套信仰、价值观念、态度、习惯、风俗、传统以及行为方式，必定影响旅游者的生活志向——他所扮演的角色、他与别人的关系、他感知事物的方式、他感到需要的物品和服务以及其他的作为消费者的具体行为。

创立消费行为社会心理模式的维布雷宁认为：文化和亚文化是人类在水平方面的差异，垂直的差异则是社会阶层。同一阶层有大致相同的价值观、道德观、消费观和生活方式，因而有基本相同的需求和购买行为，进而形成相似的消费习惯。消费文化在不同的社会阶层之间表现出相当大的差异。比如，有闲阶层和上层社会的旅游需求和消费行为受本能需求的影响不如受名誉追求的影响来得强烈，而"无产阶级"的旅游消费具有讲求实在的特点，消费的职业倾向较为明显。

相关群体对旅游消费行为的影响以及社会旅游流行现象的形成都是同社会文化背景相联系的，或者说以文化作为发生器和推进器。近年来在我国出现的"三国"旅游热、三峡旅游热、民俗旅游热等现象，都可以从文化上找到根本原因。

5.2.1.3 文化决定旅游消费行为

旅游活动本身是一种文化生活。旅游者的文化背景决定了他们的价值取向、对旅游的重视程度及其对不同旅游活动和产品的消费偏好。因此，文化是旅游消费的决定因素，它从根本上制约着旅游者的活动和行为。文化对旅游消费行为的影响具体体现在以下几个方面：

第一，文化控制个体某些心理欲求，禁止和限制某些本社会、本民族不允许或不合理的旅游动机得到满足。

第二，文化决定个体的旅游消费观念和旅游行为标准。

第三，文化造就和影响旅游者的消费习性和具体消费行为。

第四，文化通过社会风气、参照群体等支配旅游消费需求满足的发展方向。

文化对旅游者消费行为影响往往是潜移默化的，有时甚至连旅游者本人都没有意识到。例如，体育活动是西方国家的一种重要的文化价值取向，它对度假旅游活动内容产生着广泛影响。高尔夫、网球、滑雪和潜水等体育活动是大多数欧洲和美洲旅游者娱乐旅游的首要动机，而不是旅游的附加产品。但是在中国，人们在旅游活动中通常不会首先考虑体育活动，而是更重视增广见闻。在出游时间上，中国人通常不会在年三十至大年初三期间离家度假，但是，在大年初二却很可能开始探亲之旅，在重阳节则会选择一些短途的登高游憩活动。再如，旅游几乎已经成为西方发达国家公民生活中不可缺少的重要部分，但在中国，旅游尚未演变成国人的消费习惯。

5.2.2 旅游消费行为与传统文化

文化因素对旅游消费行为起着决定性的作用，传统文化构建了文化因素内涵的基础，要分析旅游消费行为的文化表现，应从传统文化开始。

5.2.2.1 中西传统文化的根本差异

对于中西传统文化的差异，在论述的角度和最终的看法上是多种多样的。梁漱溟先生说："西方文化是以意欲向前要求为根本精神的。""中国文化是以意欲自为调和持中为其根本精神。"

跨文化差异的基础是什么？或者说应该从哪些方面入手分析两种文化的差异呢？美国学者克鲁柯亨等提出五个基本问题，每个问题都有三个可能的答案：①如何看待人的本性（恶、善、恶或善）；②人和自然的关系是什么（屈从、协调或主宰自然）；③时间取向的本质是什么（过去、现在、将来）；④人生活的基本目的是什么（生存、自我实现、自致）；⑤人同周围人的基本关系的实质是什么（等级制的、家庭取向的、个人主义的）。在此，我们就以这五个方面为主，综合各种观点，对中西传统文化的基本差异作简要分析。

1. 对人的本性的看法：性善与性恶

人性究竟是善是恶，那是哲学家思考的不老命题，这里不作评析。

在中国的思想体系中，虽然有韩非主张的性恶论，但主流是主张人性的本质是至善的。《三字经》的"人之初，性本善。性相近，习相远"，既强调了人性本善，又重视后天的影响。坚持性善论，强调仁、义、礼、智，中国文化基本上是善本位、自我超越型文化，具体地说就是把价值之源置于个体内在之心上，认为道德修养的功夫和途径是"自反""自省""尽心知性"，自我修养的目的不是要"独善其身"，而是要达到"齐家、治国、平天下"，以求取个人在社会人际秩序中的和谐。

在西方的思想体系中，由于受基督教的影响，性恶论占主导地位。在基督教的圣经里，人类始祖亚当和夏娃住在伊甸园中，受蛇的引诱违背了上帝耶和华的旨意，偷吃禁果，犯有"原罪"，被驱逐出乐园。这一"原罪"成为人世苦难的根源。至今相当多的西方人仍认为人性是恶的，也是可以教化至善的。西方文化由性恶论出发，突出人品质修养的社会化，重外在的社会教育和规范功能，重对"真"而非"善"的追求。

中西之间在人性这一基本问题上的认识差异导致了中西文化在自然取向、时间取向、生活目的取向、人与人关系取向等诸方面的差异。

2. 人和自然的关系：协调与支配

中西方文化在人与自然关系的认识上有着明显的不同。三面高原一面海的相对闭塞的地域特点，使得古代中国文化基本上与外隔绝、独自创发。中国是一个农业社会，中国文化以农耕经济为基础，农业文化就成为中国传统文化的根底。农业生产与自然界有着最为密切的关系。在生产劳动过程中，人必须同自然协调相处，以宽容态度对待自然，否则就会受到自然的报复，因此形成中国传统文化中重视"天道"、讲究天人和谐的精神，即强调人的行为要符合自然发展趋势，遵循自然发展规律，人道要与天道相适应。这种精神有其积极的方面，如对于今天治理环境污染、维护生态平衡是有显著意义的。但必须指出：从辩证的观点看，在较低的生产力水平制约之下，中国传统文化中所谓的天人一体思想无疑也带有屈从自然的价值取向。由此引申出重农轻商、安土重迁等思想，把人们牢牢地束缚在土地上，日出而作，日落而息，春种夏管，秋收冬藏。这种定型化的生产、生活方式使人们习惯于乐天知命、安分守己的处世之道，满足于渔歌唱晚、牧童横笛的田园生活，思想感情表现为喜一不喜多、喜同不喜异、喜静不喜动、喜稳不喜变。千百年如此，进而形成中国人闭关锁国、中庸平和的民族性格。

相对而言，西方民族可称为海洋民族。西方文化的活水源头是古希腊文化。古希腊境内多山、多海岛，拥有许多良好的天然港湾。不可能孕育出自给自足的田园梦想（据研究，古希腊的粮食消费必须靠从海外采购接济），却为文化的开放与扩张提供了无与伦比的优良条件。大规模的有组织的海上移民和海上贸易活动就成为希腊民族赖以生存和发展的必要手段。海上航行的瞬息万变、突发情况的频繁出现、生产生活的艰苦困难，使得人们不得不具备一种强烈的独立意识、怀疑意识和挑战意识。对力的崇拜、对命运的抗争，使西方文化从一开始就将人与外在自然分裂、对立起来，把自然界当作纯客观的没有生命只有规律的物质存在，人必须全面征服自然。这种自然取向促成了人们对科学技术的重视，而随着科学技术的不断进步，支配自然的价值取向愈加强烈，从而塑造了人们讲求效率、勇于竞争、不怕冒险等外向的、理性的行为方式，这与中国人的行为特点是迥然不同的。譬如，中国人发现了指南针和火药，主要用它们来测风水和制作爆竹，西方人则用于指示航道和炸开沿途国家的门户；中国人喜欢说"金窝银窝，不如自家的土窝"，西方人则贯彻"哪里好，哪里就是家乡"的准则。

3. 人与人的关系：伦理本位与个人本位

在强调道德伦理的中国文化体系中，个人是通过他人、通过社会关系来定义和设计的，被当作血缘纽带、人伦秩序、封建等级、名分差距中的符号，不受伦理和集体关系定义的个体常常被视为是一个"不道德的主体"。传统中国是一个典型的农耕民族，农耕民族的典型社会载体是自给自足、守望相助的村落共同体，因此，伦理本位就集中表现为家族本位或家庭本位。

与此相反，西方文化对人的个性（personality）非常崇尚，追求个体对于家庭、团体、国家、社会的优先地位，或者说是由自我去定义各种外在的关系和角色，而非中国文化那种由外在关系与角色定义自我。人们常常举生活中的两个例子来说明中西文化的这种差异：在姓名排列顺序上，西方人先是本名，然后才是父名，最后才是本家庭的姓；中国人则是先姓后名。在地点表达上，西方人习惯于先从自己家的门牌号开始，然后才说街、区、县、市、省，最后才说国家；中国人的习惯恰恰相反。西方文化具有强烈的个人主义色彩和明显的个性精神。

4. 时间取向：现世、尚古与着眼于将来

在性善论、天人合一思想和伦理本位的支配下，中国传统文化的实用理性和现世精神非常发达，追求"经世致用"的认识功利主义，安身立命、安分守己的"身体化"倾向特别明显，相反则缺乏足够的外求意向和超越意向。与空间上的封闭锁国观念相对应，中国传统文化在时间取向上着眼于现世而非将来。中国传统文化又有"尚古"特征。综观历史，不难看出中国传统文化"厚古薄今"的趋向，这种趋向是有限时间观念的极端表现。"三亩好田一头牛，老婆孩子热炕头"就成为传统型中国百姓的生活理想；中国人的性格，按林语堂先生在《吾土吾民》中所说，表现出老成温厚、遇事忍耐、消极避世、超脱老猾、和平主义、知足常乐、幽默滑稽、因循守旧诸特征。

在开放的贸易经济基础上，受支配自然的价值观影响，西方文化不仅在空间观念上有趋向无限的倾向，在时间观念上也有趋向无限的倾向。尼采认为，现阶段的"人"并不是最理想的状态，"人"是必须被超越的东西。因此，他提出了"超人类"的构想。正如许多人所指出的那样，尼采虽然是无神论者，但在他身上仍然有西方文化的深层结构在发挥作用——那就是把人在世俗中的存在当作是一种被"原罪"所局限的状态，认为人必须超越世俗，趋向无限。因此，西方人比较富有创新、冒险、怀疑、自我批判精神，具有抽象化、系统化、思辨化的科学思维特点。

5. 生活的基本目的：合"礼"乐生与自致取向

中西文化在以上四个方面的差异，必然会导致中西方人在社会生活目的上的差异。礼乐思想、儒道学说的交织互补，为中国人树立了一种生活的标准和目的，一方面是忍耐、勤劳、节俭、敦厚与和平主义，另一方面是尽量享受生活所赋予人们的一切乐趣。在对幸福快乐含义的理解和追求的方法上，西方文化和中国文化有很大的区别，导致中国人和西方人人生基本目的的不同。受商品经济和基督教劳动精神的影响，西方文化体系功利意识一直非常浓重，从功利原则出发解释一切，鼓励人们追求物质财富，物质财富的多少被视为衡量幸福快乐程度的主要指标。林语堂先生说过："中国与欧洲的不同，似乎在于西方人有更大的能力去获取和创造，享受事物的能力则较小。"可以说，西方文化在对人生基本目的看法上表现出自致取向，但这种自致取向并不意味着对享受生活权利的压抑，恰恰相反，促成了重视享乐的人生观，与中国人重视立德的人生观截然不同。

5.2.2.2 中西传统文化背景下的旅游消费行为比较

正因为中西方传统文化存在着上述的种种不同之处，在中西方人的旅游消费行为中便处处体现出来。

1. 旅游动机的强弱差异

总体上，西方人的旅游动机要比中国人强。这当然也不能排除经济发展水平对旅游消费动机的影响，但这种差异的形成有着深远的文化原因。

西方传统文化强调支配自然、强调着眼于未来、强调个人主义、强调自致的取向，塑造了西方民族较普遍和较明显的外向型性格特点。

在中国，自古以来有"读万卷书，行万里路"的说法，虽然文人士大夫们还把山水之游作为修身养性的对象和工具，但安土重迁、不尚远行的文化特征也具有抵制旅游和反对旅游的倾向，人们缺乏冒险精神，求稳怕变，甚至把旅游看作不务正业，所谓"在家千日好，出门一日难""父母在，不远游，游必有方""孝子不登高，不临危"等，这就是中国传统文化设计的带有内向的性格倾向。据心理学家研究，外向型人或民族较内向型人或民族更乐于动，更乐于出游。在内向型传统文化的影响下，中国人的消费观（实质上就是消费文化）主要表现在：

量入为出，重视积累，节制现时消费。中国人主张生活上要精打细算，细水长流，做到年年有余。在消费行为学研究中，人们根据家庭各目标的关系和内容的基本倾向，把家庭分为"以家庭为中心的家庭""以事业为中心的家庭"和"以消费为中心的家庭"三类。中国的家庭以前一种居多，表现为刻意追求家庭生活的和睦、延续完善及天伦之乐，重视子女的教育和前途，为此必须或者说宁愿节制现时消费，勤俭持家。中国人储蓄倾向较高，异化储蓄动机也相当普遍，这对旅游动机的激发有一定影响。

重物质产品消费，轻文化娱乐消费和劳务消费。崇尚节俭和重视积累的观念反映在消费结构偏好中，就必然表现为重视有形的特别是耐用物质产品消费（耐用品的购买实际上也是一种积累），轻视或者舍不得文化娱乐消费和其他劳务消费，因为这些消费大都是"非实用性的"、过程性的，无法积累下来。旅游消费在很大的成分上是文化娱乐消费，是劳务消费，因此不少中国人认为它是一种奢侈，只能偶尔为之。

重视饮食，把饮食消费当作最重要的消费活动。一些文化学者指出：中国传统文化的身体化倾向甚为明显，受此影响，中国人一直强调"民以食为天""吃是真功，穿是威风"的传统消费观深入人心。在消费预算中，人们总是把吃放在首位考虑。在消费结构支出中，饮食消费支出占第一位。饮食需求的旺盛，导致了饮食文化的发达，吃喝不仅是满足生理需要的手段，也成为重要的享受甚至娱乐形式，这反过来又刺激饮食消费需求进一步扩张，使旅游动机在一定程度上受到阻抑。

受传统文化的影响，中国人的旅游动机在总体上相对西方人较弱，但由于旅游活动本身独具魅力，旅游消费实际上是不能被替代的。在改革开放之后的今天，中国的经济发展水平已今非昔比；过去的这些传统旅游消费观念已经发生了改变。随着收入水平的提高，物质生活的极大丰富，国家"黄金周"等休假制度的实施，旅游已成为人们生活中越来越广泛、越来越普遍的消费行为。

2. 旅游动机的类型差异

人们外出旅游的动机常常是多种多样的，这一方面是因为人们的需要是复杂多样的，另一方面也因为旅游本身就是一种复杂的综合性的社会活动。所以旅游动机类型也多种多样，如紧张的生活和工作之余的放松、修养、娱乐的旅游动机，追求旅游对象和旅游活动的新奇性、知识性，一定程度探险性的探新求异动机，满足审美需要的审美动机，以发展人际关系、公共关系为目的的社会交往动机，满足精神需求的宗教信仰动机，等等。

中西方文化上的差异在旅游动机类型上主要表现为中国人对于单一性的需求——寻求平衡、和谐、相同、没有冲突和可预见性的倾向较为明显。

西方民族强烈的探险意识是有历史传统的，并且发展到了不惜冒险的程度。所以，西方旅游需要表现为征服自我、征服世界的过程中满足个人的好奇心和体现个人的竞争本能。如探险新旅游地、登山、滑翔、跳伞、潜水、冲浪、热气球飞翔、航海等特色活动。

中国人则旨在通过休闲，从回归自然中找寻飘飘然的快意，在天人合一、物我交融中得到心灵的慰藉。如果说西方人的旅游动机如太阳般炽热、耀眼，那么中国人的旅游动机则像月亮一样温柔、慈祥。

3. 目的地选择上的差异

因为旅游动机上的差异，中西旅游者在目的地类型的选择上有不同倾向。

西方人信奉天人对立的自然价值观，富有探求冒险精神，因而可能选择非旅游地区或人迹罕至的旅游地，喜欢新奇的、不寻常的旅游场所，喜欢率先来到某个地区享受新鲜的经验和发现的喜悦，喜欢接触他们不熟悉的文化和人民。总之，凡是"个性"突出的目的地或景观，诸如波浪滔天的大海、挺拔峻峭的高山、水流湍急的大河、险象环生的热带丛林、民族文化色彩奇特浓郁的地区等，西方人都颇感兴趣。另外，还需指出，受自致取向和新教伦理价值观的影响，不少西方旅游者不喜欢朝着某一个具体的目的地慢悠悠地前进，更不喜欢那种没有既定目的地或既定活动的考察和旅行。与此相反，他们往往对有具体目标的旅行抱有较为浓厚的兴趣。例如，多重目的地的旅游；迅速赶到某个目的地并在那里参加各种度假活动的旅游；那种尽量走遍各处并参观尽可能多的名胜古迹的走马观花式的旅游。

中国人信奉天人合一，喜欢小桥流水、流云飞鸥、波澜不惊的平和景观，多选择熟悉的甚至是人人皆知的、规划建设得相当成熟的目的地。因此，北京、上海、杭州、西安等旅游城市总是游人如织，泰山、长城、黄山等景区常常是人满为患，而神农架等景区景点尽管景色奇美，但对外开放后很长一段时间里游人罕至，近年来情况虽有所改观，但接待数量仍远不及那些老牌旅游城市或风景名胜区。此外，中国人有强烈的乡土、宗族观念，回归意识比较明显；尤其是海外华人，即便远隔万里，也常思叶落归根。因此，黄帝陵、妈祖庙一类景点对华侨、港澳台同胞具有强大的吸引力。

由于中西传统文化在人与人关系问题上的观点不同，中西旅游者在选择目的地的决策方式上也有所差别。受个人自由主义的影响，西方旅游者在选择目的地时较少受到他人的支配和影响。随着信息技术的发展，他们甚至连旅行商的建议也不愿听取，而是往往通过个人电脑查询有关旅游资料，选择自己感兴趣的旅游目的地。中国人具有较强的重视群体的传统观念，易受他人支配，从众现象普遍，相对而言，个性不够而中庸有余。在选择旅游目的地时，容易听从他人的意见和受他人、社会流行的影响。前述国内旅游者多选择熟悉目的地的特点与此密切相关。

4. 旅游组织形式上的差异

与目的地选择决策方式的特点一脉相承，西方人的旅游组织形式也充分反映了西方文化的个人主义特点。为了尽情享有属于个人的时间和空间，西方旅游者单独外出度假的情况相当普遍，似乎与人结伴或与家人同行会损害自己旅游的效益。西方人出国旅游也有参加旅游团的，但其中一个很重要的目的是为了省去订房间和订机票的麻烦，所以喜欢"基本结构（订房、订机票）+自由选择"的模式。

相反，因中国人有强烈的群体意识和不喜冒险的性格，所以在出国旅游和国内长距离旅游中，多喜欢组团的形式，人们认为这样可以相互照顾，获得安全感；近距离旅游则往往同家人或亲友偕行，个人单独外出旅游的情况比较少见。

5. 旅游消费支出结构上的差异

旅游消费支出结构既受个人和家庭收入水平的影响，也受消费观念的影响。由于传统文化背景的不同，中国人的消费观与西方人相比，一方面具有节制现时消费、重视物质产品消费和重视饮食消费的特点，当收入减少时，中国消费者很快就会打消对高额非必需品的购买意图，而不愿像美国等国家的消费者那样通过借贷来满足即时的旅游消费欲望。中国人的基本消费观在旅游消费领域主要表现为：

第一，因有节俭传统，在交通和住宿方式的选择上注重"经济实惠"。

第二，重有形物品的消费，轻劳务性消费。比如，不愿光顾提供有偿服务的旅游中介机构，不愿花钱聘用导游，但购物的倾向相当明显。

第三，重纯娱乐性消费，轻发展性消费。旅游中的活动有些是纯消遣、娱乐、享受性的，另一些则有利于提高文化知识和修养，有利于掌握某种技能，有利于开发智力，是属于发展性的。国内旅游者一般不太重视发展性消费，因而较少光顾博物馆、艺术馆一类场所。

另一方面，由于许多中国人把旅游视为奢侈的消费行为，因而往往又会表现出炫耀性的消费特征，尤其以出境旅游消费为甚。自1997年中国正式开放出境旅游以来，中国公民出境旅游的高消费行为已经引起了世人的关注。进入21世纪之后，中国公民的出境旅游消费开支更是一路攀升，大幅增长，2004年中国成为世界上出境旅游消费最高的国家之一。例如，2003年，澳大利亚入境游客中消费最高的是中国游客，人均消费达6 070澳元；中国游客在德国每天人均花费110美元，仅比美国游客少7美元；中国游客在瑞士每天人均支出313美元，消费水平仅次于日本，位居第二；中国游客在法国用于餐饮、购物的人均消费为3 000美元，而欧美游客的人均消费只有1 000美元。2004年，中国游客海外消费已占全球奢侈品销售额的10%，在海外被称为"世界消费冠军"。尽管目前中国的经济总量已居世界第7位，但人均年收入刚过1 000美元。而美国、日本、欧洲等发达国家，人均年收入达10 000多美元，是中国的几倍、十几倍，甚至几十倍。因此，刚刚基本解决了温饱问题的中国游客的境外消费已经是名副其实的高消费，见表5-1①。

6. 具体旅游消费习俗的差异

旅游消费习俗的差异实质是中西方不同风俗习惯在旅游各个环节上的体现。诸如较传统的中国人喜欢选择带3、6、8、9这些数字的日子出游，也喜欢住带这些数字的楼层和房间，但不喜欢带4的数字。西方人则忌讳"13"，在出游时会有意回避带这个数字的日子，进住饭店时回避这个数字的楼层和房间。在宴席上，中国人讲究劝酒，甚至灌酒，而这在西方人看来是无礼之举。在斋戒日和星期五，英国人正餐一律吃炸鱼，不吃肉，以纪念耶稣受难，中国人则无此习俗。这样的差异可谓不胜枚举。

---

① 王素洁，齐善鸿. 消费主义与中国公民出境旅游高消费行为探析[J]. 旅游学刊，2005（6）：39-44.

表 5-1 2003 年有关国家和地区出境游客境外消费支出比较

消费 旅客 类型	澳大利亚入境游平均消费（澳元）	欧洲入境游观光购物每人次平均消费（美元）	德国入境游人均每天消费（美元）	瑞士每天人均消费（美元）	法国餐饮购物人均消费（美元）
中国游客	6 070	2 967	110	313	3 000
美国游客	5 899	3 870	117	313	
日本游客	3 804	3 616		347	
欧美游客					1 000

5.3 当代旅游消费文化的新取向

伴随着经济全球化的不断加速，中国快速融入整个世界经济体系。中西文化也出现了一个大融合的新局面，旅游消费文化表现出新的取向。

5.3.1 旅游消费文化的国际趋同化

20 世纪 90 年代以来，作为服务业重要组成部分的世界旅游业，从管理体制到经营方式、旅游内容等方面都发生了重大变化。

5.3.1.1 管理体制的规范化、制度化

旅游业的国内管理和国际管理走向制度化、规范化。许多国家设立了专门的旅游管理机构，世界性和区域性的国际旅游组织纷纷成立，国内调控和国际协调日臻完善。

20 世纪 80 年代以来，国际旅游市场明显出现了一些新的变化，进入 90 年代，一种全新的旅游消费模式正在形成。世界旅游组织指出：随着人们旅游消费行为的改变，世界旅游业开始迈进新的时代。在这个新的时代里，旅游业的各个环节都具有新的特点。与国际旅游市场的演变密切相关，90 年代中国国内旅游者的消费行为也与前大不相同，而且这种演变速度之快确实出乎不少经营者预料之外，使得一些旅游产品尚在设计或制作之中就被注定为过于陈旧、不合潮流，不得不中途下马。由于旅游者文化素质的提高和旅游阅历的丰富，要求旅游的内容和形式更加多样化、更具参与性和更为个性化；城市化的发展与环境意识的强化使旅游者更加渴望返璞归真、回归大自然，生态旅游、绿色旅游成为新的时尚；求知欲的增强驱使人更加注重旅游的社会文化内涵，旅游成为一种越来越重要的教育方式；科技革命的飞跃渐已推出太空旅游、海底旅游、返古旅游等新兴的旅游项目。

旅游需求的变化必然导致旅游供给和经营管理方式的革新。传统的团队式、全包价式的接待方式发生变化，逐步向自由组合、自主选择、灵活多样的形式发展。

计算机信息系统广泛运用于旅游线路的选定、交通票证的售购以及客房、餐饮和文体娱乐活动的预销将逐步普及电子商务。世界各大旅行商、饭店集团、航空和其他交通部门普遍实行电脑联网经营。旅行商兼营行、住、吃、购、娱等多种业务；工业、农业、商贸、交通和文化等企业将兼营旅游业务，旅游产业的综合性和整体性已达到一个新水平。这一切奠定了旅游消费文化的国际趋同化的基础，并在旅游消费的吃、住、行、游、购、娱各方面体现出来，自由人、自驾游、修学旅游、旅游网络预订等昔日国外时髦的旅游方式也越来越为普通大众所接受。

5.3.1.2　旅游者年龄结构趋于年轻化

现代科学技术的进步，世界经济的繁荣，人们可自由支配收入和带薪假期的增加，使得旅游活动不再只是少数有钱人才能享受的奢侈。同时，物质生活的富裕，又使得人们的价值观念和消费模式发生了变化，越来越多的人把旅游看做是生活的一部分，是人生的权利。旅游变成了一种大众性的社会活动。

在旅游大众化的过程中，旅游消费主体群的年龄结构发生了改变，中青年所占的比例逐步增加。这种变化在 20 多年来——亦即未来学家托夫勒所指出的第三次浪潮文明开始兴起以来，表现得越来越为明显。在西方，推崇努力工作的新教伦理思想对人们的影响似乎日渐式微，享乐思潮渐隆。过去，西方国家普遍主张少壮努力工作，暮年以丰厚的积蓄广游世界，因此老年人在旅游市场中所占份额较高。近年来，越来越多的中青年步入旅游市场，在紧张工作之余外出度假，寻求身心的放松，丰富人生的经历。大量的资料表明：在美国，"二战"以后生长的中青年人大都受过良好的教育，有积极进取的精神，他们普遍认为消遣性旅游度假是一个人成功的重要表现，因此逐渐成为旅游市场的主体。在欧洲的度假市场上，一个相对年轻而富有的、主要由商界和高技术专业人员组成的消费者层正在崛起，晚婚、晚育、小型家庭使他们具有比前辈高得多的消费水平和不同的消费模式——喜欢外出度假，向往遥远的旅游地。就是在日本——其国民素有"工作狂""重节俭"之称的这样一个东方国度里，近年来，出境旅游人次数的年增长率超过了两位数，而持既要奋斗也要享乐价值观的所谓"新人类"是旅游市场增长最快、最引人注目的客源层，许多国家或地区的旅游地都把日本的女青年作为重点促销目标。亚洲"四小龙"和东南亚部分经济发展速度较快的国家和地区，被世界上的一些旅游研究机构认为是新的客源产生地（现在人们已能够较为清晰地看出这种兆头），其重要的客源层是日益西化的青年一代，以至有些旅游接待地专门组织适合"上班族"的产品，以吸引他们。

两个有关游船业市场的调查结果或许能进一步加深人们对世界上旅游者年龄结构下降趋势的认识。其一是由美国一家公司组织的一项抽样调查结果表明：1991 年国际游船度假者的平均年龄由 1985 年的 58 岁降至 43 岁。其二是 1994 年国际游船协会（CLIA）调查发现，25～39 岁的中青年是国际游船市场中增长最快的部分，年龄在 60 岁以上的市场层所占比重下降明显。

旅游主体群年龄结构的"年轻化",在旅华市场上也有所反映。据《中国旅游统计年鉴》所载,从1991年以来,来我国旅游的外国人中,中青年比例不断增长:1991年,17～30岁的游客占24.6%,31～50岁的游客占44.2%,51岁以上的游客占27.1%;1995年,上述比例分别为25.0%、47.6%和23.5%。

中国的国内旅游市场也有类似的情况。20世纪80年代中期以来,不少青年人主张工作、享受两不误,虽然受收入水平低的限制,不得不选择乘坐火车硬座出游,甚至在异地投宿朋友、亲戚家,但旅游的热情甚为高涨,成为生长最为旺盛的客源层。

受大文化潮流的影响,旅游者的年龄构成将进一步年轻化。不同年龄层的人有不同的亚文化,其旅游消费观念和消费结构模式必然不同。旅游行业应主动适应中青年旅游者增长的形势,适时调整发展战略,开发适销对路的产品,制定新的经营方式和策略。

5.3.1.3 旅游需求多样化、细分化,参与意识增强

1. 旅游需求多样化、细分化

诚如托夫勒在《第三次浪潮》一书中所指出的,当今社会不再强调一致性、标准化,而是突出多样化、灵活性。世界旅游组织宣告全球正在步入的旅游新时代就具有需求进一步细分、供给与分配灵活性的特征。旅游市场细分不再只是理论上的一个词汇,类型众多的较小规模的专门市场如商务客人、度假者、老年人、女青年、蜜月旅行者、双薪无子女家庭、特殊兴趣爱好者等在分割、取代原来的大众市场。每一个细分市场都有其一定的特点和与众不同的需求,从而构成总体需求的多样性和每个小市场的特殊化。

以观光客和度假者为例,其需求差别就很大。首先,观光客重于觅奇览胜、开阔视野、一饱眼福;度假者则以疗养、休闲、娱乐为旨趣,与其说是主动投身异地,还不如说是一种对现实环境的短暂逃避。其次,观光客重视目的地的多样组合,经常急匆匆地从一个地方跑到另一个地方,希望在有限的时间尽量扩大涉足的范围,获得尽可能多的感性认识;度假者则通常只选择一个目的地来完成他们的一次旅行,是一种集约式的空间行为,他们要求度假地能提供特别的、足够的、耐人寻味的活动形式和内容。再次,观光客满足于走马观花,可以比作为浮光掠影的求知者;度假者则可以说是饱含闲情雅致的、从容的思索者,在某种程度上,他们更像周末出游的当地居民,而不是一般意义上的游客。此外,度假者对服务的要求也与观光客不同。观光客注重服务的便利性;度假者则看重服务的情调性和温馨程度,享受"第二家居"生活。

再如,老年游客一般喜欢在交通不拥挤的非旺季参加有全陪的包价团外出旅游,偏好静态的旅游产品;中青年游客则一般喜欢快速出游,选择小包价或完全自助的形式,偏好动态的旅游产品;日本的"办公室小姐"喜欢结伴到欧美国家的城市观光;将要毕业的大专院校学生则多选择欧美等地的农牧场完成毕业旅行。

有资料表明,当代旅游消费者有需求多样化的倾向。旅游需求的多样化、细分化,要求旅游经营管理灵活化。无论是旅游规划设计,还是旅游企业的管理,都必须首先对

市场作深入的了解，以便认识某一群消费者的需求特性。旅游产品和服务既要强调标准化，又要讲究个性化、情调化。比如，饭店企业应充分分析自己的目标市场和市场定位，根据自己的市场特点设计有个性的产品和服务，使自己的产品和服务在各个环节都与竞争对手有所区别，从而获得市场竞争优势。

2. 参与意识增强

当代旅游需求还具有另一个鲜明特征，那就是渴望参与的意识越来越强烈。旅游者更希望自己是表演者、运动员（即使是场外的），而非一般的旁观者。梅奥在《旅游心理学》一书中指出：人们参与户外活动积极性的提高是近年来旅游增长的重要原因之一。他进而分析道：在工业化之前，一个人很容易看到自己的劳动成果，例如，割了多少吨干草，给多少匹马钉了马掌，砍伐了多少棵树木等。而在高度工业化的今天，几乎没有谁能生产出一件完整的产品，产品的生产都不能归功于任何个人，每个人的贡献即便不是无法辨认，至少也是十分困难的。但是，能够看着自己的作品并发现它是一件完整的作品，在大多数人的心理上似乎是非常重要的，所以人们利用自己的闲暇来寻求这种满足——由自己单独完成某一件事，并自豪地宣称"这是我做的"，抑或带着个人表演的希望来参加活动、分享成功的喜悦。如果从文化的高度来看，旅游者参与意识的不断强化，是个体价值观苏醒的结果，是第二次浪潮文明消退、第三次浪潮文明兴起的必然表现。因此，如何增强项目的可参与度，成为旅游开发工作中的关键内容之一。

5.3.1.4 文化动机、回归自然动机的强化

1. 追求文化动机

1995年4月28日，可持续旅游发展世界会议通过《可持续旅游发展宪章》，明确指出旅游活动中文化动机的至高地位。

20世纪80年代后期以来，大量的市场抽样调查结果表明，来华旅游的外国人大多出于了解中国悠久的历史文化和人民生活方式、习俗的动机。1994年和1995年，中国政府在继1993年组织了山水风光旅游年之后，又相继举办了文物古迹旅游年和民俗风情旅游年，取得了举世瞩目的成就，为中国旅游外汇收入在1996年突破百亿美元大关奠定了良好的基础。日本交通公社提前对日本各大专院校1997年3月毕业学生的毕业旅行动向进行了调查，结果发现调查对象的旅游目的由以往的观光型转移为农牧场的种植、养殖生活体验和语言实践型，调查对象对旅游商品的硬件要求低于往年，但是对旅游商品、文化性附加值的含量与品质提出明确要求。有关专家指出，这一特征说明日本海外旅游消费趋于成熟化。

如果采用麦金托什等人提出的将旅游动机分为身体动机、文化动机、交际动机、地位与声望动机四种基本类型的话，那么人们也许就会从如上所举的大量现象中发现：尽管现代旅游者的需求趋于多样化，但文化旅游动机正得到明显强化，出于求知的欲望，希望学习和探索异国他乡的文化、历史、艺术、风俗、语言、宗教的旅游者日趋增多，文化旅游成为一种颇受青睐、生机盎然的旅游形式。出现这一动向的原因主要有以下

三种：

第一，构成旅游市场主体的中青年旅游者大都受过良好的教育，他们求知欲望强，乐于了解异国他乡文化和接受新思想，能把旅游和学习合二为一，从中开阔思路，拓宽视野，获得高层次的精神享受。

第二，如同未来学家托夫勒所指出的，新技术革命推动了由工业社会向后工业社会的转化，第三次浪潮文明的曙光已染遍了半个天空，人们的社会行为观念发生了显著变化，开始自觉地关注文化，学会了强调文化特点，推崇民族的多样性，意识到了文化与经济、政治乃至人类未来发展的重要关系，富有区域风格的新地区主义日趋流行，绚丽多彩的各民族文化遗产逐渐被视为全人类共有的宝贵财富，放射出前所未有的光彩。

第三，冷战结束之后，世界经济出现一体化倾向，国家之间、地区之间、人民之间的交流和联系越来越密切，这进一步刺激了文化旅游动机的强化，而新技术成果在交通、通讯等行业的应用又为跨地区文化旅游动机的实现创造了条件。

2. 回归自然动机的强化

在人类的心灵深处，总有一种古老而又原始的天性，那就是寻找和回归自然的情结。中国先秦时期的哲学家庄子在《知北游》中说："山林与，皋壤与，使我欣欣然而乐焉。"认为"乘物以游心"是人生的一大乐趣。庄子的"逍遥游"思想，可以说反映了人类渴望自己的心灵与大自然相通的普遍心声。

有人指出，旅游就是一种寻找和回归。在由工业化向后工业化转变的时期，人类的自然价值观发生了明显的改变，人与自然的和谐关系得到真正的重视，许多人希望返璞归真，逃离都市的喧嚣，走向清静、优美、开阔、洁净的大自然，由对自然的把握而赋予自然以生命，同时也扩大自己的生命，使主体与客体在融合中同时得到升华。于是，追求淳朴、回归自然、享受自然的旅游动机在全世界范围内得到强化，生态旅游、乡村旅游、海洋旅游、探险旅游方兴未艾，成为世界旅游发展的一种潮流。

据载，欧美、日本等发达国家的旅游者普遍偏重自然风光，乡村旅游流向增长迅速。西班牙旅游部的一次抽样调查结果表明，52%的旅游者愿意到恬静的环境中度假。我国国内的一些大城市也出现了类似的旅游流向。上海一家单位对上海市民周末度假旅游意向的调查表明，选择"回归大自然，野趣浓，环境幽静"者占51.4%。另据统计，1991年，共有5 000人到南极旅游，游客人数第一次超过当地工作的4 000名科学家。1993年，南极旅游收入达9 000万美元。同样，珠穆朗玛峰、丝绸之路、神农架、西双版纳等地区的探险旅游也颇受国内游客的关注。中国科学院于1995年专门成立了科学探险旅行社，在新疆、西藏、四川、青海、甘肃等地开辟了一系列科学探险旅游项目，吸引了大批游客。

现代人回归自然旅游动机的强化，势必对我国旅游业的空间分布和产品结构产生一定影响。就大的方面来看，从辽宁丹东到广西北海的东部沿海地区，旅游业有望得到持续发展；风光奇异独特的辽阔西部地区，旅游业发展遇到了良好的市场机会，前景光明。就城市和乡村这两种区域来说，尽管城市旅游的主体地位不会有所动摇，但乡村旅游无疑将得到较快的发展。就产品结构来说，度假型产品的比重将会上升。国家旅游局已提出了促进我国旅游业由观光型向观光度假型转变的发展战略，并且批准建设了 12 个国家级旅游度假区。一些省、市、自治区又先后建立了几十个省级旅游度假区。

有必要指出，度假旅游是回归自然动机的一种表现形式，旅游度假区离不开对自然环境的依附。世界上著名的旅游度假区，例如墨西哥的坎昆、印度尼西亚的杜阿岛、韩国的波门湖、土耳其的南安塔利亚等，无不具有优越的自然环境优势。我国的旅游度假区也大都位于重点风景名胜区内，但一些度假区在建设过程中受到了房地产开发热的过多干扰，城市化倾向十分明显，冲淡了本该具有的返璞归真的情调气氛，损害了度假功能。这个问题应引起有关方面的高度重视，并予以及时解决。

5.3.1.5　旅行方式向自助式、自选式、组合式发展

首先，自助旅游形式兴盛，散客潮涌起。在远程旅游市场上，包价团仍是一种主要的方式。但是，在近、中程旅游市场上，自助旅游者即所谓散客所占的比重越来越高。据统计，早在 20 世纪 80 年代中期，散客在世界国际旅游市场所占的比重就约为 70%；到 90 年代，这个比例又有所升高。自助旅游者虽然也有可能购买旅行商提供的服务，但他们完全按照自己的兴趣制定日程和路线，甚至自行预订机票和客房。自助旅游合乎人的自发消费倾向，因而具有极强的生命力和日益扩大的前景。

其次，自选式旅游方式普及。在旅游发达国家，人们随着旅游经验的日趋丰富，很少再像过去那样不加选择随团出游。游客不再是被动适应的角色，他们可以向旅行代理商提出关于目的地和旅行路线的具体要求，然后由旅行代理商去组织落实。在价格构成上，就连团队意识极强的日本人也开始放弃传统的全包价形式，代之以其他灵活的包价方法，如只含机票和饭店的包价。自选旅游方式在我国一些城市也已出现，其兴盛当在情理之中。

再次，组合式旅游也即旅行社人士所谓的"异地成团"方式开始流行。组合式旅游是一种介于团体旅游和散客旅游之间的更加灵活、更加尊重客人意志的旅行方式，客人通过旅行商预订之后，三三两两地从不同的地方出发，前往同一目的地，抵达后就地成团，由当地旅行社接待。组合式旅游有长线也有短线，可以有领队也可以没有领队，其随机性强，游客有更多的自由选择和活动的机会，因而颇受旅游者尤其是青年人和家庭式旅游者的欢迎。著名旅游胜地夏威夷开展组合式旅游较早，经营手段非常灵活，据说即使一个游客也能成行。我国香港的组合旅游路线有 80 条之多。日本交通公社开展组合式旅游业务已有 10 多年历史，并且成绩显著。进入 20 世纪 90 年代，组合式旅游开始在旅华市场兴起，并立即受到国内旅游界人士的关注。时至今日，国内开展异地组团业务的旅行社已数不胜数，个别旅行社甚至也达到了即便一条路线只有一个游客也照常实行的高度灵活性。

旅游者旅行方式的这些变化，势必导致旅行社经营战略战术的一系列改革，过去那

种以自我为中心的经营理念、僵化的经营体系将完全被以旅游者为中心的经营思想和伸缩自如、应变灵活的经营方式所取代。

5.3.2 旅游消费的文化化

当今世界,消费文化化的追求蔚然成风,旅游消费文化亦然。

5.3.2.1 文化化的消费趋势

一般说来,人们的生活需求包括两个基本方面,即物质方面和精神方面。精神需求主要体现为文化需求。文化消费的形态又有物质形态和劳务形态。文化消费的形态是分层次的,有普及型或大众化的文化消费与提高型或高品位的文化消费;基于生存需要的文化消费与基于发展的文化消费;消遣型文化消费、娱乐型文化消费与享受型文化消费、社交型文化消费、发展型文化消费和智力型文化消费等。其中生存需要、消遣型、娱乐型文化消费属较低层次,享受型、社交型、发展型和智力型文化消费属较高层次。文化消费与经济发展、物质生活和物质消费密切相连,并有某种递进关系,即以经济和谐发展为前提。在处于收入低水平的情况下,首先要考虑的是物质生存保证。当物质需求满足到一定程度,就会逐渐追求更多精神生活,丰富生活的文化含量,生活文化化就成了一种新的消费动向。

文化消费的作用,一是启蒙和教化,使人们摆脱和消除蒙昧状态,接受起码的历史文化和近现代文明及外来文化的教化;二是社交繁荣创作增进人们之间的相互了解;三是享受和愉悦身心,使消费者得到精神享受,汲取丰富的精神营养,陶冶情操,升华审美意识;四是益智和发展个性,造就高素质的人才,使消费者的智力资源得到充分的开发,系统掌握有关技能,个性得到较为全面的发展,符合信息时代对复合型人才的需要;五是促进社会和谐,提高人们的文化素养,改善人与人之间的关系,倡导健康、文明、有益的消费,逐步形成全社会和谐向上的、文明进步的氛围。

由于上述文化消费的基本范畴、特点和功能,决定了追求消费文化化不可避免。它将扩展消费和启动市场,成为消费结构优化、消费水平提高的标志,是消费趋势发展的必然,将使消费领域进一步扩展,引起越来越强烈的新的消费需求。

5.3.2.2 旅游消费的文化化

著名经济学家于光远认为,旅游是现代社会中居民的一种短期的特殊的生活方式。这种生活方式的特点是:异地性、业余性和享受性。美学家叶朗认为:"旅游,从本质上说,就是一种审美活动。离开了审美,还谈什么旅游?旅游涉及审美的一切领域,又涉及审美的一切形态。旅游活动就是审美活动。"现代旅游是人类社会经济发展到一定阶段的产物,是人类超出生存需要的一种消费形式,是文化消费和消费文化的反映和载体。

旅游消费主要是享受和发展型消费,同时也有消遣、娱乐等内容。从旅游消费的综合特点和功能看，它从物质形态和服务形态两个方面，既体现文化消费的某些特点，又具备文化消费的某些功能，是文化消费的最好载体。旅游作为文化消费行为，其吸引的人群、提供的对象和设施、活动的内容及其产业规模、市场发育等在世界和中国都已初见效果，有的达到了较高水平，因此形成了旅游消费持久发展的重要条件。

旅游业既是文化性很高的经济产业，又是经济性很强的文化事业。在整个旅游过程中，旅游者要满足多层次、多方面的文化追求，在物质享受的同时得到精神享受。因此，旅游者所进行的一切活动都包含文化因素。旅游消费本身是经济消费活动，但享受的是文化和精神。

一方面，旅游消费是对美与和谐的体验与追求。旅游对美的追求，给人以美的享受，使人陶冶性情、净化心灵，达到一种自由的精神境界。爱美是每个人的天性，因此人的生存发展历程始终伴随着一种对美的追求。和谐为美，旅游的美学目的在于求取某种和谐。游客走入大自然的目的是领略自然美，接受自然美的洗礼，去寻求人与自然的和谐；追求人与人的和谐，同样是旅游的美学本质，既指个体的人，也指人所组成的社会，还包括人造的旅游景观。这种旅游无不是在从事人际交往，其目的是取得人际间的和谐；人自身和谐不仅是旅游审美题中之意，而且是最根本的。人们要去旅游，无论是去欣赏自然美或社会美，其终极目的是求得自己的愉悦，达到某种满足。

另一方面，文化消费始终贯穿于旅游消费全过程，体现在每个旅游要素环节上。旅游资源，包括自然旅游资源和人文旅游资源两大类。人文旅游资源包括社会政治、经济、法律、宗教、历史、建筑、科学艺术和民俗风情等因素，具有国家、民族地区的文化色彩。自然旅游资源虽然是天然形成的，但都给人以心理契合或经过了人类的开发改造，打下了文化的烙印。因此它们都凝结着人类的精神文化，都是社会文化的物质载体。旅游设施和旅游服务同样是一定社会文化的表现形式，任何一种旅游设施都是人类科技与文化的凝结，而服务则更能体现一个国家和地区的民族文化特色。具体而言，在旅游消费的整个过程中，都有丰富的文化内涵，体现在每个旅游要素环节上，在旅途中会获取综合文化享受。如享受和体验酒店文化，包括建筑文化、服务文化、饮食文化、民俗文化、生态文化、旅游产品的特色文化等。

旅游又是一种消费文化，包括物质消费文化和精神消费文化的总和，它是受消费者的消费心理、价值取向、行为准则和习惯偏好等影响和约束的。消费者在消费活动中追求的一种情调和氛围，贯穿于消费者物质和文化消费的全过程，包括消费品文化、消费服务文化及嗜好文化等，具有消费哲学的意味。

旅游既含有消费文化成分，又是文化消费的行为。旅游业在20世纪获得了这样大的发展，文化的魅力功不可没。旅游消费越来越受到人们的关注。作为中国的政治、文化中心的北京，近年来利用丰富的传统文化遗产，大力发展旅游业，已经成为中国旅游经济的中心城市。山东潍坊的"国际风筝节"、曲阜的"孔子文化节"、黑龙江的"冰雪文化节"、菏泽和洛阳的"牡丹盛会"等，把中国的古老文化与现代旅游相结合，吸引了许许多多国内外旅游消费者,取得了很好的经济效益和社会效益。

5.3.3 后现代思潮的涌动与休闲主义的张扬

5.3.3.1 后现代思潮的涌动

后现代社会是指"二战"以后出现的后工业社会(post-industrial society)、信息时代或消费社会,以信息技术、知识经济和学习社会化等为特征。

从工业社会出发,可以将社会分成三种类型:前工业社会、工业社会和后工业社会。所谓前工业社会即是生产力发展水平不高,机械化程度很低,主要以农业、渔业、采矿等消耗天然资源的经济部门为主的社会形态。工业社会的主要特征是大机器工业生产取代了以往的农业、手工业生产,生产力水平大幅度提高,经济部门主要以制造业即第二产业为主。后工业社会是工业社会进一步发展的产物,后工业社会的关键变量是信息和知识,主要经济部门是以加工和服务为主导的第三产业甚至第四、第五产业,诸如运输业、公共福利事业、贸易、金融、保险、房地产、卫生、科学研究与技术开发等。

美国学者丹尼尔·贝尔分析后工业社会有以下五方面的特征:①经济方面,从生产型经济转变为服务型经济;②职业分布方面,专业与技术人员处于主导地位;③中轴原理方面,理论知识处于中心地位,它是社会革新与制定政策的源泉;④未来方向方面,控制技术得到发展,并对技术进行鉴定;⑤制定决策方面,创造新的智能技术。按照这个标准,后工业社会第一个,也是最简单的特点是使大多数劳动力不再从事农业或制造业,而是从事服务业,如贸易、金融、运输、保险、娱乐、研究、教育和管理。未来社会的发展将把更多的人从各种束缚中解放出来,不去干那些束缚人的工作,而更多的是从事创造性的工作。工作对人来说不再是一种被迫,而是一种志愿,变工人、农民为知识分子、技术人员、社会管理人员。

后现代不仅是一个时间性的概念,而且是一种价值系统,是一种文化精神。它不仅表征着与传统相对的社会和文化的变迁,而且体现着精神的嬗变。20世纪60年代以来,随着科学和技术的迅猛发展,特别是计算机的广泛应用改变了西方的生产方式和产业结构,从而进入了以知识经济为特征的后工业社会的时代。利奥塔在《后现代状况》中指出,后现代社会是以计算机产业为基础的社会,知识作为生产力,体现为权利象征,谁掌握了知识谁就决定了生产力的发展方向。这直接导致了社会基本矛盾的变化,即由生产力和生产关系的矛盾、人与社会的矛盾转变为人与人之间的矛盾。这时的社会文化也发生了巨变,各种文化思潮风起云涌。随着文化广泛地渗透进商品的各个领域,出现了消费文化。

因此,理论界一般认为,后现代思潮是产生于20世纪50年代末60年代初的文化思潮,在哲学、宗教、文学中均有充分的反映。在后现代社会,世界政治、经济和个人生活的多元化已成为历史发展不可逆转的潮流,否定"中心""同一性"等观念,主张"非中心化""多元化"和"零散化"为本质特征的后现代思潮在社会生活中越来越受到重视。

5.3.3.2 休闲主义的张扬

从20世纪60年代初开始，美国、西欧等工业发达国家实行了每星期休假两天和每年一次长假的制度（如美国年满18岁的公民可享受持续一周以上的假期），日本在20世纪70年代初也实行了这一制度，我国近年来实施的有关节假制度，使每个人有更多的闲暇时间，并作为基本的权利被赋予。休闲作为提高生活质量的核心因素，其作用越来越大。休闲不仅仅是人们恢复身心的手段，更是人们作为生活的组成要素和追求新体验和新知识的自我开发时间。人们可以按照各自对自然界的理解、认识进行研究活动，从事感兴趣、能体现自己个性的活动。如何合理、科学地使用这段时间也就成为社会关注的热点问题。于是休闲社会学、休闲时间学等研究闲暇的新学科相应产生。

1. 何谓休闲

汉语中"休闲"与"消闲""闲暇"相近，英语为leisure。休闲在西方通常可由三种向度加以定义：

一是时间定义。"闲暇"（free time）指与工作时间相对的可自由支配时间。

二是心理状态定义。指以放松、愉悦、发展等为目的的心理状态。

三是活动定义。"休闲活动"已经成为广为接受的概念界定。

但从本质上看，leisure一词源于古希腊文schole，意指"完全不是因外来压力所迫，但乐于全身心从事之严谨活动"，而且英文school也源于schole，可见西方文化中学校教育的基础便是休闲，并体现出最高层次的休闲意义。

我国学者根据西方休闲问题研究者的观点，结合我国实际情况，对休闲、休闲学下了各种各样的定义，总的来看，对于"休闲"概念的内涵与外延的把握基本上与西方是统一的：

一是认为体现"休闲"的直接存在物是"时间"，而且这样的时间是人们求得必要生存需要之外的时间。

二是具体的休闲呈现物是一种表现人类生活方式的动态的状态或过程。

三是认为休闲的存在价值主要体现在人们"体悟人生、自我发展、自我完善、实现自由"中。

总体来讲，休闲是指在工作之余的娱乐和消遣活动，它通过时间和体力的消耗来调节身心达到生理的平衡。体力劳动者常通过消耗时间来恢复体力；脑力劳动者常通过消耗过剩的体力来恢复精力。前者倾向于从事轻松的休闲活动；后者倾向于进行消耗性的体育活动，并且均是在工作之外的节假日等休息时间内进行的。有人把休闲称为"闲暇"，从纵向来看是空闲时间，从横向来看是摆脱了工作责任，离开了劳动场所，休闲的生活方式就是利用闲暇时间和闲暇空间进行脑力和体力恢复及加强的方式。与休闲密切相关的休闲学则是以人的休闲行为、休闲方式、休闲需求、休闲观念、休闲心理、休闲动机等为研究对象，探索休闲与人的生命意义和价值，以及休闲与社会进步、人类文明的相互关系的一门学科。

人们普遍认为，休闲具有休息功能、转换心情功能和自我开发功能。通过休闲可以恢复日常生活中和劳动中的体力和精神的消耗；通过暂时脱离日常生活来解放精神压力和倦怠；休闲把人从个人的日常生活中解放出来，使其参加广泛的社会活动，从而提供自我实现的契机。

2. 休闲活动的类型

休闲活动依其不同的功用分为四种类型。

一是张弛型。它是最常见的休闲类型，也是最主要的休闲类型。即在休闲时间里把工作放在一边，从事轻松愉快的活动，以调节身心。在全面追逐轻松惬意、自由享受的休闲潮流中，人们以日常生活中自我满足的感性的精神性消费为目的。休闲以其特有的万般舒展，在那份随意、潇洒、安逸的生活享受中，处处超越人们传统的熟识的形式表层，指向青春的、阳光的和时尚消费的赖以凝聚自身意义的大众审美文化的层面。

二是陶冶型。陶冶型是张弛型的延伸形式。即利用闲暇时间发展个人爱好，陶冶性情，诺贝尔业余时间做诗写小说，托尔斯泰创作长篇小说《安娜·卡列尼娜》时，每天抽出3个小时弹钢琴，爱因斯坦科研之余拉一会儿小提琴，均属此类。这些闲暇活动既能松弛身心，又能陶冶性情，成为人们休闲时间里的常选活动。

三是反馈型。即在工作之余的休闲时间里发展与工作有关的业余爱好，使这些业余爱好与工作联系起来，促进工作。如侦探在业余时间观看破案电影，就是反馈型的表现。

四是潜能型。即在休闲时间里继续工作以挖掘专业潜能。这种人必须身体状况极好，并具有将工作与生命合一的信念和气质，以工作为乐。历史学家张舜徽先生的休闲生活就是潜能型的。他常在凌晨四点钟起床，进行写作，一直到晚上9点钟睡觉，中间工作不断，以工作为乐。别人以为其苦，他却乐在其中。所以，他的潜能得到充分的发挥，一生撰述了800多万字的著作，出书40余种。

3. 休闲文化

休闲文化是指与休闲相关的一切人类活动及其表现，它包括休闲的方式与内容、休闲的民族特色、休闲的作用和功能、休闲的历史走向等，其核心是休闲这一社会现象所蕴含的文化意义。

文化是"人化自然"的结果，休闲是人类在"人化自然"过程中的消遣休息活动，即人在改造自然过程中，为了更好地改造自然，必须使生物的人体得到休息，故产生了休闲活动。休闲本身也是人类征服自然的成果，故它本身就是一种文化。休闲文化正是人类在对自然和自身的"人文化成"过程中产生和形成的特殊的文化现象，它通过艰苦的劳动换取人类的休闲和文化娱乐活动。如果说人类在征服自然过程中主要发展了物质文明的话，那么人类在休闲时光里主要发展了精神文明。工作中紧张的劳作和全神贯注使人类发展了解决问题的科学方法，并由此产生了物质成果；休闲中的精神自由则导致了文化娱乐活动的繁荣。随着人对自然征服的节节胜利，休闲活动也越来越具有规模和品位，也日益成为一种完善的文化形态。休闲文化是人生享受的文化，是人对于自己所创造出来的物质文明和精神文明成果的享受和品尝。在休闲活动中，在享受自己创造的成果时，人才感到自己工作的价值，才感到人生的意义，人才是一个完整的人、一个完善的人。

目前，休闲作为大众文化形式，以一种独特的时尚文化方式影响着大众，支配着大众的生活方式。其发展过程中具有两个特点：即活动中心必须纳入"独特"和"生动"，两者缺一不可，相辅相成。所谓独特意指休闲组织尽量提供独特的娱乐和趣味节目，使其纳入大众化的休闲活动中，并让参加者获得心灵上的改变，同时留下一种精神恢复的感觉。而所谓生动则是提供改变人们的机会，包括新的价值观和新态度，使休闲活动达到预期的社会目标。休闲内容有身体的、感情的维系和道德观念的灌输以及文化的发展。

4. 后现代社会中的休闲活动

甘哈曼在《第四次浪潮》一书中对后现代社会中休闲活动的情况作过预测，认为第四次经济活动的主要内容，多多少少是以我们目前所说的休闲活动为中心的。如会唤起壮丽、矜持、华丽、敬畏或社会性、宗教性、自然性以及与万物一体性感情的仪式和艺术性的活动；创造禁忌与图腾、戒律严格的宗教传统与习惯；特别为自己而进行的读书、著作、绘画、演出、作曲、工艺制作；观光、游戏、竞技、仪式性的活动、展览会、公演；美食主义者到处品尝佳肴，贵族形式主义者的生活样式，享乐主义者以家庭为中心的价值观，包括访问、招待和聚会；狩猎、钓鱼、郊游、露营、泛舟；学习和利用趣味性技能；非经济性动机的园艺、管理、室内装潢、手工艺品使用等；会话、议论、讨论、政治活动和社会性活动；大部分的福利、社会保障机能；其他的度假，如改变情绪、扩大经验、冒险、兴奋、娱乐等。

未来的人们真能整天过这样的日子？人们在20世纪80年代中期接触到这样的预测时着实产生出许多疑惑，并认为，它离我们还遥远。然而，就在20世纪最后的10年，社会正在发生的全球信息化进程，已不可逆转地将人类提升到一个新的社会文明阶段。人们已经看到，休闲将成为社会的主导经济。休闲产业即使在工业社会也占据着日益增大的份额，并逐步发展为支柱产业，在未来的社会信息化过程中，休闲经济在整个国民经济中的地位将发生根本性变化，即休闲经济产值在GNP中将占50%以上，并将提供最大规模的就业市场，从而进入"休闲经济时代"。休闲经济的发展，正是休闲文明时代来临的重要标志。对于未来经济的这种特征，国外学者作了预测和描述。

5. 人类经济的休闲时代

著名的未来学家格雷厄姆·莫里托在《全球经济将出现五大浪潮》一文中认为，到2015年人类将走过信息时代的高峰期而进入休闲时代，首先是在美国，休闲经济产值将占GNP的50%以上，休闲经济会给人们带来许多新的生活态度、观点和活动。人们将购买经验而不是物品。提供娱乐和冒险的行业将有望繁荣兴旺。

美国最大的体育娱乐顾问机构创办人迈克尔·沃尔夫在《娱乐经济》一书中指出，人类即将进入娱乐经济时代。为此，他提出了"娱乐因素"概念，认为"娱乐因素"将成为产品与服务竞争的关键，消费者不管购买什么，都在其中寻求"娱乐"的成分。

在这种"娱乐导向消费"的驱使下，会有越来越多的产品、服务提供娱乐功能和娱乐因素，只要能让人感受到轻松有趣，跟休闲娱乐甚至文化艺术有关的人、事、物，都是娱乐经济不可缺少的组成部分。当其他产业不断仿效娱乐业或大致采取相同的策略时，社会便进入了"娱乐经济时代"。

还有的美国学者在预测未来经济时，提出了"体验经济"概念，认为人类社会在"服务经济"之后将进入"体验经济时代"。"体验"一般被看成是服务的一部分，但实际上体验是一种经济商品，像服务、货物一样实实在在的产品。与过去不同的是，商品、服务对消费者来说都是外在的，但体验是内在的，存在于个人心中，是个人在形体、情绪、知识上参与的所得。每个人的体验不会完全一样，因为体验来自个人的心境与时间的互动。创造体验一直是娱乐的核心，但如今的娱乐体验已在影视、游乐园之外的产业中生根。新科技的发展，带起互动游戏、动态模拟、虚拟现实等新的体验，更进一步刺激电脑业的发展。因此未来的企业要发展必须超越功能范围，在提供体验上竞争。把娱乐、体验因素渗透到商业、服务中，使其提高竞争力的事例不胜枚举。英国航空公司前总裁马歇尔认为，商品经济的正业只扮演了一种功能。如航空业就是尽可能以低廉价格、准时地将旅客从甲地送到乙地，现在这种单一的功能已不能适应需要，必须在提高体验上竞争。体验不仅是娱乐，还应让消费者有所感受、留下印象。

休闲经济发展中最大的刺激因素是网络技术的发展。《娱乐经济》一书的作者沃尔夫在接受记者专访时曾说："任何公司只要上了网络，就办成了娱乐公司。"网络技术的发展，带起互动游戏、动态模拟、虚拟现实等全新体验，会更加刺激休闲娱乐经济的发展。可以说，在未来20年或更长的时间里，在全球将出现一个以满足人们休闲的、精神文化需求为主要内容的经济时代，这种经济的产值和吸引的就业人数将会占国民经济的主导地位。

5.3.3.3 休闲与旅游

1. 休闲与旅游的关系

旅游是休闲的或兼具劳作的人们暂时离开久居地的娱乐活动。旅游中附带的劳作成分与休闲相对立，休闲自然不必离开原有生活空间，因此，旅游与休闲活动不能完全等同。

一方面，休闲与旅游是有区别的。

首先，休闲的涵盖面比旅游大，休闲的对象超过了娱乐性旅游的对象，休闲包括旅游和非旅游性的所有工作之余的娱乐活动，如打扑克、跳舞、看电视等。而娱乐性的旅游仅是休闲活动中的一个组成部分，是休闲文化中的一种。休闲既可以旅游的形式完成，也可在家中进行。

其次，旅游并非纯粹的娱乐活动，无论古今，就转换生活空间的大旅游概念未完全与工作相区别开来，亦不能与娱乐等量齐观，如商务旅游、公务旅游、学术旅游、科学考察、宗教旅游等，均非完全意义上的娱乐，亦非完全意义上的休闲，自然它也非单纯的商务、公务或学术科考等。休闲是排斥工作的，而旅游有时则与工作相结合。

再次，休闲活动不一定有消费活动。而当代的旅游活动则必然是一项经济消费的活动，事实上旅游已经促进经济的巨大发展，并已成为很多地区经济发展的支柱产业，但如果说休闲也是行业，那就是用词不当了。

另一方面，休闲与旅游又是相联系的。休闲为旅游提供了时间条件和娱乐对象；旅游的发展又推动了休闲的繁荣。如果说，古代士子们的旅游仅仅是游山玩水的话，那么，现在的旅游则丰富多彩，旅游者除了有目的地游山玩水外，还在旅游目的地享受各种游乐园、户外体育项目和参与异质文化事象等休闲娱乐。顺应可在异地进行的休闲旅游生活，从而增加了奇情异调，满足了人的好奇心和探索欲。

现代旅游是一种特殊的休闲活动。通过旅游，能使人紧张疲劳的身心得到缓解和调适。旅游活动现在日益将原来的休闲内容纳入自己的对象之中。旅游不再是单纯的游山玩水活动，它已成为一种综合性的休闲娱乐活动。其中纳入旅游活动中的几项重要的休闲活动有漫步观览、垂钓、狩猎、体育、文艺活动等。

2. 现代旅游与其他休闲活动的差别

第一，旅游需要走出家门，完全脱离日常营生的工作、学习环境。这有利于摆脱一般事务的羁绊，而以审美的眼光来看待周围的一切。

第二，旅游活动的目的地、交通方式、活动内容和形式完全可以根据旅游者自己的兴趣爱好、行为能力而决定，而旅游观光活动的较大随意性，能充分表现人作为审美主体的自由性。

第三，旅游多少表现了大众的新奇与追求。求新是人类认知活动的一大特点，它对于人们审美观念的培养，对于人们审美评价能力和创造能力的提高，具有一定的积极意义。

第四，旅游综合了观光欣赏、文化娱乐、休息消遣、自我启发、文化熏陶的审美创造等多种活动内容。这对于人们文化修养、欣赏趣味的表露与物化，提供了多渠道、多层次的可依附的客体。

旅游内容正日益丰富，尽可能地将原先基本在久居地的休闲活动纳入其范围，旅游文化与休闲文化正日益渗透和交融。旅游是休闲文明时代里的生活方式，以旅游作为拓展和转换生活空间的主要方式，将是后现代社会人类普遍的消费与生存方式。

总之，文化是制约和决定旅游者消费行为的根本因素，文化对旅游者消费行为的影响是全方位的。中西传统文化之间有许多显著的差异，尽管这些差异并不能够说明两种文化孰优孰劣，但是我们可以看出由这些差异而引致的中西旅游者在消费行为上诸多明显的不同。文化总是处在发展变化之中，当今世界社会文化的变迁更是迅猛。受其影

响，人们的旅游消费行为表现出新的发展趋势。从文化角度分析，旅游消费行为无疑是一项比较复杂的工作，本章的论述不可能全面系统，旅游学界和业界应随时间的推移，不断探析文化和旅游消费行为的时空特征及其演变规律，促进旅游业的健康、快速发展。

[案例5-1]

环球嘉年华登陆上海（摘选）①
——向东方人成功销售西方文化

环球嘉年华在2003年6月底和上海市民见面了，就像夏日的一股强旋风，环球嘉年华让因SARS而蛰伏已久的上海人拥有了一次拥抱欢乐、体验激情的机会。

2003年6月27日晚7时环球嘉年华在上海举行了盛大的开幕仪式。刺激、尖叫、时尚、欢笑……号称世界上最大、最刺激、最经典的机动游艺机登场了。以巡回性、多元性、自主性、互动性为特色的全球著名娱乐品牌环球嘉年华是与迪斯尼、环球影城齐名的世界三大游乐项目。在浦东新区政府的大力支持下，它成了第一个登陆中国的世界顶级游乐品牌。记者从组委会获悉，为期一个月的嘉年华在开幕之前已预售门票7万张，7月7日之前的团体票已售空。

入夜，东方明珠旁4万平方米的空地灯光璀璨，来自英国、瑞典、德国、意大利等国家的42种外形超炫的大型游艺机和近60种新鲜有趣的竞技游戏一齐登场，给人们带来一次超凡感受的梦幻之旅，让人犹如进入童话仙境。时而能听到极速型游艺机上乘客惊呼狂叫的声音，时而又会传来获得宠物玩具的游客兴奋的欢叫，缥缈的雨丝经过灯光的渲染呈现出别样风情，而五彩缤纷的雨衣、雨伞更是构筑起一道亮丽的风景线。喜欢冒险和挑战的年轻人是不会错过这次证明自己胆量的好机会的！

环球嘉年华荟萃了当今大型游乐机的精华：惊呼狂叫（G—Force）、超级跳楼机（Mega Drop）、极速大风车（Top Buzz）、老鼠也疯狂（Wild Mouse）、安乐椅（Swing Ride）、旋转木马（Horse&Carriage Ride）、幸福摩天轮（Europa Wheel）等。

如果来嘉年华玩，没有尖叫，那一定是种遗憾，因为其最大卖点无疑是汇集世界上最大型、最刺激和最经典的机动游艺机。有一位游客竟连续乘坐了7种极速型游艺机，都"安然无恙"，实在令人啧啧称奇，当他从"老鼠也疯狂"上下来的时候，记者问他有什么感觉，他说："刺激，我来这就想体验一下人到极限是什么感觉。"有个长发女孩坐上极速大风车之后，一刻不停地说到被带上云霄，然后就只会尖叫到喉咙沙哑。等到公转、自转都统统结束后，她腿脚发软地回到地面，表情显得昏眩，自己也说不清是痛苦，还是幸福。

把疾速当作幸福的主动投入者，或者把疾速当作痛苦的被动旁观者。他们唯一的共

---

① 章海荣. 旅游文化学[M]. 上海：复旦大学出版社，2004.

同点，就是事先都会观察每种机器的特征。相比之下，惊呼狂叫、跳楼机、极速大风车等一些以速度快、旋转角度多且幅度大的机器最能吸引观众。有趣的是那些旁观者，他们看看也怕，尖叫的分贝比玩的人还高。眼见着跳楼机在2秒钟内跌落35米，看的人频频拍心口。从大风车下来的人，很多都发现自己的双手不由自主地颤抖，竟连一个硬币也拿不稳……即便如此，还是有些人在飞转的时候哈哈大笑，仿佛享受了飞的感觉。据开业几日来游客的统计，59%的游客选了刺激性游戏，27%的游客选择赢奖品的游戏项目，只有8%的游客选择家庭游艺机，5%的游客选择儿童游艺机。玩刺激游戏的66%是美眉，"我就要玩这个！"嘉年华现场经常可以听见美眉这样向男友撒娇，"平时晚上出去都是喝咖啡、跳舞，大多数时间是为了配合他的商务活动，做决定的基本都是他。今天上嘉年华，是我们两个人的时间，当然是我做主！""我想让他知道，除了表面的温柔外，我还有狂野的一面，在遇到紧急情况时，我能帮助他渡过难关。"一位美眉这样说。而男生们也乐于在这个时候给女生一个展示的机会。

据悉，超过60%的游客一人花了150元左右，而44%的游客来之前计划要花100～200元。也就是说，平均每位游客打算用于买刺激的钱是70元左右，还有70元用于博奖品和买浪漫。

"嘉年华"音译自"Carnival"，堪称世界上最古老的狂欢活动，它起源于欧洲民间，最早可追溯到1294年的威尼斯。"环球嘉年华"从历史中寻求灵感，逐步形成包括大型游乐场设施在内的各种文化艺术活动的娱乐品牌。迄今，"环球嘉年华"已游历了巴黎、伦敦、吉隆坡、迪拜、香港等名城。在中国香港举办的香港冬季环球嘉年华，两个月就吸引了187万游客，总收入达1.2亿港元。这次上海嘉年华总投入为7000万元，也就是说，如果达到香港站的收入数字，利润将达到5000万元。而本次嘉年华上海之旅，预计将大大超过这个数字。

6月27日嘉年华开幕前，浦东银城东路尽头的一扇铁门外，挤满了等着面试的大学生。这里是2003年上海浦东环球嘉年华的临时指挥部。"这儿打工每月能挣1500元左右，"排在队尾的同学说，门卫表示，活动期间提供约500个岗位。粗粗算来，单这笔"打工费"就将近百万元，但这比起7000万元的大投入，这部分开支确实太少了。

嘉年华到来还带动了与其相关的行业。从独家负责嘉年华金融支持的农行上海市分行获悉，从嘉年华开幕后的11天里，该行每天配备8名工作人员提供现场收款服务，每天从傍晚6:00一直工作到次日凌晨3:00，平均每人每天要处理40万元。该行已清点日营业款3 600余万元，日均结算量接近330万元，这一数字几乎两倍于嘉年华在香港时的记录。不仅仅是结算一项，匹配嘉年华的一揽子金融服务，也像摩天轮一样全都转了过来。嘉年华营业场所安装了5台POS机设备，方便前来游玩的市民随时刷卡；8台点钞机也不断替钞票验明正身；开园第一周，共有近2万元假币被截。浦东环球嘉年华开幕11天已接待游客超过31万人次，平均每天进场3万人，其中周六更创下了单日4.3万人进场的最高记录。沪上中高星级酒店，客房出租率有一个规律：周一到周五走高，周末走低。然而上个周末，浦东地区的酒店客房出租率出现了异常的上涨。毗邻嘉年华的香格里拉酒店周末客房出租率同比上升了 5 个百分点，而国内客人入住的比例则上浮了 10 个百分点，世纪公园附近的经济型连锁酒店如家快捷酒店更是出现"一房难求"的火爆。分析表明：慕名而来的外地游客是嘉年华旺盛人气的重要组成部分。嘉年华虽然只有短短一个月时间，但其中似乎蕴含着耐人寻味的巨大潜能。

□ **本章小结**

旅游消费行为文化包含两层意思：一是指文化对旅游者消费行为的影响；二是指旅游者在消费过程中的各种文化表现。狭义的旅游消费行为强调行为是一种外在表现，因而仅指旅游者的购买行为以及对旅游产品的实际消费。广义的旅游消费行为包括从旅游消费需要的产生、消费计划的制订到实际消费以及其后产生感受（满意程度）的全过程。旅游消费文化的主要内容有旅游消费文化的传统认知、旅游消费行为的文化取向、后现代思潮中的旅游消费文化等。具体有习惯行为理论、减少风险行为理论、解决问题行为理论、选择决定行为理论、象征性社会行为理论、学习过程理论。还介绍了消费行为的模式，旅游消费行为的文化取向，文化对旅游消费行为的影响，中西传统文化的根本差异，现代旅游消费文化，当代旅游消费行为演变的文化指向等内容。学习过程中，应注意掌握基本概念，运用科学方法，结合旅游实践活动，采取管理学的研究方法展开思考。

□ **课堂讨论题**

1. 旅游消费行为的文化取向主要表现在哪些方面？
2. 消费行为理论主要有哪些模式？
3. 现代旅游业应如何应对旅游消费文化的演变？

□ **复习思考题**

1. 中西方文化的传统差异有哪些？
2. 在实践中旅游消费行为的文化取向有何具体表现？
3. 为什么说文化是影响旅游消费行为的根本因素？
4. 后现代思潮给旅游消费文化带来了什么影响？

6 旅游企业文化

□ 学习要点
- 了解旅游企业文化的定义、地位和特征
- 在了解国际知名企业优良的企业文化的同时,认识企业文化对于一个企业尤其是旅游企业的重要性,并思考如何构建旅游企业文化
- 掌握旅游服务者的文化人格、旅游企业的文化功能,分析旅游企业文化的培育

6.1 企业文化

6.1.1 企业文化的兴起

企业文化的理论起源于工业革命,传统的手工作坊式的小手工业生产被大机器工业所替代,社会的基本生产组织形式迅速地从以家庭为单位转向以工厂为单位。生产性质的转变和生产规模的扩大,使得管理的重要性越发凸现,如何改善劳动组织,提高企业的劳动生产率,日益受到人们的普遍关注。

企业文化是一种管理实践。作为一种社会职能,管理根植于社会文化、价值传统、社会制度之中。在不同的年代、不同的国家、不同的企业中,管理具备不同的观念和风格。企业管理风格和观念有差异是由许多因素造成的,其中文化背景的差异是最基本的要素之一。企业文化是在古典管理理论、行为科学管理理论、管理丛林等管理理论的基础上发展而来的。

6.1.1.1 古典管理理论

古典管理理论是指西方19世纪末到20世纪30年代之间形成的较为系统地研究企业生产过程和行政组织管理的管理理论,分别以美国弗雷德里克·温斯芬·泰勒的"科学管理理论"、德国马克斯·韦伯的"行政组织理论"和法国亨利·法约尔的"管理职能理论"最为引人注目。

1. 泰勒的"科学管理理论"

费雷德里克·温斯芬·泰勒(Frederick W. Taylor,1856—1915),美国古典管理学家,科学管理的创始人,被人们称为"科学管理之父"。泰勒科学管理的根本目的是谋求最高效率,而最高的工作效率是雇主和雇员达到共同富裕的基础,使较高工资和较低的劳动成本统一起来,从而使扩大再生产的发展。达到最高的工作效率的重要手段是用科学化的、标准化的管理方法。为此，泰勒提出了一些基本的管理制度。如，对工人提出科学的操作方法，研究工人工作时动作的合理性，对工人进行科学的选择、培训和晋升，制定科学的工艺规程，实行具有激励性的计件工资报酬制度，等等。泰勒认为，当工人结帮成伙后，会把许多时间用在对雇主的批评、怀疑甚至公开斗争上面，从而降低效率；如果把工人分隔开，工人就会专心致志地按照规范操作，提高工效，并从而提高工资收入。工人的工资一旦提高，"精神革命"也就会随着发生，即工人和雇主都会把注意力转到增加盈余上来，直到盈余大到不必为如何分配而争吵的程度。

2. 韦伯的"行政组织理论"

马克斯·韦伯（Max Weber, 1864—1920），生于德国，对社会学、宗教学、经济学与政治学都有相当的造诣，他的官僚组织模式（Bureaucratic Model）的理论（即行政组织理论），对后世产生了最为深远的影响。他本人被称为"组织理论之父"。韦伯行政组织理论产生的历史背景，是德国企业从小规模世袭管理到大规模专业管理转变的关键时期。韦伯认为，理想的行政组织体系主要包括：组织中的成员应有固定和正式的职责并依法行使职权；组织的结构是由上而下逐层控制的体系；强调人与工作的关系，成员间只有对事的关系而无对人的关系；每一职位均根据其资格限制（资历或学历），按自由契约原则，经公开考试合格予以使用，务求人尽其才；对成员进行合理分工并明确每人的工作范围及权责，并不断通过技术培训来提高工作效率；按职位支付薪金，并建立奖惩与升迁制度，使成员安心工作，培养其事业心。韦伯的行政组织理论，实际上是把管理非人格化，依靠单纯的责任感和无个性的工作原则，客观合理地处理各项事务。他认为，只有以规章制度做工作，抛弃一切人事关系的感情色彩，公事公办，企业才有可能生存下去。韦伯的古典管理理论为企业管理奠定了理论基础，可视为一种企业文化理论的萌芽。

3. 法约尔的"管理职能理论"

亨利·法约尔（Henri Fayol, 1841—1925），法国人，1916年出版其最主要的代表作《工业管理和一般管理》，提出了管理要素和管理职能理论，被后人尊称为"现代经营管理之父"。法约尔把计划、组织、指挥、协调、控制称之为管理五要素，把技术活动、商业活动、财务活动、安全活动、会计活动和管理活动作为经营的六种职能活动，并提出14条管理原则，即分工原则、权限与责任原则、纪律原则、指挥或命令统一原则、方向统一原则、个别利益服从整体利益原则、报酬原则、集权原则、等级系列原则、秩序原则、公平原则、保持人员稳定原则、首创精神原则、集体精神原则。法约尔特别强调管理教育的重要性，主张普及管理教育。认为"缺少管理教育"是由于"没有管理理论"，每一个管理者都按照他自己的方法、原则和个人的经验行事，但是谁也不曾设法使那些被人们接受的规则和经验变成普遍的管理理论。认为可以通过教育使人们学会进行管理并提高管理水平。

在古典管理阶段，泰勒等人在他们所提出的"科学管理理论"的指导下把人看做是一种"经济人"。认为工人无非是为了高工资，企业业主就是追求高利润，因而过分强调用严格的规章制度和科学的管理方法来实施管理，忽视了人的感情因素，甚至认为，人就是机器的附属品。在这种管理思想的指导下，许多企业的工人和企业主之间对立关系异常尖锐。于是，被早期资本主义企业主尊奉为"管理之父"的泰勒以及法约尔、韦伯等先哲们开始受到人们的怀疑。

6.1.1.2 行为科学管理理论

随着生产和科学技术的发展，劳资矛盾尖锐化，古典理论已不能适应有效地控制工人和提高利润的目的，所以，从20世纪20年代末开始，在美国出现了"以人为中心"的管理学研究，即行为科学管理理论。行为科学是运用社会学、社会心理学、生理学等科学的理论和方法来研究工作环境中个人和群体行为的一门综合性学科。这一学派强调人和人的行为是管理工作的关键因素，重视环境和人群之间的相互关系对提高工作效率的影响。因此，它研究人的行为以及产生行为的思想动机，探求人类行为的规律。

1. 早期的人际关系理论

1924年，美国哈佛大学心理学教授梅奥及其助手罗特利斯伯格通过芝加哥西部电器公司所属的霍桑工厂的心理实验，首次把"人性"问题引入管理学，提出了"社会人"假说。他们认为：工人是"社会人"；满足工人的社会欲望，提高工人的士气，是提高生产率的关键；企业存在着"非正式组织"，"正式组织"与"非正式组织"有重大的区别，在"正式组织"中以效率的逻辑为重要标准，而在"非正式组织"中则以情感的逻辑为重要标准，二者的相互依存，对生产效率的提高有很大的影响。

2. 人类需要层次理论

1943年，美国著名心理学家亚伯拉罕·马斯洛发表《人类动机的理论》，提出了"需要层次理论"。马斯洛认为：人的需要是按等级排列的，一旦某种需要获得满足，另一种新的需要就会出现并要求得到满足。这个进程是没有止境的，人就是为了不断地满足需要而生活和工作着。他把人的需要按重要性和发生的先后分为五个层次，即生理需要、安全需要、感情和归属的需要、地位和受人尊重的需要、自我实现的需要。人们一般按照上述五个层次的先后次序来追求自己的需要和满足，等级较低的需要容易获得满足，等级较高的需要则很难得到满足。马斯洛的需要层次理论揭示了人的需要从低到高、从物质到精神、从生理到心理的先后不同层次，从而启示人们在企业生产过程中，从文化心理上进行调控和引导，满足企业职工的高层次需要，帮助其实现愿望。

3. 人性管理理论

人性管理理论研究同企业管理有关的所谓"人性"问题。这一理论的代表人物有：麦格雷戈、莫尔斯、洛希、阿吉里斯。

1957年，美国社会心理学家道格拉斯·麦格雷戈在发表的著作《企业的人性面》一书中提出了影响颇大的"X—Y"理论。他将传统的指挥和监督理论命名为 X 理论，而将自己提出的理论命名为 Y 理论。认为 Y 理论是"人员管理工作的新理论""个人目标和组织目标相结合"的理论，主张管理者要以这种新理论为指导思想，根据不同的情况，因人而异地采用领导、协助和教育等方法，使个人需要和组织目标尽可能结合在一起，把个人的智慧和能力充分发挥出来；要用启发和诱导代替命令与服从；用信任与关怀代替监督与惩罚。麦格雷戈提出的X—Y理论，自20世纪50年代后期广泛传播，成为领先世界的美国管理科学中不可分割的部分。Y理论所提出的关于人的本性和人类行为特征的认识，至今仍在世界范围内为企业管理人员所重视和采用。

20世纪60年代末至70年代初，莫尔斯和洛希提出了超Y理论。认为：没有一套适合任何时代、任何组织、任何个人的普遍行之有效的管理办法，管理的要诀在于因人而异，因事而异。一把钥匙只能开一把锁，人们所要做的就是，根据不同的情况，灵活地采取不同的管理措施。

另一位美国学者阿吉里斯也从"人性"的角度，提出了"不成熟—成熟理论"。认为在人的个性发展方面，有一个从不成熟到成熟的连续发展过程。拙劣的管理就是阻碍这个过程，使人的性格不能走向成熟。良好的管理则是促进这个过程，具体办法是：扩大职工的工作范围，使职工有从事多种工作的经验，采取参与式的、以职工为中心的领导方式，加重职工的责任，更多地依靠职工的自我智慧和自我控制等。这些理论丰富了企业文化的基础性内容。

4. 激励理论

行为科学的发展经历了从"人性"探讨到激励理论探讨的历程。持这种管理思想的学者认为，从人们的内在需要出发，推动人们采取某种有目标的行为，最终达到需要的满足，这就是激励的过程；而没有得到满足的需要则是激励的出发点，它是人类行为的推动力。激励理论的主旨在于针对人的需要来采取相应的管理措施，以激发动机，鼓励行为，形成动力。这些理论主要由20世纪五六十年代的美国学者提出，包括：赫茨伯格的"需要激励两因素论"，阿德福关于生存（Existence）、关系（Relation）、成长（Growth）的ERG理论，亚当斯的公平理论，斯金纳的强化理论，弗鲁姆的期望理论，麦克里兰的成就需要理论等等。

6.1.1.3 管理丛林

"二战"以后，管理理论出现了许多彼此影响的学说和流派，美国著名管理学家哈罗德·孔茨称之为管理理论的"丛林时代"。

1. 组织文化理论

"二战"以后，管理科学开始从文化的角度来审视组织管理的理论和实践。由于社会上每一个组织的内部与外在环境、构成因素以及历史传统都不相同，管理活动总是在特定的文化背景下，为追求组织的成功而作出目标的选择和决策，并通过组织成员的一系列活动而形成自己组织特有的文化。因此，组织文化通常是指在一个组织内部形成的，以组织精神为核心，以组织目标为动力的一种特殊的文化倾向，实质上是一个组织在长期发展过程中，把组织成员结合在一起的行为方式、价值观念和道德规范的总和。

组织文化涉及在一段时间内对知识、信仰的行为方式的了解和传播，往往为公司确定风气并奠定人们的行为准则。高层主管人员往往是企业风气的创立者，其价值观影响着企业发展的方向，指导着公司雇员在实现公司目标过程中的行为与行动。人们往往可以从一些企业的口号中了解其主张。如，美国通用电气公司的口号是："我们最重要的产品是进步"；美国电话电报公司的口号是："为全世界服务"；杜邦化学公司的口号是："通过化学的办法为改善生活而生产更好的产品"；美国德尔塔航空公司用这样一句口号来描述它的内部气氛："德尔塔的家庭情感"。

2. 决策理论

决策理论的主要代表人物是曾获诺贝尔经济学奖的美国学者赫伯特·西蒙。这一学派是在社会系统学派的基础上发展起来的，他们把第二次世界大战以后发展起来的系统理论、运筹学、计算机科学等综合运用于管理决策问题，形成了一门有关决策过程、准则、类型及方法的较完整的理论体系。《管理行为》是西蒙最重要的著作，其主要内容有二：一是"有限度的理性"和"令人满意的准则"，二是决策过程理论。

西蒙认为，管理就是决策，决策贯穿于管理的各个方面，是全部管理活动的中心。决策是一个过程，主要包括搜集情报阶段（或参谋活动阶段）、拟订计划阶段（设计活动阶段）、选定计划阶段（选择活动方案）三个阶段。针对古典管理理论把人看成具有绝对理性的"理性人"或"经济人"，在决策时本能地按照最优化原则来选择备选方案的观点，西蒙认为，人类行为是理性的，但不是完全理性的，人类的理性有限，因为人的头脑能够思考和解答问题的容量，同问题本身的规模相比是非常渺小的。因此，在现实中要找到最优的决策方案是非常困难的，甚至是不可能的。从有限理性出发，西蒙提出了满意型决策的概念，即被采纳的决策不一定是最优的，但却是各方面满意的。这一理论对此前经济学理论中的完全理性假设与现实中的不完全理性进行了调适，从逻辑上打通了人类理想与现实的沟壑。

6.1.1.4 企业文化的兴起

从20世纪50年代以来，日本经济发展异常迅速，美国企业界日益受到来自日本的挑战。早在1965年，美国国际商用机器公司（IBM）以转让IBM计算机制造技术为条件打开了日本市场，但很快就被三菱、富士、日本电器赶出日本。在富士抢走了IBM在香港的市场后，IBM在菲律宾、泰国、新加坡等老牌的东南亚市场也相继落在日本人手中。非但如此，日本还巧妙地利用资本出口替代成品出口，在美国及欧洲市场上开始投资办厂。即便是在非洲等第三世界市场上，美、日两国的争夺也如火如荼。

在美国人以及世界其他国家人的眼里，日本不过是一个占世界陆地面积0.25%、占世界总人口2.7%、资源奇缺的弹丸小国，而且作为第二次世界大战的战败国，政治、经济、文化都受到致命的打击。然而，就是这样的一个刚刚经历了"二战"的弹丸小国，经济从20世纪60年代开始起飞，在70年代又安然地度过世界石油危机，在80年代一举成为世界经济强国。1980年日本的国民生产总值高达10 300万亿美元，占世界生产总值的8.6%。日本不仅赶上了西方的发达国家，而且还一跃成为经济超级大国。整个世界都震惊了，而美国人则强烈地感受到一种来自日本对其经济霸主地位的直接挑战。

100多年来，美国一直是西方世界企业管理的领路人，从泰勒的"科学管理"，到行为科学与管理科学理论的发展，都给美国带来了巨大财富。然而，日本的崛起，使美国人清醒地意识到，东方的日本有一种更为先进的管理模式使其在激烈的竞争和危机中安然无恙，并且在许多经济领域中已大踏步地超过美国。美国人对造成日本"奇迹"的"东方魔术"惊叹不已，渴望能把成功的秘诀学过来，重振雄风。于是在20世纪70年代末80年代初，掀起了一场日美管理比较研究的热潮，这个热潮催生了企业文化理论。

20世纪70年代末以及80年代初，美国两度派几十位经济学家、心理学家、文化学家、管理学家前往日本考察，其中就有著名的《Z理论》作者威廉·大内、《日本企业管理艺术》的作者R·帕斯尔等人。考察的结果表明，美国经济增长速度低于日本的原因不在于科学技术不发达，也不是物力、财力匮乏，而是因为日本的管理更加先进。在进行管理比较研究之后，学者们发现，美国倾向于组织结构、战略计划、规章制度等硬件方面的管理，而忽视了对人的重视，忽视了人和人的感情因素，忽视了社会科学的研究成果，过分强调定量分析，因而管理比较僵化，阻碍了企业活力的发挥。学者们进一步认为，这种管理差异背后存在着文化差异。正是由于日本企业内部一种强大的精神因素，也就是日本企业的企业文化和企业精神，在推动着日本经济的崛起。

美国人在研究了日本经济的发展之后，迅速把目光聚焦在本国企业的文化上，发起了追求卓越、重塑美国的热潮。从1981年到1982年这短短两年的时间里，美国相继问世了《Z理论——美国企业界怎样迎接日本的挑战》《日本企业管理艺术》《企业文化》和《寻求优势——美国最成功公司的经验》四部著作。这些著作，旨在以日本企业文化为基础，结合本国文化背景、经济体制等方面的因素来调整本国的企业文化。其后，一场传播和丰富企业文化理论的热潮在全球范围内掀起，并直接引发了企业管理思想的革命。

20世纪80年代，管理理论界进一步对美国及日本企业管理方式及其结果、企业管理中人的因素和人的潜力的发挥、企业文化背景对企业绩效的影响等方面进行了系统的对比分析和研究。大家发现，欧美传统的理性化管理缺乏灵活性，不利于发挥人们的创造性，不利于塑造企业长期共存的信念。而日本的管理模式注重塑造一种有利于创新和将价值与心理因素整合的文化，实践表明这种模式对企业长期经营业绩和企业的发展起着潜在的却又至关重要的作用。通过美国企业界对日本企业文化的传播、介绍、深入分析和借鉴活动，企业文化理论开始萌芽。因此企业文化的真正兴起是在20世纪80年代，是美国管理学家们总结了日本企业成功的经验而形成。其从价值、理想、目标、行为准则、传统、风气等方面正确回答了以往的管理理论无法解决的问题。作为从管理理论基础上发展起来的企业文化理论，是对原有管理理论的总结和创新。它从一个全新的视角来思考和分析企业这个经济组织的运行，把企业管理和文化之间的联系视为企业发展的生命线。企业管理从技术、经济上升到文化层面，是管理发展史上的一次革命，它给企业管理带来了勃勃生机和活力。

6.1.2 企业文化的界定

企业文化理论自从20世纪80年代初期美国学者提出以后，掀起了全球范围内企业管理领域的一场文化革命。如同文化的定义没有权威性的定论一样，到目前为止，国内外对企业文化也没有公认的定义，相关定义有180多种。学者对于企业文化的概念各有不同的见解。

6.1.2.1 国外对企业文化的定义

（1）美国哈佛大学约翰·P·科特和詹姆斯·L·赫斯克特在《企业文化与经营业绩》一书中认为，企业文化是指一个企业中各个部门，至少是企业高层管理者所共同拥有的那些企业价值观念和经营实践。是指企业中一个分部的各个职能部门或地处不同地理环境的部门所拥有的那种共同的文化现象。在某种程度上，企业文化与一群人经过多年的积累形成的团体准则以及行为方式有关，这些团体准则不是一个人在团体中可以见到的行为模式，而是每一个人在无意识中被强化了的行为。

（2）美国哈佛大学特雷斯·狄尔和阿伦·肯尼迪在《企业文化》一书中认为，企业文化由五个方面的要素组成：①企业环境，这是对企业文化的形成和发展具有关键影响的因素。②价值观，企业文化构成的核心因素。③英雄人物，他们将企业价值观人格化，为员工提供了具体的楷模。④礼节和仪式，即企业的日常惯例和常规，向员工们表明了所期望他们的行为模式。⑤文化网络，即企业内部主要的"非正式"的联系手段，是企业价值观和英雄人物传奇的"运载媒介"。其中，价值观、习俗仪式、文化网络和英雄人物是必要因素，而另一个因素——企业环境是形成企业文化唯一的而且是最重要的影响因素。

（3）美国加州大学威廉·大内在《Z理论——美国企业界怎样迎接日本的挑战》一书中认为，企业的传统和氛围产生一个企业的企业文化。企业文化表明企业的风格，如激进、保守、迅速等，这些风格是企业中行为、言论、活动的固定模式。管理人员把这些规范灌输给员工并代代相传。

（4）美国斯坦福大学R·帕斯卡尔和哈佛大学A·阿索斯在《日本企业管理艺术》一书中认为，企业管理不仅是一门科学，而且是一种文化，即企业有一种包括自己价值观、信仰和语言的一种特定文化。

（5）美国麦肯锡顾问公司托马斯·J·彼得斯和小罗伯特·H·沃特曼在《成功之路》（又译作《追求卓越》）中，认为"企业将其基本信念、基本价值观灌输给它的职工，形成上下一致的企业文化，促使广大职工为自己的信仰而工作，就会产生强烈的使命感，激发最大的想象力和创造力"。企业文化概括为"汲取传统文化精髓，结合当代先进的管理思想与策略，为企业员工构建一套明确的价值观和行为规范，创设一个优良的环境氛围，以帮助整体地、静悄悄地进行经营管理活动"。

（6）美国人迈克尔·茨威尔在《创造基于能力的企业文化》一书中认为，企业文化可以定义为在组织的各个层次得到体现和传播，并被传递至下一代员工的组织运作方式，其中包括组织成员共同拥有的一整套信念、行为方式、价值观、目标、技术和实践。

（7）美国人杰克琳·谢瑞顿和詹姆斯·斯特恩在《企业文化：排除企业成功的潜在障碍》一书中认为，企业文化通常指的是一个企业的环境或个性，以及这个企业的"办事方式"，就像一个人的人格和为人处世方式一样。更确切地说，可将企业文化分成四个方面：①企业员工所共有的观念、价值取向以及行为等外在表现形式；②由管理作风和管理观念（管理者说的话、做的事、奖励的行为）构成的管理氛围；③由现存的管理制度和管理程序构成的管理氛围；④书面和非书面形式的标准和程序。

（8）日本拓植大学的今西伸认为，企业文化是特定企业中具有固定特征的价值体系。它由三个主要因素构成：①价值体系，即精神方面，指企业哲学、经营观念信条、企业目标等；②行为体系，即工作结构、组织环境、组织结构、战略、规章制度、习惯、惯例等；③经营风尚，即基础方面，包括社风、组织风尚、传统、行为规范、成员行为能力等。

虽然国外学者特别是美国学者在表述上不尽一致，但对企业文化在企业经营过程中的表现上，国外学者对企业文化的理解却有几点共识：

第一，认为企业文化是一种重视人、以人为中心的企业管理方式，代表企业管理理念的新发展和新阶段，它强调要把企业建成一种人人都具有社会使命感和责任感的命运共同体。

第二，从观念形态的角度来界定企业文化，把企业文化的价值观念体系和员工的团结意识作为企业文化的重点和核心。

第三，认为企业文化是一个企业在长期的生产经营中形成的特定文化观念、价值体系、道德规范、传统、风格、习惯和与此联系的生产经营观念，而企业正是依赖于这些文化来组织内部的各种力量，将其统一于共同的目标之下。

6.1.2.2 国内学者对企业文化的定义

早在 20 世纪 50 年代，在国内的一些大型国有企业中，就有自己独具特色的经营理念，如大庆铁人精神等，当时虽未冠之以企业文化的概念，但实际上发挥着企业文化的功能与作用。从 80 年代末到 90 年代初，随着改革开放的进一步深入，在引进外资，引进国外先进技术和管理的过程中，企业文化作为一种理念被引入我国企业管理中，许多企业都大搞企业文化，在全国掀起企业文化的热潮。与此同时，国内学者也对企业文化进行了研究与讨论，并于 1988 年成立了中国企业文化研究会，举办各种类型的学术研讨活动，对企业文化的定义、如何建设企业文化等问题进行探讨。目前，国内关于企业文化的定义大致有如下几种：

（1）企业文化"是企业在社会主义市场经济的实践中，逐步形成并为全体员工所认同、遵循，带有本企业特点的价值观念、经营准则、经营作风、企业精神、道德规范、发展目标的总和"。

（2）企业文化"是指企业组织在长期的生产经营过程中所形成，并为全体成员共同遵守和奉行的价值观念、基本信念和行为准则"。

（3）企业文化"是指我国现阶段人民内部各个利益群体的文化表现形态。它包括一定的利益群体成员在共同的生产、生活中所形成的价值观念、行为规范、精神信仰、心理态势、思想意识、风俗习惯、科学文化水平等文化特质，也包括形成和发展这种文化特质的文化环境以及体现文化特质的外在表现形态。其中，文化特质集中代表着不同群体的人特有的文化素质，是整个群体文化的内核"。

（4）企业文化"是指企业在一定的社会历史环境下，企业生产经营的发展过程中，所创造的具有本企业特色的物质财富和精神财富的总和"。

（5）企业文化"是经济意义和文化意义的混合，即指在企业界形成的价值观念、行为准则在人群中和社会上产生的文化影响。它不是知识修养，而是人们对知识的态度；不是利润，而是对理论的心理；不是人际关系，而是人际关系所体现的处世为人哲学。企业文化是一种渗透在企业一切活动之中的东西，特指企业的美德所在"。

（6）企业文化"是指企业组织的基本信息，基本价值观和对企业内外环境的基本看法，企业的全体成员共同遵守和信仰的行为规范、价值体系，是指导人们从事工作的哲学观念"。

（8）企业文化"是在一定的社会历史条件下，企业生产经营管理活动中所创造的具有本企业特色的精神财富和物质形态。它包括文化观念、价值观念、企业精神、道德规范、行为准则、历史传统、企业制度、文化环境、企业产品等价值观，是企业文化的核心"。

（9）企业文化有广义和狭义两种理解。广义的企业文化是指企业所创造的具有自身特点的物质文化和精神文化；狭义的企业文化是企业所形成的具有自身个性的经营宗旨、价值观念和道德行为准则的综合。

（10）企业文化是社会文化体系中的一个有机的重要组成部分，它是民族文化和现代意识在企业内部的综合反映和表现，是民族文化和现代意识影响下形成的企业特点和群体意识以及这种意识产生的行为规范。

综观国内外对于企业文化的分析和理解，我们可以对企业文化做出这样的定义：企业文化是在一定社会历史条件下，企业在物质生产过程中形成的具有本企业特色的文化观念、文化形式和行为模式，以及与之相适应的制度和组织机构，体现了企业及其成员的价值准则、经营哲学、行为规范、共同信念及凝聚力等。它具有这样一些鲜明的特征：

（1）企业文化是一种务实的文化，它强调经济效益，保持组织的连续性、积累性，着眼现在，放眼未来，不允许出现断裂和跳跃；

（2）企业文化是一种讲究投入产出的文化；

（3）企业文化是一种集体文化，其强调的是管理在组织内所实现的合力，从而推动和激励企业内的每一位员工协调一致地行动，达到预期的目的；

（4）企业文化和社会文化是相互作用的，企业文化是亚群体文化，是特定组织的文化，它一般通过特定的产品、科技、先进的理念、服务、员工等慢慢渗透到社会，对社会文化产生影响，而社会文化这一大的系统则对企业文化产生着强有力的制约作用。

6.1.3 企业文化的主要内容

从文化结构的角度来看，目前国内多把企业文化分为三个层次或四个层次。三个层次是指精神文化、制度行为文化和物质形态文化；四个层次是指企业文化实践中的特殊性，在上述三个层次的基础上，专门析出行为文化，即物质文化、行为文化、制度文化和精神文化。这里主要从四个层次来谈企业文化。

6.1.3.1 企业文化的物质层面

企业文化的物质层面，主要由企业职工创造的产品和各种物质设施等构成的器物文化，包括企业生产经营的成果（企业生产的产品和提供的服务）以及企业创造的生产环境、企业建筑、企业标识、企业名称、企业广告、产品包装与设计、企业象征物等。

企业的产品主要包括有形产品和无形服务。有形产品主要包括产品实体及其品质、特色、式样、品牌和包装；无形服务包括可以给买主带来附加利益和心理上的满足感及信任感的售后服务、保证、产品形象、销售者声誉等。现代产品的整体概念由核心产品、形式产品和附加产品三个基本层次组成。核心产品是指产品的实质层，它为顾客提供最基本的效用和利益；形式产品是指产品的形式层，较之产品实质层更具广泛的内容，它是目标市场消费者对某一需求的特定满足形式，产品的形式一般通过不同侧面反映出来，如质量、款式、包装、品牌等，产品形式向人们展示的是核心产品的外部特征，它能满足同类消费者的不同要求；附加产品是指产品的扩展层，即产品的各种附加利益的总和，它主要包括各种售后服务，如提供产品的安装、维修、送货、技术培训等。

企业环境和企业容貌是企业物质文化的重要组成部分。企业环境主要是指与企业生产相关的各种物质设施、厂房建筑以及职工的生活娱乐设施。企业容貌是企业文化的表征，是体现企业文化个性化的标志。它包括企业的名称、企业象征物和企业空间结构、布局等。企业名称一般由专用名称和通用名称两部分构成。前者用来区别同类企业，后者说明企业的行业或产品归属。企业象征物是一种反映企业文化的人工制作物，它可以制成动物、植物或奇特造型，一般矗立在企业中最醒目易见的地方。企业布局是指企业的内外空间设计，包括厂容厂貌、商店的橱窗和内部装饰等。

企业生产环境是企业文化的一种象征。它体现了企业文化个性特点，每个企业都存在一定的环境之中，在环境中发展，同时又改变和创造环境。企业环境包括企业的内部环境和外部环境，不同的内部和外部环境，是企业文化具有个性的重要原因。

6.1.3.2 企业文化的行为层面

企业行为文化是企业在运作中产生的活动文化、实践文化。它包括企业经营教育宣传、人际关系活动、文娱体育活动中产生的文化现象。它是企业经营作风、精神风貌、人际关系的动态体现，也是企业精神、企业价值观的折射。从人员结构上划分，企业行为包括企业家的行为、企业模范人物的行为、企业员工的行为。如果说企业物质文化是企业文化的最外层，那么企业行为文化可成为企业文化的第二层。企业行为文化以动态形式作为存在形式，它一方面不断向人的意识转化，影响着企业精神文化的生成；另一方面又不断地向人的物质文化活动转化，最终物化为企业的物质文化。

企业行为文化是通过企业人的行为表现出来的。从上层的企业家到中层的管理者，从企业的模范人物到普通员工，他们的行为都是企业行为文化的重要组成部分。企业家行为与企业行为文化休戚相关，其在企业文化建设中扮演着至关重要的角色。企业模范人物是企业中举足轻重的力量，是企业员工学习的榜样，也是企业价值观的人格化，他们的理想和追求总是和企业的理想和追求是一致的。企业员工作为企业的主体，他们的群体行为决定着企业整体的精神风貌和文明程度。

6.1.3.3 企业文化的制度层面

企业制度层面主要包括企业领导体制、企业组织制度、企业管理制度和企业民主制度等方面。

企业制度是企业及其成员共同的行为规范，是实现企业目标的基本手段。制度作为企业生产经营实践经验的总结，它既是企业的价值观、道德规范、经营哲学的反映，也是企业管理民主化、科学化程度的体现，它构成了企业文化的一个重要内容。企业规章制度实际上是企业文化规范性的反映，所承载的本身就是企业文化的内容，它具有权威性、强制性、稳定性、变动性、群众性、有限性的特点，充分体现了企业文化的要求。与此同时，它也是企业文化得以强化和发展的重要保证。

6.1.3.4 企业文化的精神层面

企业文化的精神层面也称为企业精神文化，是指企业在生产经营过程中，受一定的社会文化背景、意识形态影响而长期形成的一种精神成果和文化观念。它包括企业精神、企业哲学、企业道德、企业价值观等内容，是企业意识形态的总和。相对企业物质文化和行为文化来说，企业精神文化是一种更深层次的文化现象，在整个企业文化系统中处于核心地位。

企业精神是一个企业基于自身特定的性质、任务、宗旨、时代要求和发展方向，为谋求生存与发展,在长期生产经营实践基础上,精心培育而逐步形成的,并为整个员工群体认同的正向心理定势、价值取向和主导意识。每个企业几乎都有各具特色的企业精神,往往以简洁而富有哲理的语言形式加以概括,通常通过厂歌、厂训、厂规、厂徽等形式生动形象地表现出来。例如,日本日立公司所树立的"日立精神——和、诚与开拓者精神",体现了现代意识与企业个性巧妙地糅和在一起的群体意识。

企业哲学是企业全体员工所共有的对世间万物的看法,是指导企业生产、经营、管理等活动及处理人际关系的原则。它主导着企业文化其他内容的发展方向,对企业经营起着至关重要的作用。美国管理学界认为,企业哲学与企业经营的因果关系,就像火车头与火车车箱一样。企业哲学在企业中所占的比例虽不多,却是推动这列火车前进的动力。

企业道德是调节企业与社会、企业与员工、员工与员工之间相互关系的基本准则。它包括职业道德和经营道德两方面,前者要求每个员工养成正确的幸福观和苦乐观,后者要求企业一心为顾客着想,信守合同,信誉第一,做好产品的售前、售中和售后服务。企业道德有赖于社会的舆论和员工的信念来维持。企业管理者要不断对员工进行企业道德规范的灌输,使员工自觉提高对国家、社会、企业的责任感和义务感,进而调节企业生产经营中的各种关系和矛盾。

企业价值观,是指企业在追求经营成功过程中所推崇的基本信念和奉行的目标。企业价值观是企业精神文化的核心和基石,决定和影响着企业存在的意义和目的,企业各项规章制度的价值和作用,企业中人的各种行为和企业利益的关系,为企业的生存和发展提供基本的方向和行动指南,为企业员工形成共同的行为准则奠定基础。没有共同价值观的企业无异于一盘散沙,没有正确价值观的企业就像大海中失去航向的船只,这种共同的规则体系和评判准则决定了企业全体人员共同的行为取向,赋予企业人神圣感和使命感,并鼓舞企业为崇高的信念而奋斗,如中国移动通讯公司的核心价值观是"正德厚生,臻于至善"。在西方企业的发展过程中,企业价值观经历了多种形态的演变,其中最大利润价值观、经营管理价值观和社会互利价值观是比较典型的企业价值观,分别代表了三个不同历史时期西方企业的基本信念和价值取向。当代企业的价值观的一个最突出的特征就是以人为中心,以关心人、爱护人的人本主义思想为导向。企业能否给员工提供一个适合人发展的良好环境,能否给人的发展创造一切可能的条件,是衡量一个当代企业或优或劣,或先进或落后的根本标志。

6.1.4 企业文化的地位和作用

6.1.4.1 企业文化的地位

企业文化在企业中具有十分重要的地位,这是因为:

首先,企业文化是企业的灵魂。企业文化是指导企业及其员工的一种价值理念,这种价值理念体现在每个员工的意识上,并最终成为指导员工行为的一种思想。任何一个企业所倡导的企业文化,正是这个企业在制度安排以及经营战略选择上对人的价值理念的一种要求，即要求人们在价值理念上能够认同企业的价值观及企业战略选择，并以符合企业制度安排及战略选择的价值理念指导自己的行为，因而企业文化实际上作为企业的灵魂而存在。

其次，企业文化是实现企业制度与企业经营战略的重要思想保障。企业文化作为员工的价值理念存在，而员工又会受到自身价值理念的作用，所以企业文化能够使员工自觉主动地执行企业制度，贯彻企业经营战略。凡是企业战略能够顺利实施的企业，实际上都有一整套良好的企业文化，企业文化发挥着重要作用。

第三，企业文化是企业制度创新与经营战略创新的理念基础。企业文化的创新，必然会带来员工价值理念的创新，并推动企业制度的创新和经营战略的创新。

第四，企业文化是企业活力的内在源泉。企业活力最终来自于人，来自于人的积极性，而人的积极性往往受其价值理念的支配。企业文化作为员工所信奉的价值理念，必然会直接涉及企业的活力，成为企业活力的内在源泉。

第五，企业文化是企业行为规范的内在约束。企业文化作为企业制度和企业经营战略在人的价值理念上的反映，必然会从内在约束企业员工的行为，从而成为规范企业行为的内在约束力。

6.1.4.2　企业文化的作用

第一，企业文化推动企业提高核心竞争力，帮助企业实现自身目标。

企业文化的内容简单明确，价值观得到组织成员的广泛认同，在这种价值观指导下的企业实践活动中，企业的主要成员会产生使命感，员工对企业及企业的领导人、企业形象将产生强烈的认同感。这是企业文化成为企业发展内在动力的基础。企业文化是企业立足于社会所必需的精神支柱，它不仅能够解释企业内部的运行情况，而且还能向企业家、企业管理的领导者指出什么是企业最重要的问题。企业文化是由企业家和企业的领导阶层创造的，企业家的一个重要职能，就是创造、管理和必要时改进和完善企业文化。因而企业文化理论可以阐明企业为什么和怎样成长变化的问题，帮助企业实现自身发展目标。

第二，企业文化可以持久地激励员工去创造企业业绩，促使企业可持续成长。

世界上著名的老牌企业都有一个共同特征，即拥有一套坚持不懈的核心价值观，有其独特的企业文化。美国著名管理学者詹姆·赫斯克特曾指出，无论是对付竞争对手、为顾客服务，还是处理企业对内对外相互关系，企业文化所形成的企业竞争力，必然产生强力的经营效果。日本政府在总结明治维新时期经济能得到迅速发展的经验时发表过一份白皮书，其中有这样一段话：“日本的经济发展有三个要素：第一是精神；第二是法规；第三是资本。这三个要素的比重是：精神占50%；法规占40%；资本占10%。”这就是说法规和资本不是最关键的要素。精神要素、文化要素才是最重要的。企业中，每个人都有退休的一天，但优秀的企业所倡导的企业文化、企业精神可以持久地激励员工去创造企业业绩。IBM公司的创始人老汤姆·沃森（Tom Watson）早已去世，但在

20 世纪 30 年代中期形成的"为全世界的顾客提供最好的服务""热爱公司、积极工作"的 IBM 精神却长久地激励着该公司的全体员工。IBM 公司董事会主席小沃森在访问哥伦比亚大学发表演讲时说:"就企业相关的经营业绩来说,企业的基本经营思想、企业精神和企业目标远远比技术资源、经济资源、企业结构、发明创造及随机决策重要得多。企业员工对企业价值观念的信仰,并在实际经营中贯彻这些观念,极大地促进了企业的经营业绩。"

第三,企业文化可以帮助企业管理者改善信息沟通、改善人际关系,帮助企业创造新的气氛,以适应竞争日趋剧烈的企业环境,形成高度灵活的应变能力。

企业文化是在一定的民族文化、道德、伦理文化背景下生成的,并在一定的企业中形成自己的个性,它是影响企业成员思考、体验和行为的主要方式。无论是企业家,还是普通的企业员工,如果对自己企业的文化没有深刻的理解和认知,要想在事业上大展宏图是不可能的,就像身处异国的游客那样,不时会产生陌生感和沮丧感。从这个意义上说,企业文化是企业家和企业全体员工的精神家园。

第四,良好的企业文化是企业网罗人才、留住人才的制胜法宝。

知识经济时代的来临使人才成为企业生存和发展的关键。企业取得大量的优秀人才,并留住人才,对企业的发展来说是非常重要的。企业的人才争夺战中,真正起关键作用的是企业文化。各种人才通过对公司的企业文化的了解、认识,选择适合自己发展的企业。

6.2 旅游企业文化

6.2.1 旅游企业文化的含义

6.2.1.1 什么是旅游企业文化

旅游企业的产生,与世界近代旅游的产生发展密切相关。而旅游企业并不是一个界限非常分明的独立企业,与旅游相关的各种企业都可纳入旅游企业范畴,主要由旅行社、旅游饭店、交通运输企业、景点景区以及旅游用品和旅游纪念品销售企业等构成。旅行社是沟通旅游客体和旅游主体的中介组织,它通过旅游行政管理部门审批设定,以营利为目的,为旅游者办理进出境手续,为旅游者提供交通、游览、住宿、饮食、购买和娱乐等活动的便利服务。旅游饭店是以建筑设施为依托,为旅游者提供住宿、饮食、娱乐、购物或其他服务的企业。旅游饭店在旅游业中的重要作用使它成为旅游业的三大支柱之一。交通运输对旅游业来说非常重要,很多富有旅游资源的地方,如许多原始森林因无法进入而不能开发,因此就不可能产生旅游活动。旅游者外出旅游的方式主要是乘汽车、飞机、火车和轮船,于是汽车站、机场、火车站、铁路、公路、海洋、内河航运、港口、装卸等交通运输企业,以及这些设施的管理部门形成了为旅游服务的交通运输企业。由相关组织或企业对其行使管理的景点景区，以及旅游者在旅游期间要购买各种生活用品、工艺纪念品等各种实物，都与旅游企业密切相关。

旅游企业与其他企业一样，在其经营管理中，形成自己独特的企业文化。根据企业文化的界定，我们可对旅游企业文化作如下定义：

旅游企业文化是旅游企业在长期经营活动中逐步形成和发展起来的，带有本企业特色的价值观念、行为规范、经营作风、企业精神、道德风尚、企业环境等因素的总和。

6.2.1.2 旅游企业文化的内涵

1. 旅游企业价值观

旅游企业价值观是指旅游企业在生产经营活动中，企业全体员工所信奉的共同的基本信念，作为旅游企业及其每一个成员共同的价值追求、价值评价标准和所崇尚的精神，它是旅游企业文化的核心和根本依据。这是因为，第一，旅游企业价值观使全体员工有共同的价值评判标准，规范着企业员工的行为，激励员工的精神；第二，旅游企业价值观决定着旅游企业文化的企业精神和企业道德的内容，使员工有全体认同的健康上进的群体意识和正确的幸福观、荣辱观、苦乐观；第三，旅游企业价值观能够使旅游企业的管理更为有效，它以人性化的管理手段和一种相容性的心理暗示激发每个员工的潜能，能够最大程度地调动全体员工的积极性。

旅游企业文化强调塑造企业员工普遍认同的价值观，创造和谐一致、积极向上的文化氛围，发挥企业的整体文化优势。旅游企业的价值观体现在顾客至上、服务第一、积极进取、文明礼貌的企业文化上。享有国际声誉的希尔顿酒店集团成功的最大秘诀就在于服务人员的"微笑服务、宾至如归"的共同价值观。希尔顿酒店集团独到的价值观说明，一个人可以没有资产，可以没有后台，但只要有信心、有微笑，就有成功的希望。旅游企业的价值观、经营哲学必须附着在员工的言行、规章制度、经营过程以及物质设施等有形的载体之上，否则，旅游企业文化就成了一纸空文。

确定合适的核心价值观，应遵循几个原则：一是立足于本企业的特色和优势，确定适合自身发展的组织文化模式；二是认真分析组织的经营理念、发展目标、外部环境等各种相关因素，实现企业价值观与企业文化各要素之间的理想匹配；三是考虑企业员工的结构，不同类型的人及其组合方式可能影响企业文化的形成，尤其是会直接关系到企业的价值观能否为每一个成员所接受；四是企业的组织价值观应正确、鲜明并具有深厚的内涵和高度的浓缩性。

作为服务性的旅游企业，可在其内部通过对员工的仪容仪表、言谈举止、待人接物、品质修养等诸多方面培育全体员工的共同价值观，让所有员工最终将企业精神内化为自己的价值观念和实际行动，增强员工的自信心和对企业的自豪感与责任感，增强企业的凝聚力与竞争力，充分调动员工的积极性和创造性。每个人都希望自己有值得自豪的地方，并以此为荣。当一个人乐于在他人面前眉飞色舞地介绍自己的企业如何不同凡响时，可以说员工的价值观已经和公司的价值观融为一体了。只有当一名员工和企业的价值观保持一致并完全融为一体的时候，员工的潜能才会得到充分发挥，才能创造出企业工作的奇迹。

2. 旅游企业精神

旅游企业精神是旅游企业按自身的特点、性质、任务、宗旨和发展方向，在长期生产经营实践中由企业负责人积极倡导、精心培育而形成的，同时有被企业全体员工认同的正向心理定势和主导意识，是一种团体精神。它通常以高度概括的几个字或几句话，以口号、标语等形式表达出来。这些口号和标语有的是总结本企业的优良传统，有的是针对目前存在的不足而倡导树立的新风尚。

企业精神是企业的灵魂，是企业领导和员工信奉的精神信念。各个旅游企业都有自身的企业精神。广州的花园酒店是一家五星级酒店，在管理中确定其经营宗旨为：员工第一，客人至上。酒店精神为：①热情周到，礼貌敬语，微笑服务；②花园爱我，我爱花园；③一流服务，一流效益；④红棉——挚诚，竞争，进取；⑤舍利求义；⑥"要我做"变为"我要做"。假日饭店联号提倡"暖"，希尔顿饭店联号强调"快"，香港文华大酒店突出"情"。

3. 旅游企业道德

旅游企业道德主要包括职业道德和经营道德两方面的内容，需要依靠社会舆论和员工的信念来维持。它是旅游企业文化的重要组成部分，是调节旅游企业与社会、旅游企业之间、企业与员工之间、员工与员工之间相互关系的基本准则。它以美善与丑恶、诚实与虚伪、公正与偏袒等为评价标准，通常以公众舆论、规章制度等形式表现出来，对规范员工的个体行为，协调大家的行动，保证个人目标与企业目标的一致性起到教育、引导和制约的作用。如，一位饭店餐厅员工在饭店筹办大型会议宴席时请了病假，而会议过后，他"病"愈上班，他的做法完全符合规章制度，但这种类似"临阵脱逃"的做法被同伴所不齿。

一个社会中的善恶、美丑标准在员工心目中是相对稳定的，撒谎、懒惰的行为无论社会经济状况如何变化都不会被企业管理者和同伴所接受。企业管理者可以充分运用企业道德的评判作用，在平时日常管理中，不断对员工进行企业道德规范的灌输，使员工自觉提高对国家、社会、企业的责任感和义务感，进而调节企业生产经营的各种关系和矛盾，促进企业的团结和发展。

4. 旅游企业形象与经营作风

旅游企业形象与经营作风是旅游企业在从事生产经营活动和管理活动中所表现出来的外部行为特征、视觉特征，以及企业风格、风气、传统、习惯等，表现为企业在社会上的知名度、美誉度、忠诚度以及企业内部精神面貌的状况。

旅游企业形象与经营作风是旅游企业文化建设的重要内容。一个企业是否具有良好的形象，对企业员工的工作追求、凝聚力、创造力等都有直接影响。而旅游企业的服务性的特性决定了它的经营作风应以"人"为本，突出"人本"的价值观念和行为规范，实行民主经营。全体员工虽然在工作岗位上常处于服从命令、接受管理的位置，但只要从心理上感受到自己的人格受尊重，同时感到自己处在一种民主和良好的文化氛围中，就会从思想上归属这个企业，就会自觉地将自己置于主人翁的位置，并自觉行使自己的职责。里兹-卡尔顿饭店是一家闻名世界的饭店管理公司，其主要业务是在全世界开发与经营豪华饭店，其座右铭是"我们是绅士和淑女，我们在为绅士和淑女服务"。这一座右铭表达了两种含义：一是员工与顾客是平等的，不是主人和仆人，或上帝与凡人的关系，而是主人与客人的关系；二是饭店提供的是人对人的服务，不是机器对人的服务，强调服务的个性化与人情味。

6.2.2 旅游企业文化的功能

旅游企业文化的功能与它的定义和内容一样，属于旅游企业文化最基本的成分，旅游企业文化自诞生之日起，就不断有人对它的功能进行探讨。何谓旅游企业文化的功能呢？一位学者如是说："所谓旅游企业文化的功能是指旅游企业文化发生作用的能力。"既然是发生作用的能力，就有可能是发挥积极作用，也有可能是发挥消极作用，那就要看旅游企业文化是优良的文化还是劣质的文化。因此，考察旅游企业文化的功能要在对其基本分类的基础上进行，否则就会失之偏颇。优良的旅游企业文化发挥积极功能，劣质的旅游企业文化的消极功能便不言自明，所以，本节只讨论旅游企业文化的积极功能。

6.2.2.1 导向功能

任何一种文化都是一种价值观，规定着人们的追求。旅游企业文化也不例外。只有良好的旅游企业文化，才能引导旅游企业追求积极、健康的经营目标，促使旅游企业完善自身条件以适应激烈的市场竞争。

旅游企业文化的导向功能，是指旅游企业文化能对旅游企业整体和每个员工的价值取向及行为取向起引导作用。具体表现在两个方面：一是对员工个体的思想行为起导向作用，它能把所有员工的努力方向引导到旅游企业所确定的目标上来。旅游企业提倡什么、崇尚什么，员工的注意力就必然转向什么，进而把实现旅游企业目标变为自觉的行动。二是对旅游企业整体的价值取向和行为起导向作用。这是因为旅游企业文化一旦形成，它就建立起了自身系统的价值和规范标准，如果旅游企业整体的价值取向和行为取向与企业的系统标准产生悖逆现象，旅游企业文化会将其纠正并将之引导到企业的价值观和规范标准上来。

发挥旅游企业文化的导向功能，首先，要确立旅游企业目标。目标是员工共同追求的目的，是旅游企业活动所期望达到的结果，也是员工行为的强大动力。目标越明确，对员工有益行为的激发力量就越大。其次，要引导员工树立旅游企业的共同价值观。这一共同的价值观应该反映员工及企业的共同追求和共同利益。其主要功能就是要告诉员工，什么是应该提倡的，什么是应该反对的，从而使员工正确认识企业对其的期待，使其潜移默化地接受本企业共同的价值观，把追求各种具体目标上升为崇高目标，并把具体目标寓于企业的价值体系之中，从而发挥旅游企业文化的导向性作用。同时，因为这种价值观是旅游企业的共同价值观，它也必然体现员工个人的人生追求，使员工在为旅游企业的目标奋斗时，也感到是在为实现自己的理想而奋斗。

6.2.2.2 约束功能

旅游企业文化的约束功能是指运用旅游行业准则、法律法规等约束和规范职工的思想、心理和行为。这种约束不是制度式的硬约束，而是一种软约束，这种约束产生于旅游企业的文化氛围、群体行为准则和道德规范。群体意识、社会舆论、共同的习俗和风尚等精神文化内容，会造成强大的使个体行为从众化的群体心理压力和动力，使企业成员产生心理共鸣，继而达到行为的自我控制。

只有全体员工的目标与企业目标一致，才能形成最大的合力，从而最好地实现企业目标。旅游企业文化的形成，使旅游企业成为一个由共同的价值观念、精神状态和理想追求的人凝聚起来的组织。这种共享的意识在潜移默化中便产生了一种强制性的规范作用。这种规范作用能大大加强企业的内部凝聚力。在业务部门繁多的旅游企业中，唯有形成强的凝聚力才能使各部门同事共同朝着企业的经营目标一齐前进，不至于出现某部门偏离企业行驶轨道而导致失败的情况。

为了发挥旅游企业文化的约束功能，首先，要加强约束。这就意味着在旅游企业外部要健全旅游法制建设，旅游企业内部则要建立严格、科学的内部管理制度。既然要约束员工，就要让职工了解本旅游企业的行为规范以及共同的价值观，懂得何种思想和行为才符合旅游企业的行为规范，才能更好地进行自我管理，并积极发挥其创造能力。其次，要重视软约束。法律法规或管理制度对职工思想和行为的约束、规范作用是不容忽视的。但是，旅游企业文化应更侧重于软约束，即一种感情化的、注重道德准则的约束。例如，如果一个员工违反了法律法规，会受到法律的制裁；违反了内部管理制度，会受到内部的处分。但更重要的是，他还会受到舆论的评判。作为具有一定道德觉悟的员工，舆论的评判可能更让他感到自责内疚。而这些对于约束员工才是最重要的。因为人都不喜欢太多的约束，只有让员工自觉地遵守规范，才能真正实现这种约束功能。因此，应该加强员工的道德建设和素质修养建设，同时重视员工自我管理的心理需要。

6.2.2.3 凝聚功能

旅游企业文化的凝聚功能是指当一种价值观被企业员工共同认可后，它就会成为一种黏合力，从各个方面把其成员聚合起来，从而产生一种巨大的向心力和凝聚力。这种凝聚功能，可以化解个人与集体、个人与个人之间的矛盾，创造出和谐的人际关系氛围，从而有助于消除旅游企业的内耗，建立一个感情融洽的共同体，使广大职工为本企业的发展团结奋进。凝聚力的形成对任何组织来说都是至关重要的大事，它意味着成员相互吸引、相互接纳、坦诚相待、意气相投。旅游企业要生存和发展，必须依靠并且增强这种凝聚力。但凝聚力靠什么形成？又要凝聚什么人？单单靠高工资、高福利行吗？不行。旅游企业高人才流失率的事实证明，靠高工资和高福利留下的员工大多不是最优秀的人，最优秀的人有更高层次的追求，这种追求只能靠优质的旅游企业文化赋予。具有优质文化的旅游企业一定是一个前景广阔、良性运行的旅游企业，优秀的人才只有在这样的企业里才大有用武之地，因此才能留住他们。例如，世界著名的希尔顿饭店、四季饭店、香格里拉饭店，无不有着优秀的企业文化，这些老字号的旅游企业之所以生生不息，前景广阔，就在于它们的价值追求符合顾客的根本利益，符合人类进步的规律。

要充分发挥旅游企业文化的凝聚功能，最重要的就要使旅游从业人员对所属旅游企业有归属感，即要让所有从业人员感觉身处一个团结、友爱、民主、信任、理解的大家庭。简单地说，就是要让所有的职工爱自己的企业，爱自己的单位。旅游企业的凝聚力、融合力就来自于员工对旅游企业的热爱。为此，旅游企业应该在各方面为员工创造良好的环境，包括合理的薪金、良好的工作环境和工作设施，经常性的文体活动、劳动竞赛等。要多进行感情投资，注意维护和提高自身形象，使内部员工产生归属感和自豪感。此外，作为旅游企业，要进行广泛的宣传，经常举行一些有益的活动，展示自己良好的管理风格、经营状态和精神风貌，使旅游企业树立良好的整体形象，扩大旅游企业在社会上的影响，以提高知名度，让员工以企为荣。员工归属感、自豪感的树立，便会在意识深处产生对旅游企业的向心力，并由此形成一股强大的凝聚力，使员工的集体意识大大加强，产生一种整体效应。

6.2.2.4 激励功能

优秀的旅游企业文化是旅游企业成长的动力源，它创造着企业的活力，也激发着职工的工作热情，使他们的积极性和潜能得到最大程度的发挥。企业文化的激励功能来自于企业文化本身的精神力量。俗话说，精神的力量是无穷的，一个企业有了优秀的企业文化就有了取之不尽的精神力量。

旅游企业文化的激励功能是指通过激励机制，使企业成员从内心产生一种情绪高昂、奋发进取的力量。发挥员工的积极性和创造性，是现代管理理论的重点。旅游企业文化的加强，使员工在共同文化观念形成的群体意识的驱动下，逐步加强事业心、责任感。这种良好的文化氛围，对职工积极性、主动性、创造性的发挥，能源源不断地提供激励的力量。这种力量，在国际商品竞争日益激烈的当今和未来，是旅游企业生存、发展、取胜所必备的基础。

因此，必须运用各种激励方式，激发职工的积极性、主动性和创造性，以保证旅游企业长期的生存和发展。发挥旅游企业文化的激励功能，最有效的途径是坚持精神激励和物质激励相结合的原则，强化整体激励机制。主要是：①目标激励，设置总体目标激发员工；②公平激励，奖罚分明，建立公平合理的分配制度以激励员工；③典型激励，树立先进典型，发挥先进模范人物的榜样、示范作用，是激励员工的有效方法。另外还有领导示范激励、参与激励、精神激励、物质激励、群众形象激励等。

6.2.2.5 辐射功能

旅游业是一个服务性的行业，服务对象是社会上的人，旅游企业的宗旨就是通过自己的服务使人获得一种满足感，而这种感受不仅仅来自于物质上，更多的是来自于精神上。因此，一个旅游企业的文化至关重要，一旦形成固定的模式，它不仅会在旅游企业内部发挥作用，对员工产生影响，而且也会通过各种渠道（宣传、交往等）对社会产生影响。旅游企业文化的传播对树立公众形象很有帮助，优秀的旅游企业文化对社会文化的发展有很大的影响。

6.2.2.5 品牌功能

旅游企业文化与经济实力是构成旅游企业品牌形象的两大基本要素，它们是相辅相成的。品牌展示了一个旅游企业的形象，这个形象是企业经济实力和企业文化内涵的综合体现。评估一个旅游企业的经济实力如何，主要看企业的规模、效益、资本积累、竞争力和市场占有率等。旅游企业文化是企业发展过程中逐步形成和培育起来的具有本企业特色的企业精神、发展战略、经营思路和管理理念，是企业员工普遍认同的价值观、企业道德观及其规范。旅游企业如果形成了一种与市场经济相适应的企业精神、发展战略、经营思路和管理理念，即企业品牌，就能产生强大的团体向心力和凝聚力，激发员工的积极性和创造精神，从而推动旅游企业的经济实力持续发展。文化（软件）与经济实力（硬件）具有紧密关联性，无论是世界著名的旅游企业，如马里奥特、凯悦国际、日本交通公社，还是国内知名的旅游企业，如锦江集团、广之旅、中青旅、国旅等，都具有独特的企业文化和强大的经济实力。品牌的价值是时间的积累，也是旅游企业文化的积累。在我国成功获得2008年的北京奥运会以及2010年的上海世博会的举办权的同时，国外的著名旅游连锁企业也纷纷"抢滩"中国，中国的旅游企业将面临巨大的机遇和挑战，如何形成自己独特的旅游企业文化，树立旅游企业品牌形象，提升综合竞争力，这些都是值得国内所有旅游企业思考的问题。

6.2.3 旅游企业文化的特征

企业文化的形成过程是长期的，它会受到各种因素的影响。因此，具有完全一致特征的企业文化是不存在的，不同企业的文化必然各有千秋。但是，既然企业文化集中体现了企业核心价值观，那么企业文化也必然具有共同的基本特征。因此，旅游企业文化具有其他企业文化的一般特征，但由于旅游企业与其他企业在生产经营过程、客观环境等方面有着明显的差异，因而形成了旅游企业文化的行业特点。

6.2.3.1 规范化服务与个性化服务的完美结合是旅游企业的生命线

旅游企业文化是一种服务经营型文化，服务意识是旅游企业文化的基本特点。旅游企业与工业企业不同，它没有一般意义上的生产活动；旅游企业与普通商业企业不同，它提供的是无形的以服务为主的产品而不是有形的物质产品。旅游企业的生产经营活动是以服务为中心的,因此服务理念、服务规范、服务方式成为旅游企业文化的基本特点。由于旅游产品具有无形性、不可转移性、生产与消费的同步性、易损性、不可储存性等特点,因而保证服务产品质量显得非常重要。评价产品质量优劣的基本标准是客人的满意程度,而影响客人满意程度的因素是多方面的,主要是礼仪礼貌、服务技能、服务效率、服务项目、清洁卫生、安全保卫等几个方面。"宾客至上""顾客是上帝""顾客永远是对的"这些旅游业中流行的口号,反映出了旅游企业一个共同的价值观——为宾客提供优质服务是旅游企业的生命。旅游企业的服务多数都是面对面的服务,以顾客需求为导向,提供细致殷勤的服务。一个旅游企业的形象,最终取决于其服务的质量,而衡量服务质量的最终标准就是顾客满意。

希尔顿国际饭店将这一价值观念体现在以下几个方面。我们的使命是:被确认为是世界上最好的、第一流的饭店组织,继续努力改进我们的工作,使我们的事业——为宾客、员工、股东利益服务的事业,繁荣昌盛、兴旺发达。对成功地完成我们使命至关重要的是:人——这是我们最重要的宝贵资产。参与、齐心协力和承担责任是指导我们工作的价值观。产品——这是指我们提供的活动、服务和设施。这些产品被设计成具有高品质,并在经营接待服务工作中体现出高品质,能始终满足我们宾客的需要和期望。利润——这是我们成功的最终衡量标准——衡量我们是否能很好地、很有效率地为我们的宾客服务。利润也是我们赖以生存和发展所必需的。为完成我们的使命,我们必须遵循的指导原则是:质量第一——我们产品和服务的质量必须使宾客满意。这是我们放在第一位考虑的目标。价值——在公平合理的价格下,我们的宾客应享有高质量的产品和服务,这是指导我们发展业务的价值观。不断改进——我们决不停留在过去的成绩上。通过我们创造性的劳动,不断改进我们的产品和服务,并提高我们的效率和盈利率。齐心协力——在希尔顿饭店,我们是一个家庭的成员,一起合作把工作做好。完善——我们决不向违反希尔顿饭店行为准则的现象妥协,我们应对社会负责,我们保证遵循希尔顿饭店在公平和完善方面所提出的高标准和严要求。

6.2.3.2 作为服务性企业,旅游企业文化具有人本管理特征

旅游企业文化是一种以人为中心的企业管理理论。旅游企业是一种服务性企业,其员工直接面对的是顾客,为顾客提供面对面的服务,因此重视企业文化的作用,首先就要重视人的作用。旅游企业文化首先就是人本文化,旅游企业文化强调要把企业建设为一个人人具有使命感和责任感的命运共同体。在管理实践中应贯彻尊重人、理解人、关心人、信任人的原则,重视对人的激励、培训、考核、任用和晋升,重视开发人的精神素质,使人得到全面的发展。同时,在此基础上,统一大多数人的思想,形成一致的价值观和经营理念。

旅游企业作为一种接待服务性的社会组织,需要提供的是充满人性亲情的情感服务,以此来打动消费者,旅游者的消费也主要追求的是感性上的满足(物质性的满足不占主要地位),通过消费旅游服务产品,表现出旅游者的社会地位、经济地位、生活

情调、个人修养等个性特征和品位。随着社会经济的不断发展，人们的生活水平日益提高，旅游消费的感性化程度将越来越高。旅游企业是劳动密集型的企业，旅游产品的生产与消费每时每刻都离不开员工的劳动。在这个过程中，员工的工作状态对服务质量有着决定性的影响，员工的每一句话、每一个动作、每一种表情都可能导致消费者对旅游产品的满意或失望。一个精神状态差的服务员工，一个厌倦"伺候人的工作"的员工的劣质服务可能会毁掉一大笔业务，其恶劣影响会使旅游产品的质量大打折扣，进而破坏整个旅游企业的声誉和形象。因此，以员工为中心的原则对旅游企业有着特别重要的意义。旅游企业要充分调动员工的积极性，激发他们劳动的创造性，发挥他们的主观能动性，就应尊重他们，把他们放在主人翁的地位上。唯有如此，旅游企业才能提高服务质量，提高劳动生产率。因此，旅游企业在倡导"顾客至上"意识的同时，必须在内部提倡和贯彻"员工第一"的思想，因而，"两个上帝"（管理者视员工为"上帝"，员工视顾客为"上帝"）的口号就在旅游业中应运而生。要尊重与信任员工、关心与爱护员工、培养与激励员工，增强员工对企业的归属感和荣誉感，必须强调企业的民主化管理、人性化管理。

从旅游企业管理理念的发展来看，旅游企业文化先后经历了从 CS、ES 到 EL 的演进历程。

CS（customer satisfaction）是指顾客满意或顾客满意度，其思考角度是以外部顾客为中心，倡导"顾客第一"，重视顾客利益而相对忽略内部员工及其利益。

ES（employee satisfaction）是指员工满意或员工满意度，相对于 CS，ES 更强调以员工为中心，倡导"员工第一"，信奉"只有满意的员工，才有满意的顾客"的管理哲学，强化了员工在企业经营中的沟通协调作用。

EL（employee loyalty）是指员工对企业的忠诚或忠诚度，其主导思想是通过关心员工、爱护员工而获得员工对企业的忠诚，使员工视企业为家，把自己的奋斗目标和前途命运与企业紧密联系起来。

从 CS、ES 到 EL 的演进体现了"以人为本"的哲学，也体现了旅游企业文化是一个动态的发展过程。

以人为本的理念是旅游企业文化塑造的出发点和归宿。旅游企业文化理论本身的目的就是为了形成相对统一的理念，最大程度地激发员工的潜质，从而进一步提高企业业绩。从这一角度来看，旅游企业文化离不开以人为本的理念。假日酒店的创始人威尔逊曾经说过："没有满意的员工，就不会有满意的顾客。有幸福愉快的员工，才会有幸福愉快的客人。"花园酒店坚持"员工第一"，提出"酒店的生命属于员工"，实行"员工日"。世界各国著名的酒店、商场都非常重视员工的地位和作用，把员工放在极为突出的位置，并以此激励员工。

6.2.3.3 旅游消费是文化消费，文化意识是旅游企业文化的重要特色

旅游是一种高层次的文化享受，文化是旅游的重要内涵，是旅游生产力要素的重要

组成部分。旅游企业文化是旅游产品生命力的关键要素，没有文化内涵的旅游产品就不会有强大的市场生命力。一方面，旅游企业的宾客来自世界各地，来自各种不同的社会文化背景，旅游企业员工需要了解不同国家和地区的文化传统和价值观，尊重宾客的风俗习惯；另一方面，旅游企业为适应市场需求必须开发出文化品位较高的旅游产品，求新、求奇、求特、求美。因此，旅游企业的文化意识越强，员工文化素养越高，所提供服务的文化品位越高，就越能让宾客感受到强烈的文化氛围，使宾客在文化认同中产生安全感、亲切感和满足感，真正感受到自身人格的被尊重，自己的消费正是一种高雅的艺术享受。

6.2.3.4 旅游产品的高度综合性，使旅游企业文化具有协同性的特征

旅游产品，特别是旅行社产品，涉及旅游者旅游过程中吃、住、行、游、购、娱诸多方面，其中许多服务是旅行社自身所不能提供的，旅行社需要通过对旅游服务的采购和组合来一次性地满足旅游者的需求。其中任何一个环节的服务质量，都会直接影响到企业最终产品的质量和企业的形象，这就要求以旅行社为"龙头"的旅游企业之间员工具有强烈的协作意识、协调全局的观念和强烈的集体主义精神，同心同德、尽职尽责，以确保旅游产品各个环节的服务质量和整个旅游过程的顺利完成。旅行社产品经营的这一特殊理念成为旅游企业文化的一个重要特征。

6.2.3.5 旅游企业国际化程度相当高，具有开放性与世界性的特征

旅游企业接待的是来自不同国家和地区的旅游者，客源广泛，他们之间需求多种多样，差异很大。一方面，针对顾客群越来越丰富的国际性特点，旅游企业在面向国际市场经营的过程中，企业的员工，特别是决策层要有强烈的开放意识，研究和了解世界文化，设计和推出具有世界性的产品，使旅游者在文化认同中产生亲切感、安全感和享受感。企业在管理和服务方面争取与国际接轨，增加在国际上的竞争能力。饭店业星级评定制度、饭店金钥匙服务、旅行社质量保证金制度及ISO9000国际质量体系认证的导入实施都是为了适应旅游企业国际化发展的特点和趋势。另一方面，许多国际性的饭店集团大举进入中国市场，这些旅游企业在与中方合作过程中，必然带来由于中西方文化差异引起的撞击，双方在价值观念、工作方法上有着明显的差异，因此沟通与理解成为双方合作的关键。就这点而言，中外合资、合作经营的旅游企业必须建立起能为中外双方所包容的旅游企业文化。

6.2.4 旅游企业文化的地位

在经济全球化的市场经济背景下，人们认识到构建企业文化应成为每个企业管理的核心内容之一，市场竞争的成败也更大程度地取决于企业文化的建设是否能适应市场发展，是否符合时代要求。企业文化的构建和管理对旅游企业来说，也是攸关竞争成败的重要因素。也只有在一个价值观健康、目标明确、经营理念先进、重视员工、对顾客和

社会负责的企业中,员工才会有坚定的信心与企业共同发展,为顾客提供优质服务。如被《福布斯》杂志列为全球做生意最佳公司之一的有着70多年历史的马里奥特国际有限公司的成功证明了企业文化是企业发展的动力、成功的法宝,它控制着当今企业的生命线,它在企业的发展中有着举足轻重的地位和作用。

6.2.4.1 旅游企业文化是旅游企业之魂

企业领导层一方面通过企业的组织结构和制度系统来贯彻其价值体系和经营哲学,以规范企业及其组织成员的行为;另一方面又通过宣传、培训、模范人物、文化仪式等方式向企业员工进行灌输,使其自觉地认可和遵循企业的文化理念。从而,企业的一切行为和现象,都深深地打上了企业文化的烙印,而其创造的物质与精神成果也就深刻地体现着企业的行为和现象的深层含义。换言之,企业文化决定了企业的管理、经营、战略、产品、形象等一切方面。

6.2.4.2 旅游企业文化是旅游企业发展的强大动力

企业文化为企业的发展确定战略方向,为企业员工描绘了共同前景,又以企业精神的方式凝聚和激励全体员工为之团结一致、努力奋斗。因此,企业文化为企业提供了源源不断的动力,推动企业朝着其价值实现的方向前进和发展。企业的发展最终来自人,也就是来自人的积极性,只有把人的积极性调动起来,才能使企业充满活力。而人的积极性的调动,往往又要受到人的价值理念的支配。如果员工能在价值理念上认同企业制度及企业战略,那么他就会效忠本企业,并将思想转化为行动,从而推动企业的发展。

6.2.4.3 旅游企业文化是实现旅游企业制度与企业经营战略的重要思想保障

企业实际上是人的组合体,而人又是有思想的,任何人的行为都会受到自身思想的指导和约束,因此,企业文化作为每个企业员工的一种价值理念存在,就会对企业员工的行为起应有的作用。对人的约束有两种:一种是外在约束,例如法律及制度;另一种是内在的约束,例如作为价值理念的社会道德及企业文化等。企业文化是一种内在约束,是企业员工的行为准则,对企业的管理和发展起着激发企业活力和约束企业行为的重要作用。

[案例6-1]

希尔顿的宾至如归①

美国希尔顿饭店创立于1919年,在90年的时间里,从一家饭店扩展到100多家,遍布世界五大洲的各大城市,成为全球最大规模的饭店之一。90年来,希尔顿饭店生意如此之好、财富增长如此之快,其成功的秘诀在于牢牢确立自己的企业理念并把这个理念贯彻到每一个员工的思想和行为之中,饭店创造"宾至如归"的文化氛围,注重企业员工礼仪

---

① http://www.chinahrd.net/zhi_sk/jt_page.asp?articleid=20610&CurPage=2. 中国人力资源开发网. 希尔顿的宾至如归.

的培养,并通过服务人员的"微笑服务"体现出来。希尔顿总公司的董事长,89岁高龄的唐纳·希尔顿在50多年里,不断到他分设在各国的希尔顿饭店视察业务。

希尔顿每天从这一洲飞到那一洲,从这一国飞到那一国,专程去看看希尔顿饭店礼仪是否贯彻于员工的行动之中。他写的许多书中有一本叫做《宾至如归》,时至今日,这本书已成了每个希尔顿饭店工作人员的"圣经"。如今,希尔顿的资产已从5 000美元发展到数百亿美元。希尔顿饭店已经吞并了号称为"旅馆之王"的纽约华尔道夫的奥斯托利亚旅馆,买下了号称为"旅馆皇后"的纽约普拉萨旅馆,名声显赫于全球的旅馆业。

6.3 旅游企业文化的构建

6.3.1 旅游服务者的文化人格的塑造

6.3.1.1 什么是旅游服务者的文化人格

普通心理学认为,人格就是个性,但实际上人格的含义较广,它是以人的性格为核心,先天素质受到家庭、学校教育、社会环境等心理的、社会的影响,并逐步形成的气质、能力、兴趣、爱好、习惯和性格等心理特征的总和。有些学者认为,旅游服务者的文化人格便是指普遍存在于企业职工身上的各种素质和意识,如道德素质、劳动素质、服务意识、顾客意识和质量意识等。因而,在旅游企业,用企业文化影响和改变员工的习惯,完善员工的先天素质,提高员工的能力,使员工的价值取向与企业的目标一致,形成良好的服务意识,便能形成旅游服务者的文化人格。

具体来说,旅游服务者的文化人格包括服务者都要具有健康的体质,能够适应工作对体力劳动、脑力劳动的需求;要有正确的自我认识能力,正确地估价自己,不妄自夸大,也不妄自菲薄,要胜不骄、败不馁;要勇于面对现实,积极地调整自己、把握自己,先求生存,再求发展;要具有创新的意识、创造的才能,要有不断超越自我的信心;要具有终身学习的思想,活到老、学到老、工作到老,坚持"工作着是美丽的"信念;要形成良好的服务意识,做好随时为客人服务的准备;要锻炼高超的服务技能,尽善尽美地给客人提供满足各种需要的服务;要具有良好的社交能力,深悉"内方外圆"的哲理,即对外要有应付的能力,对内要有完善的人格,要正确理解"公共关系也是生产力"的理念,处理好人际关系;要富有同情心和宽容心;要有敬业精神,要有强烈的社会责任感,要准确把握时代的脉搏;要懂得用法律来保护自己、捍卫自己的权益;要有良好的自我控制能力;更重要的是要以企业文化为核心,培育与企业价值观相符的个人价值观。

旅游服务者的文化人格是旅游企业员工圆满完成接待任务的关键。一个旅游企业要赢得顾客的认同和赞赏,必须靠优质的服务质量。服务质量不仅与拥有精良的设施设备有关,还和服务人员的文化修养有关。优质服务的员工有主动服务意识,在正常服务的基础上还根据顾客需求提供一些微小的"超常"服务。如旅行社员工在导游之外协助游客挑选纪念品，或将顾客未饮完的瓶中酒及时予以保存。有一定文化修养的员工才会有上述的服务意识、服务技能和精神魅力。泰国曼谷东方大酒店是一座驰名世界的五星级酒店，它的总经理曾说："一位优秀的餐厅服务员会改变和提高菜点的味道和质量，增强宾客的食欲感。"服务人员的工作态度和行为方式会对顾客感觉中的服务质量产生极大的影响。

6.3.1.2 培育旅游服务者的文化人格

1. 什么是优质服务

服务就是为满足他人需要而提供的劳动。旅游企业的服务者就是此项劳动的提供者，旅游企业的服务质量的优劣也很大程度上取决于服务者的劳动。如果酒店工作人员在为住店客人代订去北京的机票时，由于一字之差订成了去南京的机票。很难有人会认为这名酒店服务者为客人提供了优质的服务，甚至我们也可以说，这项劳动已经不能被称为服务，因为其完全没有满足客人所需。旅游企业都是服务企业，与其他生产性企业存在着很大的区别，其企业产品是有形性和无形性的结合，客人更多的是与企业的服务者接触，人也是旅游产品的重要组成部分，从某种程度上来看服务者也就掌握了企业的生命线——服务质量。

什么才是优质服务？在被工商管理誉为"圣经"的著作《追求卓越》一书中，作者的一段话给了我们最好的答案。"一天忙碌的工作使我们错过了最后一班方便的航班。我们没有预订酒店，但我们就在四季酒店附近——以前我们在这儿住过，并且有点喜欢它。我们经过大厅并琢磨着怎么才能把我们的情况说清楚以便能住到一个房间，当我们打起精神准备面对平时对后来者总是冷淡面容的前台小姐时，使我们惊异的是，前台小姐抬起头，笑了笑，然后叫了我们的名字并问我们为什么在这儿。她竟然记住了我们的名字！一刹那，我明白了为什么在短短的一年中，四季酒店已经成为了这一地区的'旅客之家'，并且崛起为人人敬佩的四星级酒店……在我们看来，公司普通员工这种不寻常的努力，已经成为了研究优秀公司的主要线索。"可见，优质服务就是能洞悉服务对象的需要，并能在适当的时间、地点为客人提供及时的服务。

2. 培育优秀的旅游服务者的文化人格

培育优秀的旅游服务者的文化人格，一般可以通过以下几个步骤来实施：

首先，让服务者形成良好的服务意识。什么是服务？怎么样才能提供优质的服务？是每个服务者在服务之前必须明确的问题。企业在给旅游服务者培训的时候也该第一时间让服务者明白，他们的任务就是在适当的时间和地点为客人提供最及时的服务，并通过锻炼让他们掌握相应的服务技能。饭店的服务人员要能在最快的时间内给客人做好预订、安排入住服务，适时地打扫客房，满足客人住店期间的一切合理的要求；旅行社的服务人员则要能为客人策划需要的旅程，并能保证客人旅程中吃、住、行、游、购、娱的便利和安全；餐饮行业的服务人员也要能够适时向客人介绍本饭店的特色餐饮，满足客人的就餐需要，努力为客人提供一个舒适的就餐环境；其他旅游企业的服务者也要一切从满足客人的合理需要出发，遵循"顾客第一"的原则。

其次，让服务者明白本企业的价值观和企业精神是什么。企业文化只有通过员工的行为才能够得到体现和发展；反之，员工的行为只有通过企业文化的熏陶才能更好地服务于企业。只有被全体员工接受了的企业文化才能真正发挥效能。优秀的企业文化和优秀的员工个人如果在价值观上背道而驰的话，永远都只会是南辕北辙不能共同到达目的地。正如一个专业技能很过硬的中餐服务员工，如果不接受西餐厅对西餐服务方式和服务理念的培训，就一定不能为西餐厅的客人提供适当的服务。

第三，用企业文化指导服务者为客人服务，并在服务过程中不断完善企业文化。企业的行为往往会比个人的行为更可靠，具有企业特色的服务往往能引起顾客对产品的信赖，因而服务者以企业文化为行为准则就能增强顾客对服务的信心。任何一种企业文化都应该是不断发展完善的文化，一成不变的企业文化只会让企业在竞争中被淘汰。旅游企业与其他行业的企业不同，其产品以服务为主，具有无形性、生产与消费同步性、不可储存性等特点，旅游企业也多数是"面对面"对顾客服务，服务的双方都是感性的人，容易受环境和心情等内外部原因而改变态度，相比其他企业，旅游企业总处在不稳定的市场环境中。旅游企业只有在员工的服务过程不断发现问题，并解决问题，动态把握市场和顾客的需求变化，从而完善本企业文化才能历久弥新。

第四，培育国际化的旅游服务者。旅游企业都是涉外企业，顾客群来自世界各地，有着不同的文化背景、兴趣爱好、世界观和审美情趣，因而旅游企业的服务者必须要树立开放意识，了解异国风情和文化，能为不同国家的客人提供不同的服务，让各国游客在我国能够产生文化共鸣，在旅程中会产生安全感和亲切感，这也会是旅游企业招徕和留住客户的有利方式。

6.3.2　现代旅游企业文化的培育

一个没有优秀民族文化的民族，不能自强于世界民族之林；同样，一个没有优秀企业文化的企业也不能自强于市场竞争之中。企业文化的形式、模式可以是标准化的，但其侧重点各不相同，其价值内涵也各不相同，而且企业文化的类型和强度也都不同，因而构成了企业文化的个性化。建设优秀的企业文化要把共性和个性、一般和个别结合起来，从本企业的实际出发，建设富有特色、个性鲜明的优秀的企业文化。我们知道，每一个企业的发展历程不同，企业的构成成分不同，面对的竞争压力也不同，所以其对环境做出反应的策略和处理内部冲突的方式都会有自己的方式、手段和特色，不可能完全相同。

作为旅游企业，要生存、发展，并在竞争中取胜，必须建设适合旅游企业的独特的、能支持其长期发展的旅游企业文化。而旅游企业文化的培育，特别是优秀、成熟的旅游企业文化的培育，是一项工作程序复杂、操作技术要求高的系统工程。就像是一个人，要有骨骼、肌肉和皮肤，旅游企业文化也有其组成部分——旅游企业文化的精髓部分（企业的价值观和企业精神）、旅游企业文化的企业机制与制度部分、旅游企业文化的外观表现部分（企业形象）。这三个组成部分相互影响，其中处于深层的旅游企业文化精髓部分决定着旅游企业文化的发展方向、本质和层次，同时也对旅游企业文化的机制与制度部分和外观表现部分起着决定性作用。培育旅游企业文化，就如同孕育一个人一样：搭建"骨骼""肌肉"和"皮肤"，这样的人才能"活"起来。换言之，成立了有精髓部分、机制与制度部分和外观表现部分的旅游企业文化才能使旅游企业有活力，并长期生存。因此，旅游企业文化的培育就是在以人为本的基础上，提炼旅游企业文化的核心价值观，打造积极的旅游企业精神，并将定位好的旅游企业文化制度化，最终塑造出良好的旅游企业形象。

6.3.2.1 以人为本

旅游企业文化的人文性决定了在旅游企业文化建设方面，必须要坚持以人为本，重视发挥"人"的作用。这是建构旅游企业文化的出发点。

《财富》500强的一项评选中提到，最能预测公司各个方面是否最优秀的因素是公司吸引、激励和留住人才的能力。美国可口可乐公司前总裁艾柯卡也说过："你可以取走我企业所有的资金，拆走我工厂里所有的设备，但请留下我所有的员工，因为他们才是我企业里的真正的财产。"人本精神也是美国管理学家通过对日本企业成功调查研究后得出的最重要的原因之一。

旅游企业从中得到启发，以人为本发展企业。如今拥有2 600家酒店、遍布美国以及63个国家和地区的马里奥特国际集团公司，其文化便体现在企业内部沟通、外部客户关系协调的全局性理念当中，人本精神就是马里奥特公司78年成功的根本。马里奥特公司一直坚信员工是最重要的资本，承诺平等对待每个员工并为全体员工提供培训和晋升机会，为员工创造最利于个人发展的工作和生活环境，并将承诺落到实处。马里奥特公司的员工常能在更短的时间内被提升，公司的高层行政管理人员也经常通过现场考察、备忘录、谈话和各种定期会议加强与员工交流；与此同时，公司也要求员工要不遗余力地为客人提供尽善尽美的服务，崇尚的服务格言是"顾客永远对"。马里奥特公司还积极支持社会活动，鼓励公司员工通过各种组织参加志愿活动，真诚地希望社区成员生活有所不同成为其企业的管理哲学。马里奥特公司还为残疾人设立了马里奥特基金会，为公司所在社区提供帮助解决个人和家庭问题的家庭服务，设立社区服务日，改善和保护社区环境等。因此马里奥特公司获得了社会的一致好评。

物质资源本身是不创造价值的，只有通过人的劳动才能创造并增加价值，人是价值创造的主体，也是一切经营活动发生的前提。旅游企业是劳动密集的服务型组织，一切以人为中心，经营者本身是人，员工是人，客户以及各方面的关系也是人。以人为本，建设旅游企业文化可从以下几个方面着手。

6 旅游企业文化

1. 塑造企业家个人形象

作为企业文化的建筑师，高层管理人员承担着企业文化建设最重要也最直接的工作。塑造企业文化什么最关键？一些企业高层管理者总感觉企业文化是为了激励和约束员工，其实更应该激励和约束的，恰恰是那些企业文化的塑造者，他们的一言一行都对企业文化的形成起着至关重要的作用，企业的高层领导往往既是文化、制度的塑造者，同时又是理念、制度的破坏者。所以，最关键的是先把管理者自己塑造成企业文化的楷模。很多企业在进行企业文化塑造时，喜欢大张旗鼓地开展一些活动、培训和研讨，其实企业文化的精髓更集中在企业日常管理的点点滴滴中。作为企业管理者，不管是高层还是中层，都应该从自己的工作出发，首先改变自己的观念和作风，从小事做起，从身边做起。塑造企业家个人形象当然要以培育企业家的素质为前提。在逐步完善的社会主义市场经济体制内，形成良好的服务意识、竞争意识、市场意识和创新意识是每位成功的旅游企业管理者必须具备的条件。

2. 任人唯贤

一个企业的选人机制决定了企业人才结构，也决定了企业的前途。100家失败的企业可能会有100个失败的理由，但100家成功的企业却一定有一个相同的理由，那就是任人唯贤，凭能力挑选对企业有用的人才。旅游企业需要各种各样的人才：具有天赋和才能、高度创造力的企业家；高瞻远瞩、组织才能出众、知人善任、善于决断的指挥人才；思想活跃敏锐、综合分析能力强、敢于直言不讳的反馈人才；公道正派、铁面无私、熟悉业务、联系群众的监督人才；忠实坚决、任劳任怨的执行人员；分布在各岗位的无可替代的企业专才。正是这些人才，通过组织的纽带连接起来，支撑着企业的运作。许多旅游企业搞不好的原因之一，就是不能任人唯贤，没有培养挖掘真正的人才到关键性的岗位，一些无能力、无学识的人占据着重要位置，从而影响经营管理水平的提高。希尔顿酒店成功的秘诀之一，其任用下属的标准——任用问我"行不行"的部属，而不任用问我"怎么办"的下级。

3. 尊重个人

在现代企业竞争中，胜败在人才的有无，人才在人心，人心需要尊重。IBM对每个新进员工都进行"必须尊重个人"课程培训，同时IBM公司也让每个有能力的员工都拥有一份有意义的工作，50多年来，IBM没有因为经营困难而裁减任何一名正式员工。在旅游企业中的四季饭店也提出："我们相信，无论所作何事，每个人都需要尊严、自豪及满足感。我们的信念就是上下一心，重视每个人的贡献和重要性，彼此互相尊重，达到最大的效益。"除了在人格上尊重，企业还要尊重员工的主动性和积极性，尤其是在旅游企业，员工直接为客人提供服务，服务的过程中往往会发生很多突发情况，如果员工的工作完全只能在制度和规则范围内进行，可能就会导致客人的不满意。譬如，住店客人因个人需要，在想提高住房标准同时也想享受一定的折扣，而此时大堂经理和前厅经理由于饭店召开紧急会议，又只有经理级员工才能够提供此折扣。此时，只有尊重个人的饭店员工才可能根据客人的条件而提供客人相应的折扣,而不会在等待经理回复的过程中怠慢了客人。

4. 让员工参与企业文化的建设

企业文化建设不只是管理者倡导就能建成的,也不是一朝一夕就能建成的。只有得到全体员工的认同,并能积极投身于企业文化的推广与改进当中,企业文化才能真正成为企业成功的法宝,这样建立起来的企业文化才更具有凝聚力。

马里奥特公司坚信只要善待自己的员工,员工一定能照顾好公司的顾客。马里奥特公司为充分发挥员工积极性,留住优秀人才,采取了一些有效的措施:

(1) 建立公平的竞争机制。通过建立公平的竞争机制创造良好的竞争环境,使每个员工都能充分发挥、展示其才华,并通过提拔、表彰等激励手段,对员工工作给予肯定,以满足其成就感,激发其积极性。同时,对于员工冲突的处理,制定科学的程序,不因为员工的种族、肤色、宗教信仰而歧视他们,也不因为员工提出了问题而对他们歧视或指责。

(2) 尊重员工个人价值。员工工作的积极性、主动性来源于企业对员工个人价值的认可和尊重,这种尊重更体现在重视员工的参与和个性上。同时,还积极开展提合理建议的活动,不仅使技术上和管理上取得重大突破,给企业带来直接的经济效益,而且使员工更加积极投入,其价值与尊严得到尊重,从而发挥其积极性、主动性和创造性。

(3) 重视感情投资。花在员工身上的感情投资与培训员工的智力投资一样重要。企业如果经常性地搞一些健康、有益的活动,倡导某种特定的仪式,既能满足职工的要求,又能进行企业精神的教育。企业可以举办艺术节、运动会、知识竞赛、歌咏比赛、演唱会、舞会、读书活动和书画活动等,通过这些文化活动,陶冶职工的情操,增强企业凝聚力、吸引力,从而推动现代企业文化的建设。马里奥特先生很注意这一点,从坚持举办年度员工晚会,为员工集体买保险,赠送圣诞礼物、服务年限礼物,到建立员工建议系统等,使员工在物质生活和精神生活方面都能感受到企业的温暖,甚至每当有人晋升时,他一定要亲自写贺信。

(4) 优厚的员工待遇。高额薪水的付出往往获得员工更大的回报,从而从整体上提高饭店的竞争能力。马里奥特公司非常重视职工的福利,各饭店专门设有职工食堂,为他们免费供应午餐、晚餐和夜餐,为职工提供免费医疗,住院有补助。凡在饭店工作满15年,或达到公司规定退休年龄者,还按工龄补发工资,以保持队伍的基本稳定。

6.3.2.2 团队精神的培养

团队精神是企业文化的基石。斯蒂芬·罗宾斯认为:团队是指一种为了实现某一目标而由相互协作的个体所组成的正式组织。团队与普通的工作群体不同,团队成员都是为共同目标而奋斗的志同道合之人,成员间必须积极合作,相互依存,成员地位差异不重要,重要的是个人都要为团队事业的成功作出贡献。换言之,团队就要体现团结、合作和贡献。

6 旅游企业文化

在旅游企业中，组织结构比较复杂，但又环环相扣，部门职能各异，却关系密切，团队精神更应该提倡。譬如，来饭店就餐的客人，从引座、点菜到上菜、就餐直到最后结账，为其提供服务的员工就包括了门童、餐厅服务员、厨房工作人员以及前台收银人员，更细点还包括餐厅背景音乐的播放或弹奏人员，这其中任何一个环节有了漏洞，就会影响客人对餐厅服务的满意度。与此相同，旅行社行业也是一样，只有外联、计调、票务及导游人员的无间配合才能为客人提供一次舒适的旅游。

6.3.2.3 市场意识和创新精神是企业文化发展的根本

在新经济时代，一成不变总是会被淘汰，企业要通过不断地把握市场、推陈出新才能形成无限的活力，对企业来说"创新是生命"。

旅游企业的市场意识和创新意识，表现在管理、产品、营销等方面，不断破除安于现状、因循守旧的思想，大胆创新，开拓进取。不论对旅游组织还是对旅游企业，保持这种创新意识关键有两点，一是对外部环境保持开放、积极的高度竞争的态度，特别是对竞争对手的行为；二是旅游经营活动必须围绕顾客和企业的长期利益展开，切忌毕其功于一役的短视行为。对旅游企业来说，应该塑造一种"创新文化，创新意识"以应对千变万化的市场，开展适合潮流的项目。例如，社会竞争的日趋激烈，人们对返朴璞归真、重归自然的渴望与日俱增，近年来生态旅游、乡村旅游持续不断升温，于是出现许多成功创新的例子：南美洲的智利迎合人们重返自然的心理，开展了颇具特色的"鲁滨逊岛之游"，游人到这里采摘野果、追捕山羊、风餐露宿；中国西双版纳是世界闻名的"植物王国"，中国国际旅行社开设了"西双版纳之旅"，倍受中外游客欢迎；内蒙古自治区大兴安岭密林中的鄂温克族自治乡，人们居住在棚子里，驯养着"四不像"，旅游者到这里可以体验深山老林的游牧民族的生活。这些都是顺应环境的变化而开发出的新产品，颇受欢迎。社会事件可以引起广泛的需求，可提供旅游企业的创新机会，市场创新者敏锐地捕捉机会。比如，我国北京申奥成功，一些旅行社适时推出的北京奥运旅游线路非常成功；"棺材之乡"广西柳州有名俗语"棺材棺材，升官发财"，许多旅游者慕名而来，柳州人适应需求及时创新，用上好的楠木、樟木做成玲珑精美、大小各异的棺材，以"官财双全"的新促销口号推出产品，非常畅销。

6.3.2.4 塑造良好的旅游企业形象

企业的形象，是指社会公众对某个组织、个人或某种产品的整体印象和评价。企业员工是企业整体中的一分子，顾客对企业员工印象的好坏会直接反射到对企业整体形象的评价上。而在员工自我形象的塑造中，企业的礼仪又直接影响员工形象的塑造效果。旅游行业是一个开放型行业，也是引导人们消费理念、引领时尚、直接为消费者提供服务的行业，其企业形象直接影响了客户对企业的印象和进一步选择企业为自己提供服务的想法。

旅游企业的竞争力来源于良好的企业形象，来源于良好的社会信誉和公众评价。一个良好的企业形象，能够通过留给外界的美好印象来获得社会及顾客的信任和回报，从而为企业的开拓发展创造一个良好的外部环境。企业形象的塑造是旅游企业文化培育不可缺少的一部分，是旅游企业的宝贵财富和资源。因此，旅游企业必须把塑造良好的企业形象作为一项重要的战略措施。希尔顿饭店总公司董事长唐纳·希尔顿就十分重视企业礼仪和通过礼仪塑造企业形象。他制定和强化能最终体现出希尔顿礼仪的措施，即要"微笑服务"，为了能发挥微笑的魅力，他不辞辛苦，奔波于设在世界各地的希尔顿饭店进行视察。由于唐纳·希尔顿对企业礼仪的重视，下属员工执行得很出色，并形成了自己的传统和习惯。

　　旅游企业生产的最主要的产品就是服务，企业员工的服务方式、服务态度直接反映着企业的精神层面、价值取向及企业的特色。一家成功的旅游企业一定要拥有自己独到的服务理念，老北京餐馆里的服务员统一的老北京着装，热情的声声吆喝，熟练的上菜动作使浓浓的京腔京韵展现得一览无遗，让每位到餐馆就餐的客人都有置身老北京的感受。

　　服务之外，企业的建筑、标识也是物质层面最容易被感知的，人们一看到色彩鲜艳明亮、装饰有着"M"形大门标志的建筑，就立刻会想到世界发展最成功的快餐店——麦当劳，也从色彩中感受到了麦当劳人积极向上的精神和勇于开拓的勇气。旅游企业在树立自身形象的时候就必须认真考虑企业标识的设计要突出自己的个性，同时又要名副其实，与民族文化息息相关，并以最简单的形式表现出来。就像人们一看到 IBM 就能想到 international business machine，又不需要去记住美国商业机器公司这么冗长的名字。此外，设计符合企业特色的服装和企业信条、营造有企业特色的工作环境也是建设企业文化的必要方面。

6.3.2.5　提炼旅游企业文化的核心价值观

　　企业的价值观，是关于企业价值的一定信念、倾向、主张和态度的观点，起着行为导向、评价标准、评价原则的作用，是指导企业行为的一系列基本准则和信条。当某种解决问题的价值观念和方式可以持续而有效地解决组织问题，这种解决问题的道理就会成为企业的共识，继而成为理所当然的道理，这种道理就是价值观。价值观是企业文化的核心，最具有指导性和可执行性。培育共同的旅游企业价值观是建构旅游文化的核心任务。树立明确的价值观，赋予企业价值观以生命，是企业必须解决的首要问题。

　　里兹－卡尔顿就是以企业价值观和服务理念作为凝聚员工的纽带。里兹－卡尔顿的管理理念在它的"黄金标准"所表述的公司核心价值中得到了充分体现。里兹－卡尔顿的员工们在任何时候都随身携带"黄金标准"信条卡，里兹－卡尔顿要求每一名新员工都能自觉奉行公司的标准，这些标准包括"信条""服务三步骤""座右铭""二十个基本点"以及"员工承诺"。全部内容反复强调的宗旨是，永远把注重每个客人的个性化需要放在第一位，为每一位客人提供真正热情体贴的服务。所有员工每日都要时时提醒自己，他们是"淑女与绅士为淑女与绅士服务"，并且他们必须积极热诚地为客人服务,预见客人的需要。里兹-卡尔顿在世界各地的每日训言都是一成不变的:"超越客人的期望,是公司最重要的使命。"员工满意度是"黄金标准"中的闪光点。"淑女与绅士为淑女与绅士服务"——这句话可以看做是员工满意度和顾客满意度的结合。里兹-卡尔顿视拥有并保持出色的员工群体为公司的首要任务,公司培训员工的方法是以此为基础的。里兹-卡尔顿为自己能在饭店业多年保持远远高出同业平均值66%的员工保持率,使里兹-卡尔顿节约了成本,提高了利润而自豪。这一培训方法被世界各地的众多公司——从《财富》全球500强公司到成功的家族企业,作为经典模式进行引用和效仿。给员工授权是员工满意度的重要体现。员工每年要接收100多个小时的客户服务培训,大约一半的里兹-卡尔顿员工都属于某个具有授权的自我指导工作团队,这些团队发起了许多服务创新,从而提高了客人的满意度并提高了利润率。在包括J. D. 鲍瓦尔(联合经营)公司进行的客人满意度调查的诸多调查中,里兹-卡尔顿获得了最高评价和近乎满分的客人回头率。

6.3.2.6 打造积极的旅游企业精神

打造积极的旅游企业精神是建构旅游企业文化的关键。现代企业文化建设,要求企业必须重视培育和强化企业精神。当然,由于企业的实际情况不同,培育企业精神的方式、方法也就不一样。一般来说,应该做到:

(1) 立足于企业实际。积极的企业精神应该具有时代性、实践性和科学性。企业精神的时代性决定了企业精神应反映时代要求、符合时代精神,其形成和发展均受时代社会生产力的约束;企业精神的实践性决定了企业精神的提炼,必须是从实践中来,通过实践、认识、再实践、再认识的过程;企业精神的科学性决定了打造企业精神必须科学对待,决不能任意拔高或草率从事。因此,要打造积极的企业精神就必须从本企业的实际出发。企业的实际包括企业的历史沿革、行业特征、企业的优势和必须正视的问题、企业规划和发展战略以及企业的人员结构等。同时,企业精神的打造,还应该在现实的基础上,着眼于将来,力求以全新的理念、全方位的视角,从更高的层次上、更宏观的角度上去倡导。

(2) 突出企业个性,注重企业精神的特色性。虽然许多企业的企业精神中都包括某些共同的主题,如贡献、正直、尊重雇员的个性、为顾客服务、不断创新或保持领先地位、履行对社会的义务等,但是由于经营服务方向不同、历史沿革不同、职工队伍素质的差异,它们的企业精神必然也应该是千差万别的,都具有自己的个性。例如,假日饭店就根据自身的特点提出了"假日旅馆精神":朴实无华、诚实可靠、坚持不懈、乐观大度,加之以一种复兴者的激情的综合体,所有培训的重点都围绕着培育"假日旅馆精神"。目前,国内很多企业千篇一律,人云亦云,不能突出企业个性。为了避免企业精神的相似和雷同,有必要借鉴国外企业文化建设的先进经验,培育出更具时代特征和个性特征的企业精神。

6.3.2.7 制度化的旅游企业文化

在旅游企业文化的培育中,企业的核心价值观指导企业机制和制度的建设,是企业文化由精神向行为、物质转化的过程。这样,建设能反映与强化企业的核心价值观的企业管理机制与制度是十分必要的。措施如下:

(1) 招聘、选拔及晋升人才的标准应同旅游企业的企业文化、核心价值观相结合。企业文化建设的过程,本质上就是企业员工在生产经营活动中不断创造、不断实践的过程。员工不仅是企业文化的创造者,而且是企业文化的载体,是企业文化的承载者和实践者。因此,企业在组织自己的员工队伍、进行员工招聘和选拔时,应当考虑员工与企业文化的契合程度。

(2) 将员工的绩效与激励融入企业文化之中。将企业文化及制度化的企业价值观的内容作为绩效考核与激励内容的一部分。企业应将企业文化、核心价值观用各种职业化行为标准来具体描述,通过具体的考核指标来达到诠释企业核心价值观的目的。

(3) 企业文化的形成要与沟通机制相结合。通过组织各种沟通和反馈活动,潜移默化地告诉员工在企业中提倡什么、鼓励什么,树立一些先进典型人员或团队,使全体员工对企业文化、核心价值观的理解达到一致,从而在员工心目中真正形成认同感。

通过管理机制与制度的建设和改进,企业价值观的群体意识逐步形成,使旅游企业文化培育的目标得以实现。

6.3.3 构建中国特色的旅游企业文化

旅游产业是朝阳产业,在我国的发展历程更短,作为新生的产业,旅游业有着历史性的发展不成熟。尽管有着"松下文化""IBM 哲学"等企业成功的借鉴,行业内部也有许多成功经典,诸如马里奥特国际有限公司、希尔顿酒店、香格里拉集团、美国运通旅游公司乃至麦当劳都给我国旅游企业提供了发展经验。尽管企业文化的引进为我国旅游企业的发展提供了有利条件,为企业深化改革、转轨变型带来了好的实践指导,但企业文化是具有民族性的,其根源是民族文化,受民族文化影响。我国与西方的文化差异是无法磨灭的,要建设中国特色、符合中国企业成功规律、能参与国际市场竞争的企业文化,必然要找到中西文化的切合点,融合中西文化,学会扬弃,切忌照搬。

6.3.3.1 西方企业文化给我国企业带来的机遇和挑战共存

西方文化注重理性思考,企业发展注重质量意识、市场意识、竞争意识、营销意识、效率效益意识、创新意识、资本运作意识和经营战略意识。而我国文化重视社会的伦理道德、集体本位、注重整体性思维。文化的差异并不意味着就存在着文化的高低优劣,中国与西方文化各有千秋。改革开放后,尤其是在中国加入 WTO 以后,中西文化在我国迅速融合,西方的现代化企业管理制度和方法相继传入我国,并为我国企业所采纳,产权分离的企业模式、股份制、租赁制等适合现代化大生产和市场竞争环境的广立制度和方法提高了我国企业的素质和管理水平。在旅游行业，对外开放带来了国际领先的旅游企业先进的管理经验和技术，国际饭店集团的加盟、跨国旅行社的不断进入我国市场，还有各大跨国公司投资建设我国景区和其他相关旅游企业，给我国带来了机遇，同时也形成了挑战。如何将各国企业先进经验化为我国旅游企业的经营与管理的指导方针，并形成本民族特色，在国际竞争中取得成功，是学术界与管理界人士应该认真思考的问题。

6.3.3.2 用儒家思想打造中国特色的旅游企业文化

企业文化源自日本，成自美国，这两个国家的企业文化在国际上具有不可忽视的影响力。日本的文化以"和"为主导，倡导"共存、共荣、共识"的集体主义精神，企业员工与企业荣辱与共，没有特殊原因企业不会解雇任何员工，将大和民族精神的优点充分运用到企业管理中。多民族、多元化的国家环境，造就了美国的企业文化以追求个性为特征的个人主义，企业员工特别注意"自我"，讲实际，重实效。美国和日本都用本国的民族精神打造了本国企业，并受到世界各地企业的推崇。

中华民族文化源远流长，作为民族灵魂的儒家文化创造了我国历史的一个又一个辉煌，儒商的勤俭敬业的创业精神、坚忍不拔的守业精神、积极向上的进取精神被各国企业效仿，成为最受欢迎的企业文化之一。现代旅游企业就该崇尚中国特色的伦理观念，用"仁义礼智信，诚敬真善美"作为旅游企业的文化准则。

（1）诚信为本。天下熙熙，皆为利来；天下攘攘，皆为利往。投机心态只会将企业推向失败，美国安然公司的破产、世界"五大"会计事务所之一的安达信的乱局接踵而起，让企业界风声鹤唳，而由此引发的诚信危机让人们重新认识到了以诚信为核心的企业伦理和组织信誉的力量。办企业犹如做人，"诚信"既是为人之本，也是市场经济的"灵魂"。我国加入 WTO 以后，旅游企业面对的是一个庞大而复杂的国际市场，是市场经济发展相对完善的国家和贸易组织，无论企业还是个人，不管你是有意还是无意，任何违反市场游戏规则的行为都会造成不可挽回的损失。

（2）义报社会。"义以天下"是中华民族文化世代相传的美德之一。中国儒家把义作为人的立身处世之本。许多华人企业家就是"义以天下"，在事业发达之后，以热心公益、乐善好施来回报社会，进而取得了更大的成功。邵逸夫被称为华人企业家中的影业之王，他的"邵氏企业"也被列为香港的十大财团之一，之所以取得如此成功，邵逸夫先生致力于国家教育的义举对此成功功不可没，同时他还对海内外文教卫事业大力支持，邵逸夫基金会已经向中国香港、中国内地、新加坡、英国等捐款多达 7 亿元港币。邵氏回报社会的企业文化受到所有人的尊崇，取得了极大的社会效应，受过邵氏支持的学子们受其鼓舞，很多人都致力于服务邵氏企业，为邵氏精英团队的建设不断增加新鲜血液。旅游企业本来就是属于服务行业，以服务顾客为主，企业行为时刻受到顾客的关注，只有不断回报社会才能为群众所推崇，取得更好的社会效应。

（3）"仁"立企业。企业文化可以被分为不同类型，有强悍型、工作与娱乐并重型、赌注型和按部就班型，这些文化类型有些过于激进，容易造成企业中紧张的环境，而有些却又行动缓慢，企业慢条斯理容易造成员工消极怠工，都不适合旅游企业的经营管理。治理企业犹如治理国家，我国历史上文景之治、贞观之治、康乾盛世都是在"仁政"之下，不但取得了社会安定、经济繁荣的盛世局面，更在邦交上取得了巨大的成功。旅游企业只要立操取仁也能获得团结企业内部员工、赢得企业外部客户的良好效应。

（4）礼待天下。旅游企业属于服务行业，与人交往，礼为先就会取得良好的印象。旅游企业在服务客户的时候难免会出现不同程度的差错，客人是有感情的，只要企业工作人员一直以礼相待，就会取得客人最大程度的谅解。

（5）智慧革新。企业只有在不断的创新中才能持续发展，也只有革故鼎新，才能适应市场的瞬息变化。培养智慧型的旅游企业，才能充分发挥企业所有员工的个人智慧，为企业的每次发展出谋划策，贡献力量。

［案例6-2］

"你今天对客人微笑了没有"①

企业礼仪是企业的精神风貌。它包括企业的待客礼仪、经营作风、员工风度、环境布置风格以及内部的信息沟通方式等内容。企业礼仪往往形成传统与习俗，体现企业的经营理念。它赋予企业浓厚的人情味，对培育企业精神和塑造企业形象起着潜移默化的作用。

希尔顿十分注重员工的文明礼仪教育，倡导员工的微笑服务。他每天至少到一家希尔顿饭店与饭店的服务人员接触，向各级人员（从总经理到服务员）问得最多的一句话，必定是："你今天对客人微笑了没有？"1930年是美国经济萧条最严重的一年，全美国的旅馆倒闭了80%，希尔顿的旅馆也一家接着一家地亏损，一度负债达50万美元，希尔顿并不灰心，他召集每一家旅馆员工，向他们特别交待和呼吁："目前正值旅馆亏空靠借债度日时期，我决定强渡难关。一旦美国经济恐慌时期过去，我们希尔顿旅馆很快就能进入云开日出的局面。因此，我请各位记住，希尔顿的礼仪万万不能忘。无论旅馆本身遭遇的困难如何，希尔顿旅馆服务员脸上的微笑永远是属于顾客的。"事实上，在那纷纷倒闭后只剩下的20%的旅馆中，只有希尔顿旅馆服务员的微笑是美好的。经济萧条刚过，希尔顿旅馆系统就领先进入了新的繁荣期，跨入了经营的黄金时代。希尔顿旅馆紧接着充实了一批现代化设备。此时，希尔顿到每一家旅馆召集全体员工开会时都要问："现在我们的旅馆已新添了第一流设备，你觉得还必须配合一些什么第一流的东西使客人更喜欢呢？"员工回答之后，希尔顿笑着摇头说："请你们想一想，如果

---

① http://www.chinahrd.net/zhi_sk/jt_page.asp?articleid=20610&CurPage=2. 中国人力资源开发网. 希尔顿的宾至如归.

旅馆里只有第一流的设备而没有第一流服务员的微笑，那些旅客会认为我们供应了他们全部最喜欢的东西吗？如果缺少服务员的美好微笑，这好比花园里失去了春天的太阳和春风。假如我是旅客，我宁愿住进虽然只有残旧地毯，却处处见到微笑的旅馆，也不愿走进只有一流设备而不见微笑的地方……"当希尔顿坐专机来到某一国境内的希尔顿旅馆视察时，服务人员就会立即想到一件事，就是他们的老板可能随时会来到自己面前再问那句名言："你今天对客人微笑了没有？"

□ **本章小结**

本章从企业文化的角度出发，主要阐述了旅游企业文化的概念和旅游企业文化的构建两方面内容。

从企业文化的兴起及其定义来分析旅游企业文化。旅游企业文化除了具有一般企业文化的特征之外还有它的独特之处。旅游业是一个服务性的行业，因此，旅游企业文化是服务经营型文化，服务意识是旅游企业文化的最基本也是最重要的一个特点。

在对旅游企业文化的地位和重要作用进行论述之后，具体从三个方面讨论了如何构建旅游企业文化：（1）旅游服务者的文化人格。（2）旅游企业的文化功能。①导向功能；②约束功能；③凝聚功能；④激励功能；⑤辐射功能；⑥品牌功能。（3）旅游企业的文化培育。①以人为本；②提炼旅游企业文化的核心价值观；③打造积极的旅游企业精神；④将旅游企业文化制度化；⑤塑造良好的旅游企业形象。

旅游企业文化决定了旅游企业的未来，旅游企业文化将成为旅游企业的核心竞争力。构建旅游企业文化是一项长期的系统工程，需要所有旅游业从业人员的积极参与和共同打造。

□ **复习思考题**

1. 什么是旅游企业文化？
2. 分析旅游企业文化的特征。
3. 简述旅游企业文化的地位及其重要性。
4. 什么是旅游服务者的文化人格？如何培育旅游服务者的文化人格？
5. 结合实际说明旅游企业文化的功能。
6. 如何培育旅游企业文化？

7 文化旅游

□ 学习要点

- 掌握文化旅游的概念及其构成要素,在此基础上着重明确自然旅游资源的文化价值以及历史文化旅游资源的开发和利用,从而对文化旅游行为及产品形成一定的认识
- 结合中西文化旅游的分析比较和中国文化旅游现状,了解文化旅游未来发展的趋势
- 了解世界遗产的地域分布,认识其旅游文化价值

7.1 文化旅游的构成要素

文化旅游实际上就是对异地文化或异质文化的憧憬、遐想等的文化介入冲动所导致的文化需求的满足过程。旅游者在涉猎、体验异地文化或异质文化的过程中,其文化生活、审美情趣会发生一定的改变。由于拓宽了文化视野,人的心态得到了调整与替换,从而缓解和淡化了日益往复的日常生活所带来的文化机械、枯燥和焦虑。

文化旅游作为一种创新的、有益的文化学习过程,它可以使人们了解彼此间的生活状态和思想观念,通过对异质文化信息和知识的吸收与消化,旅游者将会不断提高自身素养和自我调节的能力,从而获得更进一步发展的精神动力。所以,文化旅游是现代社会不同文化间的一种交流和互补现象,它对促进人们的身心健康、推动不同文化间的了解和交流有着巨大的作用。

因此,文化旅游可以界定为:旅游者以观光、参与等行为为媒介,通过了解和熟悉特定文化群体(区域)的文化特性来达到以增长知识和陶冶情操为目的的全方位的精神上和文化上的一种旅游活动。需要指出的是,这里的"文化群体"是指在文化上具有整合关系的人群。从地域上小到一个村落的人们,大到一个国家或者是洲际的人们都可以称为一个文化群体。甚至不同历史发展时期、不同职业和身份的人们都可以称为一个文化群体。

7.1.1 文化旅游资源

在旅游者的文化旅游行为过程中,包含着三个延续阶段,即文化旅游需求的发生、行为的实施以及其感受的形成。因此,文化旅游资源也就应该是旅游者在这三个延续阶段中所需要和所消费的各种文化旅游要素。换句话说,文化旅游资源即是对旅游者形成一定文化吸引,为旅游者在文化旅游过程中使用和消费并促使文化旅游感受形成的各类

要素。由于文化是一个不断发展、不断变化的人类物质和精神成就的总和，所以导致文化旅游的动机和需求也是在不断发展和变化。同样，由于旅游者的个体差异（需求差异、消费差异、感知差异），文化旅游资源的内涵也带有较大的不确定性。

在文化旅游资源和文化资源的关系上，两者既有联系，又有区别。文化资源是自然界中凡是经过人类活动改造过的一切物质和精神事物的总和。并不是所有的文化资源都是文化旅游资源，只有那些能对旅游者形成吸引力的文化资源才有可能成为文化旅游资源。这两者之间的联系也是显而易见的，文化旅游资源首先是对旅游者产生文化吸引的一系列自然和人文因素。从理论上说，国家或区域性的自然和人文资源都有可能产生文化旅游吸引，无非是在吸引力大小和吸引程度的强弱上不同，然而也正是这种文化吸引差异，决定了其作为文化旅游资源的吸引价值大小和市场群体指向。

文化旅游资源在资源形态上既有物化形态的实在物，也有非物化形态的模式或意境。主要体现为旅游目的地的物化景观文化、生活方式、制度和观念文化等。旅游目的地与客源地的这些文化事象之间补充或替代、和谐或矛盾的关系，决定了文化旅游动机的吸引强度和需求的满足度。

无论是物化还是非物化的文化旅游资源，大体上可分为两大类：自然旅游资源和人文旅游资源。自然旅游资源包括气候、湖泊、峡谷、海滩、动物、植物、火山、自然保护区、温泉等以自然造物为主的景观；人文旅游资源主要包括历史文化遗址、民俗风情、文化节日、民族工艺及艺术、博物馆、文化建筑、主题公园、各类会议、特殊事件、消遣、娱乐、体育及博彩活动等。

从自然旅游资源与人文旅游资源所包含的内容来看，人文旅游资源显然应属于文化旅游资源的范畴，但自然旅游资源并非就不属于文化旅游资源。例如，泰山、武当山等，不仅以风景宜人取胜，同时又以独特的文化魅力吸引着广大游客，因此无论是对其自然美景的审美欣赏还是对其文化内涵的探宗与朝圣，都带有强烈的文化色彩，同样属于文化旅游资源。由于在人文旅游资源中有很大比重的内容是历史文化旅游资源，因此在文化旅游资源的构成要素中着重阐述自然旅游资源的文化价值，以及历史文化旅游资源的开发与利用问题。

7.1.1.1 自然旅游资源的文化价值

自然旅游资源是指由地质地貌、水文水体、气象气候和动植物等自然要素天然形成的环境资源，它们常常是一个国家或地区旅游业能否发展的重要资源基础。自然旅游资源就其物质本源来说是大自然的创造物，不属于文化范畴。但是，由于自然环境作为人类在历史过程中生存和发展的空间，它与文化的发展有着密切的联系。在旅游活动中，具备吸引力因素的一些自然资源，就成为旅游者的观赏对象，从而会引发一系列审美过程及关系，形成自然旅游资源文化及其价值。

古往今来，在游览活动中，对自然旅游资源的审美欣赏一直是人们最为重要的活动内容。从传说中的西周周穆王乘八骏周游天下的"周历四荒,名山大川"①、饮"清水出泉"、赏"孳木华之实"②,到此后的文人雅士寄情于山水,形成了中国传统文化中山水文化的重要内容。因此,中国文人对自然山水审美的巨大文化成果就记录在浩如烟海的山水诗中、优美隽永的散文游记中以及豪情万丈的山水画中。同样,在西方,法国启蒙主义思想家卢梭,提出了"回归自然"的口号,对欧洲和世界产生了较深远的影响。当西方进入工业化时期,由于城市的急剧发展,环境污染、生态破坏,这些因素更加引发了人们对自然的回归和向往之情。在当代,人们常常通过旅游的方式回到大自然中,在对自然景观的审美观赏中,感悟自然的淳朴与美好,感悟人类与自然的和谐发展等;在获得对自然旅游资源的审美愉悦和文化知识的同时,得到精神的净化和陶冶。因此,认识和探讨自然旅游资源的文化价值,将有益于在旅游活动中取得精神文化上的更大收获,也有益于对自然旅游资源的开发和利用。

1. 自然旅游资源的审美文化价值

在旅游业日益发展的今天,在旅游活动的过程中,对自然旅游资源的旅游审美欣赏是其一项重要内容,不仅仅是人们一种放松身心的休闲活动,还有着极其重要的审美文化意义。其实,对自然旅游资源的审美,可以说是对自然美、形式美的认识和体验过程,可以不断丰富旅游者的审美情趣和文化精神。大自然的形状、色彩、声音极其丰富,蕴涵着对称、均衡、协调、韵律等多种多样、统一与和谐的形式美的规律。如华山的险峻、漓江的秀美等,自然景观都以其多姿多彩的神韵培育人们对于"美"的感受能力,并在这一过程中,丰富着人们的审美情感和文化精神。此外,当今工业化对环境带来的污染,以及人们高度紧张、激烈竞争的生活模式,使人们更需要回到大自然,呼吸新鲜空气,放松身心,达到精神领域的平衡和补偿。

2. 自然旅游资源的文化象征价值

人们对自然景观进行旅游审美观赏时,总是按照一定的审美原则、审美趣味以及其所赋予的一定文化象征意义来进行审美观赏。

在人类文明的最初阶段,由于生产力落后和人类的愚昧无知,人们还不能充分认识自己赖以生存的大自然,于是,产生了将自然界的一些事物作为图腾与神祇来崇拜的现象,也就有了所谓的山神、水神、风神、雷神等,一些名山大川也就成了法力无边的神仙象征。在阶级社会,统治阶级为了巩固自己的统治地位,宣扬"君权神授"的思想,更是有意识地将一些自然因素神圣化。如泰山的封禅巡游,就蕴含了深厚的中国传统文化的内涵,连同泰山的自然风景,共同形成了今天泰山非常著名的文化旅游产品。

此外,中国古人还乐于将人的品德与自然景观的某些自然特征相比拟,从而形成自

---

① 《山海经·海内经》:"穆王驾八骏之乘,右服盗骊,左骖騄耳,造父为御,奔戎为右,万里长鹜,以周历四荒,名山大川,靡不登济观。"

② 《穆天子传》卷二:"孳木华畏雪,天子于是取孳木华之实。"

然景观的人格化，使其具备一定的文化象征意义和内涵，这也就是所谓的"比德"说。例如"智者乐水，仁者乐山"，将水的清澈、流动象征智者的不竭的探索精神和智慧；将山的稳健比喻仁者的敦厚平和、蕴藏万物并施惠于人的品格。同样，其他一些自然事物也因其自然属性与人的道德品格具有某些类似性，而被赋予一定的象征意义与文化内涵。如用竹子象征人品清逸和气节高尚，用松柏象征坚强和长寿，用兰花象征幽居隐士等。在传说故事中，不少自然景观都蕴涵着很多神话传说，人们运用幻想、神化的手法将自然景观的一些形态、现象和人们的情感、理想联系在一起，赋予大自然神奇的生命力，如长江三峡的巫山神女、云南石林的阿诗玛、桂林漓江的望夫石等。这些传说故事使人们对自然景观的审美欣赏有着更为确定的社会内容和文化意义，同时也增强和引导人们的欣赏积极性。

3. 自然旅游资源有利于民族文化的形成和发展

任何一个民族都是在一定地域、一定环境中成长起来的，这一环境的自然景观必然会对民族文化的形成和发展产生重要的作用和影响。

中华民族自古以来对自然环境都充满着"亲山乐水"的情感。中国传统文化中"天人合一"的思想，就体现了自然环境与中国文化之间的关系，形成中国独特的山水文化。正如已故著名美学家宗白华教授说的："中国的山水已具有中国人民的精神面貌，假如从海外归来，脚踏上我们的国土时，就会亲切地感受到中国山水的特殊意味和境界，而这些意味也早已反映在我国千余年来的山水诗画里。"① 就是在今天，这些凝聚中国文化的山水诗和山水画仍然启迪着我们。无论是杜甫登泰山而吟咏的"会当凌绝顶，一览众山小"，还是毛泽东伫立湘江、橘子洲头，看万山红遍、层林尽染而抒发"苍茫大地，谁主沉浮"的豪情，都以文学艺术的魅力展示了对自然景色审美的情感体验和精神创造，都是中华民族中民族情感和文化精神的重要组成部分。

4. 自然旅游资源有益于培养爱国主义情操

在旅游活动中，对国内自然旅游资源的审美观赏，不仅是人们对自然造物的领略，同样也是对祖国大好河山亲身体验与认识的过程。无论是登临泰山而小天下，还是徒步穿越罗布泊……都是对祖国大好江山、秀丽河川的审美感受，通过对其形象美的体验，可逐渐升华为旅游者深厚的爱国情怀。

5. 自然旅游资源可使人们扩大视野、认识世界、了解自然意识

在国际旅游活动中对世界各地自然旅游资源的审美观赏，可以扩大旅游者的视野，加深旅游者对世界其他国家和地区的认识。无论是在国际旅游中还是在国内旅游中，对自然旅游资源欣赏的同时也在了解自然，加深人类与自然的认识和情感，促进人们环保意识和生态观念的加强，坚持可持续发展的战略，以更大的热情去保护我们赖以生存的地球。

---

① 宋白华. 关于山水诗画的点滴感想. 见：山水与美学 [M]. 上海：上海文艺出版社，1985.

6. 自然旅游资源的科学考察和探寻意义

在自然旅游资源的旅游观赏过程中，除了审美愉悦，还启发人们对科学的探寻和考察。在大自然中，有许多奇妙、奇特的景象，显现了大自然的无限神秘。无论是海市蜃楼，还是喀纳斯水怪，也无论是钱塘大潮，还是雅丹地貌……大自然的神秘莫测激起人们对科学的探寻和考察。

7. 自然旅游资源是旅游文学、艺术的源泉

自然旅游资源是文学艺术创造永不枯竭的源泉。古今中外，许多文学艺术家就是在对自然景观的审美欣赏中创造了脍炙人口的文学、艺术作品。对自然景观的旅游观赏无疑是培养人们对文学艺术创作喜好、提高审美修养的一条有效途径。

由于每个人的文化修养、性格和情趣不同，从而对于自然景观的审美感受也各不相同。同时，自然旅游资源本身的性质和特点也各不相同，这就给人以不同的感受，和人构成不同的审美关系，形成风格各异的自然美、形式美。

7.1.1.2 历史文化旅游资源的开发与利用

历史文化旅游资源是指现代以前（我国大致以 1950 年以前为准）以人类活动遗留下的物质和精神事物为依托吸引旅游者从事旅游活动的因素。

历史文化旅游资源的开发是指充满现代意识的开发主体对过去的历史这一特殊客体进行的分析、筛选、吸收和创造性的重新构建，通过历史文化资源开发对历史文化进行继承、延续、升华和再创造。

根据历史文化旅游资源的类型可以进行历史名人、历史古都、原始遗址、战场遗迹和城墙关堡的开发等等。根据我国历史文化旅游资源的地理分布的地域特征，可以对 9 个区域进行有效开发而形成历史文化旅游区：中原文化、燕赵文化、关东文化、荆楚文化、江南文化、岭南文化、西南文化、草原文化、青藏文化。当然具体到某一文化区域依然可以再细分，比如岭南文化在具体的开发利用中又可以细分为广府文化、客家文化和潮汕文化。

历史文化旅游资源的开发与利用应以市场导向为基础，注重历史文化底蕴的回归，突出体现历史文化与旅游资源的结合，注重文化个性特色，发挥历史景观优势，同时，也要兼顾历史文化旅游的可持续发展和历史文物保护工作。世界上有不少国家推出了历史文化旅游，比如英国的博物馆文化旅游就是一个典型的例证，颇受游客欢迎。

我国是一个历史文明古国，拥有灿烂而又悠久的历史文化，这种旅游资源的旅游价值颇高，在我国旅游业发展的初期，大多依赖的都是这些历史文化旅游资源，因此曾有人戏谑地称那个阶段的旅游业是"吃老祖宗的饭"。但是，这并不是说现在旅游业的发展就不用依赖这些历史积淀。相反，在目前以及未来旅游业的发展中，历史文化旅游资源依然极具开发潜力和开发优势，因为历史文化旅游资源是古代人们劳动和智慧的凝结，是人类历史进程中的优厚的财富。需要指出的是，历史文化旅游资源中可见的文物古迹类与民俗类等，基本上都属于不可再生资源，具有较强的脆弱性和不可替代性。因

此，在我国旅游业的发展过程中，应对这类历史文化旅游资源进行可持续开发以及有效保护和利用。在开发和利用的过程中，应注意下列一些问题：

（1）在开发过程中，避免一味追求经济效益，而忽视历史文化旅游开发的社会效益和环境效益。应以客源市场需求为导向，开发适销对路的文化旅游产品。

（2）注重旅游景点的整体布局与风格和谐一致，避免短视行为而破坏历史文化旅游的文化氛围。比如，在一些景区出现的小商小贩乱搭乱盖的房屋，以及用高音喇叭播音招徕顾客的现象，这些都严重破坏了历史文化景区的文化氛围，大大降低了它的历史价值和旅游文化价值。

（3）注意引导旅游者规范文明旅游行为。由于某些游客文化修养较低，经常攀爬古文物与古建筑留影，甚至在文物古迹上刻画"×××到此一游"等等，这些行为都不啻于毁灭人类文化遗产。

（4）坚决打击倒卖文物行为。有些人在"要想富，盗古墓"的蛊惑下，利欲熏心，疯狂盗掘古墓，走私文物，造成我国珍宝大量流失。这需要国家加强打击力度，坚决杜绝这一现象的发生。

（5）注意保持历史文化产品的文化内涵，避免出现低俗趋势。有些地区，往往为了一时的经济利益，在历史文化旅游资源的开发过程中，为了迎合某些游客的低级趣味，使原有珍贵的一些习俗庸俗化、低级化，变成一种不三不四、不伦不类的"四不像"，这样不仅不利于抢救保护那些快要消亡的文化习俗，而且也会使游客减少，产生较严重的负面影响。

鉴于旅游过程中一些破坏历史文化旅游资源的行为，我国政府已于1982年颁布了《文物保护法》，1988年颁布了《风景名胜区管理暂行条例》，为历史文化遗迹的保护提供了法律依据。国务院还于1982年、1986年和1995年先后三次批准了99座城市为国家历史文化名城，促进了文物古迹的保护和抢救，制止了"建设性破坏"，维持了城市的整体传统风貌。另外，我国于1985年签署了《保护世界文化和自然遗产公约》，截止到2008年7月，已有37处被联合国教科文组织列入《世界遗产名录》。这些都是我国历史文化旅游资源开发和利用过程中避免破坏行为发生的一些必要措施。

总之，文化名胜和历史古迹的保护是一件任重而道远的事情，这不仅是发展历史文化旅游的需要，更是对人类文化遗产拯救的需要。一方面各级政府和有关单位必须加强执法力度，另一方面也要加强对旅游者进行宣传教育，要认识到保护人类文化遗产是每一位中国公民应尽的责任和义务。

[案例7-1]

英国的博物馆旅游①

博物馆文化是英国文化旅游的一大热点。英国人珍视历史是出了名的，在英国，他

---

① 施晓慧．英国：旅游产业文化味浓［N］．人民日报，2003-09-25（13）．

们几乎把有价值的历史都放进了博物馆。位于英国西南部的巴斯市，城市名 Bath 就源于英文的浴池 bath 一词。其实就是一个罗马浴池遗址，但他们就在遗址上建立了一个博物馆，不仅把出土遗址全部保护起来，还制作了复原图像的电视片，描述出这个浴池400年的兴衰和当年的功能与习俗。从它的录音解说中能学到很多历史知识和建筑知识。威斯敏斯特国会大厦，既是国会议员办公、辩论的地方，也是一个博物馆，它本身就是一部延续至今的英国议会政治史，它在9、10月间对外开放。牛津城与剑桥城，既是名校，也是历史名城，早已成为英国的旅游热点。

仅伦敦城里的博物馆，据说就有200座之多，犹如百科全书。大英博物馆收藏之丰富闻名遐迩，却可以免费参观，如果碰巧，还能有你感兴趣的专题讨论。英国大型的国家博物馆从2001年起全部免费，如维多利亚和阿尔伯特博物馆、国家画廊、自然历史博物馆、科学博物馆等，其他还有专项博物馆如战争博物馆、邮政博物馆、交通博物馆、扇子博物馆、玩具博物馆等。还有很多小的特色博物馆。在伦敦桥附近，有一间很小的"旧手术教室"博物馆，这里曾经是英国最古老医院12世纪奠基的地方，这间教室保留着19世纪早期没有麻醉药和消毒药时的原貌，陈列品展示病人怎样被蒙眼、捂嘴后推上手术台。离它不远，有伦敦地牢博物馆，展现英国历史上最血腥残忍的事件。蜡像馆和福尔摩斯博物馆也是很吸引人的地方。丘吉尔故居、莎士比亚故居、弗洛伊德纪念馆、狄更斯纪念馆、南丁格尔纪念馆、济慈故居等，都是形式和内容俱佳的博物馆。英国的城市就是因为这些博物馆而丰满起来。那些不动的建筑、街道、雕塑，都被赋予了人的故事、活的历史而生动起来。

7.1.2　文化旅游行为

旅游是发生在异地的非就业行为，那么文化旅游依然具有旅游的一些特性："异地性""非就业性"以及"场景性"。对于文化旅游行为则可以具体分解为行为动机、行为过程以及行为效果等因素。

从旅游行为角度来看，文化旅游就是旅游者涉足、接触、观赏、体验异地文化及其环境氛围的过程，是通过对异地文化及其环境氛围的憧憬、遐想等文化介入冲动所导致的文化需求的满足。与其他类型的旅游活动相比，文化旅游在动机和行为等方面存在着明显的文化特征。

7.1.2.1　文化旅游者

文化旅游者具有一些相似的行为特征，他们在旅行期间的某个时段访问特定的文化或遗产吸引物，如博物馆、美术馆和历史遗址，参加文化或遗产游览活动，出席节日庆典，观看现场演出，或者参加其他特定活动。根据文化在旅游者的目的地活动中的核心性和体验深刻性，可以把文化旅游者分为五种类型：

（1）目标明确型文化旅游者。文化旅游是其访问某一目的地的首要理由，而且获得深刻的文化体验。

（2）观光型文化旅游者。文化旅游是其访问某一目的地的首要或次要理由，但是体验较前者肤浅。

（3）意外发现型文化旅游者。不是为文化旅游的原因而旅行，但是在参与文化旅游活动之后却获得深刻的文化旅游体验。

（4）随意型文化旅游者。文化旅游是其访问某一目的地的弱动机，获得的体验肤浅。

（5）偶然型文化旅游者。不是为文化旅游的目的而旅行，但是参加了一些活动，获得了肤浅的体验。

在某一目的地，任何时候都可以发现所有这五种类型的文化旅游者。旅游者类型的混合情况会因目的地的不同而不同，这主要取决于目的地本身、在目的地参观的资产以及旅游者的来源。关于目的地的总体意识水平以及目的地作为文化旅游点的声誉将影响到目的地所吸引的旅游者类型。著名的文化或遗产目的地不仅能够比那些不怎么著名的目的地吸引更大数量的文化旅游者，而且它们还更有可能吸引更多目标明确型的文化旅游者、文化观光者以及随意型的文化旅游者。由于它们的文化或遗产的突出声誉，旅游者会特地去访问这些地方。至于这些旅游者所寻求的是深刻的还是肤浅的体验，这是可以辩论的。部分参观者访问目的地的原因只是为了获得一种已经访问过该地的个人身份，或者为自己的影集再增添几张照片而已。许多游客对目的地根本毫无认识，或者只有极其有限的认识，因而他们不可能获得深刻的体验。而其他一些旅游者，却会寻求并享受他们有目的的文化旅游体验。

不太著名的文化旅游目的地有可能吸引目标明确型的文化旅游者或偶然型、随意型和意外发现型的文化旅游者。目标明确型文化旅游者会寻求目的地的文化品质。至于偶然型、随意型和意外发现型的文化旅游者，他们是为其他目的而访问该目的地，但是也会接受该地的一些文化遗产吸引物。多数人只会获得较为肤浅的体验，部分原因是由于他们对当地文化的了解甚少，同时也由于文化旅游仅仅是他们旅行的一个边缘成分。

与此相类似，目的地内的不同场所和吸引物会吸引不同类型的文化旅游者，这取决于体验的强度，以及为了获得满意的体验个体旅游者必须付出的努力。例如，博物馆和美术馆就更有可能吸引目标明确型文化旅游者，街道风景、历史建筑和强调乐趣而非体验的文化旅游吸引物（包括历史主题公园）则更可能吸引寻找肤浅体验的人们。

同时，任何一种旅游者类型都不是排他性的，根据旅行的性质以及旅行的动机，某一个人可能被界定为所有五种类型的文化旅游者。如一位显然为参观美术馆而旅行的人，可以被归类为目标明确型或观光型的文化旅游者。当他为探亲而休假，但旅行中却包含了文化因素，他也可以被描述为随意型或偶然型的文化旅游者，这取决于文化旅游因素在其目的地决定中的重要性。某人在出差旅行期间参观了博物馆而且获得了深刻的体验，那么这个人可以被合理地归类为意外发现型文化旅游者。

在任何一个目的地，文化旅游者的混合构成还受到旅游者来源的影响。对国际旅游者而言，东道主文化与旅行者自身文化的距离越大，那么目的地吸引目标明确型文化旅游者的可能性就越大。对国内旅游者而言，当访问地体现出更高的文化接近度时，旅游者就越有可能前去寻求文化旅游体验。文化或遗产吸引物与国内旅游者的核心价值越接近，吸引目标明确型文化旅游者的可能性就越大。那些体现持久的民族理想或民族群体核心价值的文化旅游目的地或文化旅游吸引物，能比那些价值较低的文化旅游目的地吸引更多的目标明确型和观光型的文化旅游者。①

7.1.2.2 文化旅游动机

旅游行为之所以能发生，主要源于"外向力"和"吸引力"的互动②。

"外向力"是旅游者自身及其所处群体所产生的超越，即在环境约束条件下产生的一种期望性的社会心理因素，主要有逃避、自我发现、休息放松、名望、挑战、冒险等。旅游者希望通过旅游实现日常生活和工作环境的移位，寻求心理上或文化上的补偿。"吸引力"则来自异地的环境和特殊场景，是旅游目的地特有的环境或场景对旅游者期望的响应。典型的吸引事象，如旅游目的地优美的自然景观、独特的人文意境、内涵丰富的文化活动、有影响的人物和事件等。

人类天生具有好奇心，面对不同的文化具有强烈的新鲜感和奇异感，以及了解异质或异域文化的愿望和要求，这是产生文化旅游动机的直接原因。文化旅游的根本动机就是对异质或异域文化的憧憬：一是人文憧憬，如"上有天堂，下有苏杭"就包含了对江南苏杭富饶美丽的憧憬，像天堂般地给人欢乐，是人间的乐园；二是融入憧憬，也就是旅游者带着一缕融入的幻想进入目的地，有一种如同影视观众陷入剧情中的自觉或不自觉。如诵读唐代诗人张继的《枫桥夜泊》："月落乌啼霜满天，江枫渔火对愁眠。姑苏城外寒山寺，夜半钟声到客船。"许多旅游者为诗里的意境所打动，为此而进行了"苏州文化之旅"——每年春节的除夕，就有许多日本游客，专程到苏州枫桥镇聆听寒山寺的钟声……

7.1.2.3 文化旅游行为的群体趋向性

文化旅游行为的群体趋向性，主要表现为：

（1）旅游者主动介入或参与到不同文化群体中。旅游者所介入或参与的文化群体，可能是同质文化群体，也可能是异质文化群体。但相比于其他旅游者，特别是观光旅游者而言，文化旅游者对异质文化、反差文化的认同或宽容程度高。文化旅游经历和感受，更多地带有文化接受和传播的双向特征。

（2）旅游者对其文化旅游感受有着与群体分享的倾向。在文化旅游群体中，成员个体的个性、地位和安全感不同，其受群体影响的程度也不同。在性格、地位和安全感

---

① ［加］Bob Mckercher，［澳］Hiary du Cros 著. 文化旅游与文化遗产管理［M］. 朱路平译. 天津：南开大学出版社，2006.
② 张国洪. 中国旅游文化［M］. 天津：南开大学出版社，2001.

方面处于相对弱势的旅游者往往习惯性地屈从群体，而其他旅游者则保持相对独立。

涉及群体影响的决定因素主要有判断标准、个体评价和遵从文化旅游的需求时使用的标准。当文化旅游群体的准则较为明确，旅游者可以明显感觉到其行为可接近群体时，判断标准相对比较客观。如果旅游者缺乏行为的自觉，这些标准就带有较大的主观性。旅游者处在一个特定的群体中，这个特定群体本身属于重功利而非情感的结合，尽管相互接触是直接的，但并不真正亲密，群体的范围较小而且不持久。所有这些文化旅游人文环境性的因素对个体旅游者的行为都有着一定的影响。

7.1.2.4　文化旅游行为的特定场景指向

不同文化旅游群体、不同文化旅游场景中的文化旅游行为也有程度不同的区别。文化旅游行为发生在一个特定场景及环境之中，旅游者从离开日常生活的场景开始，无论在旅途上，还是在旅游目的地及其文化旅游景点、文化旅游接待服务场所，其所见所闻、所经所历、所感所悟，无不带有特定的场景指向。

文化旅游是一种对特定场景或事象的体验。这种体验可因个人、环境、所处的情景及与个性有关的各种因素，甚至是与别人沟通交流的能力大小等诸因素而发生差异。因此，文化旅游产业应该考虑建立起一种真实的文化旅游体验，使之能满足旅游者预期的文化介入或参与。同时也要求旅游者应有文化感悟的指向和能力，如果只抱着浅层的娱乐介入，也就谈不上有"文化旅游"的感受了。

在文化旅游过程中，旅游者置身于一种拼凑组合式的生活之中。这种拼凑组合主要取决于他们的文化选择以及目的地的各种文化旅游供给因素。旅游者在选择能够满足各种需求和兴趣的文化旅游产品要素时，遵从的是一种介入特定文化环境后的休闲生活文化模式，而不是遵循传统的定式。作为一种文化体验，文化旅游者乐于通过在更广阔的范围内从事诸如冒险、身临其境的体验性活动，并用可见的方式影响周围环境。文化旅游者在一个特定的生活时段——旅游生活时段，置身于一个与日常生活不同的特定场景——文化旅游目的地、文化旅游接待点等文化旅游活动场所，与特定的人们——其他文化旅游者、文化旅游接待服务人员、旅游目的地居民等相处，他们离开了原有的生活文化环境，改变了文化角色和身份，其行为特征，乃至文化态度都发生了变化，具有特定的场景模式和意义。

7.1.2.5　文化旅游行为的分层特征

文化旅游行为的分层特征主要表现在两个方面，一是旅游者的文化动机和行为，二是旅游者的文化目标和价值。

1. 从旅游者的文化动机和行为角度，可以将旅游者分为文化好奇和文化休闲两个层面

文化好奇层面从普通观光旅游演变而来。旅游者倾向于选择能够验证那些他们已经获得的文化信息和知识，而不是会与之相冲突的事象。这一层面的旅游者比较缺乏文化

冒险精神。他们不喜欢与"陌生人"打交道，不大可能主动接受新型文化，不擅长转换自己的生活角色和文化角色。这一层面的旅游者的文化旅游方式大多是与亲友结伴外出，文化旅游类型往往与探亲旅游、家庭事务旅游结合在一起。文化旅游过程中，他们最大的感受往往是"好玩"，最多的感受来自将文化旅游的目的地文化和自己熟悉的文化进行比较，从而得出对本土文化肯定和异地文化否定的答案。或许在有了一次文化旅游经历后，他们会回味很长时间，但话题大多是主观有趣、离奇的文化旅游经历，以及异地特殊饮食、文化旅游消费场所的豪华等细节。

文化休闲层面可能是文化旅游者中数量最多的一个层面，分层特征也很明显。调查表明，非想象型性格的旅游者的文化旅游动机主要在于获取知识；精力充沛型旅游者倾向于运用文体技能达到锻炼和放松的目的；知识技能型旅游者的注意力集中在知识和技能两方面，他们对身心方面的放松要求特别高，相对地，在其他方面的要求并不强烈，甚至很低。

文化休闲层面的旅游者曾经归属于"中产阶层"。但进入20世纪的后几十年以来，众多普通人也萌生了文化休闲的念头。这一层面的文化旅游消费以前基本划分在"标准等"或"豪华等"之列，因为该层面的旅游者对旅游服务的质量要求较高，他们希望从旅游服务中"买到"文化休闲的感觉，哪怕这种感觉只有很短的时间——文化旅游时段。现在，文化休闲的消费档次越来越多样，这是公众参与文化旅游行为后的必然结果，也是现代旅游消费心理发展的基本趋势。这种多样性的需求一方面与旅游者间不同的经济收入水平差异有关，另一方面与旅游者消费的场景有关。

接受了不同性质和程度的教育，旅游者的文化旅游行为就有相应层面的特征。相对而言，受教育程度高并且生活优越的人更有可能接受新的价值观念，虽然这些新价值观与另一部分人的旧价值观会产生冲突，但持新价值观的旅游者有着更多的文化宽容。他们对文化旅游服务的要求也较多——他们会对感兴趣的活动或设施提出很多的问题，希望索取更多的信息，并且更愿意去试探或尝试新事物，他们更愿意去锻炼，去阅读，去旅游，将学习融入文化旅游等多种休闲活动当中。

文化休闲层面的旅游者的视角不仅仅关注文化景观，还格外重视旅游场景中的文化旅游服务，特别是服务的"文化性"。或许这一层面的旅游者最关注的是：在文化旅游中提高自己的生活品位，寻求文化旅游消费的高雅格调。目前，旅游业正热衷于满足这一层面的文化需求——各旅游供给主体都在积极地对旅游供给要素进行"文化包装"，就说明了这一点。

2. 旅游者的文化目标和价值也形成了文化旅游的分层特征

对现代国家中的许多人而言，新价值观正在取代旧价值观，这些人正处在一个典型的世界观转化过程之中。传统价值观和现代价值观的差异是文化旅游者与其他旅游者之间分层特征的根源。从价值观对文化旅游行为的导向作用来看，可以分为他人导向价值观和自我导向价值观两种。

他人导向价值观反映社会对于个体之间、个体与群体之间以及群体彼此之间应如何相处或建立何种关系的基本看法，传统社会文化系统中的人们大多属于这一层面。他人导向价值观重视集体的作用和社会的评价，持这一价值观的旅游者的购买决策可能会较多地依赖于他人的帮助和指导，文化旅游行为带有较多的比较、评判特征，文化旅游审美观念带有一定的怀旧色彩，在文化旅游场景中的行为表现也较多地注重他人的认同性反应。

自我导向价值观反映的是社会成员认为应为之追求的生活目标以及实现这些目标的途径、方式。持这一价值观的旅游者的行为具有更多的自主性，他们或是"现代主义者"——重视个人成功、用户至上主义、实利主义和技术合理性，或是"文化创新者"——关注新的产品和服务，处于几种文化变化的前沿，经常以出人意料的方式对广告和营销做出反应。

应当指出，这两种价值导向并不意味着文化旅游者的动机和行为处于一种非此即彼的情境，相反，大多数情况下，一种文化价值观是介于两分法的两个极端之间。文化旅游客源地或目的地社会均具有传统的价值观，但程度上可能会有差别，文化旅游者的动机、行为分层特征也就有一定程度的差异。

7.1.3 文化旅游产品

7.1.3.1 文化旅游产品的类型

从旅游者的消费方式和特征来说，文化旅游产品是一条完整的文化旅游线路。文化旅游线路可以由旅行社及相关文化旅游服务组织设计组合而成，也可以由旅游者自己选择相关要素进行组合设计。但是这条线路必须包含旅游者文化旅游过程中所需的各项要素：文化旅游吸引物、设施、服务与管理以及文化旅游产业的文化定位等，其中核心要素是文化旅游吸引物和旅游服务。

从文化旅游线路产品的购买方式来看，文化旅游线路产品可分为：整体包价、零星包价。从文化旅游目的地和文化旅游场景的角度看，涉及文化主题的文化旅游类型可分为：人文观光、修学旅游、民俗旅游、艺术欣赏、宗教旅游、专项文化旅游等。

旅游产品是一种特殊的产品，从严格意义上说，具有"生产"和"消费"的相对同时性。因此，文化旅游产品应以客源市场为基础，根据旅游者的需求和消费指向进行分类。旅游者的需求和消费指向有：求知求识、追新求异、放松休闲、憧憬未来、自我实现等类型，因此文化旅游产品可以分为以下五类。

1. 修学文化旅游产品——求知、求识

与文化旅游的行为方式一致，修学文化旅游产品所选择的主题首先应有足够的吸引力，应针对修学旅游者的学习需求设计切实可行的修学文化旅游产品。注意知识的容量和学习效果的速成，结合现场观摩和情景案例，突出整个线路的动态性衔接和主题渐进的要求。西安素有修学旅游的传统和基础。提倡修学在西安，成功在全球，将当今追求求学成功的心理诉求与西安内涵的文化精神相承接、相呼应,把西安建造成为西方人学习东方文化的理想城市,以及中国人学习中国传统文化的最佳地方。其中可以体验的产品有大遗址户外历史教育、文博游学、丝路游学、佛学游学、高教与高科技游学等系列特色产品。

2. 奇异型文化旅游产品——追新、求异、猎奇

这类文化旅游产品是满足旅游者追新、求异、猎奇的心理需求,因此应选择一些具特例性的文化题材,如奇风异俗、奇闻逸事、奇人异物等。

云南奇异型观光农业的开发,是利用奇特而不同于一般的农产品建立起来的观光型农业,利用特殊的香稻、特殊品种的瓜果建立奇异型的观光农业,来满足人们寻求奇异的心理。

在日本东京郊区曾建有一座蔬菜工场,有从空中悬吊以及地面栽培的各式各样的蔬菜品种,水、肥等供给都由电脑控制,每天都吸引大量游人前往参观。

美国有关旅游部门对历史上的"名案"事件进行文化旅游资源的"开发",最近推出了颇有争议性的"大名案旅游目的地",这一"特殊"文化旅游产品吸引了各种对这些事件感兴趣的旅游者和参观者。

3. 休闲型文化旅游产品——精神愉悦、情绪放松

这类产品是通过旅游者摆脱自己"惯常"的生活模式和习惯,来满足旅游者精神愉悦和情绪放松的需求。例如,北京的"胡同文化旅游"及"做一天上海人"等都是这种类型的文化旅游产品。

宋代爱国词人辛弃疾颇爱农村风光,写下了"稻花香里说丰年,听取蛙声一片"的优美词句。而城里人终年与"水泥丛林"为伴,自然想去农村呼吸一下新鲜空气,陶醉在"稻花香里",领略田园风光的独特魅力。最近,有记者在江西婺源县调研时发现,这里有两万多农民利用当地优良的生态环境和古老的地域文化,大搞"农家乐"生态旅游,吸引了大批"长三角"一带的城里人前来"吃农家饭、住农家屋、做农家活、看农家景",旅游观光农业越做越大,不少农民光"农家乐"旅游兼销售旅游产品的年收入就达数万元。可见,农村观光旅游增收有望,大有奔头。

4. 理想型文化旅游产品——憧憬与追求

旅游者的异地文化憧憬基于远距离的审美联想情感,这种距离不仅是地理上的区位差异,更主要的是文化上的神秘感。

能引发这种文化憧憬的文化旅游目的地不多,在我国,西藏是最具魅力和最具神秘色彩的这类旅游产品开发的圣地。雪域高原以及其神秘的藏传佛教无不散发着熠熠光环,吸引着文化旅游者无限的憧憬和遐想。看着转动经筒或五体投地、一步一拜的朝圣者,即使是不信佛的人,也会在这浓厚的宗教气氛中萌生平和的心境。

5. 自我实现型文化旅游产品——挖掘潜能、挑战自我

根据马斯洛五层次需要理论,人们有受尊重、社会交往以及实现自我的需求。而自

我实现型文化旅游产品可以使旅游者不断挖掘潜能、挑战自我,在旅游交往的过程中达到自我实现的需求。

近来,在国际文化旅游市场涌现的社会责任旅游、伦理旅游、部族旅游、人类学旅游、原始和偏僻性旅游、漂泊旅游等,不同程度地体现了这一主题。

7.1.3.2 文化旅游产品的构成要素

文化旅游的供给要素集合表现为文化旅游产品——文化旅游线路。文化旅游线路包含了旅游者进行文化旅游所需的各种要素,其核心要素有两个:一是文化旅游的吸引要素,二是文化旅游所需要的服务要素。

1. 文化旅游的吸引要素

文化旅游的吸引要素包括文化旅游目的地的文化旅游景点和景区、文化旅游环境、文化旅游观赏或参与性活动。文化旅游景点不同于一般的观光旅游景点,它具有一定的文化主题,特征鲜明,对旅游者有着特殊的吸引力。文化旅游景区是一个包含多个或多种文化景点的文化游览区,文化旅游的容时量和容人量较大,文化旅游的场景往往可以形成文化旅游线路中的"主打"项目。

文化旅游产品大多以某一特殊文化吸引物为主线,连接其他一系列相关的文化旅游要素。从各要素的集合形态上看,首先表现为一个个文化旅游的场景,文化旅游的过程就是旅游者在文化旅游场景中的转移和转换过程。在旅游目的地理论研究与实践中,一直比较多地强调"一定数量的旅游对象集中分布,并且相应配置旅游设施,便可构成旅游目的地"或"旅游对象景观、旅游活动场所、基础辅助设施的三位一体性"。在这里,"旅游目的地"的概念范畴实际上只相当于"旅游场景",因为它没有涉及作为旅游目的地首要特征的"大环境"要素。

文化旅游的吸引要素是文化旅游动机形成的重要因素。文化旅游吸引的主要构成要素是:存在人的需要;有吸引力的地方;以及相关的信息推介,把旅游目的地与旅游者联系起来,使潜在文化旅游变为现实行为。三者共存,才存在吸引这一系统。所以,单从特殊文化吸引这一点上,就可以将文化旅游资源与人类历史文化财富、文化资源区别开来,因为他们之间存在着范畴和功能上的明显差异。各式各样的文化景观(自然风光和历史名胜古迹)要进行包括观光性、参与性和科学文化性等三方面的文化旅游吸引力展现,才能转化为文化旅游的吸引要素,并组合到文化旅游产品之中,进入文化旅游市场。从这一角度衡量,文化旅游资源主要是产生文化吸引,其对旅游者而言的价值建立在旅游者的文化审美基础上,如果旅游者不具备一定的文化审美旨趣和能力,其吸引价值就会下降,甚至消失。

例如,在地方文化色彩浓郁的绍兴咸亨酒店,旅游者得到的利益远远超出了仅仅想要解决的饥饿,咸亨酒店在很大程度上满足了到绍兴的旅游者的文化需求,它为旅游者提供专项服务,不仅为旅游者提供一个期望的氛围,而且通过服务满足了旅游者受尊重的需要。旅游者所买的大部分产品是这个交易中无形的部分:意境、氛围、社交、侍者的注意。餐饮本身实际上只是其中的一部分。

不同文化环境中的文化景观可以产生不同的文化旅游吸引。文化景观包括两种：一是人们为某种文化的需要有意识地创造的景象，即人文景观；二是人性化了的自然所显示出来的一种文化景观。文化景观是不同文化类型的内在精神的外化形式，构成文化景观的要素是物质的，但其所展示的效果或为旅游者所感知的信息却是精神的。

需要指出的是，文化旅游吸引存在着形态上、时段上的差异。有些自然和人文因素对旅游者不能产生直接吸引，或吸引的力度很小，但一经组合，或形态乃至表达符号上的转换，就能产生很大的文化旅游吸引。有些自然和人文因素"养在深闺人未知"，人们不知道不了解，在一个时段也就谈不上对旅游者产生吸引。这种需要转换、需要进行内容和主题揭示的文化旅游资源，实际上是潜在的文化旅游资源。在文化旅游开发中首先要做的工作是将其潜在性转换为现实性，这种资源形态上的转换极富创造性。需要指出的是，如果这种转换可能导致价值的流失或存在着市场需求方面的时段性脱节，就应该慎重决策。

2. 文化旅游所需的服务要素

在文化旅游目的地，除了蕴涵于文化旅游景观与活动项目之中的文化之外，还包含了旅游目的地的服务文化、社区文化和环境文化，对文化旅游者的动机形成、旅游决策、旅游过程和旅游感受都具有深刻的影响，因而也具有资源的性质。

以文化旅游者的观点看，旅游过程中的各项服务也像一个物质产品那样具有同样的利益。虽然服务无法触摸，但服务能给旅游者提供一定的利益——他们能够得到文化休闲、文化憧憬等一系列文化旅游需求的满足。所以，文化旅游者在做出购买一条文化旅游线路的决定时，他们并不在意这个产品实际上是无法握在手中的这个事实。

"服务"的国际内涵，在英文 service 一词中，除了字面的意思外，通常还分解为以下七个要素：即 smile（微笑）、excellence（优秀、出色）、ready（准备好）、viewing（看待、一视同仁）、invitation（邀请）、creating（创造）、eye（眼神）。再者，香港半岛集团对服务的理解又加入了他们自己的内涵，即：

服务

微笑服务效率高

诚恳接待精神好

敬业乐业有干劲

一视同仁齐高兴

文化旅游服务是结合有形的设施、产品与无形的内涵、文化所形成的复合体。更深层次的理解，文化旅游服务的构成要素包括主体、客体和媒介。主体是文化旅游服务的供应者，也就是旅游企业；客体是文化旅游服务的接受者，就是旅游者；媒介是协助文化旅游服务供应者将服务顺利地传递给旅游者，或者协助旅游者接受服务的组织或个人。文化旅游所需的专项服务主要包括文化导游、文化旅游特色的服务。文化旅游线路产品中的重要组成部分——文化旅游景点或文化旅游景区,具有特定的历史文化、区域文化或审美文化主题,文化旅游者大多数了解甚至熟谙这些主题或与之相关的内容,文化旅游的导游必须具备相应的甚至更丰富的知识,才能为文化旅游者提供相应的服务。因而,文化旅游的导游应是某一方面的"专家"或应由某一方面的专家兼任。此外,由于文化旅游者的文化视野涉及文化旅游场景或文化旅游环境中的诸多文化领域,在这些方面为旅游者提供的专门服务也应具有相应的文化内涵和文化品位,以构成文化旅游目的地完整的文化风景线。

作为文化旅游产品的重要组成部分,文化旅游服务具有许多特殊性。文化旅游服务与文化旅游产品中的其他有形部分相比,有无形性、不可分割性、异质性和易消失性等特征。文化旅游产品中的服务部分的生产、销售和旅游消费是同时进行的,旅游者确实地参与到他们所购买的服务生产过程中来。文化旅游服务往往不如有形产品部分那样具有标准化和统一化,因为它依赖于服务提供人员以及何时何地提供服务。而且,尽管在文化旅游服务中也应强调规范性,但带有人情味的服务才是文化旅游者所需要的。

从文化旅游产品质量可控角度而言,文化旅游产品的核心是文化服务。但是文化旅游服务通常显示出更多的需体验质量和信任质量。需体验质量是指文化旅游服务的质量必须在用过之后才能评估。信任质量是指文化旅游者即使在购买了文化旅游服务之后,由于对其缺乏必要的了解或体验,也很难评估质量。

需求是被认识到的缺乏,除了文化旅游的吸引要素和文化旅游的专项服务要素以外,文化旅游的供给要素还有许多,如与文化旅游者旅游生活相关的其他基础性供给要素等。文化旅游的核心供给要素与需求的产生或激发紧密关联,如果旅游者没有认识到自己缺乏的东西,也就是说如果文化旅游的需求没有被激发,文化旅游的核心供给要素可能就只能"自己"在虚拟时空漫游了。所以,从营销学的角度来说,文化旅游过程中所涉及的日常旅游生活要素及其他基础要素,尽管对文化旅游也有着直接或间接的影响,但相比而言,远不是第一位的,其供给价值和作用也不能与核心要素相提并论。

7.2 中国文化旅游的现状与发展

7.2.1 发达国家文化旅游概况

20多年前,文化旅游只被人们视为一个小型的特殊市场,如今,文化旅游已经稳固地发展成为一种主流的大型旅游活动。例如,世界旅游组织预测文化旅游占全部旅游的37%,而且其需求正以每年15%的速度增长。根据每年6.5亿国际旅游次数来估计,其中有2.4亿次旅游可以部分地归于文化旅游。据调查,去欧洲旅游的约67%的美国人希望文化旅游体验成为他们旅游的部分内容。由一家美国购物中心开发商所做的研究报告指出,到达美国的国际游客中约有40%参与文化旅游①。

随着旅游者需求的提高和旅游业竞争的日益激烈,发展有针对性的文化旅游项目已成为各地区旅游决策者的共识。总的来说,在西方发达国家,文化旅游的发展比较迅速,眼下正是方兴未艾之时,其文化旅游开发有以下特点。

1. 文化主题鲜明突出

随着人们旅游需求档次的提高,那种让游客在彼此毫无联系的几个景点之间来回奔波的旅游项目,已越来越遭到人们的摒弃。现代游客要求每一次旅游活动都要围绕一个鲜明的中心展开,这就要求旅游开发部门在景区规划设计时要有鲜明的主题理念。

由于文化具有相对的民族性,因此文化旅游开发要注意突出其文化主题。在这一点上,新加坡的旅游开发是一个成功的范例。新加坡的人口不到300万人,面积仅600多平方千米,并不具有丰富的文化旅游资源。然而,新加坡人注意开发高品位、高水平的旅游景点。这些景点很多都贯穿着特色鲜明的文化主题,如投资近7 000万新元的中国唐城。新加坡正是凭借这些独具特色的旅游项目,奠定了旅游明珠的根基。

2. 注重民族传统文化资源的发扬与保护

民族传统文化是一个民族的宝库,发掘传统文化中具有代表性的文化特质,对它们加以物态化的和生活化的展示,是文化旅游开发的一个重要方式。

法国人在这一方面做得很出色。距巴黎150千米的卢瓦尔河谷是法国黄金旅游胜地之一,这里有一批著名的古代城堡,其中一座城堡尚博宫,是14世纪法国国王弗朗索瓦一世的行宫,这里面有一设计建筑——双道楼梯。同时经此楼梯上楼的人与下楼的人可以相互看见,但不能相遇。据说,因王后善妒,每见国王携情人游乐,必上楼追逐厮打,国王既怜身边美人,又惧王后威猛,遂建成此楼梯,使情人们在危急时刻可以适时逃脱。游客置身于这座城堡之中,法国文化的浪漫气息便会自然扑面而来。

此外,中外不同文化的形态与特征也影响着旅游消费行为,因此根据不同文化类型的旅游消费者的需求特征组织文化旅游产品、制定营销策略是旅游经营中极为重要的环节,也有益于在旅游接待服务工作中,根据不同文化类型的旅游消费者的需求特征和生活习惯调整服务内容和服务方式,更好地促进旅游者与旅游地人民之间的跨文化交流。

[案例7-2]

中西旅游文化的差异——奥兰多"锦绣中华"失败的剖析

中国旅游业大公司中旅集团在深圳创办"锦绣中华"主题公园,并大获成功。深圳"锦绣中华"的成功,使得中旅集团将眼光投向了更大市场的西方旅游业。佛罗里达奥兰多是个以迪斯尼为龙头的世界级旅游中心,每年游客超过3 500万人次,如果能

---

① [加]Bob Mckercher,[澳]Hiary du Cros 著. 文化旅游与文化遗产管理[M]. 朱路平译. 天津:南开大学出版社,2006.

争取到10%的游客，以门票每人25美元计算，每年收入可达8 700多万美元，再加上其他销售，一年收入可达1亿美元。在如此诱人的前景引导下，1993年，中旅集团花费1.3亿美元，在美国旅游胜地佛罗里达奥兰多开办了另一个"锦绣中华"主题公园，主要包括占地30.76公顷的展示中华文化的缩景公园，一个有300个客房的DAYS INN旅馆，还有125.85公顷环绕黄金地段的未开发地产。

1993年开园初期，客人流量为每天3 000人次，6年后客人流量每天却只有两三百人次。5年中"锦绣中华"没有能打出自己的品牌，游客数量不但不增加，反而大幅度地下降，同周围的美国大公司迪斯尼乐园、好莱坞影城等同类游乐项目相比，"锦绣中华"连年入不敷出，每况愈下，6年下来，中旅集团又补贴了2 000多万美元运行费用。

为什么深圳的"锦绣中华"大获成功，而奥兰多"锦绣中华"却失败得如此之惨。大多数人把责任指向了管理队伍，诚然一个缺乏现代管理意识的总裁加速了奥兰多"锦绣中华"的失败。如在6年间，管理团队以削减开支为由，大幅度砍掉公园的宣传广告经费，停止了公园以中国传统节日（清明、中秋、元旦、春节、三月三泼水节等）为主题的宣传促销活动，对公园景点和基本设施都裁减必要的维修和保养，使得公园长期处于杂草丛生、破烂不堪和设备失灵的状况，引发游客的极大不满和大量投诉，严重败坏了公园的声誉。但最根本的问题是中旅集团对西方旅游业缺乏认知，过高地估计了西方人对中国文化的认识，以及与这些文化相关的微缩景观对西方游客的吸引力。

西方旅游业注重互动方式，不论是体育比赛、游乐场，或是自然风景，总是想方设法让旅游者参与其中，从而使游客乐而忘返，或去而复返。而东方旅游业多以静态出现，人文景观、山水名胜往往使中国人流连忘返，留下的许多佳话，更增添了这种旅游的吸引力。而这种旅游构思在对中国五千年文化了解甚少的西方人面前无疑是行不通的，这也奠定了奥兰多"锦绣中华"最后失败的命运。终于在2003年12月，奥兰多"锦绣中华"在经历了10年多的风雨后，宣布停止营运。而失败的教训是惊人的，除了能拍卖出的地产与房产价值外，其余的1亿多美元的投资全部成空。

7.2.2 中国文化旅游存在的问题

与西方发达国家相比，中国及其他发展中国家，文化旅游才刚刚起步。

早在20世纪80年代初，我国旅游业恢复发展不久，就有学者指出了旅游与文化的密切联系。到1984年就有一些有关"旅游文化"和"文化旅游"的文章见诸于报刊。旅游产品在开发设计的过程中也逐渐注意到深层次文化品位产品的开发，突出主题。主题是旅游区的灵魂，有鲜明主题的旅游区，游客看了才会留下深刻的印象。深圳华侨城是一个成功的典型例子，华侨城目前已建成锦绣中华、中国民俗文化村、世界之窗、欢乐谷主题公园等4个大型旅游景区。这4个景区主题突出，各具特色，四区合力，既增加了华侨城对游客的吸引力，又体现了深圳特区集内地海外于一身的特色精神，赋予旅游产品以丰富的文化内涵，从而创造出具有鲜明特色的旅游文化。

尽管如此，由于国内文化旅游开发起步晚，与国外相比，还有很大差距。从全国范围来看，还有很多地方不重视文化旅游，不懂得如何进行文化旅游开发，或者开发的层次很浅，仍停留在初级阶段。有些地方本身有丰富文化旅游资源，如具有地方特色的风土人情，富有传统气息的民间节日，精巧细致的手工艺品等，但旅游决策者不懂得开发这些固有资源，而是一拥而上，抢建星级宾馆、豪华游乐场甚至世界公园。有些地方虽然已经认识到开展文化旅游、发扬地方特色的重要性，但由于开发的思路不对，力度不够，文化旅游的潜在优势没有得到发挥。如对名人故里的开发，许多地方只是建一栋名人故居或纪念馆，摆放一些当年的桌椅板凳，造一尊名人头像放在里面，收藏一些有关他的纪念品，再把某某街道的名称换成名人的名字，便以为万事俱备，只等游客云集。事实上，这种开发远远不能满足当今游客的需求。

7.2.2.1 文化旅游产品结构单一、内容雷同

由于诸多因素的影响，中国文化旅游的开发，无论是景区建设还是线路设计，都普遍存在产品结构单一、产品内容雷同的弊端。

我国的旅游业长期是以自然风光和历史文化遗存的观光旅游为主打产品。近几年，出现了风情旅游、人造景观、主题公园等新的文化旅游产品，但在产品结构上仍以观光为主，旅游业对文化旅游资源的开发大多停留在景点的开发建设和文物的保护上，对文化旅游资源的文化内涵关注不多，旅游项目缺乏文化内涵，没有独特风格的旅游项目，难以形成大旅游的气候。旅游区、旅游企业未能实质性地发展文化旅游，文化旅游资源的效益配置较低。

旅游接待行业和旅游目的地在发展文化旅游时所存在的问题不少。许多到中国来旅游的外国人曾抱怨他们的中国之旅是"白天看庙，晚上睡觉"，对旅游景点的雷同、项目的单调和文化格调的平庸也有不少抱怨……

在各地旅游开发的热潮中，见得最多的是性质类似的、标准化的模仿物。例如，在"仿古旅游"的从众心态驱使和"旅游开发建设"的误导下，许多地方的旅游开发单位抱着复制和"重振"传统风貌的愿望，一夜之间将最具有地方特色、已有数百年历史的古镇、古街巷、古城墙推倒，上演了一出催人泪下的"文化重建"和"仿古复制"。置身其中的旅游者仿佛到了一个个现代街区或休闲主题公园，甚至是人工影视基地，人人都有一种"找不着北"的感觉。这类"旅游开发"的唯一的结果是富了开发商，毁了"老家当"。

前些年，在深圳"锦绣中华"开发成功后，各地掀起了一股"微缩景观热"；在中央电视台的"无锡影视基地"随着电视剧而"曝光"后，全国冒出了一批"唐城""三国城"和"水浒城"，更多的地方建起了"汉城""明城"；在发现了某些特定项目的大众旅游效应后，许多地方还建起了"西游记宫""魔幻世界"，甚至"鬼城"。一些旅游景点为招徕生意，推出了诸如祭祀表演的旅游文化活动——多数表演者是景点员工或临时工，表演水平高低另当别论，表演所造成的文化意义消失及由此产生的影响却是负面的。

近年来我国出现了许多新的旅游方式,如风情旅游、农业旅游、休闲旅游、运动旅游、探险旅游等,这些新的旅游方式,如果不注重内涵的开发,不走特色化、多元化的路子,而是简单的复制,其结果只能是步20世纪八九十年代的后尘。

文化旅游项目开发上的低层次、无序的重复建设导致行业内的恶性竞争。项目的雷同和过量开发,使全国各地数以千计的旅游项目严重亏损或倒闭,给旅游业的发展带来了不小的负面影响。近几年,我国旅游业处在一种宏观报喜、微观报忧的尴尬局面中。效益滑坡在以饭店和旅行社为主营业务的企业尤为突出。饭店在总量上供过于求是饭店整体效益下滑的主要原因;旅行社效益滑坡的原因则涉及产品内涵、经营理念和服务问题——国内外旅游者抱怨的一个基本话题是:他们选择了3家、5家,乃至10家旅行社,有关某一地的旅游项目安排都是一样的!中国的文化旅游资源非常丰富,而对其开发利用却大大落后和不足,没有形成与资源相匹配的高产出。究其原因,一是长期以来对文化旅游没有给予足够的投入和规划,二是文化旅游开发规划人才的严重短缺。

7.2.2.2 文化旅游资源开发速度和规模上存在不良倾向

一是对文化资源有盲目或过度开发的苗头,作为公共财富的文化资源,在其使用中被贬得似乎一钱不值;二是对文化和生活方式的资源投入缺乏风险意识,这有可能在获取有限的经济效益的同时付出高昂的社会文化代价,并把开发地的未来发展引向不可逆转的歧途;三是文化资源为资本所左右的情势日益严重,似乎文化只在我们认为有用的再生产领域才有价值,忽略了文化的多重价值和意义。

在中国文化旅游的建设和发展过程中,从初期的文化旅游资源开发热,到后来的"旅游搭台、经贸唱戏"热,再到眼下的"大旅游"热,始终存在着盲从的现象。全国各省、市、县,乃至乡镇、村庄,冠之以"文化旅游"名义的各类旅游节庆活动举不胜举,多数在"政府搭台、经贸唱戏、旅游伴舞、文化参与"的理念导向下,把文化旅游节变成了商品交易会,雷声大,雨点小,虎头蛇尾,草草收场。旧的、新的、真的、假的文化旅游景点、景区在各地风行一时,良莠不齐;在"大旅游"开发热中,许多地方怪招迭出,甚至恶招不断。旅游产品的文化格调总体不高,旅游产业的文化理念模糊不清,对旅游者和旅游接待者的文化行为缺乏必要的引导和控制,对旅游环境的无序状态束手无策。

7.2.2.3 功利性动机下的文化旅游的纯商业化、娱乐化、庸俗化

在旅游开发的过程中,时常出现文化为资本所左右的情况。社会经济的发展,特别是市场经济的发展,使商品经济时代的供给观念——"买方市场"观念和许多"现代观念",如不断拓展对自然的统治、通过经济增长扩展经济选择的机会、从社会义务的约束中解放出来等——渗透到旅游情景之中,经济和其他方面的功利目标形成了一种行为参照指标。出于功利主义的动机和短期行为意向,许多旅游目的地对文化资源进行大规模的、突击性的旅游开发,造成了文化的商业化。接待地的文化精粹成了商品、艺

品、手工艺品甚至建筑样式和风格都以游客的趣味为标准,本来可能是丰富多彩而令人满意的民族文化,显得肤浅苍白,失去了旅游目的地文化的风格和品位。

功利经济目标形成了一种文化强制——活动强制和情景强制,其造成的物质和行为力量胁迫、刺激着旅游接待者和旅游目的地居民。被强制的人们及其文化在一定范围内受周围情景强制。出于功利主义的动机和短期行为意向,对文化资源进行大规模的、突击性的旅游开发,造成了文化商业化。旅游目的地的许多文化元素和文化丛,如民俗文化,通过文化表演、文化展现、人造文化景观等从实际的生活领域转变到"装饰"领域,其文化价值的"神圣光环"在"表演"和"观赏"的过程中逐渐消失,不仅文化意义发生了变化,甚至其文化价值也逐渐被无视和否定。功利性动机直接导致了文化旅游的纯商业化、文化旅游的纯娱乐化和文化旅游的庸俗化,使文化旅游业陷入了一种"无义"的境地。

7.2.2.4 广告宣传所面临的信任危机

文化旅游业的功利性动机导致了产业行为的"无义"。近年来,国内旅游广告宣传面临信任危机。许多旅游广告是让旅游者"雾里看花"。旅游广告中的违规、违法之处主要表现在以下几个方面:

一是广告承诺的价格、服务与实际不符。一些旅行社在广告中打出的价格很低,开列的服务内容却很诱人,而一旦游客踏上旅途,就会发现所承诺的服务严重"缩水"。

二是一些旅游广告只打品牌不打企业名称,几年前就已不再使用的"中央一类社"一类的字眼,在旅游广告中仍频频出现。

三是超范围、超目的地的广告不时出现。一些不具备出境游资格的旅行社大量刊登出境游组团广告,而一些有经营资质的旅行社也在推销前往中国公民出境旅游非目的地国家的线路,对国家的规定置若罔闻。在越来越多的人习惯于先看广告后出行的时候,旅游广告违规违纪所导致的最直接的后果就是旅游者权益的被侵害。据统计,目前因广告而引致的旅游投诉呈上升趋势。

以上种种倾向和问题是对现代文化的三大冲突——在发展经济的过程中的经济指标和文化精神的冲突、文化发展中全球综合化趋势和地方民族寻根意识的冲突、在发展文化中文化价值规律和商品价值规律的冲突的反映。在文化资源的旅游开发中,开发者必须保持清醒的头脑,不能被功利目标所蒙蔽。文化旅游发展的目标要符合经济期望目标和环境要求,不仅要尊重当地的社会与自然结构,而且要尊重当地的居民。因此,所有可供选择的文化旅游发展方案都必须有助于加强与社会文化之间的相互联系,并产生积极的影响。文化资源的开发者和管理者应确立起文化发展的责任感,透过文化旅游资源开发的显赫表面,洞察其功利的、非理智的实际,克服对世俗的某一具体的阶段性功利目标的盲目性。

7.2.2.5 在文化旅游过程中的旅游目的地文化的迎合和模仿

文化迎合和模仿是旅游目的地所出现的有意迎合和模仿旅游者的文化和社会行为的

状况。在旅游目的地互动性增大的背景下，人们迎合和模仿的行为相当普遍，在青年一代中表现突出。虽然这些迎合和模仿是有意识的，但不一定合理。比如，有些很具特色的民俗旅游地的年轻人脱去了民族服饰而穿上了T恤衫、牛仔裤，鹅卵石路铺成了柏油路等，都将会减弱其吸引游客的魅力。

7.2.3 中国文化旅游的前景

在加入世贸组织和申奥成功的背景下，中国的文化旅游的内容将不断丰富，等级将不断提高，方式将不断创新，文化旅游将成为未来文化消费的热点领域。旅游，从全国范围看，最近几年以来，居民人均旅游消费一直在攀升。

在对世界经济发达国家所作的一项"旅游支出与国民收入相比的弹性系数"分析中，发现越是高收入国家，如美国、瑞士、比利时、英国、德国、瑞典、丹麦，旅游需求弹性越小，都在1.3～1.9之间，说明经济发展到一定水平后，旅游需求的必需程度很高，对旅游的需求具有刚性特征。据联合国教科文组织和世界旅游组织的研究，当一个国家的人均GDP产值达到或超过800～1 000美元时，不仅是小康社会的主要标志，还包含一系列的内涵，如工业化时期的来临、经济结构的大变动、社会的转型等，也是旅游消费和旅游业发展进入大众化和普遍化的黄金时期。目前，我国人均国内生产总值已经超过800美元，很多城市超过1 000美元。随着经济社会的进一步发展，城乡居民收入水平的提高和闲暇时间的增多，对旅游消费的潜在需求将越来越快地转化为现实需求。

21世纪，随着世界旅游热点地区的增长趋势转向东亚及太平洋地区，未来我国的文化旅游将出现蒸蒸日上的态势。

第一，未来参加旅游行列的人们将会对旅游的价值观念提出新的尺度。

第二，未来的旅游者，对于旅游文化的需求在内涵和形式上将会有重要变化，未来人们追求文化的倾向，很可能不仅尚古，而且求新。

第三，未来的文化旅游应进行自我变革和调节，以适应新时代、新潮流发展的需要。

[案例7-3]

"温柔陷阱"谁来管？①

春节期间，记者和几位友人相约前往国家级风景名胜区云南游玩。洞内，正在举行"哈尼风情"歌舞表演。身着艳丽民族服装的哈尼少女迷人的舞姿、婉转的歌喉，吸引了众多来自天南地北的游人。演出结束，哈尼少女们纷纷走下舞台，热情地邀请游人上台共舞。记者和三位友人也受到邀请，兴高采烈地走上舞台，同哈尼姑娘们手拉手跳起了欢快的圆圈舞。

一曲舞罢，主持人宣布："接下来玩一个游戏！"哈尼姑娘们便一人拉住一个游客，

---

① www.ctnews.com.cn/gh/2001/02/09/zglyb/zhxw/l.htm.

七手八脚地给他们套上民族服装。"我们的哈尼姑娘漂亮吧？想不想娶回家？现在就举行婚礼。"随着主持人挑逗的话语，哈尼少女们各自牵着自己拉来的"恋人"，喝交杯酒、拜寨神，钻过一条红丝绸，就绕到一块大钟乳石后面，挡住了其他游人的视线。这时候，哈尼姑娘们便对各自的"恋人"说："现在进洞房，可以抱着我进、背着我进，或者搂着我进，怎么样都行。"

所谓"洞房"，也就是一个隔绝开来的溶洞。进到洞里，姑娘们开始向游人索要"红包"，并说："这是我们哈尼人的规矩，新人必须互赠礼物。"她们送给游人的是仅值一两元钱的一个小葫芦，可游人身上哪会准备"礼物"？很多人只好解囊掏钱。

这边刚给姑娘们付了小费，那边主持人又宣布了："婚礼到此结束。请大家每人交30元钱。"记者看到，不少游人脸上露出尴尬之色。一位游人质问道："为什么不事先说清楚？我身上没钱呀。"主持人毫不通融地说："我们这是有偿游戏，不交钱不能走。"这位游客只好向别的游客借钱。更多的游人虽也有上当受骗之感，但也只能吃"哑巴亏"。

游客们付完"结婚费"，逃也似的出"洞房"。工作人员还在后面追着喊："我们还可以为你拍摄'结婚'照，要不要来一张留作纪念！"只见游客们纷纷忙不迭地摆手，再也不敢贸然去接受这"温柔一刀"了。景区门票仅30元，但被拉去"体验"哈尼婚礼，前后不到5分钟的工夫，记者和三位朋友"结婚费"带"小费"，每人都花去了五六十元。一位朋友叹气说："明知道挨宰，也只好认了。这种场合，谁还好意思说个'不'字？真是中了'美人计'啊！"

一位四川游客告诉记者，云南的山水人情真美，这个春节过得都有些乐不思蜀了。唯一"感觉不太好"的是，短短几天时间里，竟糊里糊涂接连"结"了好几次"婚"。第一次是在九乡风景区，被邀请同一位彝族"姑娘""结婚"，进了"洞房"才知道是"有偿姑娘"。第二次是在云南民族村的布朗寨，他随手接过一位布朗姑娘扔过来的荷包，又被姑娘强拉进竹楼要行"婚礼"。遭遇了第一次"艳遇"，这次他转身欲逃，但工作人员说，布朗族的规矩，不愿意"结婚"就不能接受姑娘的礼物，接受了就必须"结婚"。于是，他又花了好几十元钱。在这里是他第三次当"新郎"了，他以为仅仅是上台跳跳民族舞，哪知道又被拉去"结婚"，等弄清楚是怎么回事，"新郎服"已经穿上，又不便推辞了。

这位游客说，民族风情是旅游的"重头戏"之一，旅游者外出旅游，当然想多了解一些少数民族的风土人情。但风景区里到处玩这种"结婚"游戏，未免将少数民族文化庸俗化了。至少应该让旅游者明明白白地消费，自愿参与，而不能连蒙带骗，让游客上当。一位来自湖南的游客说，云南一些成熟的景区景点，也有向游客展示少数民族婚俗的节目，如大理白族的"掐新娘"、云南民族村傣寨的婚俗表演，通过演员们的艺术再现，带给游人们美的享受，而且不向游人收费。如果只盯着游客口袋里的钱，随随便便喝口交杯酒、同"新娘子"打情骂俏一番就完事，旅游者又能了解多少少数民族的婚俗文化呢?

越是风景名胜区,就越应净化旅游环境,货真价实地向游客展示一方之风土人情和文明风尚。风景名胜区,还是在扎扎实实提高服务水准上多花些功夫、少施一些"美人计"为好。

7.3 世界遗产的地域分布与文化旅游价值

7.3.1 世界遗产的地域分布

7.3.1.1 世界遗产公约

早在1954年,埃及政府为了发展本国经济,决定在努比亚地区的阿斯旺修建高坝蓄水,努比亚地区在古埃及法老时期曾是多年古都,拥有大量的神庙、城堡和防御工事。阿斯旺水坝完成后将淹没大片遗址和几十座古代神庙。为了解决这个难题,埃及政府一方面制定了抢救努比亚古迹的计划,一方面于1959年与联合国教科文组织(UNESCO)交涉,请求教科文组织对抢救古迹计划的制订和实施,在物资、技术和科学方面予以大力的支持。埃及方面的主要理由是,抢救古迹的工程规模浩大,要耗费巨额资金,埃及政府难以全部承担费用;努比亚古迹虽然是在埃及境内,但也是整个人类遗产的一部分,因而抢救它是全球都应该关注的问题。联合国教科文组织为此呼吁国际援助并得到多国积极响应,努比亚的抢救古迹运动得以顺利开展。

20世纪60—70年代,国际舆论普遍认为,各国的重要古迹和建筑是其民族文化特殊性的最实际、往往也是最高体现。除依靠本国维护其文化特殊性以外,以国际集体责任的名义参加保护工作,是所有国家义不容辞的。

联合国教科文组织注意到,世界各国文化遗产和自然遗产越来越受到破坏的威胁,一方面因年久腐变所致,另一方面社会和经济条件使情况恶化,造成更加难以对付的损害或破坏现象,而任何文化或自然遗产的破坏或丢失都会使全世界遗产枯竭。考虑到一些国家保护这类遗产的工作不是很完善,原因在于这项工作需要大量投入,而有些国家却不具备充足的经济、科学和技术力量,故联合国教科文组织认为有必要通过采用公约形式的新规定,以便为集体保护具有突出的普遍价值的文化和自然遗产建立一个根据现代科学方法制定的永久性的有效制度,使这些全人类的世界遗产得以留存。1972年,美国倡议成立世界遗产点。同年11月16日,联合国教科文组织在巴黎通过了《保护世界文化和自然遗产公约》(简称《世界遗产公约》)。

《保护世界文化和自然遗产公约》正文有8个部分,共38条。

第一部分,文化遗产、自然遗产的定义。

第二部分,关于文化、自然遗产的国家保护和国际保护。

第三部分,保护世界文化和自然遗产政府间委员会。由缔约国大会选出的21个国家组成,应均衡地代表世界不同地区和不同文化。

其他几部分分别是保护世界文化和自然遗产基金、国际援助的条件和安排、教育计划、报告工作、最后条款等。

联合国教科文组织大会通过《世界遗产公约》后,1973年12月美国率先加入,成为第一个缔约国。1975年,设立了世界遗产委员会和世界遗产基金。1976年11月,世界遗产委员会在内罗毕举行的第一届《世界遗产公约》成员国大会上正式成立。

1978年,世界遗产委员会确定了首批12处世界遗产。

世界遗产的意义,在于其具有科研或文化价值上的独一无二、不可替代、不可再现的性质,有助于提高和深化公众对于世界遗产的认知,引导人们对世界遗产的主动保护意识。

7.3.1.2 世界遗产的类型

依据《世界遗产公约》,世界遗产可以分为三种类型:世界文化遗产、世界自然遗产、世界文化和自然双重遗产(如中国的泰山、黄山、武夷山及峨眉山和乐山大佛)。

世界文化遗产后来又分出"文化景观"(如中国庐山)。

此后,世界遗产委员会还设立了"非物质文化遗产"(如中国昆曲)。

根据《世界遗产公约》的规定,世界遗产委员会还设立了《濒危世界遗产名录》。由于种种原因,不是所有列入世界遗产名录的遗产都得到有效的保护,有一些遗产正在遭到破坏,而这些遗产有必要得到特殊的关注与保护。列入《濒危世界遗产名录》的遗产首先要具备世界遗产的资格,同时面临被毁坏的危险。这些危险包括:蜕变加剧、大规模公共或私人工程的威胁、城市或旅游业迅速发展带来的破坏、未知原因造成的重大变化、随意摒弃、武装冲突的爆发或威胁、火灾、地震、山崩、火山爆发、水位变动、洪水、海啸等。在紧急情况下,世界遗产委员会可以在任何时候把面临上述危险的遗产列入《濒危世界遗产名录》。有濒危遗产的国家、世界遗产委员会成员或世界遗产委员会世界遗产中心可以提出对濒危遗产的援助申请。对于濒危世界遗产,在举行世界遗产大会时根据实际情况予以增减。截至2008年,全世界已有30处世界遗产被列入《濒危世界遗产名录》,其中包括2004年被列入名录的中国长城。

7.3.1.3 世界遗产的评定

世界遗产由全世界100多个国家参与、各国自由提名本国的地点,经由21国组成的委员会审核通过,列入《世界遗产名录》。有些地点因为疏于保护或其他因素,也可能被剔除。

世界遗产的评定标准主要依据《保护世界文化和自然遗产公约》第一、第二条规定。遗产项目要列入《世界遗产名录》,必须经过严格的考核和审批程序。每年举行一次的世界遗产委员会会议将对申请列入《世界遗产名录》的遗产项目进行审批,其主要依据是该委员会此前委托有关专家对各国提名的遗产遗址进行实地考察并提出的评价报告。

对各国提名的遗产遗址的考察,主要由世界遗产委员会会同国际古迹遗址理事会(ICOMOS)和世界保护联盟(IUCN)组织专家进行。国际古迹遗址理事会总部设在巴黎,成立于1965年,是国际上唯一从事文化遗产保护理论、方法、科学技术的运用与推广的非政府国际机构,有80多个国家会员和4 500多名个人会员;世界保护联盟组织总部设在瑞士日内瓦,成立于1948年,原名国际自然及自然资源保护联盟,宗旨是促进和鼓励人类对自然资源的保护与永久利用,成员包括分布在120个国家的官方机构、民间团体、科研和保护机构。两者受世界遗产委员会委托,分别对提名列入《世界遗产名录》的文化和自然遗产地进行考察并提交评价报告。

1. 世界文化遗产

《保护世界文化和自然遗产公约》规定,属于下列各类内容之一者,可列为世界文化遗产。

(1) 文物:从历史、艺术或科学角度看,具有突出、普遍价值的建筑物、雕刻和绘画,具有考古意义的成分或结构,铭文、洞穴、住区及各类文物的综合体。

(2) 建筑群:从历史、艺术或科学角度看,因其建筑的形式、同一性及其在景观中的地位,具有突出、普遍价值的单独或相互联系的建筑群。

(3) 遗址:从历史、美学、人种学或人类学角度看,具有突出、普遍价值的人造工程或人与自然的共同杰作以及考古遗址地带。

世界文化遗产的具体评定标准有6个,凡提名列入《世界遗产名录》的文化遗产项目,必须符合其中一项或几项标准方可获得批准。

(1) 代表一种独特的艺术成就,一种创造性的天才杰作。例如,埃及金字塔、中国长城。

(2) 能在一定时期内或世界某一文化区域内,对建筑艺术、纪念物艺术、城镇规划或景观设计方面的发展产生过重大影响。例如,法国的凡尔赛宫,是欧洲建立最早、规模最大的皇家宫殿,其布局和规格影响欧洲达两三个世纪。

(3) 能为一种已消逝的文明或文化传统提供一种独特的至少是特殊的见证。例如,伊朗的波斯波力斯宫,作为波斯帝国时期的遗留,成为一种文化证明,壁上的雕刻反映了各国进贡以及当时波斯的情况;再如,作为一种已经消失的文明,位于太平洋深处的复活节岛,除遗留的巨大石雕像外,已没有其他古物留下。

(4) 可作为一种建筑或建筑群或景观的杰出范例,展示出人类历史上一个(或几个)重要阶段。例如,梵蒂冈的圣彼得堡大教堂,作为一种杰出的建筑范例,影响了几个世纪。

(5) 可作为传统的人类居住地或使用地的杰出范例,代表一种(或几种)文化,尤其在不可逆转之变化的影响下变得易于损坏。例如,美洲的印第安人保留区。

(6) 与具特殊普遍意义的事件或现行传统或思想或信仰或文学艺术作品有直接或

实质的联系（只有在某些特殊情况下或该项标准与其他标准一起作用时，此款才能成为列入《世界遗产名录》的理由）。例如，耶路撒冷、自由女神像等等。

2. 世界自然遗产

《保护世界文化与自然遗产公约》规定，符合下列规定之一者，可列为世界自然遗产。

（1）从美学或科学角度看，具有突出、普遍价值的由地质和生物结构或这类结构群组成的自然面貌。

（2）从科学或保护角度看，具有突出、普遍价值的地质和自然地理结构以及明确划定的濒危动植物物种生态区。

（3）从科学、保护或自然美角度看，具有突出、普遍价值的天然名胜或明确划定的自然地带。

世界自然遗产的评定标准有 4 个，凡列入《世界遗产名录》的自然遗产项目必须符合其中一项或几项标准方可获得批准。

（1）构成代表地球演化史中重要阶段的突出例证。

（2）构成代表进行中的重要地质过程、生物演化过程以及人类与自然环境相互关系的突出例证。

（3）独特、稀有或绝妙的自然现象、地貌或具有罕见自然美的地带。

（4）尚存的珍稀或濒危动植物物种的栖息地。

3. 世界自然和文化双重遗产

世界自然和文化双重遗产既要具备自然遗产的标准之一，也要具备文化遗产的标准之一方可入选。

4. 文化景观

文化景观这一概念是 1992 年 12 月在美国圣菲召开的联合国教科文组织世界遗产委员会第 16 届会议时提出并纳入《世界遗产名录》中的。

文化景观代表《保护世界文化和自然遗产公约》第一条所表述的"自然与人类的共同作品"。一般来说，文化景观有以下类型：

（1）由人类有意设计和建筑的景观。包括出于美学原因建造的园林和公园景观，它们经常（但并不总是）与宗教或其他纪念性建筑物或建筑群有联系。

（2）有机进化的景观。它产生于最初始的一种社会、经济、行政以及宗教需要，并通过与周围自然环境的相联系或相适应而发展到目前的形式。它又包括两种类别：一是残遗物（或化石）景观，代表一种过去某段时间已经完结的进化过程，不管是突发的或是渐进的。它们之所以具有突出、普遍价值，还在于显著特点依然体现在实物上。二是持续性景观，它在当今与传统生活方式相联系的社会中，保持一种积极的社会作用，而且其自身演变过程仍在进行之中，同时又展示了历史上其演变发展的物证。

（3）关联性文化景观。这类景观列入《世界遗产名录》，以与自然因素、强烈的宗教、艺术或文化相联系为特征，而不是以文化物证为特征。此外，列入《世界遗产名录》的古迹遗址、自然景观一旦受到某种严重威胁，经过世界遗产委员会调查和审议，可列入《濒危世界遗产名录》，以采取紧急抢救措施。

5. 非物质文化遗产

1972年的《世界遗产公约》，对人类的整体有特殊意义的文物古迹、风景名胜及自然风光和文化及自然景观列入《世界遗产名录》。但是，这个公约不适用于非物质遗产。此后，部分会员国提出在联合国教科文组织内制订有关民间传统文化非物质遗产各个方面的国际标准文件。1989年11月联合国教科文组织第25届大会通过《保护民间创作建议案》，指出："民间创作（或传统的民间文化）是指来自某一文化社区的全部创作。这些创作以传统为依据，由某一群体或一些个体所表达并被认为符合社区期望的作为其文化和社会特性的表达形式。其准则和价值通过模仿或其他方式口头相传。它的形式包括：语言、文学、音乐、舞蹈、游戏、神话、礼仪、习惯、手工艺、建筑术及其他艺术。"1997年联合国教科文组织第29次全体会议通过了建立"人类口头与非物质遗产代表作"的决议，确认了"口头和非物质遗产"（Oral and Intangible Heritage）的概念。

2003年10月，联合国教科文组织通过《保护非物质文化遗产公约》（Convention for the Safeguarding of the Intangible Culture Heritage），以"非物质文化遗产"的新概念来代替"口头与非物质遗产"。

根据《保护非物质文化遗产公约》的定义，"非物质文化遗产"是指："被各群体、团体、有时为个人视为其文化遗产的各种实践、表演、表现形式、知识和技能及其有关的工具、实物、工艺品和文化场所。各个群体和团体随着其所处环境、与自然界的相互关系和历史条件的变化不断使这种代代相传的非物质文化遗产得到创新，同时使他们自己具有一种认同感和历史感，从而促进了文化多样性和人类的创造力。"

按上述定义，"非物质文化遗产"包括以下方面：一是口头传统和表述，包括作为非物质文化遗产媒介的语言；二是表演艺术；三是社会风俗、礼仪、节庆；四是有关自然界和宇宙的知识和实践；五是传统的手工艺技能。

非物质文化遗产代表作每两年评选一次。截至2007年，联合国教科文组织共公布3批90项人类非物质文化遗产代表作。其中，2001年5月18日公布首批19项"人类口头和非物质遗产代表作"，中国昆曲名列其中；2003年11月公布第2批28项非物质文化遗产，中国古琴艺术榜上有名；2005年，公布第3批43项非物质文化遗产代表作，中国申报的新疆维吾尔木卡姆艺术以及与蒙古国联合申报的蒙古族长调民歌均入选。

7.3.1.4 世界遗产的地域分布

2008年7月，第32届世界遗产大会经过审议后新批准27处世界遗产，至此，世界遗产总数为878处，包括世界文化遗产679处、世界自然遗产174处、世界文化与自然双重遗产25处。

世界遗产在几大洲的具体分布为：

欧洲：376处，其中：自然遗产35处，文化遗产334处，自然和文化双重遗产7处；

亚洲：212处，其中：自然遗产35处，文化遗产171处，自然和文化双重遗产6处；

美洲：153处，其中：自然遗产54处，文化遗产96处，自然和文化双重遗产3处；

非洲：114处，其中：自然遗产36处，文化遗产74处，自然和文化双重遗产4处；

大洋洲：23处，其中：自然遗产14处，文化遗产4处，自然和文化双重遗产5处。

世界遗产数目较多的前几位国家是：

意大利42处，以及"西西里傀儡戏、撒丁岛牧歌文化——多声部民歌"2项非物质文化遗产代表作；

西班牙39.5处，以及"神秘的埃尔切戏剧、帕特姆流行节日"2项非物质文化遗产代表作；

中国37处，以及"昆曲、古琴、新疆维吾尔木卡姆艺术、蒙古族长调民歌（与蒙古人民共和国共同申报）"4项非物质文化遗产代表作；

法国32.5处，以及与比利时共同拥有的"巨人和巨龙游行"非物质文化遗产代表作；

德国31.5处；

墨西哥29处，以及"献给逝者的土著节日"1项非物质文化遗产代表作；

印度27处，以及"库蒂亚泰姆梵剧、吠陀传统颂歌、拉姆里拉——《罗摩衍那》的传统表演"3项非物质文化遗产代表作；

英国26.5处；

俄罗斯20处，以及"塞梅斯基人的口述文化、欧隆克——雅库特英雄叙事诗"2项非物质文化遗产代表作；

美国19处；

希腊17处；

澳大利亚17处；

巴西16.5处，以及"Wajapi的口头和图表表达方式、巴亥瑞康卡乌的圆圈桑巴舞"2项非物质文化遗产代表作。

其中0.5处是指与一个邻国共有一处遗产，如德国与波兰共有马斯科夫公园及马扎科夫斯基公园、德国与英国共有哈德良长城。

7.3.1.5 中国世界遗产的地域分布

中国地大物博，有丰富的自然景观。同时，中国又是一个有着五千年文明史的国家，绵延不断，世所罕见；历代圣哲先贤，能工巧匠，灿若繁星，留下了无数的物质和非物质文化遗产；中国自古就是一个多民族的国家，各民族在不同的地理环境、自然条件下，创造了许多不同形式、不同风格以及具有中国民族特色的文化艺术，留下了丰富的物质和非物质文化遗产。

中国政府十分重视世界遗产的申报和保护工作。1985年12月22日第六届中国全国人民代表大会第13次会议通过决议，批准中国加入《保护世界文化和自然遗产公约》，正式成为这个组织中的一个重要成员。从1987年起，中国开始向联合国教科文组织推荐世界遗产名单，当年有长城、故宫、周口店北京人遗址、敦煌莫高窟、秦始皇兵马俑被列为世界文化遗产，泰山风景名胜区被列为世界文化与自然双重遗产。1991年，中国在缔约国第11次大会上首次当选为世界遗产委员会成员。1992年、1993年，中国在世界遗产委员会上两次当选为副主席。1999年，中国再次当选成为世界遗产委员会成员。2002年，国务院授权国家文物局设立世界遗产处，专门负责申报、管理和保护世界遗产方面的工作。2006年，中国建设部发布首批中国国家自然遗产、国家自然与文化双遗产预备名录。

与此同时，中国政府也十分重视保护非物质文化遗产。2004年8月，中国加入《保护非物质文化遗产公约》。2005年，国务院办公厅印发《关于加强我国非物质文化遗产保护工作的意见》，文化部宣布中国将建立国家非物质文化遗产名录体系。2006年5月，国务院公布第一批共518项国家级非物质文化遗产名录；2008年6月，国务院公布第二批国家级非物质文化遗产名录共510项和第一批国家级非物质文化遗产扩展项目名录147项。

截至2008年7月，中国共有37处遗产地列入《世界遗产名录》，数量位居世界第三，另有4项非物质文化遗产列入《非物质文化遗产名录》（表7-1）。

表7-1 中国世界遗产名录

序号	批准时间	遗产地	类型
1	1987—12	北京　长城	世界文化遗产
2	1987—12	北京　故宫	世界文化遗产
3	1987—12	甘肃　敦煌莫高窟	世界文化遗产
4	1987—12	陕西　秦始皇兵马俑	世界文化遗产
5	1987—12	北京　周口店北京人遗址	世界文化遗产
6	1987—12	山东　泰山风景名胜区	世界文化和自然遗产

续表 7-1

序号	批准时间	遗产地	类型
7	1990—12	安徽　黄山风景名胜区	世界文化和自然遗产
8	1992—12	四川　九寨沟风景名胜区	世界自然遗产
9	1992—12	四川　黄龙风景名胜区	世界自然遗产
10	1992—12	湖南　武陵源风景名胜区	世界自然遗产
11	1994—12	河北　承德避暑山庄及周围庙宇	世界文化遗产
12	1994—12	山东　曲阜孔府孔庙孔林	世界文化遗产
13	1994—12	西藏　布达拉宫	世界文化遗产
14	1994—12	湖北　武当山古建筑群	世界文化遗产
15	1996—12	四川　峨眉山—乐山大佛风景名胜区	世界文化和自然遗产
16	1996—12	江西　庐山风景名胜区	世界文化景观
17	1997—12	云南　丽江古城	世界文化遗产
18	1997—12	山西　平遥古城	世界文化遗产
19	1997—12	江苏　苏州古典园林	世界文化遗产
20	1998—11	北京　颐和园	世界文化遗产
21	1998—11	北京　天坛	世界文化遗产
22	1999—12	福建　武夷山风景名胜区	世界文化和自然遗产
23	1999—12	重庆　大足石刻	世界文化遗产
24	2000—11	北京　明清皇家陵寝	世界文化遗产
25	2000—11	河南　洛阳龙门石窟	世界文化遗产
26	2000—11	四川　青城山—都江堰	世界文化遗产
27	2000—11	安徽　皖南古村落（西递、宏村）	世界文化遗产
28	2001—12	山西　大同云冈石窟	世界文化遗产
29	2003—7	云南　三江并流	世界自然遗产
30	2004—7	吉林　高句丽王城、王陵及贵族墓葬	世界文化遗产
31	2005—7	澳门　历史城区	世界文化遗产
32	2006—7	四川　大熊猫栖息地	世界文化遗产
33	2006—7	河南　安阳殷墟	世界文化遗产
34	2007—6	重庆、贵州、云南　中国南方喀斯特	世界自然遗产

续表 7-1

序号	批准时间	遗产地	类型
35	2007—6	广东　开平碉楼及村落	世界文化遗产
36	2008—7	江西　三清山	世界自然遗产
37	2008—7	福建　客家土楼	世界文化遗产
38	2001	昆曲	非物质文化遗产代表作
39	2003	古琴	非物质文化遗产代表作
40	2005	新疆维吾尔木卡姆艺术	非物质文化遗产代表作
41	2005	蒙古族长调民歌（与蒙古国共同拥有）	非物质文化遗产代表作

7.3.2　跨文化交流与世界遗产的旅游文化价值

7.3.2.1　世界遗产与跨文化交流

世界遗产是大自然、人类或是大自然与人类共同创造的最可珍贵的物质结晶与财富，是世界上所有美好的相似、相近事物中的佼佼者，代表了自然界及人类的最高价值，是大自然与人类发展史上的一座座里程碑。在世界遗产的宏伟壮丽、精妙绝伦的图卷中，固然有人类古代七大奇迹之一的埃及金字塔等这样为人们所熟知的古代文明遗址，也有 1956 年才开始新建、1960 年建成、只有 27 年历史就进入《世界遗产名录》的巴西新城——首都巴西利亚。它富有艺术创意的建筑设计，对称整齐和谐美妙的整体布局，登高俯瞰，整个城市像一只展翅翱翔的大鹏，这一切使她被公认为有历史记载以来未曾有过的艺术杰作和现代城市建筑的典范。人们在旅游中可以通过对各国世界遗产的了解，形成对各国文化的一种认识和理解，从而实现跨文化交流的目的和意义。

不同文化的人们一起交往的过程被称为跨文化交流或跨文化交往。关于交流和交往两个概念尽管存在着一定的区别，交流的重点在于相互理解，而交往的重点则在于行为和行动，不过，在此我们可以忽略这些区别。在旅游活动中增加相互了解和理解，既是交往也是交流。

跨文化是指参与者依据自己的代码、习惯、观念和行为方式了解某陌生新异的代码、习惯、观念和行为方式的所有关系。因此，跨文化就包括对所有的自我特征和陌生特征的认同感和奇特感；包含亲密性和危险性、正常事务和新生事物等对人的中心行为、观念、感情和理解所起作用的关系。

在社会学文献中，除跨文化交流的概念以外，人们还常常能读到"国际交流"的概念。前者是指不同文化的人与人之间的交往，而后者是指不同国籍的人与人之间的交往。如果文化和国家相互重叠，那么，就不会出现概念上的困难问题了。而这种重叠一致并不随处可见，属于同一文化的人们常常被国家和民族的界限隔离开来，而不同文化的人们可能只是生活在同一个国家的成员。由此，跨文化交流和国际交流两者各自包含着不同的内涵。旅游，属跨文化交流范畴。今天，旅游已是当代社会人类不可或缺的生活方式；旅游业，是当代乃至未来社会的一大产业。它曾被认为是紧跟石油业、汽车业之后的第三大产业。20世纪90年代，各种"文化"被不同方式包装并出售给游客，甚至连普通百姓的日常生活，因为它是异己的生活，也被作为商品向旅游者出售。每年的节假日出国旅游的群体规模都特别大，它使其他所有跨国流动的形式都相形见绌。

国际观光旅游已成为一种全世界范围内的现象，是一种无可否认的"国际事实"。实际上它已影响到所有的国家并渗透到大多数国家内部的文化、经济、社会生活和宗教中，使当地居民生活的各方面都感受到旅游者光顾的影响。旅游业不同于其他快速增长的闲暇业的特点在于异地性。旅游业自然要考虑人们的出游动机，但国际旅游业使人们与接待国社会直接进行民间交流和作身临其境的体验。这些特质的共同意义在于，国际旅游业已成为以不同的方式存在于生活中，并不断充当全球整合的民间文化"传送带"这样的东西。旅游业正发挥着一种日趋增强的文化影响力，这种影响要比其他任何一种全球单一力量大得多。

相比较而言，国际旅游业有一个比其他全球化力量大得多的行动范围，甚至超过了跨国公司所具有的力量。不断增长的文化交流涉及那些连领土边界也无法限制的互动和社会联系。在文化可以用跨越国境的社会网络而自由共生以及交错和重叠的地方，全球化就被旅游者培育出来了。为数众多的国际旅游者促进了名副其实的多元文化的理解以及文化选择的多样性。

掌握和了解旅游跨文化交流的知识和能力，其目的大致有三个。

第一，通过旅游接触、观赏及参与当地人的民俗活动，可以培养人们对不同的文化持积极理解的态度。文化是有差异的，通过发现对方的不同点，反过来加深对我们自身文化的理解，从而做到客观地把握各自的文化特性。在发现差异的过程中，也要注意不可忽视大量的共同之处。

第二，在旅游中可以培养跨文化接触的适应能力。初次与异质文化接触时，往往会产生一定的文化震惊或惊愕，从而产生某种不适应。要使旅游得以顺利和愉快地继续下去，必须学习、了解当地的异质文化，设法减缓冲击，提高适应能力，融入旅游地的人文生态环境中去。俗话说见多识广，旅游本身必然包含着对旅游主体思想情操、文化修养、审美素质等多方面的影响。所以，这是旅游跨文化交流的一项重要内容。

第三，从旅游间接的长远的社会效应看，旅游的跨文化交流有着对异质或异域文化交流的感性认识，从而可以产生跨文化交流的理性思考。随着对外开放的进一步扩大，走出国门到世界各地去旅游的人和在国内东西南北进行跨文化旅游的人越来越多。无论他们旅游的具体情况如何，在当今大众旅游的前提下，老百姓通过旅游在学习、掌握、传播着与不同文化背景的人打交道时的实际技能和文化素养。尽管某些有关民俗的、涉外的、宗教的专门内容可以在学校学习，但是，这样的专门学习绝对不可与实际的、全民的、全球性的旅游跨文化交流相比拟。可以说，正是基于这一点，跨文化交流研究的实践意义要大于理论意义。

7.3.2.2 世界遗产的旅游文化价值

《保护世界文化与自然遗产公约》确定的缔约国的责任包括"鉴定、保护、保存、展出和遗传后代"等五项。其中，"展出"即是展出给人类欣赏。世界遗产由于它突出的世界价值，使它具有超乎寻常的旅游魅力。

旅游业是一个国家展示自己文化形象，以及民族展现文化底蕴的最佳窗口之一。世界遗产作为一个国家民族文化和发展的载体，浓缩了这个国家的深厚文化，而旅游业的发展离不开民族文化这个根本驱动力，没有文化传统和自然美景，旅游业的发展就会缺乏底蕴和吸引力。

正因如此，世界上多数国家或地区主要是通过遗产旅游的方式来实现遗产资源向公众的展出功能，遗产旅游已成为这些国家或地区旅游产业发展中的名牌产品或金字招牌，且具有不可替代的重要作用。虽然旅游会带来土壤的压实和侵蚀，会带来水质和大气质量的下降，带来通货膨胀和治安压力等等。但同时旅游又可以（或者说可能）为遗产地带来好处，门票、特许经营费和捐款"可能"为资源的恢复和保护提供资金来源。游客可能成为一个遗产地的朋友从而为该遗产地带来国际支持。

世界遗产具有科学价值、美学价值、历史文化价值，这些价值构成了独特的旅游文化价值。

第一，利用世界遗产的科学价值，可以进行科研、科教活动，开展爱国主义教育和科普教育。特别是对于和自然有关的世界遗产，科学研究是世界遗产最重要的功能。如果没有科学研究，就根本认识不到世界遗产的价值所在。如果没有对"三江并流"进行研究，人们就不会发现这个地方的地质学价值，不会认识到它的独一无二。世界各国都将其世界遗产当作国家的一种荣誉，更有甚者将其作为一种国家的政治形象和文明形象向公众宣扬，对游客进行科学知识普及教育。

第二，利用世界遗产的美学价值进行游览、观赏，启迪智慧。世界遗产是祖先和大自然馈赠给人类的共同财富，是不可替代、不可再生的稀缺资源，世界遗产旅游是向人们面对面地展示世界遗产的最好形式。通过世界遗产旅游，启迪智慧、进行文化再创造，特别是通过体验名山大川创作山水诗画更是绵亘古今的一种特色。世界遗产旅游向人们面对面的展示世界遗产，它激发人们对世界遗产的热爱、赞赏和尊重，让人们直接聆听自然和历史的无言教诲，从而达到从书本上无法得到的增长见识、陶冶情操、磨炼意志、开启灵感的目的。如果当年达尔文没有乘上英国皇家船只"猎犬"号，就会失去到达加拉帕戈群岛这个太平洋中"活的生物进化博物馆"的机会，没有这个岛上的大自然天籁与千百种鸟雀鸣叫给予他的灵感启迪，很难相信他能够发现生物进化的伟大自然规律。

第三，利用世界遗产的历史文化价值进行考察和传播历史文化知识，并为全世界不同国家、不同肤色、不同宗教信仰的人们之间建立起一座友谊的桥梁,促进彼此理解、交流和团结。世界各国的文化、宗教和习惯不同,体现着各国和各民族特殊而卓越的智慧的世界遗产,因其独特性和多样性的特征,是各国历史文化与文明最为优秀和独特的结晶,是一个国家表明自己的民族身份和文化归属的重要依据。自然遗产是某种独具特色的自然景观,代表着自然界进化发展的重要内容。非物质文化遗产既是历史发展的见证,又是珍贵的具有重要价值的文化资源。它们共同承载着人类社会的文明,成为世界人民欣赏自然、感受历史文化的场所。如今,世界遗产地已经成为人们最向往的旅游目标。例如,随着2007年6月中国广东开平碉楼申报世界文化遗产成功,前去参观的游客大增,当年的"十一黄金周"开平全市共接待游客15.1万人次,比往年增长1/3,其中参观碉楼的游客同比增长3倍①。

由于世界遗产地的核心是真实性和完整性,因此世界遗产的利用价值主要体现在精神文化与科教功能上,经济价值只是其历史艺术科学价值的衍生物。世界遗产不止属于当代人,也属于子孙后代,当代人有责任保护好这些独一无二的人类财富。对于世界遗产,并不排斥对其进行科学合理适度的开发利用,但是,最基础、最根本的工作是保护,在此前提下才能谈开发利用。用经济开发的概念、政策去开发利用保护性的社会公益性的世界遗产地,必然导致世界遗产地的错位开发和超载开发,造成世界遗产地的人工化、商业化和城市化,使其遭到严重破坏。因此,很多国家甚至禁止本国世界遗产地发展以营利为目的的旅游。

近年来,世界遗产的保护和经济社会发展的矛盾一直困扰着各国各级政府和利益有关者,如何能最有效地保护好这些遗产,如何能做到遗产的永续利用,以及它的良性循环,越来越引起各国、各界以及各级地方政府和广大民众的关注。

□ **本章小结**

文化旅游是以旅游文化为消费产品,是旅游者用自己的审美情趣通过艺术的审美和历史的回顾,得到全方位的精神上和文化上的享受的一种旅游活动。

在文化旅游的构成要素中,涵盖了文化旅游资源、文化旅游行为、文化旅游产品这三方面的内容。在文化旅游资源中着重阐述了自然旅游资源的文化价值,包括(1)自然旅游资源的文化象征意义;(2)自然旅游资源对民族文化的生成和发展有着重要的作用;(3)自然旅游资源旅游审美的文化意义。历史文化旅游资源的开发与利用问题。在文化旅游行为中,主要阐释了旅游行为的发生基于两种力量的互动以及文化旅游行为的群体趋向性和分层趋向性。在文化旅游产品中,介绍了其产品类型及构成要素。在中国文化旅游的现状与发展中,分析比较了中西方的文化旅游以及中西传统文化和审美文化的差异,探讨了中国目前文化旅游发展现状及未来前景。

---

① 林劲松. 开平碉楼商业味呛游客[N]. 南方都市报,2007-10-14(A12).

此外，还介绍了世界遗产的一些概况和地域分布，阐述了外国世界遗产和跨文化交流方面的有关内容。

■ **复习思考题**

1. 什么是文化旅游？文化旅游的构成要素有哪些？
2. 什么是文化旅游资源？自然旅游资源的文化价值有哪些？
3. 为什么说"旅游是文化的流动"？
4. 如何开发利用历史文化资源？
5. 文化旅游行为有哪些特征？
6. 文化旅游产品的构成要素是什么？
7. 文化旅游产品的类型有哪些？
8. 中西文化旅游有哪些差异？
9. 我国文化旅游开发中应遵循哪些原则？
10. 我国文化旅游发展过程中存在哪些问题？
11. 我国的世界遗产有哪些？
12. 什么是跨文化交流？结合实际谈谈旅游对跨文化交流的作用。

参 考 文 献

1. 章海荣. 旅游文化学 [M]. 上海：复旦大学出版社，2004.
2. 魏小安. 旅游目的地发展实证研究 [M]. 北京：中国旅游出版社，2002.
3. 赵荣光，夏太生. 中国旅游文化 [M]. 大连：东北财经大学出版社，2003.
4. 沈祖祥. 旅游文化概论 [M]. 福州：福建人民出版社，2004.
5. 马波. 现代旅游文化学 [M]. 青岛：青岛出版社，2001.
6. 王明煊，胡定鹏. 中国旅游文化 [M]. 杭州：浙江大学出版社，2001.
7. 谢春山. 旅游文化——中国旅游业参与国际竞争成败的关键 [J]. 北京第二外国语学院学报，2001（3）：32-35.
8. 陈实，康立峰. 论西部地区新型旅游文化构建的紧迫性 [J]. 西北大学学报（哲学社会科学版），2002（2）：39-41.
9. 贾祥春. 旅游文化的特点及其在旅游业中的地位和作用 [J]. 复旦大学学报（社会科学版），1997（3）：83-87.
10. 喻学才. 近七年旅游文化研究综述（上）[J]. 社会科学动态，1996（8）：4-7.
11. 王恩涌，赵荣，张小林，刘继生，李贵才，韩茂莉. 人文地理学 [M]. 北京：高等教育出版社，2000.
12. 谢贵安，华国梁. 旅游文化学 [M]. 北京：高等教育出版社，1999.
13. 肖星，严江平. 旅游资源与开发 [M]. 北京：中国旅游出版社，2000.
14. 墨岩. 浙江古村落地图 [M]. 杭州：浙江人民出版社，2004.
15. 司徒尚纪. 广东文化地理 [M]. 广州：广东人民出版社，2001.
16. 王大良. 中国的百家姓 [M]. 天津：百花文艺出版社，2004.
17. 叶雨蒙. 谁比哥伦布先到达美洲 [M]. 北京：昆仑出版社，2003.
18. 池雄标. 滨海旅游理论与实践 [M]. 广州：中山大学出版社，2004.
19. 张箭. 地理大发现研究（15—17世纪）[M]. 北京：商务印书馆，2002.
20. 阮仪三. 江南六镇 [M]. 石家庄：河北教育出版社，2002.
21. 俞晟. 城市旅游与城市游憩学 [M]. 上海：华东师范大学出版社，2003.
22. 胡道生. 古村落旅游开发的初步研究——以安徽黟县古村落为例 [J]. 人文地理，2002，17（4）：47-50.
23. 章锦河，古村落旅游地居民旅游感知分析——以黟县西递为例 [J]. 地理与地理信息科学，2003，19（2）：105-109.
24. 冯淑华. 古村落旅游客源市场分析与行为模式研究 [J]. 旅游学刊，2002（6）：45-48.
25. 史继忠. 论游牧文化圈 [J]. 贵州民族研究，2001（2）：63-69.
26. 邵方. 中国北方游牧业的起源问题初探 [J]. 中国人民大学学报，2004（1）：144-149.
27. 何景明. 国外乡村旅游研究述评 [J]. 旅游学刊，2003（1）：76-80.
28. 唐维. 发展海洋旅游之管见 [J]. 海岸工程，1999，18（2）：34-37.
29. 阮仪三，吴承照. 历史城镇可持续发展机制和对策——以平遥古城为例 [J]. 城市发展研究，

2001 (3): 15－17, 57.

30　王成, 彭镇华, 陶康华. 中国城市森林的特点及发展思考 [J]. 生态学杂志, 2004, 23 (3): 88－92.

31　[美] 威廉·瑟恩波德. 全球旅游新论 [M]. 北京: 中国旅游出版社, 2001.

32　乔修业. 旅游美学 [M]. 天津: 南开大学出版社, 2004.

33　魏向东. 旅游概论 [M]. 北京: 中国林业出版社, 2000.

34　甘朝有. 旅游心理学 [M]. 天津: 南开大学出版社, 2003.

35　朱希祥. 中西旅游审美文化比较 [M]. 上海: 华东师范大学出版社, 2001.

36　谢彦君. 基础旅游学 [M]. 北京: 中国旅游出版社, 1999.

37　周尚意, 孔翔, 朱竑. 文化地理学 [M]. 北京: 高等教育出版社, 2004.

38　王会昌, 王云海. 中国旅游文化 [M]. 重庆: 重庆大学出版社, 2001.

39　车裕斌. 旅游目的地系统吸引力分析 [J]. 咸宁师专学报, 2001, 21 (6): 8－12.

40　宋章海. 从旅游者角度对旅游目的地形象的探讨 [J]. 旅游学刊, 2000 (1): 6－37.

41　潘秋玲, 李文生. 我国近年来旅游对目的地社会文化影响研究综述 [J]. 经济地理, 2004, 23 (3): 412－422.

42　李经龙, 郑淑婧, 周秉根. 旅游对旅游目的地社会文化影响研究 [J]. 地域研究与开发, 2003, 22 (6): 80－84.

43　张波. 论旅游对接待地社会文化的积极影响——以云南丽江为例 [J]. 云南民族大学学报, 2004, 21 (4): 68－71.

44　张波. 旅游对接待地社会文化的消极影响 [J]. 云南师范大学学报, 2004, 36 (2): 125－130.

45　李蕾蕾. 跨文化传播及其对旅游目的地方文化认同的影响 [J]. 深圳大学学报 (人文社会科学版), 2000, 17 (2): 95－100.

46　周年兴, 沙润. 旅游目的地形象的形成过程与生命周期初探 [J]. 地理学与国土研究, 2001, 17 (1): 55－58.

47　李蕾蕾. 旅游目的地形象的空间认知过程与规律 [J]. 地理科学, 2000, 20 (6): 563－568.

48　李蕾蕾. 旅游目的地形象口号的公众征集、误区与思考 [J]. 桂林旅游高等专科学院学报, 2003, 14 (4): 43－47.

49　黄震方, 李想. 旅游目的地形象的认知与推广模式 [J]. 旅游学刊, 2002, 17 (3): 65－70.

50　刘家明. 旅游度假区发展演化规律的初步探讨 [J]. 地理科学进展, 2003, 22 (2): 211－218.

51　刘光明. 企业文化 [M]. 北京: 经济管理出版社, 2002.

52　魏杰. 企业文化塑造 [M]. 北京: 中国发展出版社, 2002.

53　管益忻, 郭延建. 企业文化概论 [M]. 北京: 人民出版社, 1990.

54　谷慧敏. 世界著名饭店集团管理精要 [M]. 沈阳: 辽宁科学技术出版社, 2001.

55　喻学才. 旅游文化 [M]. 北京: 中国林业出版社, 2002.

56　甄尽忠. 中国旅游文化 [M]. 郑州: 郑州大学出版社, 2002.

57　张文祥. 旅游文化 [M]. 北京: 中国财政经济出版社, 2001.

58　张国洪. 中国旅游文化 [M]. 天津: 南开大学出版社, 2001.

59　李江敏, 李志飞. 文化旅游开发 [M]. 北京: 科学出版社, 2000.

60　晁华山．世界遗产［M］．北京：北京大学出版社，2004．
61　［加］Bob Mckercher，［澳］Hilary du Cros 著．文化旅游与文化遗产管理［M］．朱路平译．天津：南开大学出版社，2006．
62　吴清津．旅游消费者行为学［M］．北京：旅游教育出版社，2006．
63　尹隽．旅游目的地形象策划［M］．北京：人民邮电出版社，2006．